Frauen im Handwerk

Mit Beiträgen von:

Renate Bargsten
Reinhild von Brunn
Rosa Maria Busch
Ursula Egger
Brigitte Fiala
Sybille Frisch-Lerf
Kathrin Geilert
Elke Goldstein
Ini Haaks
Susanne Helbach-Grosser
Margit Hummel
Dagmar Kohlmann-Scheerer
Angelina Meissner
Marianne Melchers
Ursula Mertig
Rosemarie Muth
Iris Niester
Margit Pagany
Irene Rieger
Brigitte Ruhleder
Barbara Schott
Gudrun Anne Schwegler
Heike Siebert
Burga Warrings
José Wirtz
Renate Wolf
Karin Zöhrer

Frauen im Handwerk

Herausgegeben

von Bernd W. Dornach
und Burga Warrings

Deutsche Verlags-Anstalt, Stuttgart
Julius Hoffmann Verlag

Die Deutsche Bibliothek – CIP-Einheitsaufnahme

Frauen im Handwerk /
hrsg. von Bernd W. Dornach und Burga Warrings. -
Stuttgart : Deutsche Verlags-Anstalt;
Stuttgart : Hoffmann, 1999
ISBN 3-421-03177-0

Lektorat: Renate Jostmann
Redaktionelle Mitarbeit: Karin Seidel
Einbandgestaltung: Brigitte und Hans Peter Willberg, Eppstein
Typografische Gestaltung: Brigitte Müller
Reproduktionen: Die Repro GmbH, Tamm
Druck und Bindearbeiten: Gutmann & Co., Talheim
Printed in Germany

ISBN 3-421-03177-0

Inhalt

Prolog

Dr. Bernd W. Dornach ist Inhaber des UNI MARKETING Instituts für Handwerksmarketing sowie einer im Netzwerk arbeitenden Marketingagentur in Augsburg. Besonderes Interesse: Innovative Stategien für Mittelstand, Handwerk und Verbände, trendorientierte Beratung sowie Entwicklung ganzheitlicher Kundenzufriedenheitsprogramme. Herausgeber der Publikationsreihe »Handwerks-Marketing«.

Wir befinden uns auf dem Weg in das Informations- und Kommunikationszeitalter. Gewinner werden diejenigen sein, die über die besten Informationsquellen verfügen, die richtigen Informationen selektiv nützen und diese Ergebnisse an geeignete Interessenten herantragen.
Frauen sind dafür besonders gerüstet. Sie treffen ihre Entscheidungen weniger auf der Basis alter Erfahrungen, sondern mehr aufgrund der Anfordernisse ihrer Umwelt. Frauen können sich mit dieser für das Handwerk überaus wichtigen Loslösung von gestrigen Modellen schneller an die sich veränderten Rahmenbedingungen im Handwerk anpassen.
Auch bei den entscheidenden strategischen Waffen der Intuition und Innovation haben die rechtshirnlastigen Frauen mehr Power. Aus dem muskelfleischorientierten »Handwerk« wird morgen ein managementorientiertes »Kopfwerk« – die Anforderungen werden sich verlagern.
Frauen werden damit wertvolles Kapital für Handwerksbetriebe im wettbewerbsorientierten Kampf, der nicht mehr zwischen Männern und Frauen, sondern um die Macht der besten Ideen ausgetragen wird.
Dies wird auch den Mann fordern und ändern. Dadurch sollte auch er dieses Buch lesen – und sei es nur, um die Frau im Handwerk besser zu verstehen.

Ich bedanke mich bei den Autorinnen, daß sie ihre individuellen Erkenntnisse und Erfahrungen für dieses Buch preisgeben. Besonderer Dank gilt meiner Mitherausgeberin Burga Warrings für die konstruktive Fortentwicklung der Themenbereiche sowie das perfekte Organisationsmanagement, das dieses Buch erst möglich gemacht hat.

Dr. Bernd W. Dornach

Ursula Mertig

An der Schwelle zum neuen Jahrtausend: Chancen erkennen und nutzen

Ursula Mertig, geboren in Dresden. Nach ihrer Ausbildung zur Werbekauffrau studierte sie Politische Wissenschaften in München. Sie übernahm verschiedene Aufgaben in der PR- und Werbebranche sowie der Immobilien- und Investmentbranche in Deutschland und in Kanada. 1981 gründete sie die Firma MM Mertig Marktkommunikation, Agentur für PR, Werbung und Commercial Consulting.

»Setz dich hin vor die Tatsachen wie ein kleines Kind, und sei bereit, alle vorgefaßten Meinungen aufzugeben.«

T. H .Huxley

Wie viele Pläne werden schon geschmiedet, wie viele Vorbereitungen getroffen, um das Jahr 2000 zu begrüßen! Manche finden gar das Angebot verlockend, in jener denkwürdigen Sylvesternacht mit verschiedenen Zwischenstops um den Erdball zu fliegen, um auf diese Weise mehrere Male die mitternächtliche Stunde erleben zu können. Aber was macht den Wechsel ins dritte Jahrtausend zu einem solch außergewöhnlichen Ereignis? Was wird sich tatsächlich verändern außer der Jahreszahl, die sich dieses Mal eben nicht nur um eine Stelle, sondern gleich um vier verändern wird?

Sicherlich wird der Minutenzeiger, der in der letzten Nacht des Jahres 1999 die Zwölf gerade überschreitet, nichts dramatisch Neues bringen. Aber es ist eine unübersehbare Tatsache, daß schon seit geraumer Zeit Wandel und Veränderungen um sich greifen, die alle Bereiche in Forschung, Gesellschaft und Wirtschaft durchdringen. Man spricht heute von einem Paradigmenwechsel, der von einigen Forschern schon vor Jahrzehnten wahrgenommen wurde, sich aber jetzt erst auf breiter Basis durchzusetzen scheint. Dieser Paradigmenwechsel ist ein Prozeß, der sich in unserem Denken, in unserer Wahrnehmung vollzieht und völlig neue Sichtweisen hervorbringt.

Wie Ron Kurtz ausführt, besteht in den Modellen des alten Paradigmas die grundlegende Zersplitterung zwischen Körper und Geist, die als getrennte Bereiche nicht miteinander interagieren. Das Denken auf der Basis des alten Paradigmas führt zu einer permanenten Aufspaltung der Wissenschaften in getrennte Bereiche und deren weitere Zersplitterung in Spezialgebiete. Der Wissenschaftler ist als Mensch von seiner Arbeit getrennt, und die moderne Seele leidet generell unter einem permanenten Gefühl von Isolation. Überall fehlt ein gemeinsamer Boden. Die Folgen dieses Paradigmas in der Medizin sind – wie Fritjof Capra aufzeigt – klar ersichtlich: Aufgrund ihrer verkürzten Sicht haben Ärzte ihr Interesse so sehr auf die Biochemie von Krankheiten ausgerichtet, daß sie den Menschen in seiner Ganzheit völlig aus den Augen verloren haben.

Was hat nun der Paradigmenwechsel mit Marketing für Frauen im Handwerk zu tun?
Sehr viel. Gerade Frauen finden im neuen Zeitalter neue Spielräume, wenn sie sich verstärkt auf ihre natürlichen Eigenschaften besinnen. Hierfür bietet das immer noch von Männern dominierte Handwerk ein weites Betätigungsfeld, wie beispielsweise die Handwerkszählung in Bayern belegt. 1994 betrug der Frauenanteil an Beschäftigten im bayerischen Handwerk 31%, an tätigen Inhabern und Mitinhabern jedoch nur 13% (s. Abb. 1), während es 18 Jahre vorher noch 23 % waren. Woran liegt dieser Rückgang? Haben sich Frauen möglicherweise entmutigen lassen?

Frauen im bayerischen Handwerk
Beschäftigte nach ihrer Stellung im Unternehmen
Ergebnisse der Handwerkszählungen 1995 und 1977

Merkmal	1994 insgesamt	1994 davon Frauen	1976 insgesamt	1976 davon Frauen
Beschäftigte insgesamt	1.017.933	31 %	809.471	26 %
tätige Inhaber und Mitinhaber	84.952	13 %	124.223	23 %
unbezahlt mithelfende Familienangehörige	19.651	82 %	17.999	72 %
Arbeitnehmer	913.330	31 %	667.249	25 %
– Angestellte	214.295	49 %	97.373	56 %
– Arbeiter	610.718	26 %	453.515	19 %
– Auszubildende	88.317	24 %	116.361	21 %

Abb. 1

Das Erfolgskonzept der 13 Thesen

Zu Anfang des 19. Jahrhunderts kämpften Suffragetten um die Rechte der Frauen. Während der letzten hundert Jahre bemühten sich Frauen, die von Männern erdachten Spielregeln im außerhäuslichen Leben zu erlernen, sie einzuhalten und bestenfalls zu erweitern. An der Schwelle zum dritten Jahrtausend gewinnen die weiblichen Eigenschaften immer mehr an Bedeutung. Jedoch haben die Frauen selbst die Stärkung des femininen Elements bisher am wenigsten zur Kenntnis genommen, wie Professor Gertrud Höhler es in ihrem Buch »Die Zukunftsgesellschaft« formuliert. Sie schreibt: »Hightech – high-touch: Das müßte sie sein, die Stunde der Frauen. Auf die Hochtechnologie, so beobachten die Forscher, reagieren die Menschen mit Entlastungsbedürfnissen, die sich im Wunsch nach mehr Wärme und menschlicher Nähe ausdrücken. Tatsächlich ist die Klimaveränderung in vielen Bereichen des Lebens – und das Verlangen nach mehr Wärme in der kühl organisierten Arbeitswelt – auch zu verstehen als ein Zugewinn an weiblichen Elementen in unserer Kultur.«
Mit den nachfolgenden 13 Thesen, die eine völlig unterschiedliche Wertigkeit besitzen, können Sie auf Ihre eigene Art umgehen. Wie viele Sie davon beherzigen, ist nicht entscheidend, sondern wie Sie die Thesen in Ihre Persönlichkeitsstruktur einbeziehen und danach handeln, wird Sie zum Erfolg führen.

These 1 Der Weg zu einer höheren Bewußtseinsebene setzt Fähigkeiten frei.

These 2 Handwerk und Dienstleistung gehören zusammen.

These 3 Wir müssen ein brennendes Verlangen haben, eingefahrene Denkwege in Frage zu stellen.

These 4 Wer seine weiblichen Eigenschaften zu nutzen weiß, hält immer einen Joker in der Hand.

These 5 Wir dürfen Kunden nicht nur zufriedenstellen,wir müssen sie begeistern.

These 6 Die Auswahl der Mitarbeiter ist eine Bauchentscheidung, Führung und Training verlangen Methode.

These 7 Zum erfolgreichen Marketing führt nicht das Wissen, sondern dessen Anwendung.

These 8 Nur wenn die linke und rechte Gehirnhälfte aktiviert sind, läßt sich das ganze Potential bewegen.

These 9 Mit Kreativität, Strategie und Mut schaffen wir den Durchbruch zu neuem Wachstum.

These 10 Flexible Arbeitszeiten erhöhen Leistung und Effizienz.

These 11 Die zunehmende Globalisierung schafft wieder neuen Raum für Regionalisierung.

These 12 In dem Bewußtsein unserer Einzigartigkeit bilden wir starke Netzwerke.

These 13 Erfolg ist kein Zufall – du bist, was du denkst.

These 1: *Der Weg zu einer höheren Bewußtseinsebene setzt Fähigkeiten frei.*

Obwohl kein Baby dem anderen gleicht, haben Neugeborene dennoch vieles gemeinsam. Sie befinden sich alle auf einer Ebene. Sie können weder laufen, sprechen, schreiben, lesen, noch können sie bewußt denken. Bis sie erwachsen werden, lernen sie schrittweise, diese und andere Fähigkeiten zu entwickeln.
Ähnlich verhält es sich mit unserem Bewußtsein. Bei jedem einzelnen ist es zwar unterschiedlich ausgeprägt, aber kollektiv betrachtet stehen wir alle auf der gleichen Stufe. Um die Jahrtausendwende scheint ein Schritt zur nächsten Stufe zu erfolgen, eine höhere Bewußtseinsebene wird erreicht. Daß diese Bewußtseinserweiterung nicht bei allen Menschen gleichzeitig einsetzen wird, ist wiederum mit den Babys vergleichbar. Zuerst lernen sie das Sitzen und Krabbeln, dann erreichen sie die nächste Stufe, das Laufen – allerdings keineswegs innerhalb eines exakt gleichen Zeitraums. Manche haben es bereits nach elf, andere erst nach zwanzig Monaten geschafft.
Wenn nun auf breiter Basis eine neue Denkungsart einsetzt und veränderte Sichtweisen und ein größeres Wahrnehmungsspektrum unser Leben bestimmen, werden wir plötzlich Fähigkeiten in uns entdecken, die bisher im Unbewußten geschlummert haben. Je mehr wir von uns selbst begreifen und die kosmischen Zusammenhänge erkennen, desto zielgerichteter und differenzierter können wir das eigene Potential nutzen. Handwerkliches Können allein wird Frauen nicht zum wirtschaftlichen Erfolg führen, sondern ihre Fähigkeit, sich mit der ganzen Persönlichkeit auf Menschen einzustellen.

These 2: *Handwerk und Dienstleistung gehören zusammen.*

Handwerksbetriebe, die sich nur auf ihre Kernbereiche konzentrieren, haben bald ausgedient. Die Ergebnisse des Forschungsprojekts »Dienstleistungen für das 21. Jahrhundert«, das vom Institut für Technik der Betriebsführung (itb), Karlsruhe, zusammen mit weiteren Forschungseinrichtungen, Organisationen und Betrieben des Handwerks im Auftrag des Bundesforschungsministeriums durchgeführt wurde, haben gezeigt, daß es in Zukunft immer stärker auf die umgebenden Dienstleistungen ankommt. Die Produkte mit den dazugehörigen Service-Angeboten zu einem vollständigen Leistungspaket zu schnüren, wird eine der wichtigsten Marktchancen des Handwerks sein. Auf diese Weise können sich kleinere und mittlere Handwerksbetriebe langfristig auch gegen Großanbieter behaupten.
Welche Dienstleistungen in Frage kommen, ob in der Angebots- und Planungsphase, während der Auftragsdurchführung und/oder in der Nachbearbeitungsphase, hängt zum einen von den Produkten ab, zum anderen von den Bedürfnissen der Zielgruppe. Hierzu sind detailliert aufbereitete Informationen erforderlich sowie Trainings-, Beratungs- und Organisationsleistungen. Vor allem aber ist Einfühlungsvermögen notwendig. Und das ist eine Domäne der Frauen. Sie haben es in der Regel viel leichter als Männer, sich in andere Menschen hineinzuversetzen. Machen Sie die Probe aufs Exempel! Stimmen Sie sich gefühlsmäßig ein und konzentrieren Sie sich auf die Wünsche, Regungen und Ideen derjenigen, die Ihre Produkte und Leistungen nutzen können!

Beispiel:	Bäckerei
Produkt:	Backwaren
Dienstleistung:	Lieferservice

Wer zum Frühstück den Duft und Geschmack frischer Backwaren liebt, aber nicht gewillt ist, für den Einkauf beim Bäcker früher aufzustehen, wird die Annehmlichkeit eines täglichen Lieferservice zu schätzen wissen. Ob er sich den »Dienst leisten« kann, hängt nur vordergründig mit seinen finanziellen Mitteln zusammen. Viel wichtiger ist die Gestaltung des Hintergrundes durch die Bäckerei. Sie muß es verstehen, einen individuellen Lieferservice dem Kunden so zu präsentieren, daß er dadurch mit einem Wohlgefühl den Tag beginnt. Gut gelaunt und trotzdem pünktlich mit seinen Aufgaben beginnen zu können, muß ihm als hoher Wert vermittelt werden, für den es sich zu zahlen lohnt.

These 3: *Wir müssen ein brennendes Verlangen haben, eingefahrene Denkwege in Frage zu stellen.*

Wenn es so einfach wäre, wie Huxley es formuliert hat – »Setz dich hin vor die Tatsachen wie ein kleines Kind, und sei bereit, alle vorgefaßten Meinungen aufzugeben« -, hätten die Erwachsenen wenig Probleme mit den massiven Veränderungen. Das Gegenteil ist der Fall. Im Marketing der letzten fünf Jahre folgte ein Credo auf das andere. Theorie und Praxis wurden Unternehmern und Managern in Vorträgen, Seminaren, Workshops, bei Kongressen und in der Fachliteratur vermittelt. Die Umsetzung aber ist schwierig. Es sind oft ganz unterschiedliche, scheinbar sogar gegensätzliche Anforderungen wie »Kostenreduzierung« und »Dienstleistungen rund ums Produkt« oder »Optimierung von Geschäftsabläufen durch Elektronik« und »Bessere Kommunikation durch persönliche Gespräche«, die alte Denkmuster durcheinanderschütteln.

Verändern Sie Ihre alten Lerngewohnheiten

Gewiß, die Vielfalt angebotener Kenntnisse und Erkenntnisse von Profis können wir uns schneller zunutze machen, als aus eigenen Erfahrungen lernen. Aber wer kann schon monatlich, wöchentlich, täglich zu interessanten Veranstaltungen gehen oder Wissen im Internet abrufen, wenn er als Selbständiger einen Klein- oder Mittelbetrieb führen muß?
Wieder ist der Blick ins Kinderzimmer hilfreich. Versuchen Sie einfach, die Lernprozesse des Nachwuchses genauestens zu beobachten. Analysieren Sie die Art und Weise, wie unerfahrene Menschenkinder Neues in sich aufnehmen und verarbeiten. Dann hinterfragen Sie alles in Ihrer Geschäftstätigkeit, vor allem aber Ihre eigenen Beweggründe, Ziele und die persönliche Lebensstation. Die innere Stimme spricht oft anders als die Branche und die Wettbewerber. Untersuchen Sie die drei Ebenen in Ihrem Selbst, die kognitive, emotionale, biochemische, und folgen Sie dem Resultat!

Beispiel:	Bäckerei
Produkt:	Backwaren
Dienstleistung:	Lieferung von Backwaren, frisch gebrühtem Kaffee und ausgewählten Nachrichten

Bewußt ist hier noch einmal das Beispiel aus These 2 aufgeführt. Wer dafür sorgt, daß der Kunde mit einem Wohlgefühl und in der festen Überzeugung, gut informiert zu sein, den Arbeitstag beginnt, hat den Marketing-Grundsatz begriffen: »Nicht die Großen fressen die Kleinen, sondern die Schnellen die Langsamen.« Was hindert eine Bäckerei daran, mit ihren Produkten ein heißes Getränk und gleichzeitig die neuesten Nachrichten aus Tageszeitungen, Fachmedien und Datenbanken oder Internet – nach vorheriger Bedarfsermittlung der Themen und Abstimmung mit dem Kunden – ins Haus zu liefern?

These 4: *Wer seine weiblichen Eigenschaften zu nutzen weiß, hält immer einen Joker in der Hand.*

Daß weder Männer noch Frauen ihren Stil der Lebenswelt allein aufprägen dürfen, wenn die Zukunft den verfügbaren Reichtum der Stile kultivieren soll, ist längst deutlich geworden. Wer nicht in Feindbildern denkt, der weiß, daß es für Männer und Frauen auf den neuen Feldern der Begegnung und Konfrontation viel voneinander zu lernen gibt (nach G. Höhler: Die Zukunftsgesellschaft).
In der größtenteils noch männlich organisierten Arbeitswelt sollten Frauen keine Angst haben, voll zu ihren – aus Unverständnis oft mitleidig belächelten – weiblichen Eigenschaften zu stehen. Bevor sie sich mühsam mit den alten Spielregeln auseinandersetzen, sollten sie ihre Energie darauf verwenden,

neue zu kreieren. Selbstbewußte Frauen suchen ihren Erfolg mit weniger Riten und mehr Unmittelbarkeit. Für sie ist es wichtiger, folgerichtig dicht an den Sachen zu denken – statt »logisch« und selbstgefällig um den gelungenen Auftritt bemüht. Sie wollen weniger Selbstinszenierung, weniger Form um der Form willen, weniger Reglement um der Struktur willen, also weniger Struktur, sondern mehr Lebensnähe mit Blick auf das Wesentliche. Sie wollen Zusammenhänge erkennen, beziehen Stellung und lassen im Umgang mit Problemen Betroffenheit gelten. Daß ihre Anpassungsfähigkeit nicht als Aufforderung zur Ausbeutung verstanden wird, dafür müssen sie Sorge tragen.

Beispiel:	Umgang mit Beschwerden
Eigenschaft:	Verständnisbereitschaft
Profil:	Schwäche/Stärke

In jedem Fachbetrieb kommt es vor, daß sich Kunden einmal beschweren. Dabei sei es dahingestellt, ob zu Recht oder zu Unrecht. Anstatt auf die Fachkompetenz zu pochen, umgehend Partei für Mitarbeiter und Kollegen zu ergreifen oder die eigene Sichtweise vehement zu verteidigen, ist es zunächst wichtig, Verständnis zu zeigen. Zuhören und das Problem vom Standpunkt des Kunden aus betrachten ist eine notwendige Voraussetzung. Wer dabei feststellt, daß aus der jeweiligen Sicht beide Parteien im Recht sind, dem fällt es leicht, eine Schadensregulierung vorzunehmen. Frauen sollten es täglich praktizieren, ihre naturgegebene Verständnisbereitschaft als Stärke anzuwenden und nicht darum bangen, daß diese als Schwäche empfunden wird.

These 5: *Wir dürfen Kunden nicht nur zufriedenstellen, wir müssen sie begeistern.*

Im Gegensatz zur Industrie können sich Handwerksbetriebe in der Regel keine Millionenbeträge für die Werbung leisten. Für sie sind zufriedene Kunden eine Existenzgrundlage. Wie Zufriedenheit und Unzufriedenheit entsteht und wie diese gemessen werden kann, zeigen die Abb. 2 und 3. Dennoch sind hohe Zufriedenheitswerte allein wenig aussagekräftig, denn selbst von den Zufriedenen erwägen viele einen Anbieterwechsel (s. Abb. 4).

Zufriedenheit ist zu wenig: Glücklich müssen sie sein, die Kunden! Mit welchen Zeitspannen große Unternehmen voraussichtlich rechnen müssen, bis ein solches Ziel erreicht ist, zeigt das Beispiel der Schott Gruppe, Europas führendem Spezialglashersteller mit 16 300 Mitarbeitern. Für das 1993 gestartete Unternehmensprojekt zur Verbesserung der Kundenorientie-

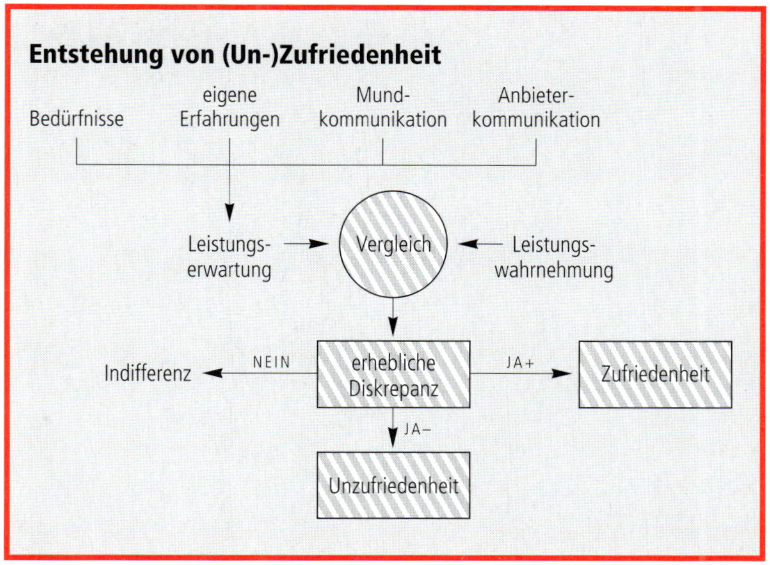

Abb. 2

Merkmalsorientierte Zufriedenheitsmessung

- (Un-)Zufriedenheit = negative Diskrepanz zwischen erwarteter und wahrgenommener Leistung
- Messung der Zufriedenheit mit Einzelmerkmalen der Qualität (Pünktlichkeit, Bequemlichkeit, ...) und Messung der globalen Zufriedenheit mit dem Produkt / der Dienstleistung
- Messung erfolgt direkt (»Wie zufrieden sind Sie mit ...?«) oder indirekt (gesonderte Abfrage von Erwartungen und Wahrnehmungen)
- Messung mit Berücksichtigung von Gewichtungen /Zweikomponentenansatz) oder ohne Gewichtungen der Einzelmerkmale (Einkomponentenansatz)

Abb. 3 Quelle: Prof. Dr. Bernd Stauss – Lehrstuhl für Dienstleistungsmanagement

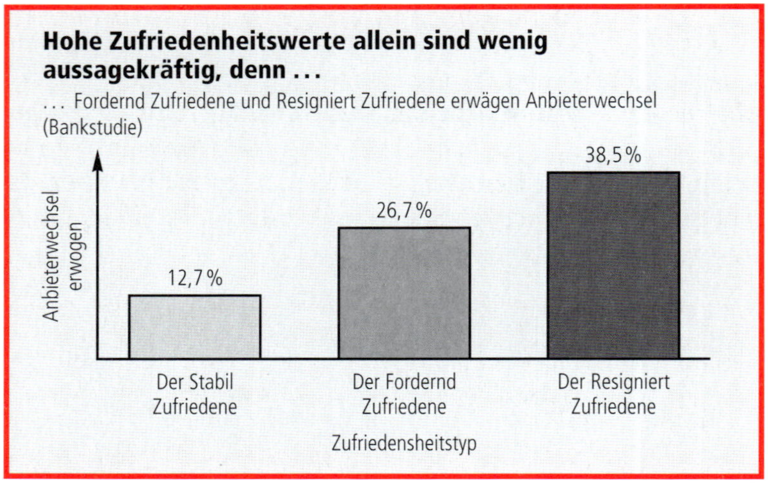

Abb. 4

rung »Total Customer Care« (TCC) wird ein Zeitbedarf zwischen sieben und zehn Jahren veranschlagt. (Quelle: »absatzwirtschaft« 10/97, S. 79)
Frauen im Handwerk schaffen das leichter und schneller – vorausgesetzt, sie verhalten sich auch wie Frauen und nicht wie Männer. Sie gewinnen Zeit und damit Vorsprung vor dem Wettbewerb, wenn sie ihre Kunden nicht »über einen Kamm scheren«, sondern individuell auf sie eingehen. Der persönliche Besuch »vor Ort« – sei es in der Privat- oder Geschäftssphäre – wird zur reichen Quelle der Erkenntnis. Ihre Fähigkeit, Fakten nicht nur auf der kognitiven Ebene aufzunehmen, sondern den Kunden in seinem Lebens- und Arbeitsbereich im Ganzen zu erfassen, versetzt Frauen relativ schnell in die Lage, ein Persönlichkeitsprofil zu erstellen. Danach können sie sehr unterschiedliche Dienstleistungen anbieten, immer unter der Voraussetzung, daß ihre Kernkompetenz, das heißt ihre Produkte, in jedem Falle von gleichbleibender Qualität sind.

Die Ganzheitlichkeit des Kunden als Aufgabe

Beispiel: Die Inhaberin eines Rahmengeschäfts hat sich ein zweites Standbein verschafft. Auf Wunsch kommt sie ins Haus, um in Büros, Arzt- und Anwaltspraxen sowie anderen gewerblichen Räumen die Einrichtung und Atmosphäre kennenzulernen, damit sie optimale, harmonisch abgestimmte Rahmungen liefern kann. Dabei verkauft sie gleichzeitig passende Kunstobjekte und manch andere Gegenstände »drumherum«.

These 6: *Die Auswahl der Mitarbeiter ist eine Bauchentscheidung, Führung und Training verlangen Methode.*

Die Klage, man finde keine passenden Mitarbeiter, wird gerne geführt. Aber wenn eine Frau sich selbst gut einzuschätzen weiß und sich genügend Zeit nimmt, fachlich qualifizierte Bewerber auszuwählen, die zu ihrer Persönlichkeit passen, wird sie keine Mühe haben. Entscheidend ist die »Chemie«, die stimmen muß. Fehlende handwerkliche Fertigkeiten dagegen können leicht vermittelt werden.
Unabhängig von der Größe eines Fachbetriebs sollte das Unternehmen als lernende Organisation geführt werden. Dazu sind geeignete Methoden erforderlich, um Leistungsstand, Motivation und persönliche Fähigkeiten der Mitarbeiter regelmäßig zu prüfen. »Management by Objectives« heißt das Führungssystem, nach dem ein zielorientiertes Leistungsbeurteilungsverfahren durchgeführt wird. Anhand konkreter Zielvorgaben, die zuvor gemeinsam mit dem Arbeitnehmer vereinbart worden sind, wird dessen Leistung gemessen und beurteilt.
In den meisten Fällen empfiehlt sich diese Vorgehensweise für das gesamte Team. Einmal jährlich werden Ziele für einzelne Etappen aufgeschrieben. Im Abstand von drei bis sechs Monaten prüft die Gruppe ihre Leistungen und vergleicht sie mit den zuvor gesetzten Zielen.
Was können wir tun, um noch besser zu werden? Stellen Sie sich und Ihrem Team diese Frage und starten Sie ein KVP-Programm (KVP = Kontinuierlicher Verbesserungsprozeß), mit dem sich alle identifizieren können!

These 7: *Zum erfolgreichen Marketing führt nicht das Wissen, sondern dessen Anwendung.*

Das Kommunikationszeitalter hat bereits begonnen. Noch haben wir Probleme mit der wachsenden Informationsflut, mit den Prioritäten, die wir setzen müssen, um Wichtiges von Unwichtigem zu unterscheiden. Wir können uns Daten beschaffen, die Aufschluß über den Markt, die Gewohnheiten und das Kaufverhalten bestimmter Zielgruppen geben. Ferner können wir uns die Resultate von Umfragen und andere marktrelevante Informationen besorgen.

Aber: Wissen allein genügt nicht.
Auch das Weitergeben an die Mitarbeiter setzt noch nichts in Bewegung. Erst die Umsetzung und praktische Anwendung führen zum Erfolg.
Fügen Sie Ihren Produkten und Dienstleistungen einen emotionalen Mehrwert hinzu! Kristallisieren Sie die besonderen Eigenschaften Ihres Teams heraus und verschaffen Sie Ihrem Unternehmen dadurch eine Alleinstellung. Wählen Sie ein Motto, das Sie mit Leben erfüllen. Versuchen Sie, jedem Kundenkontakt eine unverwechselbare Note zu geben. Das kann eine Blume in Ihrer Hausfarbe sein, die Teilabschnitte in Ihrer Geschäftsbeziehung markiert oder ein speziell gemixter Gesundheitscocktail. Es können Eintrittskarten für Kultur- oder Sportveranstaltungen sein, die bei Anlässen wie Geburtstagen und Jubiläen zu starken Bindegliedern werden. In jedem Falle lohnt es sich, über die Kunden so viel wie möglich in Erfahrung zu bringen, in der Kundendatei zu speichern und die Gelegenheiten zu nutzen, dem Kunden Freude und Wohlgefühl zu vermitteln.

Handeln Sie persönlich

These 8: *Nur wenn die linke und rechte Gehirnhälfte aktiviert sind, läßt sich das ganze Potential bewegen.*

Wer anfängt, mit einem Personal Computer (PC) umzugehen und versucht, Schreib-, Rechen- oder Zeichenarbeiten schneller zu erledigen als bisher, wird zunächst einmal ziemlich frustriert sein. Es dauert zu Beginn sehr viel länger, bis man die elementaren Strukturen eines solchen Geräts und seine Software, das heißt die Funktionsweise der installierten Programme, begreift. Zum Lernprozeß gehören viel Neugier und die Bereitschaft, andere als die gewohnten Gesetzmäßigkeiten kennenzulernen. Je häufiger man sich aber mit dem PC beschäftigt, desto größeren Nutzen kann man daraus ziehen. Noch weit mehr trifft diese Tatsache auf unser Gehirn zu. Je klarer wir uns darüber werden, wie es funktioniert, desto besser können wir es nutzen. Wenn wir die linke Gehirnhälfte, in der die rationalen, analytischen und verbalen Fähigkeiten angesiedelt sind, ebenso einsetzen wie die rechte, in der die künstlerischen, kreativen und bildhaften Prozesse ablaufen, dann können wir aus unserem gesamten Potential schöpfen.

In den alten Denkmustern der Arbeitswelt besitzt die linke Gehirnhälfte die Oberherrschaft. Das neue Denken dagegen und die Veränderungen unserer Zeit erfordern einen partnerschaftlichen Austausch beider Gehirnhälften und eine rege Interaktion. Während Männer sehr viel mehr Training für die rechte Gehirnhälfte brauchen, sind Frauen größtenteils bereits in der Lage, zwischen den Standorten ihrer Fähigkeiten mühelos hin und her zu wechseln.

These 9: *Mit Kreativität, Strategie und Mut schaffen wir den Durchbruch zu neuem Wachstum.*

Charles Revson, Alt-Präsident von Revlon, hat einmal gesagt: »In der Fabrik stellen wir Kosmetika her. Über die Ladentheke verkaufen wir Hoffnung!«
Diese Denkungsart, Gefühle, Empfindungen, Wahrnehmungen zu vermitteln, haben sich viele Markenartikelfirmen auf ihre Fahnen geschrieben. Handwerksbetriebe dagegen verkaufen immer noch Heizungsanlagen, Regale, Frisuren anstatt kuschelige Wärme, individuellen Wohnkomfort und äußerliche Anziehungskraft. Heizungsanlagen lassen sich gut vergleichen und dadurch kostenmäßig einordnen, ebenso Regale und Frisuren. Kuschelige Wärme jedoch verbindet der eine mit gemütlichem Bücherlesen, ein anderer mit einer geselligen Kaffeerunde, mit Spielen oder Arbeiten. Es kommt also darauf an, bei der Lieferung für eine Heizungsanlage auch das gesamte Umfeld des jeweiligen Kunden mit einzubeziehen und sich zu fragen: Welche Raumluft wird gewünscht? Wie hoch soll die Luftfeuchtigkeit sein? Wie können Einstellungen in verschiedenen Räumen variiert werden?
Den Ideen sind keine Grenzen gesetzt. Dabei läßt sich der Kreativität leicht auf die Sprünge helfen. Laden Sie monatlich einmal zehn bis fünfzehn Gäste – Kunden, Lieferanten, Geschäftspartner – zum gemeinsamen Mittagessen ein. Setzen Sie jeweils ein Thema auf das Einladungsprogramm und veranschlagen Sie zwei Stunden fürs Essen und Diskutieren. Sie werden erstaunt sein, wie viele Tips, Einfälle und Anregungen aus diesem Kreise kommen. Erheben Sie diesen ständigen Dialog mit Ihren Geschäftsfreunden zu einem monatlichen Höhepunkt, mit dem Sie sowohl auszeichnen als auch Dank sagen.

Vermeiden Sie emotionale Defizite

Lassen Sie die Kreativität fließen. Das Neue bahnt sich seinen Weg, es geschieht einfach. Es braucht Zeit zur Reife in Ihnen und zum Wachstum. Wenn Sie festgefahren sind, gilt folgende Strategie: Machen Sie langsamer, seien Sie wach und achten Sie darauf, daß die Kommunikation zwischen Ihren Körperteilen und Zellen funktioniert. So nehmen Ideen Gestalt an, und Träume werden Wirklichkeit. Haben Sie den Mut, als Erste etwas Neues zu realisieren.

These 10: *Flexible Arbeitszeiten erhöhen Leistung und Effizienz.*

Frauen wissen es nur allzu gut. Wer voll im Berufsleben steht, muß Familie und Interessen unterordnen. Eine Teilzeitbeschäftigung ist in der Regel nur zu finden, wenn keine hohen Ansprüche an den Arbeitsplatz und den Verdienst gestellt werden.

Wer seinen Mitarbeitern die Chance gibt, sich voll verantwortlich für den Betrieb einzusetzen und trotzdem seine persönliche Lebensgestaltung nicht zu vernachlässigen, hat gewonnen. Den Frauen ist eine ganzheitliche Sichtweise von Natur aus gegeben. Sie zerteilen den Menschen nicht, sondern beurteilen ihn in seiner Gesamtheit. Das beginnt bei der eigenen Person. Eine Chefin muß sich klar darüber sein, welche Prioritäten sie setzt und wie sie ihr Arbeits- und Privatleben organisiert. Nur aus der Überzeugung heraus, daß alles seine Zeit hat, gelingt es ihr auch, über ein individuelles Arbeitszeitmodell mit ihren Mitarbeitern zu reden. Für den einen ist es wichtig, jedes Wochenende frei zu haben, ein anderer zieht es vor, am Samstag zu arbeiten oder den Tag mit drei Stunden Mittagspause zu unterbrechen und dafür später zu beenden. Je nach Unternehmensart und -größe tragen flexible Arbeitszeiten auch zu größerer Flexibilität gegenüber den Kunden bei.

Flexibilität erhöht die Motivation

Wer in einer offenen Struktur, in einer von Verständnis, Vertrauen und Eigenverantwortlichkeit geprägten Atmosphäre arbeitet, wessen Neigungen, Stärken und Talente gefördert oder zumindest berücksichtigt werden, ist bereit, sich mit der ganzen Persönlichkeit in der Firma einzusetzen. Der Wille zu Leistung und Effizienz ist dabei leicht zu mobilisieren.

These 11: *Die zunehmende Globalisierung schafft wieder neuen Raum für Regionalisierung.*

Als das »am meisten mißbrauchte und am seltensten definierte Streitwort« bezeichnet der Münchner Soziologe Ulrich Beck die Globalisierung. Packen wir das Wort bei seiner Wurzel und setzen wir den Globus mit der Welt gleich, so befinden wir uns auf dem Weg zum Weltmarkt. Aber, Hand aufs Herz, welcher Fachbetrieb will schon seine handwerklichen Produkte und Dienstleistungen auf der ganzen Welt verkaufen? Wer fertigt Fenster und Türen für Häuser, die 12 000 Kilometer entfernt gebaut werden? Wer reinigt Schornsteine, wenn er sich erst ins Flugzeug setzen und zwei Stunden zum Einsatzort fliegen muß?

Auf die regionalen Besonderheiten, auf landschaftliche Merkmale und die Eigenheiten der Bevölkerung einzugehen, zeichnet die Qualität eines Fachbetriebs aus. Das Gegenteil ist ebenso richtig. Die Besonderheit des Fachbetriebs, spezielle Merkmale der Dienstleistung und die Persönlichkeit des Inhabers zeichnen die Qualität einer Region aus. Das heißt in keiner anderen Region befinden sich die Kunden in der glücklichen Lage, speziell dieses Produkt oder genau diesen herausragenden Service zu erhalten. Damit wird der Standort zur Stärke und entzieht sich dem globalen Vergleich.

Betreiben Sie kompetente Kirchturmpolitik

These 12: *In dem Bewußtsein unserer Einzigartigkeit bilden wir starke Netzwerke.*

Jeder Mensch ist einzigartig. Seine unverwechselbare Eigenart macht ihn zu einem Original, eine hundertprozentige Kopie gibt es nicht. Er unterscheidet sich nicht nur von anderen Personen, sondern auch von sich selbst, von seinem eigenen, anderen Ich (Richard Wisser: »Kein Mensch ist einerlei«).

Für Frauen im Handwerk ist das ganz wichtig. Sie dürfen sich in ihrer Art nicht beeinflussen lassen. Der Blick auf bisherige Methoden, Verkaufsargumente und Gewohnheiten darf nicht zur Nachahmung verführen. Erfolgsstories sind gute Beispiele, aber Erfahrungen kann man nicht erlernen, man muß sie erleben. Die Besinnung auf die eigenen Stärken, auf die Eigenschaften in uns, führt zu neuen Entwicklungen, zu neuen Ergebnissen. Im Wechselspiel von Einzigartigkeit und Vernetztheit, vom Teil zum Ganzen, liegt der Erfolg. Aus einer Vielzahl von Fähigkeiten, die sich entfalten und ergänzen, entsteht ein neues System, das wiederum Teil eines größeren Systems ist. Erfahrungsaustausch bringt Denkanstöße, Kooperationen und Netzwerke vervielfältigen die Kraft der Einzigartigkeit. Die Erkenntnis, daß es nicht nur *eine* Methode, *eine* Heilslehre, *ein* Management- oder Vertriebssystem, sondern *viele* Wege gibt, die zum Erfolg führen, befreit von Zwängen. Die Eigenverantwortlichkeit spornt zur Leistung an.

These 13: *Erfolg ist kein Zufall – du bist, was du denkst.*

Das deutsche Sprichwort: »Jeder ist seines Glückes Schmied« sagt das gleiche aus wie der Ausspruch von Buddha: »Du bist, was du denkst.« Deutlicher hat es Alfred Herrhausen ausgedrückt: »Du mußt das, was du denkst, auch sagen! Du mußt das, was du sagst, auch tun! Du mußt das, was du tust, auch sein!«

Literatur

Michael Talbot: Das holographische Universum. München 1994

Ron Kurtz: Hakomi. München 1994

Fritjof Capra: Wendezeit. Bausteine für ein neues Weltbild. Bern-München-Wien 1987

Gertrud Höhler: Die Zukunftsgesellschaft. Düsseldorf-Wien 1988

Rosa Maria Busch

Wertesysteme – System ohne Werte?

Rosa Maria Busch, Jahrgang 1949, hat ihre fachliche Kompetenz als Industriekaufmann in mehr als 20jähriger Tätigkeit in verschiedenen Bereichen großer deutscher Konzerne erworben. Mitbegründerin und Gesellschafterin des Instituts HOLICOM® GmbH. Therapeutische Ausbildung sowie Trainerausbildung in holistischer Kommunikation; Trainertätigkeit seit 1986. Trainingsschwerpunkte: Generationsverständnis, Frau sein im Beruf, Holistische Kommunikation, Holistisches Führungstraining.

»Wir bedürfen immer eines außerhalb der Sache liegenden Standpunktes, um den Hebel der Kritik wirksam anzusetzen.«

C. G. Jung

Der Begriff »Wertesysteme« wird gerade heute, in der Zeit großer wirtschaftlicher und sozialer Veränderungen, hoher Staatsverschuldung, extrem hoher Arbeitslosenzahlen und zunehmender Angst vor dem Verlust vorhandener (materieller) Werte häufig benutzt.
Aber was sagt dieser Begriff eigentlich aus? Was ist unser Wertesystem? Und welchen Wert hat ein System, das als Ergebnis die Angst vor Verlust steigert?
Es erscheint mir notwendig, die Entwicklung des Begriffs aufzuzeigen, denn ohne einen Rückblick ist ein Resümee mit Ausblick in die Zukunft unmöglich.

Geschichtliche Entwicklung

Unsere Kultur sowie unser Wertesystem hat sich aus dem Handwerk herausgebildet. Je mehr eine Fertigkeit von einzelnen Menschen entwickelt wurde und von Generation zu Generation die Grundlagen der Erfahrungen weitergegeben wurden – so daß die nächste Generation auf dieser Erfahrung aufbauen konnte –, um so deutlicher wurde ein Wertesystem erkennbar.
Das Handwerk hat sich über lange Jahrhunderte, Schritt für Schritt, immer weiter verfeinert, Techniken wurden weiterentwickelt, wirklich von Hand zu Hand weitergegeben: über das intensive Zuschauen, über die (Be-)Achtung von Mensch zu Mensch.

Der Geselle hatte einen Meister zu achten, ein Lehrling empfand noch mehr selbstverständliche Achtung vor der Leistung des Gesellen, mehr noch für das Wissen des Meisters. Es entstand eine Hierarchie von Beachtung und Achtung, die – trotz ihren mitunter schwer ertragbaren Auswüchsen – vielleicht menschlicher war als die heutige »coolness« und Oberflächlichkeit. Geselle und Lehrling erledigten die Vorarbeiten für den Meister, und der Meister vollendete das Werk. Bis ein Geselle Meister werden konnte, mußte er einen langen Weg zurücklegen, der gesäumt und beobachtet war von wahrhaften Könnern ihres Fachs. Die Möglichkeit der Gesellen, sich zu vervollkommnen, war gegeben. – Wissen wurde immer direkt vermittelt, und die Kanäle, über die eine Entwicklung geschah, glichen einem klar strukturierten System.

Natürlich gab es in der Entwicklung des Handwerks immer auch große Brüche, die ganze Handwerkszweige auslöschten, wenn z. B. durch Kriege und den damit verbundenen Mangel an Geld und Material keine Möglichkeiten zur Fortsetzung bestanden.

Kreativität einzelner – unser Kulturerbe

Die Verknüpfung des Handwerks mit der Entwicklung der Kultur und über die Kultur wiederum die Förderung des Handwerks war ein ineinanderlaufendes System, alles war miteinander verknüpft.

Wenn ein Handwerksmeister an einem Werk arbeitete, z.B. bei der Ausgestaltung eines Schlosses, so war das, was er dort geleistet hatte, sein persönliches Werk. Seine Arbeit war nicht so stark mit dem Zeitfaktor gekoppelt, sondern auf seine Fähigkeit konzentriert, all das darzustellen, was die Schönheit des Ganzen unterstützen würde. Und obwohl diese damaligen Handwerker in ihrem ganz persönlichen Erleben mit einer vergleichbaren Schönheit in ihrem privaten Bereich gar nicht in Kontakt waren, sondern mit der Natur, hatten sie doch die beeindruckende Fähigkeit, wunderschöne Dinge zu gestalten, die mit ihrem alltäglichen Leben überhaupt nicht in Verbindung standen.

Das Eingebundensein des Handwerks in die Kultur und der Kultur in das Handwerk machte den Wert des Systems aus. Ein Wertesystem, das es heute in dieser Form nicht mehr gibt.

Die Bereicherung erfolgte durch die Unterstützung von Fähigkeiten. Fürsten, weltliche Machthaber und der Klerus unterstützten das Handwerk, und die Handwerker unterstützten die Oberen, damit diese die Pracht ihres Amts sowie ihrer Person entfalten konnten. Dies war eine intensive Wechselwirkung, die mit sehr viel emotionaler Qualität und der Qualität von Farbe und Gefühl verbunden war.

Ohne diese Wechselwirkung kann nur eine seelenlose und kalte Zweckmäßigkeit entstehen. Wenn wir das ins Heute übertragen, so zeigt sich z.B. in unserer Baukultur, daß sie nicht mehr verknüpft ist mit einer wirklichen Kultur. Es wird nicht mehr die Umgebung mitgestaltet, so daß sie sich harmonisch in ein Ganzes einfügt; es wird etwas gebaut, was von der praktischen Seite, von der logischen, der Verstandesseite überdacht ist: nutzbringend, zweckmäßig, pflegeleicht und leer.

Diese Leere und Zweckmäßigkeit läßt sich auch von einem Handwerker heute nicht mit Sinn, Gefühl oder mit Kreativität füllen, da eben keine Wechselwirkung stattfindet und auch nicht gefragt ist. Ein Maler z.B. kann Räume nicht in kreativer Form gestalten, wenn Zweckmäßigkeit als wesentliche Grundlage vorgegeben ist.

So hat sich zwischen Kultur und Handwerk eine Kluft aufgetan, die kaum noch überbrückbar scheint. Das Handwerk hat sich auf der einen Seite in das System der Wirtschaft eingegliedert, um zu überleben, auf der anderen Seite nutzt die Wirtschaft das Handwerk auf eine einfache und praktische Weise. So profitieren beide, beide verdienen Geld, aber eine wirkliche Wechselwirkung findet nicht statt. Das Handwerk paßt sich dem neuen Baustil an und entwickelt Techniken, um ein optimales Ergebnis zu erreichen. Die Kultur jedoch, die sich entwickeln könnte, entsteht nicht.

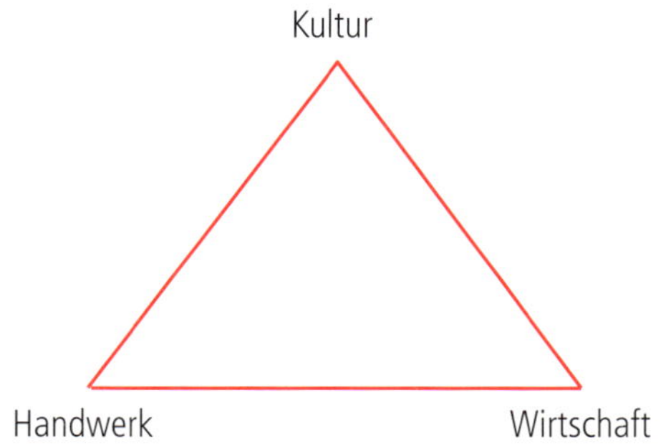

Das technische Niveau ist auf beiden Seiten ziemlich stabil oder gleich. Der dritte, kreative Pol aber, der aus diesem ausgeglichenen technischen Niveau erwachsen könnte, fehlt. Das Übergeordnete wäre nicht die Zweckmäßigkeit, sondern die Kreativität. Kreativität geschieht mit und durch den Menschen – er ist der Mittelpunkt.

Ganzheit – Beginn einer neuen Kultur

So ist ein *System ohne wirkliche Werte* entstanden.
Zwar gibt es Ansätze, daß sich Könner aus beiden Bereichen treffen und neue Ideen in Bewegung bringen, neue Ideen gemeinsam gestalten, so daß aus diesem Ideenpool ein neues Wertesystem entstehen könnte. Doch die Beachtung und Förderung fehlen.
Der Wert der Gestaltung eines Raums wird sich in der Zukunft gänzlich neu, nach völlig anderen Kriterien gestalten. Grenzüberschreitungen werden und müssen stattfinden. Jeder Raum ist immer eine Grenze innerhalb eines größeren Raums. Wenn ich mich nur auf die Grenze des Raums, in dem ich mich befinde, einlasse, kann also immer nur eine begrenzte Umsetzung einer begrenzten Sicht die Folge sein.

Baukultur als Gesamtheit

Wenn wir das übertragen auf einen Raum in einem Schloß – dieses Beispiel hatten wir bereits –, dann haben die Räume immer, jeder einzelne Raum des Schlosses, die Gesamtheit des Schlosses in Ausgestaltung, Formen und Farben gespiegelt. Bestimmte Elemente haben sich in allen Räumen fortgesetzt, weiterentwickelt, so daß das ganze Schloß eine ineinanderfließende Ganzheit war. Es wurde immer das Gesamte in der Größe und in der Gliederung wahrgenommen.
Nun beziehen wir dieses Beispiel auf ein Hochhaus. Hier herrschen in den Grundrissen Vierecke, Rechtecke vor, und in diesen dann entstehenden eckigen Räumen spiegelt sich logischerweise das gesamte Prinzip des Plans ständig wider. Somit wird durch die Energiequalität eines Hochhauses in der Gesamtheit die Energiequalität eines jeden Raums kreiert. Wenn man sich die Etage eines Hochhauses in der Gesamtfläche vorstellt, gäbe es viele Möglichkeiten, diese zu einer kreativ gestalteten Einheit zusammenfließen zu lassen. Es ließen sich alle Formen und Farben gestaltend entwickeln. Die bisherige permanente Begrenzung auf kleine, eckige Räume wäre aufgehoben. Wenn dies auf jeder Etage eines Hochhauses geschähe, würde die daraus entstehende Qualität sich auf die Umgebung ausdehnen, sich also über das Hochhaus hinaus in das System auswirken. Es würde nach außen weder Begrenzung noch Abgrenzung vermittelt, denn es würde sich eine Energie entsprechend der gestalteten Form kreieren, die auf das Umfeld eine äußerst positive Wirkung hätte.
Wenn man ein Hochhaus nur als äußeren Rahmen ansehen könnte und sich – bei entsprechender Statik – immer mehr Etagen so gestalten ließen, daß es verschiedene Ebenen gäbe, auf denen z.B. ein Spaziergang möglich wäre (mit Grün, Pflanzen, Wasser, Blumen, Erde) oder sich dazwischen Menschen gestaltend mit ihrer Arbeit beschäftigten, dann ergäbe sich dort eine völlig andere Atmosphäre. Die Qualität der Arbeit könnte sich nur verbessern!

Neubeginn geht vom Handwerk aus.

Die Anstöße zu solchen neuen Gedanken und Taten können nur vom Handwerk kommen. Hand-werk: Hände, die formen, sind mit der Qualität des Herzens verbunden, sie geben Inhalt und Ausdruck. Das Werk der Hände kann sich nur dann in dieser kreativen Form ins Außen gestalten, wenn im Inneren diese Sichtweisen von vielen Menschen neu erfahren und erlebt werden.
Das bedeutet: ein völlig neues Wertesystem in Bereiche hineinzubringen, die in ihrer Energiequalität heute auf einem Energieniveau sind, das für den einzelnen Menschen schädigend ist.

Harmonie verändert das Lebensgefühl der Menschen positiv.

Der einzelne, der täglich in derart begrenzten Räumen lebt oder arbeitet, erfährt dies auf Dauer auch als Begrenzung seiner Persönlichkeit. Dies muß Aggressionen oder Depressionen auslösen.
Die täglich erlebten Grenzen prägen das Innere und lösen

Sehnsucht nach Weite oder nach immenser Bewegung aus. Die Sucht nach immer extremeren Sportarten, immer weiteren Reisen und einem immer noch besseren »highlight« ist unter anderem auch eine Folge der Begrenzung. Leider erfährt so mancher, daß die Überwindung äußerer Distanzen noch lange nicht die Überwindung der inneren Begrenzung bewirkt.
Sollte es gelingen, Arbeitsbereiche so zu gestalten, daß Arbeit, Erholung und Weite sich nicht gegenseitig ausschließen, sondern die Qualität des Lebens auch im Beruf erfahrbar wird, könnten neue Werte im System entstehen.

Der »neue« Mensch in einer »neuen Welt«?

Der übergeordnete Sinn dieser realisierbaren Vision ist wiederum die Verknüpfung von Handwerk und Kultur auf einer völlig neuen Ebene, und zwar so, daß sie *allen* Menschen dient.
Zurück zum Schloß: Ein Schloß war nur einem bestimmten Kreis von Menschen vorbehalten. Wenn sich heute über die Gemeinsamkeit von Handwerk und Wirtschaft neue Werte entwickeln würden, könnten sich völlig neue Möglichkeiten für jeden Menschen eröffnen.
Der im heutigen System erzielbare Reichtum verteilt sich jedoch wiederum nur auf einen kleinen Prozentsatz von Menschen – z.B. in der Wirtschaft -, die ihr Leben damit neu gestalten könnten, es aber wegen ihrer inneren Begrenzung nicht vermögen.
Der Kosten-Nutzen-Vergleich ist ein kaufmännisch wichtiges Instrumentarium; die Kosten und die Nutzung auf den Menschen zu beziehen, ist die notwendige nächste Dimension.
Nur wenn der einzelne Mensch in seiner Gesundheit, in seiner Persönlichkeit, in seiner Fähigkeit mit all dem, was ihn in seiner Gesamtheit ausmacht, sich in einem Gesamtsystem erfahren und erleben kann, hat es noch Nutzen und Sinn und rechnet sich völlig anders als bisher.
Ein Mensch, der wirklich in sich ruhend und zufrieden ist, hat völlig andere Möglichkeiten von Leistung und im Ausdruck seiner Fähigkeiten. Hier liegt ein unglaubliches ungenutztes Potential, das ganz einfach dadurch, daß viele Menschen wirklich in sich ruhend und stabil sind, einfache und aktive Lösungen hervorbringen kann; denn es betrachtet die überall bestehenden Probleme mit völlig anderen Augen, und erst in diesem neuen Gesamtgeschehen und Gesamtverständnis kann sich ein neues System der Werte entwickeln.

Der Ist-Zustand

Daß der einzelne Mensch an den Punkt kommt, seinen Wert für sich zu klären, geschieht bereits in einem viel größeren und weiteren Maße, als es im Augenblick erkennbar ist.
Der Mensch, der keine Arbeit hat, muß sich über sich selbst definieren, denn er kann sich nicht definieren über das, was er tut. Er wird auf sich selbst zurückgeworfen, und er hätte damit die Möglichkeit zu schauen, ob er wirklich den richtigen Beruf hat oder welche Fähigkeiten er wirklich besitzt, die er a) nicht kennt und b) nicht nutzt.
Das Handwerk ist eine hervorragende Möglichkeit, dem Menschen sichtbar zu machen, was er gestalten und leisten kann. Wenn ich z.B. einen Raum streiche, dann sehe ich, was ich getan habe, kann mich hineinfühlen und reflektieren, wie es sich entwickelt hat usw. Ich habe also erfahren, daß ich mit meinen Händen Kontakt zur Gestaltung bekomme.
Es muß sichtbar werden, daß, um etwas zu gestalten, ein Prozeß notwendig ist, der von innen nach außen zu geschehen hat. Ich kann nur etwas gestalten, wenn ich in mir eine Vorstellung davon habe, was gestaltet werden kann und soll.

> *So kann der Wert eines Systems immer nur über Einbeziehung des einzelnen Menschen und seiner Werte definiert werden. Wenn das gesamte System den Wert des einzelnen in keiner Weise mit einbezieht, dann ist das ganze System überflüssig, da es keinen Wert darstellt.*

System hat etwas damit zu tun, daß etwas systematisch, also in einer bestimmten Abfolge geschieht. Und der erreichte Endpunkt einer bestimmten Abfolge schafft den Wert.
Wenn aber in der Abfolge der Mensch im System nicht mehr einbezogen ist, hat das, was am Ende als Produkt erscheint,

keinen Wert. Es entstehen Massenprodukte. Massenprodukte sind zwar für viele Menschen zugänglich und auch in vielen Bereichen hilfreich, aber weder ist der Wert für den Menschen, der dieses Produkt benutzt, sinnvoll, noch kann der Mensch diesen Wert erkennen – er benutzt einfach etwas.
Auffällig und damit zusammenhängend ist auch, daß sich in der Wirtschaft immer mehr eine »Wert-Marke« entwickelt wie z.B. über Designermode. Da wird der Wert einer Person an ein Kleidungsstück geknüpft, und der Mensch, der dies kauft, bezahlt den Wert des Designers und wertet sich als Käufer über den Wert des Designers auf. Der eigentliche Wert des Kleids oder Anzugs steht dazu in keinem Verhältnis, sondern was hier geschieht, ist die Übertragung eines Persönlichkeits- oder Bekanntheitswerts. Daraus entsteht wieder ein Markt-System; es wird vermarktet, und zwar systematisch.

Warenwelt arbeitet mit Aufladung

Die Übertragung auf das Handwerk am Beispiel des Malers Friedensreich Hundertwasser: Die ungewöhnliche Gestaltung von Formen und Farben zu einer Gesamtheit ist hier mit dem Menschen verknüpft und hat einen bestimmten Stellenwert, der dann, wenn er vermarktet wird, wiederum dem einzelnen Menschen, der z.B. in einem Hundertwasser-Haus lebt, einen bestimmten Wert gibt. Oder der Besitzer eines Gemäldes von Hundertwasser sagt damit aus, daß er den Wert des Malers erkennt.
Der Wert des einzelnen Menschen jedoch liegt in seiner Person selbst. Der Wert einer Sache, die der Mensch herstellt, liegt in dem, was der Mensch selbst und andere in dieses Produkt hineingeben.
Eine Tätigkeit oder ein Gegenstand bekommt einen materiellen Wert oder einen vermeintlichen Wert. Die Information, die ich hineingebe, bestimmt die Qualität.

Der Aufbruch der Frauen – alte Muster entfallen

Wenn nun eine Frau in ein bereits bestehendes, von Männern geprägtes Wertesystem einbricht, muß sie sich profilieren. Für den Bereich des Handwerks und des Handels war es lange Zeit ausgeschlossen, daß Frauen dort tätig werden konnten. Das Wertesystem der Frauen war stark auf Familie, auf den Bereich der Kinder und der Erziehung ausgerichtet. Frauen, die inzwischen begonnen haben, ein Handwerk zu erlernen, standen immer unter dem Druck einer Männergesellschaft, die mit großem Argwohn die Frauen beobachtet und auch den kleinsten Fehler der Frauen als pauschale Unfähigkeit hingestellt hat, mit der klaren Aussage: eine Frau kann das eben nicht.
Die Erfahrungen, als Frau in einem Handwerk zu arbeiten, sind erst seit diesem Jahrhundert möglich geworden. Trotzdem wurden auch Frauen in das Wertesystem der Männer als Arbeitskräfte eingebunden und waren für die Arbeiten zuständig, die von einem Mann nicht für wert erachtet wurden, von ihm selbst getan zu werden.
Dies ist heute noch in vielen außereuropäischen Ländern unverändert der Fall. Im Wertesystem der Männer wurde immer die Arbeit, die eine Frau verrichtet hat, als minderwertig betrachtet. Aber der Aufbau einer ganzen Nation beruht unter anderem genau auf diesen »minderwertigen« Arbeitsleistungen der Frauen. Ohne deren Kapazität wäre kein wirkliches Wirtschaftswachstum möglich gewesen. Je mehr Frauen begonnen haben, in höher qualifizierte Arbeitsbereiche vorzudringen und sie mit Auszeichnung und Bravour zu erledigen, um so mehr haben sie Ängste, Abwertungen und Stopps von seiten der Männer aushalten müssen. Dies gilt nicht nur in Handel und Handwerk, sondern auch in allen Bereichen z.B. der Medizin, der Physik, der Philosophie und im Bereich der Rechtswissenschaften. In all den Bereichen mußten Frauen sehr viel ertragen und oft ohne wirkliche Stütze und Unterstützung Leistungen erbringen, die das, was Männer erbrachten, in zwei-, drei- und fünffacher Qualität überstiegen.
Grundsätzlich galt und gilt auch heute noch: Eine Frau muß erst beweisen, daß sie etwas kann, ein Mann mußte es nicht; seine Leistungsfähigkeit wird als selbstverständlich angenommen. Frauen in diesem Wertesystem standen immer unter Beweispflicht, was einen unglaublichen Aufwand an Energie notwendig machte.
Die Frau im Handwerk oder Handel wurde jedoch keineswegs nur von Männern unter Beweispflicht genommen, sondern wurde vor allen Dingen auch lange von ihren eigenen Geschlechtsgenossinnen äußerst negativ beäugt. Durch die immer größer werdende Anzahl von Frauen, die den Mut hatten, sich in diese Männerdomäne einzubringen und sie von innen her aufzuweichen, wurde es den nachfolgenden Generationen von

Frauen möglich, wirklich und umfassend alle ihre Qualitäten zu entfalten.
Viele Frauen waren bahnbrechend und richtungsweisend und haben über ihre gelebte Erfahrung eine neue Qualität von Wert sichtbar gemacht.
Solange eine Frau, ein Mensch jedoch die Idee hat, ein Opfer des Systems zu sein, kann sie/er weder Werte entdecken noch neue Werte in das System geben.
Ein System ohne Wert läßt den einzelnen Menschen herausfallen, er fühlt sich selbst wertlos. Ein System, das seinen Wert aus einer bestehenden Institution ableitet, verliert seinen Wert.

Wortklärungen nach Wahrig: Deutsches Wörterbuch

Wert(e) – Positive Bedeutung eines Subjekts oder Objekts im Verhältnis zu anderen. Meßgröße, Ergebnisse, Geltung, Bedeutung, Wichtigkeit.
System – In sich geschlossenes, geordnetes Ganzes. Gefüge von Teilen, die voneinander abhängig sind oder zusammenwirken.
Ganzheit – Unversehrtheit, eine Erscheinung nicht in ihren Einzelerscheinungen, sondern im Zusammenhang aller Symptome betrachtend.

Zusammenfassung

- Die Essenz eines Wertesystems ist die Entwicklung von Kultur.
- Die Essenz eines Wertesystems wird geprägt durch jeden einzelnen Menschen.
- Die Essenz eines Wertesystems ist die Entwicklung von Handwerk und Handel.
- Die Essenz eines Wertesystems ist die Übertragung von Werten von Generation zu Generation.
- Die Essenz eines Wertesystems ist die Qualität, die auch ohne System bestehen bleibt.
- Die Essenz eines Wertesystems steht mit dem Wohlbefinden des einzelnen im System in Zusammenhang.
- Solange ein Wertesystem Frauen degradiert, degradiert es sich damit selbst.

Literatur

Prof. Hildegard Macha, Nürnberg, Studie von 1997
Lawrence A. Pfaff & Associates, USA, Studie über Frauen im Management
Thomas Cleary: Also sprach Laotse
Wahrig, Deutsches Wörterbuch

Margit Pagany

Das Idealbild der Frau im Handwerk

Margit Pagany, geboren in Friedberg/Bayern. Von 1968 – 1978 Besuch der Grund- und Hauptschule in Friedberg-Ottmaring und der Realschule in Friedberg. Anschließend 2 Jahre Ausbildung zur Arzthelferin. Bis April 1983 berufliche Tätigkeit als Arzthelferin. Dann bis Juni 1986 kaufmännische Angestellte in der AOK Augsburg als Mitarbeiterin des Direktionsassistenten und stellvertretende Chefsekretärin. Parallel ab 1. 7. 1983 nebenberuflich im neu gegründeten Sanitär- und Heizungs-Handwerksbetrieb des Ehemanns und dann seit 1. 7. 1986 hauptberuflich im Betrieb des Ehemanns tätig.

»Wenn ein Mann zurückweicht, weicht er zurück.
Eine Frau weicht nur zurück, um besser Anlauf nehmen zu können.«

Zsa Zsa Gabor

Welche Rollen spielt die Frau in einem Handwerksbetrieb?

Die Anforderungen, die an eine Frau in einem Handwerksbetrieb gestellt werden, werden wohl in kaum einer anderen Berufsgruppe übertroffen. Ich spreche dabei von der am häufigsten vorkommenden Betriebssituation, dem Inhaber und Handwerksmeister, seiner Gattin oder Partnerin ohne Mitarbeiter oder mit einigen Mitarbeitern.

Durch die Größe und die Zusammensetzung dieser Handwerksbetriebe muß die Frau eine All-Round-Künstlerin sein. Ihre Aufgaben gehen über die allgemeinen Bürotätigkeiten weit hinaus. Verkäuferin, Technikerin, Managerin, Kundenberaterin, Psychologin, PR-Spezialistin, Werbeexpertin, Telefonseelsorgerin, Chefsekretärin, Personalchefin, natürlich auch noch Chefin. Hinzu kommen die zusätzlichen Rollen in der Familie wie Hausfrau, Ehefrau, Geliebte, Mutter, Erzieherin, Freundin, Krankenpflegerin ...

Kennen Sie Ihre Rollen?

Sind Sie sich als Handwerksfrau der zu spielenden Rollen bewußt! Nur dann können Sie schrittweise und nach Ihren Möglichkeiten versuchen, die Rollen, für die Sie sich weniger interessieren, zu delegieren. Mit dem dann freien Potential bauen Sie Ihre Stärken weiter aus und schaffen sich Freiraum für Ihre persönlichen Interessen.

Welche Voraussetzungen muß sie mitbringen?

Um diesen vielseitigen Anforderungen gewachsen zu sein, sind Voraussetzungen erforderlich.

Kontaktfreudigkeit
Kontaktfreudigkeit und Spaß am Umgang mit anderen Menschen sind Grundbedingung. Handwerk = Dienstleistung am und um den Menschen. Sie haben sowohl am Telefon als auch persönlich immer mit Menschen zu tun. Sie können Ihre Arbeit nur gut machen, wenn Sie diesen Kontakt auch gerne wahrnehmen.
Ein Negativbeispiel für die nicht allzu große Freude am Kundenkontakt ist unser Bäcker um die Ecke. Nicht allzu gerne - und nur wenn es arg pressiert - kaufe ich bei ihm ein. Das griesgrämige Gesicht der Mutter, die im Laden steht, hat sich bereits auf die Tochter niedergeschlagen. Ich habe immer das Gefühl, lästig zu sein, vor allem wenn ich gerade noch kurz vor der Mittagspause reinrutsche.

Organisationstalent
Im Handwerk läßt sich nicht immer alles exakt planen. Viele Probleme und Kundenwünsche treten spontan auf. Von Ihnen ist oft sofortiges Handeln und Umorganisieren gefordert. Materialien müssen schnell beschafft oder Termine koordiniert werden.

Durchhaltevermögen
Haben Sie die Courage, neue Wege zu gehen! Doch werfen Sie nicht gleich die Flinte ins Korn, wenn der Erfolg sich nicht gleich einstellt. Lassen Sie sich auch nicht durch viele vermeintlich gute Ratschläge und Meinungen von Ihrem Vorhaben abbringen. Durchhaltevermögen ist jetzt angesagt, einfach dran bleiben. Der Erfolg kommt bestimmt!

Selbstbewußtsein
Um dem nicht immer angemessenen Verhalten von Kunden, Lieferanten oder auch Kollegen entgegenzutreten und vor allem um Neues zu wagen, ist ein starkes Selbstbewußtsein erforderlich. Genau zu wissen: *Wer bin ich?* und *Was will ich erreichen?*, stärken das Selbstbewußtsein. Persönlichkeitstrainings und auch Literatur sind hier ein gutes Hilfsmittel zur Stärkung von mangelndem Selbstbewußtsein.

Schulische (Vor-)Bildung
»Nur« eine mittelmäßige Schulbildung genossen zu haben, ist noch keine Schande. Nur sich dann nicht weiterzubilden, ist Faulheit. Lernen hört im Leben niemals auf und schon gar nicht, wenn Sie erfolgreich sein wollen.
Kaufmännische Grundkenntnisse sind für die Frau eines Handwerksmeisters dringend erforderlich.
Daß der Computer mittlerweile auch im Handwerk Einzug gehalten hat, ist unbestritten. Doch noch zu wenig Handwerkerfrauen können damit etwas anfangen. Wenn ich oft die Rechnungen ansehe, muß ich feststellen, daß doch die alte Schreibmaschine wieder herhalten mußte.
Meine Damen, haben Sie Mut, fangen Sie jetzt damit an. An jeder Ecke werden heute Computerkurse angeboten. Auch branchenspezifische Programme, die die Kalkulation von Angeboten, die Verwaltung von Kundendaten und das Schreiben von Briefen erheblich erleichtern, gibt es wirklich ausreichend. Auch die Buchhaltung oder Lohnabrechnung kann ohne weiteres im Betrieb selbst erledigt werden. Hier hilft Ihnen Ihr Steuerberater sicher gerne weiter.

Einsatzbereitschaft
Mit einer *Null-Bock-* oder *Was-geht-mich-das-an-*Einstellung haben Sie als Frau im Handwerk für Ihren Ehemann oder Partner mehr Schaden als Nutzen. Sie müssen wirklich »Ihre Frau« stehen und Ihren Einsatz bringen. Mit »Ich mach halt ein bißchen mit« geht gar nichts!

Belastbarkeit
Gerade auf Sie als Frau kommen erhebliche Zerreißproben zu. Vor allem durch die zusätzliche Belastung durch Haushalt und Familie kommen Sie immer wieder an die Grenzen Ihrer Leistungsfähigkeit.

Fähigkeit zum Zuhören
Sowohl Kunden als auch Mitarbeiter werden Sie als Anlaufstelle benutzen, um ihre Probleme loszuwerden. Aufrichtiges Zuhören muß zu Ihrer Stärke werden. Sie haben damit die

Möglichkeit, Sorgen, Nöte und Probleme zu erfahren und Abhilfe zu schaffen. Dazu ist die Gabe des Zuhörens ein ausgezeichnetes Kunden- und Mitarbeiter-Bindungsmittel.

Kompetenz

Kompetenz hat man nicht automatisch. Diese müssen Sie sich erarbeiten. Eine gewisse Fachkompetenz in dem Handwerk, das Sie vertreten, ist mit etwas Engagement leicht zu erlernen.
Die Kompetenz, Vereinbarungen zu treffen und Zusagen zu machen, sich um Dinge zu kümmern und sie bis zur Erledigung zu verfolgen, gehört selbstverständlich auch dazu.
Da wir in unserem Unternehmen ständig mit anderen Handwerksbetrieben zusammenarbeiten, kann ich ein Lied davon singen, wie wenig kompetent und verantwortlich viele Handwerkerfrauen sind. Dieser Satz: »Das weiß ich nicht, das macht mein Mann« sollte doch jetzt endgültig im Papierkorb landen.
Wenn Handwerkerfrauen nicht wissen, auf welcher Baustelle ihr Mann steckt, wann er wiederkommt oder wie er zu erreichen ist, ist das wirklich ein Armutszeugnis.
Ein für uns nicht mehr wegzudenkendes Kommunikationsmittel für Chef und Mitarbeiter ist das Mobil-Telefon. Jetzt kommt sicher von Ihren Männern der Einwand: »Ich muß ja arbeiten und kann nicht dauernd durch das Telefon gestört werden.« Sicher gehört eine gewisse Disziplin mit zum mobilen Telefon. Wir geben die Mobil-Telefon-Nummern z. B. an sehr wenige ausgewählte Kunden und Lieferanten weiter. Es kommunizieren vorrangig Chef, Mitarbeiter und das Büro. Auf wichtige Kundenanfragen und dringende Probleme kann damit sofort und kompetent reagiert werden.

Handy ist Handy

Die Stärken einer Frau

Allgemein bekannt ist, daß bei Frauen die rechte Gehirnhälfte in der Regel ausgeprägter ist als die linke. Frauen sind besser bei verbalen Aufgaben, also Fähigkeiten, die mit Sprache zu tun haben, als die Männer. Diese tun sich bei mathematischen und visuell-räumlichen Aufgaben leichter.
Frauen legen mehr Wert auf Form, Farbe und Harmonie (Ästhetik) und haben ein höheres soziales Empfinden. Gerade in der Mitarbeiterführung zeigen sich Frauen feinfühliger. Sie erkennen (fühlen) viel schneller, wenn Mitarbeiter mit Problemen belastet sind. Zudem erzählen auch die männlichen Mitarbeiter Ihrer Chefin lieber von ihren Sorgen.
Frauen können sich durch ihr Einfühlungsvermögen besser in die Mitarbeiter hineinversetzen. Männer reagieren hier zu rational und oft wenig verständnisvoll.
Ich stelle immer wieder fest, daß, wenn es um die Anfrage nach Urlaub geht, etwas Unangenehmes passiert ist oder persönliche Probleme plagen, auch in unserem Betrieb einige der männlichen Mitarbeiter erst zu mir kommen. Nutzen Sie diese Stärke der Frau ganz bewußt. Sie können Spannungen schnell erkennen und abbauen und damit zu einem guten Betriebsklima beitragen.
Bei vielen Kunden haben Sie als Frau natürlich die gleichen guten Karten. Wenn Sie es verstehen, charmant und auch einmal mit einem kleinen Scherz den Kundenkontakt zu pflegen, kommen Ihre Kunden viel öfter und lieber zu Ihnen. Ich denke gerade hier an einen schon über 80jährigen Kunden. Seine Rechnungen bezahlt er immer persönlich und in bar bei mir. Als ich ihn kürzlich zusammen mit seiner Frau beim Einkaufen traf, stellte er mich ihr vor. Diese erzählte mir dann lächelnd: »Wenn ich ihn zum Einkaufen schicken will, kann er nicht. Aber zu Ihnen schafft er es immer!«

Frauen als zentrale Kontakt- und Anlaufstelle

Aufgabenverteilung im Betrieb – Teamarbeit

Nach meinen Erfahrungen funktioniert ein Handwerksbetrieb nur dann gut, wenn beide Partner zusammenarbeiten. In der Regel übernimmt der Handwerksmeister die praktische Arbeit. Er ist für das »Handwerk« zuständig. Die Frau kümmert sich um die kaufmännische Arbeit und den Kundenkontakt.
Egal, wer welchen Part übernimmt, ganz wesentlich ist dabei, daß zwischen beiden geklärt ist, wer für was zuständig ist. Ein Handwerksbetrieb muß wie jeder andere Betrieb gemanagt werden. Jeder muß seine Aufgaben haben, für die er auch verantwortlich ist.
Vor wenigen Wochen kam von einer Steinmetz-Partnerfirma eine Abrechnung für eine Natursteinlieferung, die bereits vor über einem halben Jahr erfolgte – übrigens eine der letzten Arbeiten, die diese Firma für uns erledigte! Letzte Woche er-

hielt ich eine weitere Rechnung über Pflegematerial, das bereits ein Jahr vorher berechnet worden war, und Naturstein, der keiner Kundenkommission zuzuordnen war. Lieferscheine wurden natürlich nie ausgestellt. Die Ehefrau arbeitet nur zeitweise und sehr halbherzig im Büro mit und hat wenig Überblick. Er ist zwar ein hervorragender Fachmann, aber ein fürchterlicher Chaot. Dieses Team funktioniert nicht!

Mitarbeitende Ehefrau oder Unternehmerin?

Wie oft wurde mir schon die Frage nach meinem Beruf gestellt. Mein erlernter Beruf der Arzthelferin interessiert schon lange nicht mehr. Was bin ich jedoch jetzt: Büroangestellte oder kaufmännische Angestellte oder mitarbeitende Ehefrau, oder traue ich mich an die Bezeichnung »Unternehmerin«?
Für mich ist heute klar: Ich bin Unternehmerin! Ich habe mir diese Bezeichnung in jahrelanger harter Arbeit verdient und lebe es auch.
Sie müssen für sich definieren: Was will ich sein? Will ich mitarbeitende Ehefrau und Angestellte meines Mannes bleiben, oder sehe ich meinen Ehemann und mich als Führungsteam eines Unternehmens – nicht als »Nur-Handwerker«?

Verantwortung in Gremien und Verbänden

Wer sitzt denn in allen Handwerksinnungen und -verbänden – vor allem in leitenden Positionen? Ich kenne fast nur Männer! Es wird höchste Zeit, daß sich in diesen verknöcherten Strukturen etwas mehr Gefühl und Intuition breitmacht.
Vermutlich wird dieses weibliche Engagement viel persönlichen Einsatz erfordern. Auch viele Rückschläge und Boykottverhalten der männlichen Mitglieder werden nicht ausbleiben. Doch in der Politik ging dies auch nicht von heute auf morgen. Frauen können dort doch schon gute Erfolge nachweisen.
Gerade Frauen, die in der Familie nicht mehr so gefordert sind, weil ihre Kinder bereits erwachsen sind, eignen sich für die Mitarbeit in übergeordneten Betriebsorganisationen. Diese Unternehmerinnen sind gerade durch ihre langjährige Erfahrung sehr wertvoll.

Soziale Absicherung – Arbeitsvertrag

Viele im Handwerk tätige Frauen – wie ich auch – beginnen ihre Tätigkeit als »geringfügig beschäftigte« Mitarbeiterin. Diese Möglichkeit der Entlohnung eignet sich zu Beginn einer Selbständigkeit, wenn die Büroarbeiten noch nebenberuflich ausgeführt werden. Doch achten Sie darauf, daß diese Entlohnungsform nicht zum Dauerzustand wird, vor allem dann, wenn Sie wirklich wie eine Angestellte 30, 40 oder oft sogar 60 Stunden die Woche im Unternehmen tätig sind.
Schließen sie unbedingt mit Ihrem Mann oder Partner einen ordentlichen Arbeitsvertrag, genauso wie sie es für jeden Mitarbeiter tun. Bitte beachten Sie, daß gerade bei Steuerprüfungen die Arbeitsverträge von »mitarbeitenden Ehefrauen« besonders unter die Lupe genommen werden.
Denken Sie an Ihre persönliche soziale Absicherung, eventuell auch an eine private Zusatzrente für Sie selbst. Sie haben keine Garantie, daß Ihre Partnerschaft ewig hält. Bricht eine Partnerschaft auseinander, steht die Frau in solchen Fällen unter Umständen mittellos da!
In einer Untersuchung der Zeitschrift »handwerk magazin« über Ehegattengehälter in Handwerksbetrieben wurden 600 Handwerksbetriebe in ganz Deutschland befragt. Der durch-

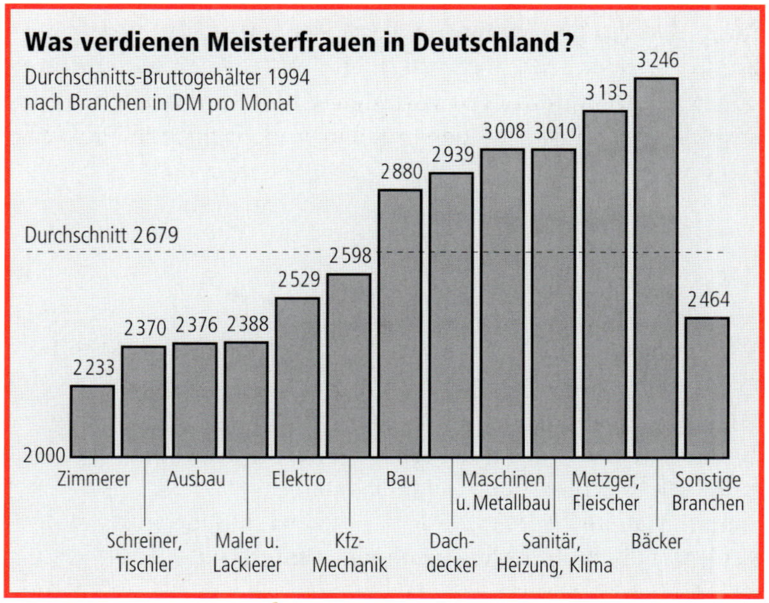

schnittliche Bruttolohn der Meisterfrau liegt nach dieser Studie von 1994 bei 2679 DM brutto im Monat. Ein 13. Gehalt ist nahezu üblich. Wie Sie aus vorhergehender Übersicht sehen, verdienen die Frauen von Bäckern am meisten, am wenigsten die Frauen von Zimmerern.
Nach den geringen Lohnerhöhungen der letzten Jahre dürfte sich die Höhe der Gehälter nur geringfügig verändert haben.

Familienmanagement

Einen Handwerksbetrieb zu führen und »nebenbei« noch eine Familie mit Kindern zu haben, erfordert wirklich ein eigenes Management. Ich erinnere mich noch an die Tage, als ich im Büro am PC arbeitete und gleichzeitig meine erste Tochter stillte. Besonders heiß wurde mir dann, als sie im Krabbelalter – der Laufstall im Büro – natürlich immer dann zu brüllen anfing, wenn das Telefon läutete.

Familienkompetenz durch Planung

Für meinen Mann und mich war klar, daß ich im Büro eine wichtige und wesentliche Rolle einnehme. Nur Hausfrau und Mutter zu sein, brachte zudem für mich keine Befriedigung. Mein Mann unterstützte mich, so gut er konnte, bei der Hausarbeit, es war aber trotzdem kaum zu schaffen. Wir mußten also Beruf und Familie besser organisieren.
Eine Oma in unmittelbarer Nähe, die uns in Haushalt und Kinderbetreuung helfen konnte, hatten wir nicht. Auf die Initiative meines Mannes hin haben wir erst eine Zugehfrau für einige Stunden beschäftigt und dann zusätzlich für drei halbe Tage eine Kinderfrau. Rechtzeitig vor der Geburt unserer zweiten Tochter stellten wir eine Auszubildende zur Bürokauffrau ein. Damit stellten wir sicher, daß wenigstens das Telefon besetzt war und grundsätzliche Bürotätigkeiten erledigt wurden, wenn ich mit den Kindern zu tun hatte. Dadurch daß Büro und Wohnung in einem Haus untergebracht waren, konnte die Mitarbeiterin mich immer erreichen.
Nach dem Umzug in ein neues Wohn- und Geschäftsgebäude sollte uns die zusätzliche Beschäftigung eines Au-pair-Mädchens weitere Entlastung bringen. Das Mädchen kam aus dem kühlen Norwegen und war für unsere temperamentvollen Töchter nicht der ideale Spielkamerad. Auch im Haushalt war sie nicht besonders versiert. Ich kenne aber andere Mütter, die durchaus positive Erfahrung mit ihren Au-pair-Mädchen haben.
Nachdem wir nun Zugehfrau, Kinderfrau und Au-pair-Mädchen gleichzeitig im Haus hatten, war uns der verschiedenen Damen dann doch zuviel. Keine war voll verantwortlich, und jede machte nur »ein bißchen«. Wir entschlossen uns dann – die Kinder waren jetzt ein und drei Jahre alt -, eine Haushälterin in Vollzeitbeschäftigung einzustellen. Trotz des hohen finanziellen Aufwands waren wir mit dieser Entscheidung sehr zufrieden. Der Haushalt war in Ordnung, das Mittagessen abwechslungsreich, und die Kinder hatten eine liebevolle Bezugsperson. Büro und Wohnung waren auch jetzt wieder in einem Gebäude. Für Haushälterin und Kinder war ich damit immer erreichbar.
Nachdem dann beide Kinder in den Kindergarten gingen, reduzierten wir die Haushaltshilfe wieder auf eine Halbtagsstelle. Heute – unsere Töchter sind jetzt acht und zehn Jahre alt – reicht eine Zugehfrau zum Bügeln und Saubermachen aus. Wir haben auch Wohnung und Büro mittlerweile getrennt. Die Kinder sind sehr selbständig und kommen einige Stunden allein zurecht. Wir haben zudem den nötigen räumlichen Abstand vom Büro, um auch »privat« sein zu können.
Für die Anliegen und Erzählungen unserer Kinder nehmen wir uns bewußt beim gemeinsamen Mittag- und Abendessen sowie am Wochenende Zeit. Nach unserer Auffassung ist nicht die Menge an Zeit wichtig, die wir für unsere Kinder aufbringen. Die Intensität des Zusammenseins in der wenigen Zeit, die uns zur Verfügung steht, ist entscheidend.
In Gesprächen mit Handwerkerfrauen stelle ich immer wieder fest, daß sie gerne etwas Entlastung – vor allem beim Sauberhalten der Wohnung – hätten. Doch es kommt entweder der vermeintlich falsche Stolz mit der Aussage: »Das schaffe ich schon alleine« oder: »Ich finde ja doch niemand«, oder aber der Ehemann bremst. Ich erinnere mich heute noch an die Reaktion meiner Mutter: »Was, du brauchst eine Putzfrau!«, in der im Unterton mitschwang: »Schaffst du das nicht alleine?« Heute ist es selbstverständlich, daß ich im Beruf aktiv bin und der Haushalt organisiert ist.

Freiraum durch Delegation

Als im Beruf engagierte Frau, die gleichzeitig Familie hat, müssen Sie einige Arbeiten delegieren. Sie können nicht überall sein und dann noch leistungsfähig bleiben.

Die Partnerschaft pflegen

Gerade wenn beide Partner im gleichen Betrieb arbeiten und dadurch mehr als andere Paare miteinander zu tun haben, leidet oft die Partnerschaft. Es dreht sich alles nur noch um die Firma, und für persönliche Bedürfnisse bleibt kaum noch Zeit.
Planen Sie die Pflege Ihrer Beziehung. Für uns bedeutet das z. B. drei- bis viermal im Jahr ein gemeinsames Wochenende ohne die Kinder. Wir nehmen uns nur Zeit für uns. Wir gehen auch immer wieder gemeinsam essen – hier wieder bewußt ohne Kinder. Vergessen Sie nicht, miteinander zu reden – nicht nur oberflächlich. Jeder hat Bedürfnisse und Wünsche, die ausgesprochen werden müssen. Nur wenn die Beziehung funktioniert, klappt es auch im Beruf. Literaturtips zur Pflege Ihrer Beziehung finden sie am Ende meines Beitrags.
Unseren Urlaub haben wir neu geregelt. Unsere Kinder brauchen Action, wir lieben die Ruhe. Einen Teil des Urlaubs planen wir jetzt gemeinsam mit den Kindern, den anderen Teil verbringen unsere beiden Töchter in einem Reitercamp bei ihren geliebten Pferden. So haben die beiden die notwendige Aktivität, und wir können uns zu Hause entspannen.

Gesund und fit bleiben

Rückenschmerzen – vor allem durch die Arbeit am Schreibtisch – bin ich vor Jahren noch mit Massagen zu Leibe gerückt. Der Erfolg war nicht sehr dauerhaft und die Auswirkungen auf den gesamten Körper nicht befriedigend. Heute plane ich zweimal die Woche für eine Stunde den Besuch im Fitness-Studio. Beim Circle-Training (besonders gut für Kreislauf und Muskulatur) oder spezieller Wirbelsäulen- oder Problemzonen-Gymnastik (Bauch-Beine-Po) kann ich mich abreagieren und pflege aktiv meine Gesundheit und meine Figur. Der Masseur ist mittlerweile überflüssig.
Sogar in vielen abgelegenen Orten werden mittlerweile Gymnastikstunden durch Turn- und Sportvereine angeboten. Das nächste Schwimmbad ist sicher auch nicht weit, und ein Fahrrad steht bestimmt ebenfalls im Keller. Nutzen Sie diese Angebote – aber bleiben Sie dran! Auch wenn es einmal zeitlich nicht klappt, nehmen Sie den nächsten geplanten Termin wieder wahr. Ich selbst kenne das Phänomen: wenn man ein- oder zweimal eine Stunde verpaßt, findet man auch die nächsten Male einen Grund, nicht hinzugehen. Ihre Gesundheit (und auch Ihr gutes Aussehen) muß es Ihnen wert sein!
Um mich zu entspannen und ein wenig verwöhnen zu lassen, gehe ich mittlerweile auch alle vier Wochen zur Kosmetikerin. Mich hinzulegen und pflegen zu lassen genieße ich jedesmal wieder in vollen Zügen. – Finden Sie für sich heraus, was Ihnen guttut und wo Sie wieder »auftanken« können.
Auch ein gepflegtes Aussehen hält Sie gesund. Sie fühlen sich attraktiv und selbstbewußt. Eine Handwerkerfrau muß nicht aussehen wie eine abgerackerte Putzfrau. Denken Sie daran: Sie bieten Ihren Kunden nicht nur Produkte an, sondern liefern dazu Gesundheit, Schönheit, Lebensqualität, Wohlgefühl. Vergessen Sie nicht: Was Sie nicht vorleben und nicht ausstrahlen, können Sie auch nicht verkaufen!

Professionelle Selbst-Kompetenz

Resümee

Sie brauchen Power, wenn Sie als Frau im Handwerk erfolgreich bestehen wollen. Doch nicht nur in Politik und Wirtschaft stehen hinter erfolgreichen Männern starke Frauen. Auch ein traditioneller Handwerksbetrieb ist erst mit einer engagierten Frau richtig erfolgreich.
Jeder Frau, der dieses Engagement und die notwendigen Eigenschaften fehlen, um mit ihrem Mann einen Handwerksbetrieb zu führen, empfehle ich: Bleiben Sie lieber in Ihrem erlernten Beruf oder im Haushalt, und finden Sie dort Ihre Erfüllung.
Soweit Sie dann das Verständnis für den oft langen Arbeitstag Ihre Mannes aufbringen, können Sie damit sowohl Ihrer Beziehung als auch der Firma Ihres Mannes mehr nützen.

Literatur

Marylin Loden: Als Frau im Unternehmen führen. Freiburg i.Br. 1988
Barbara Schmidt und Brigitte Lämmle: Lieb mich, Baby. München 1991
Brigitte Lämmle: Leidenschaft lebendig halten. München 1994

Karin Zöhrer

Grenzenlose Möglichkeiten

Wie wir durch elementare Antriebskräfte unsere Lebenseinstellung bewußt steuern und zu einem effizienten Lebensplan gelangen.

Karin Zöhrer ist ausgebildete Diplom-Mentaltrainerin, psychologische Beraterin und Seminarleiterin. Als Autorin schreibt sie über Einfluß mentaler Praktiken. Seit Jahren ist sie im Einzel- und Gruppencoaching tätig. Langjährige Mitarbeiterführung zählt ebenfalls zu ihren praxisbezogenen Erfahrungen.

»Ein Steinhaufen hört auf, ein Steinhaufen zu sein, sobald ein einziger Mensch ihn betrachtet, der das Bild einer Kathedrale in sich trägt …«

Antoine de Saint-Exupéry

Einstimmung

Jeder von uns kann zum eigenen Forscher werden und beginnen, die Karten für eine fruchtbare Lebenseinstellung neu zu mischen.
Grundlegend für unsere Lebenseinstellung ist die Art, wie wir Sachverhalte, Situationen wahrnehmen, wie wir sie beurteilen, wie wir sie gefühlsmäßig bewerten. Unsere Reaktionen und unser Verhalten in verschiedenen Lebenssituationen nehmen dabei eine hinweisende Schlüsselposition ein; denn sie wurden von uns erworben.
In den meisten Fällen re-agieren wir aufgrund früherer Erlebnisse und durch Übernahme des gesellschaftlichen Wertesystems. Wir können als Beobachter bestimmte Verhaltensweisen ergründen; denn es ist sehr aufschlußreich zu wissen, wie wir unser Verhalten als Mittel zur Erreichung bestimmter Ziele einsetzen: Agieren wir mit zielunterstützenden Verhaltensweisen oder boykottieren wir unsere Zielerreichung unbewußt durch unser Verhalten?

»Unser Leben wird von viel mehr bewegt, als wir scheinbar annehmen.«

Welches Verhalten wir auch immer an den Tag legen, ob unterstützend oder boykottierend, hinter jeder inneren und auch äußeren Verhaltensweise steckt eine Überzeugung. Unsere Überzeugungen sind nicht nur das Fundament für unsere Lebenseinstellung, sondern sie bestimmen unser Leben und formen es, sie setzen Grenzen, und sie heben diese auf, sie sind verantwortlich für die eigenen Lebenserfahrungen und greifen somit auf Beruf und Zusammenarbeit über. Unterstützende Überzeugungen sind eine der elementarsten Antriebskräfte für jede bewußte Lebensplanung, die zum Erfolg führen soll.
Um jedoch boykottierenden Überzeugungen auf die Schliche zu kommen, ist es unumgänglich, sich der eigenen Denkmechanismen bewußt zu werden und mit willentlicher Aufmerksamkeit dahin zu steuern, wohin wir wollen ...
Sollte bei den folgenden Themen die Frage auftauchen: Wo ist da der Bezug zu Beruf und Zusammenarbeit?, dann stellen Sie sich einen Apfelbaum vor und fragen sich: Was hat die Wurzel mit dem Baumstamm, der Baumstamm mit den Ästen, die Äste mit den Blüten und die Blüten mit den Früchten zu tun?

Können wir bei ganzheitlicher Betrachtung das eine von dem anderen trennen?

Wenn wir dem *ganzheitlichen* Aspekt unsere Aufmerksamkeit schenken, kommen wir auch zu einer *ganzheitlichen* Antwort und Lösung.

Lebenseinstellung/Gedanken über unsere Gedanken

Wenn wir einmal damit beginnen, uns Gedanken über unsere Gedanken zu machen, dann lenken wir unsere Aufmerksamkeit auf die Qualität unserer Gedanken. Die Qualität unserer Gedanken ist maßgeblich daran beteiligt, in welche Richtung sich unser Leben entwickelt. Daran erkennen wir, welch eine Macht unsere Gedanken besitzen und was für ein machtvolles Werkzeug uns zur Verfügung steht. Wir haben die Macht, unser Denken selbst zu steuern und das Leben nicht gegen uns, sondern für uns wirken zu lassen. Die Macht, unser Leben zu bestimmen, fängt grundsätzlich mit den Gedanken an. Jedes Verhalten, jedes Gefühl entspringt in irgendeiner Form unserem inneren Dialog. Wenn wir den Ausspruch: »Am Anfang steht der Gedanke« zitieren, so können wir ihn mit größter Wahrscheinlichkeit nachvollziehen und als wahr akzeptieren.
Welch einen Stellenwert die Qualität der Gedanken einnimmt, ist den meisten spätestens nach Eintritt der Buchschwemme über »positives Denken« bewußt geworden.
Gedanken entwickeln im Leben eine nachvollziehbare Eigendynamik. Es ist eine unumstrittene Tatsache: Durch die Qualität unserer Gedanken schaffen wir unsere Gefühlswelt, unsere Lebens- und Berufsqualität.

- *Unsere Gedanken beeinflussen unsere Geisteshaltung,*
- *unsere Geisteshaltung beeinflußt unsere Handlungen,*
- *unsere Handlungen beeinflussen unsere Lebenserfahrungen.*

Gedanken ➛ Geisteshaltung ➛ Handlungen ➛ Lebenserfahrungen

Machen wir uns diese Tatsache voll bewußt und vergegenwärtigen uns diese Bedeutung, dann zeigt sich folgendes Lösungsmodell: Wenn unsere Gedanken dermaßen machtvoll sind, dann können wir von dieser Macht einen lebensbejahenden Gebrauch machen. Wir sollten uns nicht von unseren Gedanken beherrschen, uns von ihnen führen lassen, sondern es sollte unsere Absicht sein, daß wir unsere Gedanken beherrschen und bestimmen, was wir denken wollen.
Wenn wir über einen Aspekt von uns die absolute Kontrolle ausüben können, dann sind es unsere Gedanken. Wir können denken, was wir wollen, wir können uns ein Bild von dem machen, was wir wollen, und wir können erreichen, was wir wollen.
Diese Möglichkeit haben wir zwar, jedoch befinden wir uns des öfteren in einem Zustand, den man schlicht und einfach als *orientierungslos* bezeichnen kann. Wer kennt das nicht: die Gedanken rotieren, man verliert die Orientierung und kommt zu keinem Ergebnis.
Ist das Gedankenfreiheit? Nein, es ist die Freiheit, die wir den Gedanken geben, was nicht immer zu einem nutzbringenden Ergebnis führt.

Gedanken

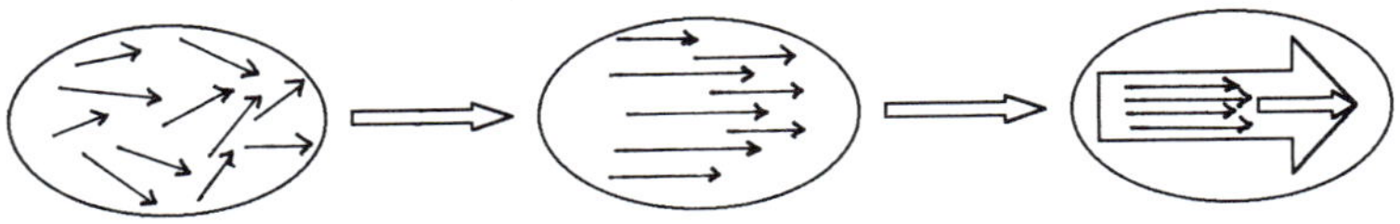

Gehen wir noch einen Schritt weiter:
Ohne den Gebrauch unseres Willens, mit dem wir bewußt unsere Gedanken, unsere Aufmerksamkeit steuern, werden wir kaum die Fähigkeit erreichen, unseren Geist zu beherrschen. Die Erkenntnis, daß unser Geist ein machtvolles Betätigungsfeld ist und wir damit ein wichtiges Instrument besitzen, zeigt uns: Wir sollten wissen, welche Noten wir brauchen, um dieses Instrument sinnvoll zu nutzen.

Was bewußter Wille über den Geist vermag

Was heißt bewußter Wille?
Bewußter Wille handelt nicht automatisch. Bevor man in die Handlung geht, steuert der bewußte Wille uns zuerst zur bewußten Aufmerksamkeit auf unsere Gedanken.
Der Spruch: »Zuerst denken, dann handeln« hat hiermit sicherlich seine Teilberechtigung. Wenn wir jetzt jedoch noch einen Schritt weitergehen und unser Bewußtsein ins Spiel bringen, dann leben wir effizienter, wenn wir »Zuerst bewußt denken – dann bewußt handeln«. Machen wir uns unsere Gedanken bewußt und legen ihnen die Zügel an, unterbrechen wir den Kreislauf, weiter Diener unserer Gedanken zu sein. Die Kontrolle darüber erfordert natürlich Aufmerksamkeit, und es spricht alles dafür, ein gezieltes, spielerisches Gedankenbewußtsein als Bestandteil unserer Persönlichkeit zu akzeptieren.

> *»Bewußte Gedanken sind wie Zugtiere, sie steuern dahin, wohin wir sie mit unserer bewußten Aufmerksamkeit lenken.«*

Wir sind in der glücklichen Lage, die Macht zu besitzen, eine wohldurchdachte Wahl, Entscheidung zu treffen und die eigenen Gedanken und Handlungen willentlich zu steuern. Setzen wir gezielt unseren Willen ein, ist es ein Sieg für unsere persönlichen Bedürfnisse und Wünsche, wir lösen uns aus alten Gedanken-Strukturen.

Unser Wille lenkt einfach alles
Lenken wir unsere Aufmerksamkeit einmal auf die körperliche Ebene und erfassen, was unser Wille dort bewirken kann. Ist unser Bedürfnis nicht danach ausgerichtet, uns ein Leben lang im Kreise zu drehen, sollten wir der unumstößlichen Tatsache Beachtung schenken, daß der Wille seinen Ursprung in uns hat. Das allein trägt dazu bei, daß er auch die Brücke zwischen unserer psychischen und physischen Ebene bildet. Um erfolgreich zu sein, sollten beide Anteile in Harmonie sein. Lassen wir uns auf zwei kleine Experimente ein, so können wir uns für die Richtigkeit dieser Aussage selbst den Beweis liefern.

Experiment 1
Lächeln Sie ab jetzt bewußt, so lange, bis Sie in Ihrem Innern Freude spüren.

Achtung!
Es ist sinnvoll, die Übung so lange durchzuführen, bis sich das Gefühl der Freude zeigt.

Entstehendes Resultat:
Selbst ein vom Willen gesteuertes Lächeln löst eine physische Reaktion der Freude aus.

Experiment 2
Genauso geschieht es, wenn wir eine bewußte geistige Einstellung haben, daß diese sich auf die physische Handlung auswirkt.
Denken Sie in aufrechter Körperhaltung so lange »Ich bin glücklich«, bis Sie zu lächeln beginnen.
Auch hier ist es sinnvoll, die Übung so lange durchzuführen, bis sich ein Lächeln zeigt.

Haben Sie diese Übungen so lange beherzigt, bis sich das Gefühl der Freude und die Bereitschaft zum Lächeln gezeigt

hat, dann haben Sie gespürt, was der Wille und die Gedanken allein auf der körperlichen Ebene bewirken können (Übung aus ReSurfacing / Harry Palmer).
Durch bewußte Steuerung von Wille und Aufmerksamkeit auf unser Ziel Lebensplan sind wir in der Lage, ein gesundes Gleichgewicht herzustellen. Für unseren Wirkungskreis, sei es im Beruf oder auf persönlicher Ebene, bedeutet das: Wir lassen uns nicht mehr von Randerscheinungen, die uns nicht weiterbringen, vom Ziel ablenken.

Wille → Aufmerksamkeit → Ziel

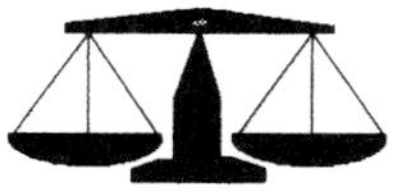

Gleichgewicht

Wir haben also die Macht, eine wohldurchdachte Wahl oder Entscheidung zu treffen, die Aufmerksamkeit, die Gedanken willentlich zu steuern. Wenn wir allerdings dieser Tatsache zu wenig Bedeutung beimessen und den Willen nicht durch spielerisches Agieren trainieren, fällt er mehr und mehr in einen Zustand der Teilnahmslosigkeit. Um den Willen aus diesem Schlummerzustand zu erwecken, brauchen wir ihm nur unsere Aufmerksamkeit zu schenken, und schon bewahrheitet sich mit Recht der uns allen bekannte Spruch:

»Wo ein Wille ist, ist auch ein Weg.«

Setzen wir jetzt noch unsere vorhandenen Antriebskräfte ein, so entsteht Transparenz.

*»Bewußter Wille und bewußte Aufmerksamkeit
machen Wege sichtbar.«*

Der richtige Umgang mit der Willenskraft bedeutet nicht Eroberung oder Unterwerfung, sondern disziplinierte Steuerung der eigenen Aufmerksamkeit auf das, was wir wollen, und nicht auf das, was wir nicht wollen. Je stärker unsere Aufmerksamkeit von unserem Wollen (Ziele, Wünsche) stimuliert wird, desto deutlicher zeigt sich unser Erfolg auf allen Ebenen.

Wie wichtig sind Aufmerksamkeit und Wille?
Bevor wir unsere Aufmerksamkeit steuern, sollten wir entscheiden, worauf wir sie lenken wollen. Es sollte die Frage auftauchen, dient es unseren Zielsetzungen, unserem Wohlergehen? Richtet sich unsere Aufmerksamkeit auf lösungsorientierte Werte unseres Vorhabens?

*»Richten wir unsere Aufmerksamkeit
nur auf die Dornen eines Rosenstrauchs,
bemerken wir wohl kaum
seine Blütenpracht...«*

Wenn Aufmerksamkeit nicht durch den Willen gesteuert wird, reagiert sie auf Impulse aus unserer Umgebung. Alte Verhaltensweisen werden präsent, und uns ist der Lauf der Dinge mal wieder ziemlich vertraut, weil diese Verhaltensweisen unseren Gewohnheitsgedanken entspringen. Hinzu kommt noch, daß Aufmerksamkeit sich ähnlich verhält wie ein Generator, sie ist ein enormer Energiesender. Unsere Energie fließt dorthin, wo unsere Aufmerksamkeit sich momentan befindet, und wird empfangen. Greifen wir einmal folgende Situationen auf: Wir schauen interessiert zu jemandem hin, und plötzlich hebt dieser Jemand den Kopf, er schaut ebenfalls in unsere Richtung. Umgekehrt: Wer kennt diese Situation nicht? Wie magnetisch angezogen dreht sich unser Kopf in eine Richtung, und wir bemerken, daß jemand seine volle Aufmerksamkeit auf uns gerichtet hat. Zufälle? Oh nein!

»Wo ein Sender, da auch ein Empfänger.«

Damit allein sind die Wirkungsweisen der Aufmerksamkeit noch lange nicht ausgeschöpft. Aufmerksamkeit kann auch - im Positiven wie im Negativen – einen Bumerangeffekt erzeugen. Die Ausrichtung und die Qualität unserer Aufmerksamkeit bestimmt, was wir im Leben ernten. Der Focus unserer Aufmerksamkeit kann unser Leben befruchten oder auch zu einer trostlosen Sache werden lassen. Hinzu kommt noch, daß vom Willen gesteuerte Aufmerksamkeit sich zum persönlichen Helfer entwickelt. Sie vermeidet automatisiertes, sinnloses und energieraubendes Handeln, sie macht uns vorausssichtig. Mit diesen Fähigkeiten können wir behaupten:

»Durch Schaden wird man klug.«
Jedoch:
»Durch Aufmerksamkeit vermeidet man den Schaden.«

Wer kommt schon in den Genuß eines erfolgreichen Daseins, wenn er seine Aufmerksamkeit zu stark auf die Schattenseiten der Dinge lenkt und die Negativität die vorhandenen Möglichkeiten wie eine dunkle Wolke umgibt? Die Sicht wird wesentlich klarer, wenn wir den Willen, die Aufmerksamkeit und die Gedanken mit vollem Bewußtsein auf die Lösungen unseres Vorhabens richten:

»Unsere Möglichkeiten werden sichtbar.«

	Bewußter	**positiver**	**Wille**
+	**bewußte**	**positive**	**Aufmerksamkeit**
+	**bewußte**	**positive**	**Gedanken**
=	**bewußte**	**positive**	**Lebenseinstellung**

Unser Leben ist ein Symbol unserer Überzeugungen

Überzeugungen sind ein Bestandteil des Glaubens. Wir sollten in diesem Falle den Begriff des Glaubens allerdings nicht als religiösen Anteil wahrnehmen, sondern darin eine wertfreie Kraft sehen. Diese wertfreie Kraft ist soviel wie eine starke innere Haltung, verbunden mit unterstützenden Überzeugungen, die etwas für möglich, für wahr halten. Der feste Glaube an etwas ist auf das engste mit Überzeugungen verbunden. Gedanken wie: »Alles ist möglich«, »Es gibt immer einen Weg« sind unterstützende, lebensbejahende Überzeugungen, die sich lösungsorientiert im Leben sowie im Beruf auswirken. Unsere Überzeugungen von bestimmten Dingen schaffen Normen und Erwartungshaltungen in uns und lassen uns dementsprechend handeln. Bevor Thomas Alva Edison unter der Vielzahl seiner Erfindungen die Glühlampe erfand, war zuerst der Gedanke. Dieser Gedanke wurde zur Idee. Diese Idee allein genügte allerdings nicht. Ohne die feste Überzeugung, daß er diese Idee auch verwirklichen könne, wäre er nicht zum erfolgreichsten Erfinder Amerikas geworden.

Diese Glühbirne ist nichts anderes als:

»Ein sichtbar gewordener Gedanke,
von der Überzeugung getragen:
es ist möglich«.

Wir glauben an eine Unzahl von Dingen, die zum Teil belanglos sein können, jedoch in ihrer wahrscheinlichen Belanglosigkeit unser Leben, unseren Beruf tatsächlich beeinflussen. Das, woran wir glauben, wovon wir überzeugt sind, nimmt Einfluß auf unsere Möglichkeiten. Nehmen wir unsere Überzeugungen und deren Auswirkungen unter die Lupe, dann bemerken wir:

*»Überzeugungen sind der Ursprung für das,
was wir erfahren.«*

Behindernde Überzeugungen sind keineswegs etwas, woran wir nichts ändern können, und mit denen wir uns deswegen abfinden müssen, sondern die entscheidende Ergänzung lautet: Die Qualität unserer Überzeugungen liegt ganz in unserer Hand.

*Die Qualität unserer Überzeugungen bestimmt,
welchen Nutzen wir daraus ziehen:*

Überzeugung: Wir besitzen mehr Potential und Fähigkeiten, als uns vielleicht bewußt ist. Daraus entstehender *Nutzen*:
- *wir verschieben unsere Selbstbegrenzung,*
- *öffnen uns für neue Möglichkeiten,*
- *beeinflussen unser Weiterkommen,*
- *unterstützen die Selbstverwirklichung.*

Überzeugung: Das Wort »Mißerfolge« sollte der Vergangenheit angehören, es gibt nur Resultate! Daraus entstehender *Nutzen*: Durch die Neutralität, »Es ist ein Resultat«, geben wir dieser Erfahrung eine andere Bedeutung.
- *Wir öffnen uns für den Nutzen, der in dieser Erfahrung steckt.*
- *Wir erkennen dadurch das Fehlende in unseren Handlungen.*

- *Wir erhalten die Möglichkeit, unsere Handlungen durch diese Erfahrung sinnvoll zu ergänzen, damit es zum Gelingen führt.*
- *Das Verhaften im Mißerfolg mit der möglichen Begleiterscheinung Resignation scheidet aus ...*

Die andere Seite der Medaille sind behindernde Überzeugungen und die daraus entstehenden Blockaden:

Überzeugung: Mißerfolge zeigen unsere Grenzen auf!
Daraus entstehende *Blockade*: Durch die Bewertung »Mißerfolg« begeben wir uns in die Negation und neigen zur Resignation:

- *Es kann zur Zielaufgabe kommen.*
- *Es kann zur Folge-Überzeugung führen, unseren Möglichkeiten seien enge Grenzen gesetzt.*
- *Wir zweifeln an unseren Fähigkeiten.*
- *Die daraus entstehenden hilfreichen Hinweise für ein Gelingen verlieren wir dabei aus den Augen.*

Überzeugung: Um erfolgreich zu sein, muß man kämpfen!
Daraus entstehende *Blockade*:

- *Unsere Erwartungshaltung ist auf Kampf eingestellt.*
- *Wir verlieren unsere Leichtigkeit.*
- *Die Persönlichkeitsstruktur verhärtet sich.*
- *Durch unsere Einstellung treffen wir auf Widerstände.*

Nachdem wir unterstützende und boykottierende Überzeugungen und deren Auswirkungen kurz unter die Lupe genommen haben, ist das Zusammenspiel von dermaßen Einfluß nehmenden Elementen deutlich sichtbar geworden.
Wir können also kaum einen effizienten Lebensplan oder auch Berufsplan erstellen oder in die Tat umsetzen, wenn unbewußte, behindernde Überzeugungen diesen Plan boykottieren.
Die Frage ist nun: Wie kommen wir an unsere unbewußten, automatisierten Überzeugungen heran?
Eine der Möglichkeiten ist ein Frage-und-Antwort-Spiel, das zu unseren Überzeugungen führt, wobei die Art der Frage eine Schlüsselfunktion hat.

Halten wir folgenden inneren Dialog:

- Was denke ich über meinen Beruf?
- Was denke ich über Geld?
- Was denke ich über andere Menschen (Mitarbeiter, Kunden)?
- Was denke ich über die wirtschaftliche Situation? (Begrenze ich mich dadurch?)

Entstehendes Resultat: Mit dieser Fragestellung machen wir uns unsere Überzeugungen bewußt, wobei die nächste Frage auftaucht: Behindern oder unterstützen mich diese Überzeugungen? Diese Erkenntnis ist der nächste Einstieg in eine bewußt gesteuerte Lebenseinstellung.
Wir sind in unzähligen Überzeugungen verhaftet, die uns nicht immer von Nutzen sind. Da Überzeugungen das Fundament für jeden gewünschten Erfolg darstellen, ist es erste Priorität, behindernde Überzeugungen aufzudecken. Die folgenden Darstellungen verdeutlichen nochmals den entstehenden Kreislauf durch Überzeugungen:

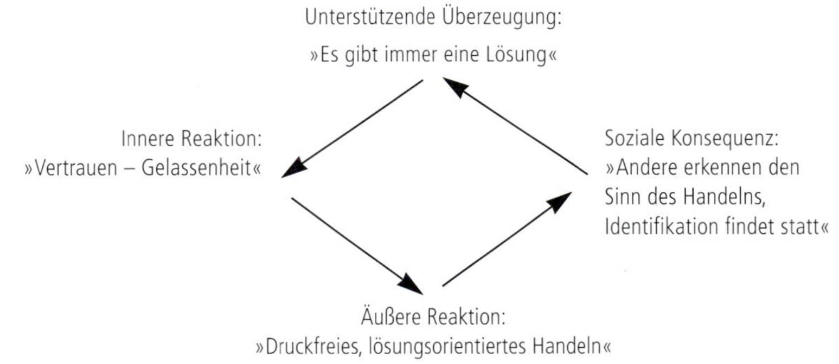

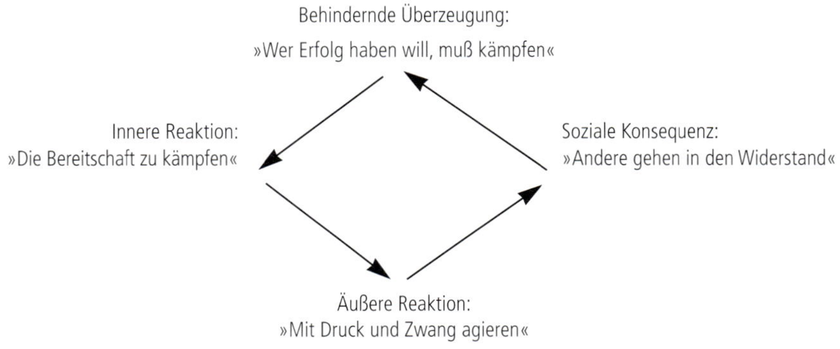

Behindernde Überzeugungen zu erkennen, reicht allerdings nicht aus. Das Erkennen läßt uns nicht weiter mit unbewußten Gedanken durch die Gegend laufen. Wir gehen zwar achtsamer mit unseren Gedanken um. Doch was machen wir mit einer behindernden Überzeugung? Eine der Möglichkeiten ist: Wir entkräften diese, indem wir uns lebensplanspezifische, unterstützende Überzeugungen neu schaffen.

»Jede Überzeugung ist eine Kreation,
mit der wir unser Leben gestalten.«

Jedem Erfolg gehen unterstützende Überzeugungen und letztendlich ein von positiven Gefühlen begleitetes Vorstellungsbild voraus. Umgekehrt lösen destruktive Überzeugungen negatives Verhalten, Mißerfolge und Schwierigkeiten aus. Menschen, die erfolgreich sind, denen alles mühelos gelingt, die trotz ihres großen Einsatzes noch voller Kraft und Energie sind, halten sich kaum mit den Gedanken auf, was alles schiefgehen kann. Sie beschreiten ihren Weg mit Zuversicht und dem Gedanken, daß sie erreichen, was sie sich vorgenommen haben. Erfolgsorientierte Überzeugungen sind reine Motivation und wecken die Begeisterung in uns.

»Mit lebensplanunterstützenden Überzeugungen
leben wir im Bewußtsein unseres Erfolgs.«

Wie schaffen wir unterstützende Überzeugungen?
Die Formulierung unserer Überzeugungen erfordert einen bewußten Umgang mit der Sprache.

1. Unterstützende Überzeugungen müssen so formuliert sein, daß sie nur das aussagen, was wir erreichen wollen – niemals das, was wir nicht wollen.
2. Bei der Erstellung von positiven Überzeugungen sollten wir Wörter wie »nein«, »nicht«, »kein« und »nie« aus unserem Sprachgebrauch streichen. Es folgen unweigerlich Bedeutungen, die eine Überzeugung verschwommen darstellen und ihr somit die Aussage-und Wirkungskraft nehmen.
3. Die Wörter »eigentlich«, »vielleicht« und »versuchen« sind vage Aussagen und bedeuten, daß man sich nicht festlegen will. Diese Wörter lassen geäußerte Absichten als unbestimmt erscheinen.

In »eigentlich« und »vielleicht« schwingt ein unausgesprochenes »Aber ich weiß nicht genau« mit. Im Wort »versuchen« schwingt ein unausgesprochenes »Es kann gelingen oder auch nicht« mit.

Wir sollten es uns zur Gewohnheit machen, unsere Überzeugungen durch klare, unmißverständliche Formulierungen zu prägen. Hier eine Gegenüberstellung von klar formulierten und von verschwommenen Überzeugungen.

Klar formulierte Überzeugungen:

- *Unser Kundenservice wird ausgebaut;denn er hat höchste Priorität und trägt gravierend zur Umsatzstabilität bei...*
- *Meine Selbstmotivation ist ein wichtiger Aspekt für die Freude im Beruf...*
- *Teamgeist bedeutet: Gemeinsamkeit läßt Grenzen überschreiten...*

Verschwommene Überzeugungen:

- *Eigentlich könnten wir versuchen, den Kundenservice auszubauen, um dadurch vielleicht mehr Umsatzstabilität zu erreichen...*
- *Wenn ich mich nicht selbst motiviere, fehlt mir die Freude im Beruf...*
- *Ohne Teamgeist gibt es keine Gemeinsamkeit; es lassen sich keine Grenzen überschreiten...*

Wenn Sie sich jetzt auf folgende Übung mit Ihrer vollen Aufmerksamkeit einlassen, dann spüren, hören und sehen Sie, wie wichtig klar formulierte und zielgerichtete Überzeugungen sind.

Bitte sprechen Sie sich die obengenannte, *klar formulierte Teamgeist-Überzeugung* laut vor! Wie fühlen Sie sich bei dieser Aussage? Wie hört sie sich an? Und da wir in Bildern denken, unsere Gedanken also mit inneren Bildern verbunden sind, tauchen bei dieser Überzeugung innere Bilder auf? Wel-

che inneren Bilder sind das? Sprechen Sie sich jetzt bitte die gegenübergestellte *verschwommene Überzeugung* laut vor! Welchen Unterschied hören und spüren Sie? Welche inneren Bilder tauchen bei dieser Überzeugung auf? Worin unterscheiden sich die inneren Bilder bei der klaren und bei der verschwommenen Überzeugung?
Haben Sie den Unterschied bemerkt? Wenn nein, dann sollten Sie diese Übung mit Aufmerksamkeit wiederholen, so lange, bis Sie den Unterschied wahrnehmen. Wenn ja, dann haben Sie jetzt schon einen kleinen Geschmack von der Auswirkung klarer und verschwommener Überzeugungen erlebt.
Die Qualität der Gefühls- und Gedankenbilder steht in unmittelbarem Zusammenhang mit unseren Überzeugungen, und diese Bilder drängen zur Verwirklichung. Wenn wir eine unterstützende Lebenseinstellung und einen effizienten Lebensplan/Berufsplan anstreben, der alles, was uns wichtig ist, beinhalten kann, was liegt da näher, als an der Wurzel eines jeden Erfolgs zu beginnen.

»Erfolgsbejahende Überzeugungen rufen den Erfolg ins Leben.«

Überzeugungen sind nichts anderes als Selbstbeeinflussung. Überzeugungen spielen eine Vermittlerrolle zwischen dem bewußten Denken und den unbewußten Reaktionen. Überzeugungen bieten die Möglichkeit, unsere Aufmerksamkeit auf das zu lenken, was wir wollen, um letztendlich unsere Handlungen im gewünschten Sinne zu beeinflussen.
Wie bereits im Anfangskapitel erwähnt, unterliegen wir in jedem Augenblick den verschiedensten Beeinflussungen auf sehr unterschwellige Weise; wir reagieren aufgrund früherer Erlebnisse und durch Übernahme des gesellschaftlichen Wertesystems. Was liegt näher, als mit unserem freien Willen, den uns die Natur mitgegeben hat, zu bestimmen, welche Überzeugungen wir denken wollen, wohin wir unsere Aufmerksamkeit lenken, und was wir erfahren, erreichen wollen.

»Wir entscheiden, ob wir uns schöpferische, unterstützende Überzeugungen kreieren und uns somit die besten Voraussetzungen für ein fruchtbares Weiterkommen schaffen.«

Lebensplan und Integrität

Aus dem vorangegangenen Thema «Lebenseinstellung« geht klar hervor: Wir brauchen unseren Lebensplan nicht dem Zufall zu überlassen. Wir können gezielt und unseren Wünschen förderlich unser Leben dahin steuern, wohin wir wollen.
Es gibt jedoch unverzichtbare Voraussetzungen, die für unsere Erfolgsaussichten und für die Erfüllung unseres Lebensplans mitverantwortlich sind. Eine dieser Voraussetzungen heißt »*Integrität*«.
Alles, was wir in unseren Lebensplan einbeziehen, sollte unseren innersten Bedürfnissen, unserer Integrität gerecht werden. Aus dieser Integrität heraus sind wir authentisch und erkennen, ja leben wir unsere wahre innere Realität. In dem Moment können wir uns selbst und auch andere Menschen – Mitarbeiter, Kollegen – inspirieren, motivieren und begeistern.

Integrität ist eine ganz besondere Währung, eine Währung, die unverfälscht ist, weil sie unseren eigenen Anlagen, Talenten und Fähigkeiten entspringt.

»Sobald wir unsere Pläne mit der uns eigenen Integrität erstellen, taucht der Weg bei jedem Schritt, den wir tun, ganz von selbst unter unseren Füßen auf.«

Bleiben wir bei den Voraussetzungen, die einen Lebensplan/Berufsplan beeinflussen, so ist es sinnvoll, die Aufmerksamkeit auf die wesentlichen Dinge zu lenken. Man wählt einen Lebensplan ja nicht beiläufig oder aus einer Laune heraus, und man tut es nicht, weil andere es so wollen.
Es sollte ein »F S R Lebensplan« sein, ein **F**ür **S**ie **R**ichtiger Lebensplan.
Dazu gehört natürlich: Sie gehen die für den F S R Lebensplan erforderlichen Schritte.

»Wer kann schon einen Fluß überqueren, wenn er nur voller Sehnsucht aufs andere Ufer starrt?«

Lebensplan und Selbstanalyse
Wenn Sie sich die folgenden Fragen beantworten, kommen Sie auf einen F S R-Lebensplan.

*»Am Anfang steht die Zielvision,
sonst wäre ein Lebensplan wie eine Reise ins Niemandsland und wie ein Motor ohne Benzin.«*

1. Wie sieht meine Zielvision aus?
2. Spüre ich, ob ich diese Zielvision erreichen kann?
3. Liegt diese Zielvision in der Realität meiner Möglichkeiten?
4. Was muß ich an der momentanen Situation ändern?
5. Weckt diese Zielvision meine Begeisterung und Freude, wenn ich daran denke?
6. Verleiht mir der Gedanke an diese Zielvision kreative Energie und Kraft, die ich zum Erreichen dieses Ziels brauche?
7. Welchen Nutzen ziehen die daran Beteiligten und ich aus einer Zielerreichung?
8. Erfüllt dieser Nutzen meine/unsere Wünsche?
9. Welche Schritte sind damit verbunden, und bin ich bereit, die damit verbundenen Schritte zu gehen?

Allein durch die Beantwortung dieser wenigen Fragen stellt sich heraus, ob die vorhandene Zielvision stark genug ist und das Feuer der Begeisterung entfacht.

Kommen Zweifel auf, sollten diese Zielvision und die damit verbundenen Überzeugungen nochmals überprüft werden. Diese Zielvision muß so attraktiv gestaltet und erstrebenswert sein, daß ein starkes Verlangen und eine absolute persönliche Ausrichtung entsteht.

1. Wir sind mit der Zielvision einverstanden, und es entsteht davon ein klares inneres Bild.
2. Dieses Bild sollte das Gefühl der *Begeisterung* in uns hervorrufen und mit *unterstützenden Überzeugungen* verknüpft sein.
3. Das starke Verlangen nach der gewünschten Zielvision sollte uns ausfüllen und zu Konsequenz und Beharrlichkeit führen.
4. Unsere vom Willen gesteuerte Aufmerksamkeit behält die Zielvision im Auge und läßt uns im Bewußtsein unseres Erfolgs handeln.
5. Eine sorgfältige Planung und ein systematisches Vorgehen verwandelt den Weg zur Zielvision in eine Reihe kleiner Schritte, die wir folgerichtig ausführen.

Auf einem Fundament *sorgfältiger Vorbereitungen* und mit dem *passenden Werkzeug* läßt sich jeder Lebensplan verwirklichen.

*Archimedes sagte einmal: »Gebt mir einen Hebel,
der lang genug ist, und ich werde die Welt bewegen.«*

Lebensplan und Aktivitäten

Aktivitäten
Welche Handlungen müssen ausgeführt werden, welche Aufgaben müssen erledigt werden? (Prioritätenliste erforderlich!)

Informationen
Welche Kenntnisse, die ich habe, können mich beim Erreichen meiner Zielvision unterstützen? Welche Kenntnisse müßte ich noch erwerben? (Erfassungsliste erforderlich!)

Personen
Welche Personen sind oder könnten am Erreichen dieses Ziels beteiligt sein? Wer wird mich unterstützen? Wie werden diese Personen mich unterstützen? (Erfassungsliste erforderlich!)

Hilfsmittel
Welche Fähigkeiten und greifbare Werte besitze ich, und auf welche äußeren Hilfsmittel kann oder muß ich zurückgreifen? (Ressourcenliste erforderlich!)

Zeitrahmen
Wieviel Zeit werde ich für die einzelnen Schritte brauchen, und wann müssen diese Schritte unternommen werden? (Prioritätenliste erforderlich!)

Phasen des Fortschritts

Wie und wann werde ich erkennen, daß ich mich auf meine Zielvision hinbewege? (Erfassungsliste erforderlich!)

Bei den einzelnen Punkten des Aktivitätenplans ist wichtig, sich die jeweilige Prioritäten-, Erfassungs- und Ressourcenliste zu erstellen, damit eine folgerichtige Verwirklichung gewährleistet ist und gleichzeitig unsere Überzeugungen sichtbar werden.

Wenn wir nun unsere Prioritäten-und Ressourcenlisten gegenüberstellen und uns fragen: kann ich mit jeder meiner vorhandenen Ressourcen meine Prioritäten erreichen?, entsteht aus diesen *Antworten* ebenfalls ein Spiegel unserer *Überzeugungen*. »Frage-Antwort-Überzeugung«

Prioritäten:		**Ressourcen:**
1. ___________	<<======	1. ___________
2. ___________	<<======	2. ___________
3. ___________	USW...	3. ___________

Dieses Beispiel der Lebens/Berufsplangestaltung soll als Impuls dienen, die bei uns bereits vorhandenen Strategien zu befragen. Es hat sich bisher als sehr praktisch erwiesen, einen entsprechenden Fragenkatalog zu erstellen, um Überzeugungen auf die Spur zu kommen und mit der uns eigenen Flexibilität und Kreativität neue Überzeugungen herauszubilden. Die Entscheidung liegt ganz bei uns, denn:

»Der Leim, der uns auf der Stelle verharren läßt,
ist Entscheidungsschwäche,
das Lösungsmittel heißt Entscheidungskraft ...«

Erinnerung

Um einen Lebensplan zu verwirklichen und die angestrebte Zielvision zu erreichen, ist es immer wieder aufs neue erforderlich, unsere damit verbundenen Überzeugungen zu durchleuchten.

Vernachlässigen wir diese Kontrolle, kann es sein, daß wir unserem unterschwelligen gewohnten Gedankenmechanismus unterliegen. Machen wir es uns zur Gewohnheit, nicht alles als gegeben hinzunehmen, und hinterfragen wir unsere eigenen Gedanken, so kristallisiert sich schnell die Qualität unserer momentanen Überzeugungen heraus. Dies erkennen wir klar, wenn wir folgende Fragen beantworten:

- Welche Überzeugungen habe ich in bezug auf meine Zielvision?
- Welche Überzeugungen habe ich in bezug auf meinen Fähigkeiten?
- Welche Überzeugungen habe ich in bezug auf meine Möglichkeiten?
- Welche Überzeugungen habe ich in bezug auf meine Zukunft?

An dieser Stelle ist es sinnvoll, sich die Graphik des entstehenden Kreislaufs von Überzeugungen in Abschnitt fünf in Erinnerung zu rufen.

Wir könnten diese Fragenliste endlos fortsetzen. Doch reichen diese vier genannten Möglichkeiten, um auch hier zu verdeutlichen, daß wir durch Überzeugungen unseren Erfolg und wie bereits erwähnt, alle sich zeigenden Resultate (Erfahrungen) zum größten Teil selbst vorausbestimmen.

»Unterstützende Überzeugungen, mit Beharrlichkeit verknüpft, sind wie ein Code, der alle Türen öffnet.«

Bringen wir uns einige Wirkungsweisen von Überzeugungen in Erinnerung, so sieht das folgendermaßen aus:

Unterstützende Überzeugungen:	**Boykottierende Überzeugungen**
• Sie sagen genau das aus, was wir wollen.	• Sie sagen das aus, was wir nicht wollen.
• Sie sind mit konstruktiven inneren Bildern verknüpft.	• Sie sind mit destruktiven inneren Bildern verknüpft.
• Sie wecken positive Gefühle in uns.	• Sie wecken negative Gefühle in uns.
• Sie stabilisieren unsere Selbstmotivation.	• Sie schwächen unsere Selbstmotivation.
• Sie lenken die Aufmerksamkeit auf die Zielvision.	• Sie lassen die Zielvision verschwimmen.
• Sie lassen uns zielorientiert handeln.	• Sie lassen uns fehlorientiert handeln.

Je konsequenter wir mit unseren Überzeugungen agieren, desto stärker spüren wir das, was sie bewirken ...
Wir tragen alle Möglichkeiten in uns und verfügen über alle Ressourcen, die wir brauchen, um auf jeder Ebene – wie auch im Beruf und Persönlichkeitsbereich – erfolgreich zu sein. Wenn wir allein diese Aussage als unterstützende Überzeugung verinnerlichen, geben wir uns selbst die Erlaubnis, sehr schnell zu lernen und auf eine Ebene zu gelangen, wo uns unsere Ressourcen bewußt werden. Wir befreien unser Potential, indem wir an uns glauben.
Wir erkennen, ganz gleich, ob wir einen Lebensplan erstellen, oder was immer wir denken und sprechen: Fast jede Aussage, die wir machen, enthält eine oder auch mehrere Überzeugungen. Überzeugungen sind ein Teil unserer Persönlichkeit. Unsere Persönlichkeit wiederum bringen wir in all unsere Handlungen ein. Jedes Resultat trägt den Fingerabdruck unserer Persönlichkeit. Wir bestimmen schlicht und einfach durch Überzeugungen die Prägung unseres Lebens ...

Resümee

Paulo Coelho, dessen Bestseller »Der Alchimist« gegenwärtig in aller Munde ist, schreibt:
»Welches ist denn die größte Lüge der Welt?« »Es ist diese: In einem bestimmten Moment unserer Existenz verlieren wir die Macht über unser Leben ...« »Es ist die Unfähigkeit des Menschen, seine eigene Zukunft zu wählen ...«

Nehmen wir die Aussage von Paulo Coelho als Inspiration für weitere Gedankenbilder, so gibt es viele Annahmen, denen wir uns ausliefern, ohne sie jemals wirklich zu hinterfragen oder auch nur daran zu denken, daß wir sie ändern könnten. So sind auch einige Menschen der Überzeugung: Zukunft läßt sich nicht beeinflussen. Sie kommt einfach. Keiner weiß so recht, woher oder wieso.
Dabei sollten wir bedenken: Unser Jahrzehnt ist das Jahrzehnt des Bewußtseins. Die UNO hat die neunziger Jahre zum Jahrzehnt des Gehirns bestimmt. Wir haben weltweit begonnen, unsere inneren Möglichkeiten, unsere inneren Weiten zu erforschen. Wir wissen mittlerweile viel über die Art, wie individuelle Wirklichkeit entsteht, wie sich unser Bewußtsein strukturiert und wie es sich steuern läßt. Wir haben tatsächlich die Erinnerungskodierung unseres Gehirns erheblich durchschaut und sind in der Lage, Ziele mental zu programmieren und zu erreichen! Das führt nicht nur zu mehr Leichtigkeit, sondern auch zu mehr Achtsamkeit und Erfolg.
Wenn wir der Überzeugung sind, daß wir das, was wir uns als Zielvision setzen, auch erreichen, dann werden wir aufmerksamer für unsere Verhaltensweisen und für das, was wir wirklich wollen.

Für uns – für unseren Beruf – für unsere Zukunft

Literatur

Harry Palmer: Re Surfacing – Wiederauftauchen. Techniken zur Erforschung des Bewußtseins. Bielefeld 1995

Rosemarie Muth

Frauenkarrieren – Karrierefrauen

Rosemarie Muth, Jahrgang 1942, seit über 25 Jahren als Psychotherapeutin in eigener Praxis tätig. Ausbildung von Trainern, Seminartätigkeit, Coaching im Management, Entwicklung von außergewöhnlichen und richtungsweisenden Trainingskonzepten, Autorin, Gründerin und Gesellschafterin des Instituts HOLICOM® GmbH.
Spezielle Seminare für Manager: Lese-Sprint; Seminar für Querdenker, Quantenspringer und Visionäre; Coaching für »Manager in der Krise«.

»Entwickle, nähre, fördere, bringe zur Reife.
Allumfassendes Wohlwollen, das keine Unterschiede macht,
ist eins mit Himmel und Erde. Dies nennt man Tugend.«

Laotse

Was ist eine Karriere*, die eine Frau in unserer Zeit macht? Was ist eine Karrierefrau**? Welches Bild hat die Allgemeinheit von einer Frau, die an der Spitze eines Unternehmens, einer Institution oder einer Behörde steht?
Das allgemeine Bild einer Karrierefrau ist unterschwellig besetzt mit den Gefühlen, daß diese Frau – in einer gewissen Form – gefühllos sein muß; eine Frau, die ihren Mann steht, eine Frau die in einer Form lebt, wie es eigentlich, vom Verständnis her, unfraulich ist.
Das Bild einer Karrierefrau ist immer noch mit sehr vielen Betrachtungen und sehr vielen Ressentiments und Vorstellungen besetzt, die eine Karrierefrau als etwas Außergewöhnliches darstellen, jedoch mit einer negativen Bewertung.
Die großen Karrieren von vielen Frauen über viele Jahrhunderte sind meistens im stillen verlaufen. Es waren stille und große Karrieren. Frauen, die über ihre Leistungsfähigkeit hinaus durchgehalten haben, die Leistungen erbracht haben, die außergewöhnlich, ungewöhnlich und überragend waren. Und die einfach nur mit Ehrfurcht und Bewunderung zu betrachten sind. Frauen, die viele Dinge gleichzeitig und mit einer Intensität gelebt, gedacht und gehandelt haben, gab es zu allen Zeiten.

* Karriere – (rascher) Aufstieg im Leben und Beruf, (glänzende) Laufbahn
** Karrierefrau – (häufig abwertend) Frau, die (rücksichtslos) eine schnelle Karriere macht. (nach Wahrig: Deutsches Wörterbuch, Gütersloh)

Natürliche Begabung fürs Management

Was heute ein Manager in einer Firma leistet, viele Dinge gleichzeitig zu beachten, viele Bewegungen in Gang zu halten, den Überblick zu haben, ist etwas, was eine Frau seit Jahrhunderten und Jahrtausenden jeden Tag tut.
Stellen Sie sich eine Frau vor, die einen Haushalt führt, die für alle Dinge dieses Haushalts zuständig ist – fürs Säubern und Putzen, fürs Einkaufen und Kochen, für Kinder und Erziehung, für Krankheit und Gesundheit, für Schule und Ehemann, für Kleidung, für Finanzen –, die über unglaublich viele Dinge Bescheid wissen muß, von allen Dingen Ahnung hat, sich all das selbstverständlich aneignet, alles koordiniert und in Arbeitsabläufe einbindet, die sie optimal gestaltet: Das ist eine unglaubliche Karriere, eine unglaubliche Leistung, die ein junges Mädchen, das zur Frau wird, zu erbringen hat.
Ergo, das *natürliche* Management wird über viele Generationen von Frau zu Frau übertragen, vermittelt, wenn zwar auch oft mit Druck, so doch auch mit Präzision.

Mißachtete Qualitäten

Wenn nun eine Frau diese Fähigkeiten, die sie von Generation zu Generation über viele Jahrhunderte erworben hat, einsetzt und zu ihrem Frausein und vielleicht sogar zu ihrer Familie und zusätzlich zu Kindern und Haushalt eine berufliche Karriere anstrebt, dann entspricht das sehr oft ihren ganz natürlichen Fähigkeiten, alles zu managen.
Das Einfühlungsvermögen, der Instinkt, die Intensität und die Fähigkeit, gleichzeitig viele Dinge zu koordinieren, sind ihr gegeben.
Frauen, die heute eine Karriere beginnen, haben erfahren, daß die Summe dieser Fähigkeiten, die sie natürlicherweise innerhalb einer Familie nutzen, nicht mehr anerkannt wird. Die Bedeutung des Frauseins, des Mutterseins, die Bedeutung, Mittelpunkt einer Familie zu sein und all das gemeinsam mit ihrem Partner zu gestalten, diese Anerkennung ist ihr sehr oft und immer wieder versagt worden.
Eine Frau gilt etwas mehr, wenn sie zu all ihren Aufgabenbereichen *zusätzlich* arbeitet. – Die Bedeutung dieser Aussage muß richtig verstanden werden. Es heißt nämlich, daß ihre natürliche Tätigkeit, ihr natürliches Management in der Familie nicht als Arbeit angesehen werden, sondern als etwas, das selbstverständlich geschieht und einfach nebenbei. Hier findet eine massive Bewertung statt.
Das Bedürfnis nach Anerkennung und Bestätigung, das Bedürfnis, die eigenen Fähigkeiten und die eigenen Qualitäten sichtbar zu machen, ist aus der Nichtanerkennung ihrer Leistung entstanden.

Die gesellschaftliche Nicht-Anerkennung der Familienarbeit

Die Motivation der Frau, die in ihrem Beruf Karriere macht, ist, sich in ihrer Ganzheit auszudrücken, ihre Talente sinnvoll, intensiv zu nutzen, all ihren Fähigkeiten Ausdruck zu verleihen und ein sehr tiefes Vertrauen zu ihrer Person, zu ihrem Ursprung zu entwickeln.
Das heißt, daß sich viele stille Karrieren in öffentliche Karrieren wandeln und jetzt ein Gleichgewicht entstehen könnte. Die Bereitschaft der Männer zum Beispiel, Teilbereiche des Haushalts zu übernehmen, ist ein Punkt in dieser Entwicklung. Männer haben die Möglichkeit, direkt und intensiv die Erfahrung zu machen, welche Leistungen die Frauen, die »nur« Hausfrauen sind, erbringen.

Frauen handeln verantwortlich und mit Gefühl

Eine Frau, die Karriere macht, muß nicht ihren Mann stehen, denn sie ist Frau!
Große Karrieren, die Frauen über Jahrhunderte gemacht haben, waren deshalb erfolgreich, weil Frauen Einfühlungsvermögen haben, die Flexibilität, mit ihrem Gefühl umzugehen und auf Gefühle der Menschen einzugehen, weil sie die Fähigkeit besitzen, einen ganzen Staat wie eine Familie zu behandeln und jedes Mitglied dieser Familie mit Beachtung und mit Fürsorge zu betrachten. Sie regieren einen ganzen Staat wie eine Hausfrau, die ihr Haus instand hält, die für alles sorgt und sich wirklich um alles kümmert.
Jede Frau, die dies heute im stillen leistet, die für ihr Haus, für ihre Kinder, für ihren Mann, für einen Betrieb und eine Firma sorgt, ist eine Königin in ihrem Reich.

Der erste Schritt: Den eigenen Wert erkennen

Das Wichtige an Frauenkarrieren ist, daß jede Frau die Würde ihres Frauseins und die Würde ihrer Tätigkeit selbst beachtet und selbst bestätigt. Denn nur wenn sie dies tut, wird die Bestätigung auch von außen geschehen können.
Viele Frauen warten ihr ganzes Leben lang auf Worte der Bestätigung und der Anerkennung für das, was sie in einer Selbstverständlichkeit leisten und in einer Einfachheit und Klarheit, wie es kaum einem Mann möglich ist. Die *eigene* Anerkennung all dessen, was sie leistet, ist das Wichtigste, was sie als Frau für sich selbst tun kann.

Ich möchte eine Anregung geben, wie Frauen für sich selbst wahrnehmen, sehen, fühlen und dabei erfahren können, welche Leistungen sie bringen:
Gestalten Sie ein Bild (Abb. 1). Malen Sie sich in die Mitte des Bilds. Schreiben Sie um sich herum alles auf, was Sie täglich leisten, auch die Kleinigkeiten (z.B. die Koordination der Finanzen, der Überblick über das, was ausgegeben wird, über das, was angeschafft werden muß, der Überblick über Einkauf, Ernährung, Kochen, Haushaltsführung etc.; alles was Sie zusätzlich leisten; alles zum Thema Kinder, Schule, Hobby der Kinder, die Themen im Zusammenhang mit ihrem Mann).
Wichtig ist, daß Sie alles wahrnehmen, was Sie koordinieren und worüber Sie einen Überblick haben, was Sie gestalten und was doch alles ganz selbstverständlich läuft.
Nun gestalten Sie ein zweites Bild (Abb. 2), stellen sich wieder in die Mitte und schreiben auf, was Sie für sich selbst tun. (Wann haben Sie für sich ganz speziell Zeit? Tun Sie in dieser Zeit etwas für sich, oder erledigen Sie wieder etwas für andere? Und wie fühlen Sie sich dabei? Kosmetik, Urlaub, Entspannung, Lesen, Konzertbesuche, Theater, sonstige eigene Interessengebiete?)
Schreiben Sie auf, welcher der von Ihnen notierten Bereiche von irgend jemand Anerkennung, Bestätigung oder Aufmerksamkeit bekommt.
Machen Sie eine Bestandsaufnahme, um für sich selbst zu

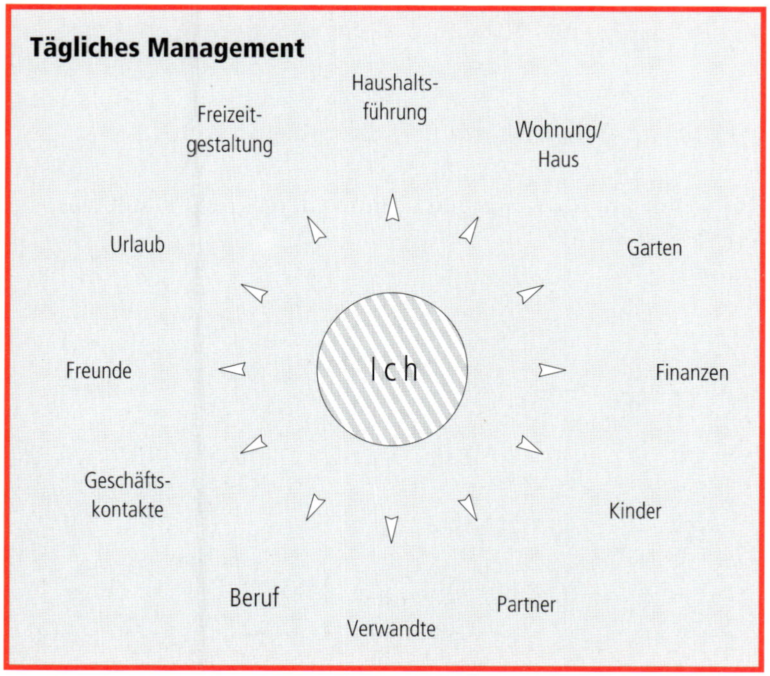

Abb. 1

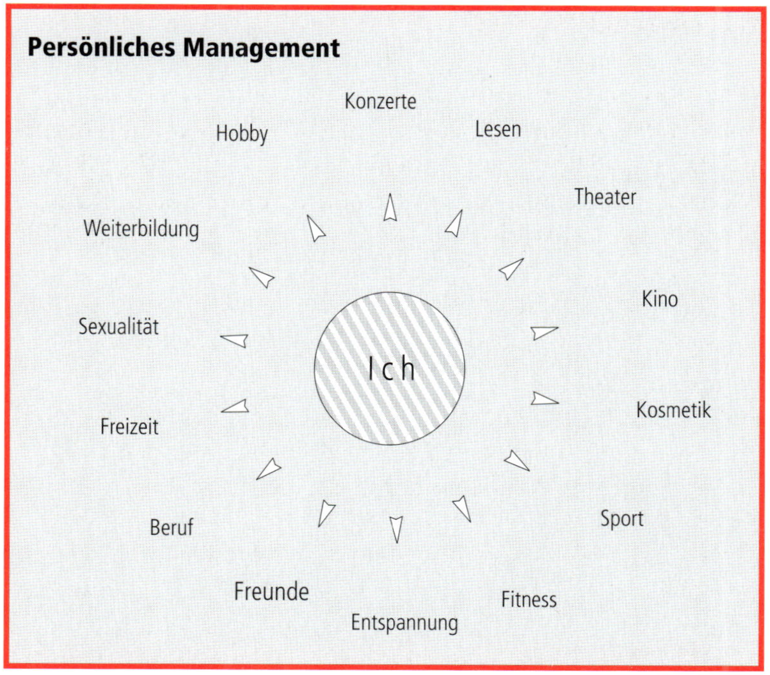

Abb. 2 Wieviel Raum, Zeit, Prozent, nimmt dieser Bereich in Ihrem Leben ein?

erkennen, wie groß das Bedürfnis und wie wichtig es ist, die eigene Leistung anzuerkennen. Und dies mit Selbstverständlichkeit für sich selbst so zu bestätigen, daß daraus Würde, Stabilität und Selbstbewußtheit entstehen.

Negative Selbstbewertung

Dadurch daß all diese Fähigkeiten und Tätigkeiten nicht anerkannt werden, halten die meisten Frauen das, was sie tun, für wertlos und damit auch sich selbst. Den Wert, den ihre Tätigkeit hat, müssen sie selbst bestimmen und bestätigen.

Eine Frau, die im Beruf Karriere macht, bringt als Grundlage eine Fülle von selbstverständlichen Fähigkeiten mit und wird von daher immer wesentlich mehr leisten als ein Mann. Viele Frauen haben die Erfahrung gemacht, daß ihre Leistungen behindert, ausgebremst, falsch beurteilt und klein gemacht, auch klein gehalten wurden, und es ist eine unglaubliche Leistung für eine Frau, all diese Hürden als einen Anlaß zu nehmen, darüber hinauszuwachsen.

Dieser Punkt enthält jedoch auch eine Gefahr. Das Hinauswachsen über die Hürden bedeutet auch, daß sie einen Teil ihrer Gefühle negieren muß. Oft wird es ihr als Schwäche ausgelegt, wenn sie ihre Gefühle aus ihrem natürlichen Sein heraus ausdrückt.

Je mehr Frauen diese natürlichen Fähigkeiten in ihrem Beruf nutzen, desto einfacher wird es für alle nachfolgenden Frauen, auch die Natürlichkeit und Selbstverständlichkeit ihres gefühlsmäßigen Ausdrucks in ihre Karriere einfließen zu lassen. Die Angst, als gefühlvolle Frau für nicht kompetent gehalten zu werden, wird sich immer mehr reduzieren.

Eine Frau an der Spitze eines Unternehmens oder eines Betriebs wird immer ihre Fähigkeit, für alle sorgend da zu sein, einsetzen. Nicht im Sinne von »besorgt sein«, sondern indem sie für das Wohl aller Sorge trägt. Männer setzen sich durch, Frauen setzen sich ein für die Qualität des Lebens.

Männer an der Spitze eines Unternehmens haben eine andere Zielsetzung. Der Wettbewerb und die Leistung stehen dort im Vordergrund.

Beides zusammen würde eine unglaublich positive Bewegung im Bereich der Führungsspitze ergeben. Wenn Männer und Frauen mit ihren Fähigkeiten zusammenarbeiten würden, könnte eine völlige Neuorientierung in der Gesamtheit der Wirtschaft entstehen.

Eine Frau wird immer darauf achten, daß der natürliche Lebensraum erhalten bleibt. Sie wird darauf achten, daß für die gemeinsamen Kinder die Natur, die Natürlichkeit und die Umwelt als wichtige Aspekte einbezogen werden. Der männliche Part ist es, die Fähigkeiten der Leistung und des Durchsetzens einzubringen.

Männer und Frauen können gemeinsam eine völlige Neuorientierung in der Wirtschaft bewirken. Das Ergebnis ihrer Zusammenarbeit wäre eine neue Sichtweise, die eine Entwicklung in Gang setzt, in der die Qualität des Lebens Vorrang hat vor dem Leistungsprinzip.

Gelebtes Verantwortungsbewußtsein

Von der Qualität des Lebens verstehen Frauen etwas, denn sie durften über lange Zeiträume nur bedingt in dienenden und helfenden Berufen Karriere machen. Und gerade in diesen Berufen wurden Frauen damit konfrontiert, wieviel Ignoranz und Überheblichkeit Männer an den Tag legen können. Was fühlen Frauen, die als Schwestern im Krieg eingesetzt sind und anschauen müssen, was Männer Männern und Menschen antun? Frauen sind damit konfrontiert, daß männliche Gehirne Vernichtung in Gang setzen, daß Männer gegen das Leben handeln, das Frauen in Liebe gebären. Dies ist eine unglaublich tiefe Verletzung des weiblichen Prinzips, des mütterlichen Prinzips, des gebenden, nährenden, liebenden Prinzips.

Was müssen Frauen empfinden, wenn sie als Trümmerfrauen Karriere machen, um das zu beseitigen, was Männer vernichtet haben? Es ist eine Fähigkeit der Frau, den Mann auch lieben zu können, obwohl er das tut.

Und Männer setzen sich dann wieder an die Spitze eines Staats, um das, was sie vernichtet haben, neu aufzubauen und ohne irgendeine wirkliche Anteilnahme von Frauen an dieser Neugestaltung in Betracht zu ziehen.

Aus diesen Erfahrungen und aus diesen Begrenzungen heraus ist im weiblichen Kollektiv das Bedürfnis entstanden, tiefgreifend gestaltend einzugreifen.

Was für uns Gültigkeit, Wert und Lebensqualität bedeutet, fordert heute und in Zukunft, daß Frauen sich in ihrer Ganzheitlichkeit einsetzen für die Qualität des Lebens.

Männer handeln einseitig, Frauen ganzheitlich

Die Höhe der Arbeitslosenzahlen macht deutlich, daß das, was Männer gestalten, einseitig ist. Es wird von Arbeitslosen gesprochen, nicht von Menschen, die eine Menge Fähigkeiten und Möglichkeiten mitbringen, die für die Gesamtheit eines Volks von großem Wert sind. Die Menschen ohne Arbeit sind ein unglaubliches kreatives Potential für die Gesamtheit eines Volks.

Für diesen Bereich könnten Frauen Ideen entwickeln und umsetzen. Es geht nicht um Zahlen, es geht um Lebensqualität. Es geht um ein Kreativpotential, um Fähigkeiten. Es geht darum zu erkennen, daß dieses Potential, das diese Menschen mitbringen, nicht mehr für die Gemeinschaft sinnvoll genutzt wird.

Mit jedem Menschen, der ohne Arbeit ist, der sich außerhalb der Gesellschaft fühlt, der seinen Wert nicht mehr über seine Arbeit definieren kann und der oft auch mit einer Familie mit einem Minimum an Lebensqualität existieren muß, reduziert sich die Qualität des Lebens auch für die Gesamtheit eines Volks.

Frauen sind über viele Jahrhunderte fähig gewesen, mit einem Minimum an Lebensqualität zu leben und trotzdem für alle zu sorgen. Sie haben Talente entwickelt, um ohne Rücksicht auf sich selbst das Überleben ihrer Kinder zu garantieren, und sie haben Dinge getan, die weit über ihre Grenzen gingen. Diese Fähigkeit existiert in jeder Frau – eine grundlegende Erfahrung, die sich über Generationen eingeprägt hat.

Frauen beherrschen das Minimal-Prinzip

Zusammenfassend läßt sich sagen: Eine Karriere läßt sich dann gestalten, wenn die Frau, die dies anstrebt, sich ihrer selbst bewußt ist, wenn sie ihre Fähigkeiten anerkennt und keine Möglichkeiten außer acht läßt, das zu tun, was zu ihrem und zum Wohle aller ist.

Es geht nicht darum, gegen etwas zu agieren oder gegen etwas zu sein, gegen Männer zu sein oder gegen männliche Potentiale, sondern es geht darum, daß die Frau ihr eigenes Potential annimmt und es lebt. Die grundlegende Karriere jeder Frau beginnt mit dem Anerkennen ihres eigenen Werts.

Das ist der Start und der Beginn einer jeden Karriere, wie klein, groß, still, einfach oder bescheiden sie auch immer sein mag; sie beginnt mit der Anerkennung der eigenen Qualität, der eigenen Fähigkeit, der Anerkennung des Frauseins.

Dazu gehört auch die Anerkennung des Frauseins untereinander, daß Frauen Frauen anerkennen und nicht männliche Vorurteile, die ihnen als Frau anerzogen wurden, auf eine andere Frau übertragen. Frauen eignen sich oft die Wertesysteme des männlichen Prinzips an, um für ihr Frausein Sicherheit zu haben, und sie bewerten andere Frauen nach diesem von Männern gestalteten System.

Mehr Schwesterlichkeit

Sie schauen mit den Augen der Männer sich selbst und andere Frauen an. Dies ist eine wirkliche Verletzung der Würde der Frau.

Der Unterschied zwischen männlicher und weiblicher Karriere

Karriere, die ein Mann macht, ist wie ein Pferderennen. Er sitzt auf dem Pferd und versucht, Erster zu werden. Völlig erschöpft und fertig kommt er ins Ziel, das Pferd ist ebenso erschöpft. Aber er bekommt einen großen Preis. Gut.

Aber was ist passiert für ihn als Mensch und Persönlichkeit? Er hat die Erfahrung gemacht, siegen zu können. Die Erfahrung also, sich gegen andere durchzusetzen, die Erfahrung, andere zu überholen, die Erfahrung, sich mit seinem Pferd auseinanderzusetzen, es zu Höchstleistungen anzuspornen und es über seinen menschlichen Willen zu dirigieren.

Das ist das Verhalten der meisten Männer, wenn sie Karriere machen. Es beinhaltet ein direktes Losgehen auf das Ziel – die Wahrnehmung der Umgebung ist dabei ausgeschlossen. Alles, was rundherum passiert, kann nur als Hintergrund, sehr unbewußt oder mit viel Abstand wahrgenommen werden, da die komplette Aufmerksamkeit auf das Erreichen des Ziels gelenkt ist: eine starke Konzentration auf eine willentlich zu erreichende Sache.

Natürlich gehören dazu Training, Erfahrung und die Fähigkeit, auf dem Pferd sitzen zu bleiben, nicht herunterzufallen. Das war's dann aber auch.

Für eine Frau kann das Erreichen eines Ziels nicht gekoppelt werden mit dem Erhalt oder dem Erreichen eines Preises. Denn der Preis, den sie dafür zahlen würde, wäre die Aufgabe jener speziellen eigenen Qualität, Dinge aus einer Ganzheit, also holistisch und vernetzt wahrzunehmen.

Wenn man dieses Bild auf eine gemeinsame Arbeit von Männern und Frauen als Führungspersönlichkeiten eines Unternehmens überträgt, dann enthält es die Möglichkeit, daß beide, jeder auf dem eigenen Pferd, durch eine wunderschöne Landschaft reiten und *alles* wahrnehmen, was dort geschieht, einschließlich ihrer selbst – in Kommunikation miteinander, mit der Natur, mit der Sonne, mit den Elementen oder womit auch immer.

Jeder hätte die Möglichkeit, im eigenen Rhythmus zu bleiben und doch das gemeinsame Ziel zu erreichen.

Noch einmal zu dem Pferderennen und den »einsamen« Siegern. Der extreme Rhythmus mit unglaublicher Intensität, der dann abrupt aufhört, einfach stoppt, erklärt vielleicht die Einsamkeit der Männer, die einen Preis erreicht haben. Wenn sie rückblickend ihr Leben betrachten, gibt es oft keine Station, die wirklich für sie in ihrer Ganzheit, emotional und auf allen Ebenen ihrer Persönlichkeit, erlebbar und erfahrbar war.

Natürlich gibt es auch Frauen, die ihre Männer ins Rennen schicken und sie noch anfeuern, um am Erfolg teilhaben zu können. Angefeuert zu haben bedeutet übersetzt, einen Teil des Preises für sich in Anspruch nehmen zu können und zu dürfen. Umgekehrt ist auffallend, daß Männer Frauen selten bis nie anfeuern, um deren Leistungen und Fähigkeiten zu bestätigen und sichtbar zu machen.

Leider müssen die Fähigkeiten der Frauen erst wissenschaftlich untersucht und bewiesen werden, bevor sie anerkannt, bestätigt und zum Wohl der Gesamtheit genutzt werden.

Zusammenfassung

Wenn wir all dies bedenken, dann ist es klar, daß Frauen Karriere machen, denn:

- Frauen sind die besseren Führungskräfte.
- Von Frauen geleitete Betriebe erreichen oft überdurchschnittliche Erträge und sind doppelt so rentabel.
- Frauen sind teambewußter und zeigen hohes Engagement. Und sie sind die besseren Vorgesetzten.
- Frauen verfügen über höhere kommunikative Fähigkeiten.
- Frauen haben Profil und Ausstrahlung.
- Frauen haben Visionen und setzen sie in die Tat um.
- Frauen lehnen männliches Machtstreben ab, sie handeln engagiert und kraftvoll für andere.
- Frauen beziehen ihr Wissen über die Qualität des Lebens in ihr Handeln ein.
- Karrierefrauen, die ganzheitlich, also holistisch und vernetzt denken und handeln, tragen zum globalen Frieden der Welt bei.

Literatur

Hildegard Macha, Nürnberg, Studie von 1997

Lawrence A. Pfaff & Associates, USA, Studie über Frauen im Management

Susanne Helbach-Grosser

Mit Takt und Stil – Souveränes Auftreten durch zeitgemäße Umgangsformen

Susanne Helbach-Grosser wuchs in einem großen, gastfreundlichen Geschäftshaushalt in Niedersachsen auf. Sie erlernte von der Pike auf das Abc der Umgangsformen, denn perfektes Benehmen war ein unbedingtes Muß im Umgang mit Gästen, Geschäftspartnern und den Hausangestellten. 1993 gründete sie ihr Institut TAKT & STIL. Seitdem vermittelt sie in offenen und firmeninternen Seminaren die aktuellen gesellschaftlichen Spielregeln. Zu ihrem Kundenkreis gehören Führungskräfte sowie der Führungsnachwuchs aus Industrie und Banken.

»Wer im Verkehr mit Menschen die Manieren einhält, lebt von seinen Zinsen. Wer sich über sie hinwegsetzt, greift sein Kapital an.«

Hugo von Hofmannsthal

Unternehmens-Image ist gefragt

Guten Manieren wird erneut ein hoher Stellenwert eingeräumt. Weshalb? Ganz offensichtlich sind gepflegte Umgangsformen zu einem beruflichen Auslesekriterium geworden. Aber es geht um mehr. Wenn Menschen mit unterschiedlichen Ansichten so eng aufeinanderleben, wie wir heute, fördert ein höflicher Umgang miteinander das Vertrauen und glättet Reibungsflächen. Wer sich darauf verlassen kann, daß auch der Gesprächspartner die Regeln für bestimmte Situationen beherrscht und einhält, kann sich entspannt auf sein Gegenüber einlassen.
Höflichkeit bedeutet Wertschätzung und erleichtert somit die Kommunikation. Professionelles Auftreten ist korrektes Benehmen und zuvorkommendes Verhalten, natürlich gepaart mit fundiertem Fachwissen. Detailliertes Etikettewissen beeinflußt nicht nur den Absatzerfolg des Unternehmens, sondern wirkt sozusagen von oben nach unten.
Betriebe bieten mit ihren Produkten und Dienstleistungen auch ihr Image an. Das Gesamtbild eines Unternehmens ist ein Wettbewerbsfaktor. Der gute Umgangston muß jedoch von oben kommen – nur so werden die Mitarbeiter/innen motiviert. Das Vertrauen der Kunden in die Produkte und die Dienstleistung ist heute ausschlaggebend. Darum dürfen guter Stil und Freundlichkeit nicht unehrlich sein. Das durchschauen die Menschen allzu schnell!
Modernes Etikette-Know-how hat nichts mehr mit den steifen

Regeln von einst zu tun – es ist menschenzugewandt, beziehungspflegend, situationsabhängig und vor allem nachvollziehbar. Veränderte Rollenbilder von Mann und Frau, globale Arbeitsplätze, eine zunehmende Singlegesellschaft, die modernen Kommunikationstechnologien und der verschwenderische Umgang mit der Natur lassen neue Einstellungen und Vorgehensweisen entstehen. Keine Kultur ist statisch, wir fragen uns darum: Was gilt nun eigentlich noch – was können wir getrost vergessen?

Die moderne Etikette wird mit neuen Inhalten gefüllt

Vieles ist einfacher geworden. Nach wie vor gibt es jedoch Verabredungen im Zusammenleben. Sie sollen das Leben erleichtern. Und sie sollten für *alle* gelten. Ganz automatisch machen wir ja vieles genau richtig, weil es durch und durch praktisch und logisch ist. Wir handeln zeitgemäß, indem wir alles Verkrampfte weglassen.
Und darum geht es heute: Ohne steife Etikette-Regeln rücksichtsvoll zu sein, höflich und taktvoll.
Außerdem muß man unterscheiden, wo man sich befindet – ob auf dem privaten Parkett oder im Geschäftsleben. Frauen erwarten heute im Berufsleben keine althergebrachte Ritterlichkeit mehr – sie wollen genauso arbeiten und dabei anerkannt werden wie Männer. Im Gegenteil, es kann oft irritierend wirken, wenn eine gewisse Distanz nicht gewahrt wird (Kompliment nicht über die geleistete Arbeit, sondern über das Aussehen!). Im übrigen sind Frauen keine zarten Wesen, die ständig beschützt werden müssen.
Ich – und sicher auch Sie, liebe Leserin – treffe immer wieder junge Männer, die der Meinung sind, daß emanzipierte Frauen keinen Wert mehr auf die kleinen zuvorkommenden Gesten legen und diese außerdem für altmodisch halten. Ältere Männer sind oft total verunsichert: Helfe ich nun in den Mantel, halte ich die Tür auf usw.? Auch darauf möchte ich in meinem Beitrag eingehen.

Der erste Eindruck macht's

Der geschäftliche Erfolg ist von der emotionalen Entscheidung in den ersten Augenblicken einer Begegnung geprägt. Wir alle sind auf ein stimmiges Image angewiesen. Setzen wir uns also ins rechte Licht! Im Management machen Äußerlichkeiten heute schon 80% aus.
Die Wirkung, die wir auf andere ausüben, wird immer noch unterschätzt. Wir alle stellen uns dar, ob wir wollen oder nicht – wir alle kommunizieren, bewußt oder unbewußt. Nach neuesten Untersuchungen bleibt uns für den berühmten ersten Eindruck nicht viel Zeit: Wir beurteilen eine Person in drei bis fünf Sekunden. Und natürlich macht sich unser Gegenüber in dieser Zeit auch ein Bild von uns. Das ist ein Augenblick der Wahrheit, in dem der andere Mensch sein Bild von uns formt. Und wir wirken *immer!*
Der größte Teil des Gesamteindrucks von einem Menschen entsteht durch persönliche Wirkungsmittel (93%) und ist nur zu einem kleinen Teil durch unsere Worte beeinflußbar (7%).

Die *persönlichen Wirkungsmittel* sind:

- Eine aufrechte Körperhaltung
- Ein offener Blickkontakt
- Gestik, Mimik, Händedruck (fest, aber nicht brutal!), Distanzverhalten (Berührungen im Erstkontakt vermeiden)
- Der freundliche Klang der Stimme
- Eine angemessene Kleidung
- Die Aufmachung: stimmige Statussymbole (auch Arbeitsunterlagen), Schmuck, Frisur, Gepflegtsein, Geruch (sofort neutralisieren – wer schwitzt und riecht, wirkt nicht kompetent)

Wir werden ja bekanntlich nicht *nur* nach unseren Fähigkeiten beurteilt, niemand ist zudem vor einem gewissen Schubladendenken gefeit. Wer *nur* durch seine inneren Werte überzeugen will, wird deshalb häufig Schiffbruch erleiden oder braucht einen langen Atem.

Mehr ist wenige

Muten wir unserem Gegenüber also möglichst wenig zu. Zu dem, was man nicht tut, gehört: rauchen ohne zu fragen, essen, schminken, frisieren, Kaugummi kauen, private Telefonate führen, Hände lange in den Kleidertaschen lassen, laut schneuzen und niesen (linke Hand nehmen).
Der erste Eindruck, der Auftritt einer Unternehmerin entscheidet manchmal auch, ob ER SIE überhaupt als kompetente Gesprächs- und Verhandlungspartnerin ernst nimmt. Nutzen Sie

alle Ihnen zur Verfügung stehenden Mittel, um Ihre Persönlichkeit optimal zu präsentieren, damit Menschen sich von Ihnen begeistern lassen und nicht nur über die Farbe Ihrer Jacke diskutieren.

> *Der erste Eindruck ist nicht immer der stimmende, aber oft der bestimmende!*

Kleidung und Stil im Geschäftsleben

Angesichts der Vielfalt auf dem Bekleidungsmarkt möchte ich sagen: »Erlaubt ist, was gefällt und nicht billig, vulgär oder peinlich wirkt.« Aber soweit sind wir noch lange nicht! Formelle Kleidung wird immer dann noch zum Muß, wenn eine Unternehmerin ihren Betrieb z.B. in der Öffentlichkeit vertritt oder ein Bankgespräch führt.
Als wichtigster Aspekt muß natürlich hierbei die Branche angesehen werden: Welche Erwartungshaltung hat die Kundschaft? Liegt das Arbeitsfeld im ländlichen oder städtischen Raum? Niemand wird in Designer-Klamotten schlotternd auf dem Bau stehen!
Es geht auch nicht darum zu raten: »Kaufen Sie sich dies oder jenes Kleidungsstück, tragen Sie diese oder eine andere Farbe, damit Sie Erfolg haben.« Es geht nicht ums *Verkleiden*, sondern ums *Bekleiden*.

Wichtige Fragen, die uns vor dem falschen Griff in den Kleiderschrank bewahren können, sind:
- Falle ich mit meinem derzeitigen Persönlichkeitsbild sehr aus dem Rahmen?
- Was möchte ich erreichen?
- Was möchte ich ausdrücken: Kompetenz, Seriosität, Kreativität?
- Welchen Eindruck mache ich auf andere?

Wer sich selbst treu bleibt und einen *herzlos beleuchteten* Spiegel sein eigen nennt, ist schon mal fein raus.

Einmal abgesehen von der richtigen Farbwahl und den günstigsten Proportionen, sollte die berufstätige Frau auf *gute Materialien* achten und ihren Kleidungsstil auf die gegenwärtige *Position* abstimmen.
- Die Aufmachung sollte typgerecht und altersgemäß sein.
- Die Garderobe ist gepflegt und vollständig.
- Es gibt für eine Frau wirklich keinen triftigen Grund, einen Rock zu tragen – außer sie möchte es, weil sie sich darin wohlfühlt!
- Nicht wenige Menschen sind unsicher bei der Farbauswahl ihrer Kleidung. Konsultieren Sie eine Farb- und Stilberaterin. Durch sie wird Ihr Erscheinungsbild harmonisch auf Ihren Typ abgestimmt. Nach einer Farbanalyse und der Vermessung Ihre Körperproportionen werden Sie in Zukunft keine Fehlkäufe mehr tätigen. Eine kosmetische Beratung wird oft ebenfalls angeboten.
- Für Neukunden- und Gehaltsgespräche wählen Sie ruhig auch kontrastreiche Kleidung – dann wirken Sie dominanter und durchsetzungsfähiger.
- Übrigens: Die Chefin/der Chef darf Jeans verbieten. Der Arbeitgeber ist kraft seines Direktionsrechts befugt, dem im Verkauf tätigen Arbeitnehmer zu untersagen, in Gegenwart von Kunden in Jeans, Turnschuhen, mit offenem Kragen, ohne Krawatte und ohne Sakko aufzutreten. Das *outfit* muß dem vom Arbeitgeber festgelegten Charakter des Produkts entsprechen (Landesarbeitsgericht Hamm, AZ 13 TaBV 36/91).

»Kennen Sie sich schon?« – Wie man bekannt macht

Die starren Grußregeln von einst sind gottlob einer situativen Norm gewichen – doch Vorsicht! Bei vielen Gelegenheiten tritt das alte Rangordnungsschema wieder in Kraft. Souveräne Menschen pochen jedoch nicht auf ihr Recht: die Chefin »darf« ruhig als erste ihre Auszubildende grüßen.
- Wer die andere Person *zuerst* sieht, grüßt – und nennt den Namen, falls bekannt.
- Aber auch: Herr grüßt Dame, Jung grüßt Alt, Nieder grüßt Hoch.
- Sehen Sie die Menschen um Himmelswillen an, denen Sie das Geld aus der Tasche holen, aber starren Sie nicht!

Formvollendetes »Pfötchengeben« will gelernt sein. Wem gebe ich überhaupt die Hand? Dabei kommt es stark auf die Erwartungshaltung der Personen an, denen ich begegne: Was im Fußballverein übertrieben/spießig wirken kann, ist beim Bewerbungsgespräch absolutes Muß. Treffe ich auf eine Personengruppe, muß ich mich entscheiden: jede/n per Handschlag begrüßen oder keine/n. Ein verständliches »Guten Tag« ist jedoch Ehrensache. Zuerst alle anwesenden Frauen zu begrüßen, kann man/n heute getrost vergessen, in großen Runden wird praktischerweise reihumgegangen und nicht hin und her »gesprungen«. Ist ein Ehrengast zu begrüßen, beginnen wir bei ihm/ihr. Im Berufsleben kann ritualisiertes Handgeben auch lästig sein: Möchte z.B. ein Team nicht tagtäglich per Handschlag vom Abteilungsleiter begrüßt werden, muß es das Thema ansprechen.

- Der Handschlag ist Zeichen besonderen Respekts.
- Eine hingestreckte Hand immer ergreifen, auch wenn die Reihenfolge nicht stimmt!
- Der Händedruck ist fest, aber nicht brutal!
- Dame begrüßt Herrn, Alt begrüßt Jung, Hoch begrüßt Nieder.
- Gastgeber/innen, egal ob privat oder im Geschäftsleben, genießen Hausrecht und reichen die Hand zuerst.
- Titel und Doppelnamen werden genannt, bis sie erlassen werden.
- Wer sich kennt, sagt: »Guten Tag/Guten Morgen ...« und den Namen. Wer sich bislang nicht kannte, hat jetzt die Namen ausgetauscht und formuliert die gleichen Grußworte.
- Drücken wir schon bei der Begrüßung Freude durch Wort und Lächeln aus: »Wie schön, Sie wiederzusehen/kennenzulernen«, »Fein, daß wir mal wieder miteinander zu tun haben.«

Aufstehen oder sitzenbleiben?

Generell gilt: Überall dort, wo das Aufstehen große Unruhe erzeugen würde, kann es heute unterbleiben (Restaurant, Sitzungen etc.). Andererseits wird aufgestanden, um mit den zu begrüßenden Personen auf eine Gesprächsebene zu gelangen und um ihnen Respekt zu erweisen. Männer stehen zur Begrüßung – egal bei welchem Geschlecht – immer noch auf.
Damen durften in der Vergangenheit sitzen bleiben, es sei denn, eine sehr viel Ältere bot ihnen die Hand. Heute stehen Frauen im Berufsleben je nach Situation ebenfalls auf, um ja alles mitzubekommen! Um Kunden und Geschäftspartner/-innen zu begrüßen und um ihnen entgegenzugehen, ist das Aufstehen ohnehin erforderlich, bei Frauen wie bei Männern.

Bekannt machen

Im Berufsleben funktioniert das Bekannt-Machen nach dem Prinzip: ranggleiche Personen zuerst, danach wird die rangniedere Person der ranghöheren bekannt gemacht.
Auf privatem Parkett kann nicht stundenlang »auseinanderklamüsert« werden, wer nun wo auf der Hierarchieleiter steht, darum wird heute nur noch diese Reihenfolge empfohlen.

- ER wird IHR bekannt gemacht,
- die Jüngeren den Älteren,
- der/die einzelne der Gruppe.

Machen wir uns selbst bekannt, leiten wir dies am besten mit den Worten: »Guten Tag, ich bin ...« ein, den eigenen akademischen Titel lassen wir weg. Vor der Namensnennung eine kleine Pause machen und um eine *deutliche* Aussprache bemüht sein! Formulierungen wie: »Mein Name ist ...«, »Ich heiße ...« drücken *weniger* Selbstbewußtsein aus als: »Ich bin Franziska Boss«.
Doppelnamen sollen die Menschheit nicht verwirren, wie immer noch angenommen wird, sie sollen hingegen verhindern, daß die/der Träger/in durch Heirat namentlich von der »Bildfläche« verschwindet. Wer einen Doppelnamen führt, hat das Recht, auch mit ihm angesprochen oder angeschrieben zu werden.

Diese Floskeln sind nicht mehr zeitgemäß

Nichtssagende Redensarten und Fragen sollten besser durch aussagefähige Bitten und Wünsche ersetzt werden.
Moderne Redewendungen beim Bekannt-Machen sind:

- »Ich möchte Sie gerne mit Herrn/Frau ... bekannt machen.«
- »Haben Sie sich schon bekannt gemacht?«
- »Kennen Sie sich schon?«
- »Darf ich bekannt machen?« und ähnliche *Bittformen* sind im Umgang mit älteren Personen immer noch akzeptabel.
- Geantwortet wird *nicht* mit: »Angenehm«, »Sehr erfreut«, sondern einfach mit: »Guten Tag« oder einer anderen Tageszeit. Falls es stimmt, kann natürlich auch gesagt werden: »Schön, daß wir uns endlich kennenlernen ...«

»Gatte«, »Frau Gemahlin« und die »Gnädige«
sind nicht mehr modern. Von seiner Frau spricht ER nicht als »meine Gattin« oder »meine Frau Gemahlin« und umgekehrt. (Übrigens war das noch nie *fein*.) Wir richten in normalsterblichen Kreisen Grüße an »Ihren Mann«, »Ihre Frau« aus. »Gnädige Frau« ist heute nur noch als Respektserweisung bei betagten Damen angebracht.

Das können wir auch getrost vergessen: »Mahlzeit«, »Prost«, »Ich bin so frei.« Wir sagen: »Guten Appetit« und meinen: »Jetzt geht's los« – warum sagen wir das dann nicht? »Lassen Sie uns anfangen – Lassen Sie es sich schmecken – Genießen Sie Ihr Essen« oder etwas Lobendes über die Speisen ist immer noch besser als die zu *private* Floskel: »Guten Appetit«, vor allem bei offiziellen Essen.

MfG, »... und Tschüß« – Von Anschriften und Grußformen

Auf dem Kuvert wird bei der Anschrift von Paaren der Mann vor der Frau genannt. Wer möchte, kann auch den Namen der Frau voransetzen – auf jeden Fall gilt das aber, wenn z.B. eine Einladung IHR gilt. Im Brief ist die Reihenfolge umgekehrt. Nur noch zwei Fassungen sind heute korrekt:

- Herrn Peter Boss und Frau Franziska Boss
- Herrn und Frau Peter und Franziska Boss

In aufgeklärten Kreisen hat *Herrn und Frau Peter Boss* keine Gültigkeit mehr, weil die Frau hierbei als eigenständige Person unberücksichtigt bleibt. Das gilt natürlich auch für *Frau Franziska Boss und Gemahl!*
Akademische Titel und *Ehrentitel* werden in der Anschrift genannt, aber nur denen zugeordnet, die sie auch erlangt haben. Ehemänner von Professorinnen sind nicht »Herr Professor« und umgekehrt. Toleranz ist auch hier bei alten Herrschaften angebracht, wenn z.B. die Frau des Arztes stets die »Frau Doktor« war. In Österreich ist diese gemeinsame Form noch üblich. Nennen Sie mit dem Titel auch immer den Namen. Bei mehreren Titeln wird nur der höchste Titel genannt. Nur in der Briefadresse werden alle Titel aufgeführt.

Schriftliche Anrede

- Den Empfänger des Briefs, falls möglich, immer direkt ansprechen:
- Sehr geehrte Frau ... (die »Hochverehrte gnädige Frau« oder die »Sehr verehrte Frau Boss« sind nur noch ganz vereinzelt anzutreffen!)
- Sehr geehrter Herr...
- Der Titel wird vorangestellt und ausgeschrieben: »Dr.«, aber »Professor« ...
- Sehr geehrte Damen, sehr geehrte Herren (aber auch schon: Guten Tag, Herr Wagner)
- Sobald eine persönliche Beziehung aufgebaut wurde, kann die Anrede auch z.B. »Guten Tag«, »Guten Morgen, (liebe) Frau Groß« heißen.

Briefliche Grußformeln
Heute ist fast alles erlaubt, was von »Herzen« kommt!

- Willkommen zu Hause, liebe Frau Schütz, hatten Sie einen schönen Urlaub?
- Grüß Gott, Herr Lange, ...
- Mit der Bitte um Verständnis und einem freundlichen Gruß ...
- Für heute einen herzlichen Gruß ...
- Freundliche Grüße von Haus zu Haus ...
- Freundschaftliche Grüße aus ...
- Alles Gute, Beste Grüße ...

Vorsicht mit Faxen
»Das lege ich Ihnen sofort aufs Fax!« – Dann sollten Sie das aber auch tun. Für das »sofort« haben Sie ca. 30 Minuten Zeit. Kommt etwas Wichtiges dazwischen, ist es höflich, anzurufen und um Aufschub zu bitten.
Im Geschäftsleben sollte die Kurzmitteilung per Telefax *nichts* beinhalten, was sich stilvoller übermitteln läßt:

- An erster Stelle stehen Kondolenzschreiben (!), aber auch neckische Cartoons als Saisongrüße gehen nie zum Kunden.
- Vorsicht – Mit-Leser: Mahnbescheide, Vollmachten, Bürgschaftserklärungen, Scheidungsklagen, Zeugnisse sowie vertrauliche Daten von Ärzten und Anwälten (meistens sowieso rechtlich haltlos, weil Originalunterschrift erforderlich) können in fremde Hände gelangen oder als Irrläufer ganz verschwinden. Über unangeforderte Werbung regen sich zu Recht alle auf.

Kleine Sünden am Telefon

Sokrates sagte schon: »Sprich, damit ich dich sehe!«
Unser Visavis sehen wir nicht – wir bekommen also kein Feedback über die derzeitige Gefühlslage am anderen Ende. Ob jemand genervt, glücklich, gelangweilt etc. ist, hören wir zwar an seiner/ihrer Stimmlage, aber keine Zusatzinformation ist ablesbar aus Körpersprache, Gesichtsausdruck, Aufmachung. Genauso haben wir als Kommunikationsmittel nur unsere Sprache.

Anrufen

- Gruß (Firmennamen) und eigenen Namen *deutlich* nennen. Vor- und Zuname ist angesagt, falls Sie z.B. »Burr«, »Muß«, »Rauss«, »Rein« heißen; so ein gebrummtes »Burr« hat schon reihenweise Leute wieder auflegen lassen! »Konstantin Burr« hat eine ganz andere Klangqualität und läßt Sie als ganzen Menschen erscheinen. Das gleiche gilt als Unterscheidungsmerkmal für die Meiers, Müllers, Schulzes ...
- »Guten Tag« (je nach Tageszeit) ist Standard, ein: »Haben Sie einen Moment Zeit für mich?« von Fall zu Fall angebracht. Also nicht gleich loslegen. Jeder braucht einige Sekunden, um quasi »umzuschalten«. Diese Zeit wird durch langsames und genaues Formulieren überbrückt.
- Auch nicht mit »bitte« und »danke« geizen.
- Persönliche Ansprache und *lächeln*! Es ist auf der anderen Seite zu *hören*!
- Bei unverhoffter, wichtiger Gesprächsunterbrechung entschuldigen; falls diese länger dauert, einen erneuten Rückruf vereinbaren.
- Verwählt oder falsch verbunden? Ein »Entschuldigen Sie bitte« ist Pflicht.
- Der falsch Angewählte quittiert die Entschuldigung mit einem »Bitte sehr«.

Angerufen werden

- Melden mit Firmen/Abteilungsnamen sowie dem eigenen (Vor-und Zuname siehe oben). Nie mit anonymem »Hallo« oder »Ja bitte«.
- »Was kann ich für Sie tun?« ist auch einer dieser netten Sätze.
- Bei einer falschen Verbindung wird versucht zu helfen.
- Bedienen Sie das Telefon einer Kollegin/eines Kollegen, sollte dies auch zum Ausdruck gebracht werden: »Apparat Sommer, mein Name ist Winter – kann ich etwas ausrichten?«
- Nie weiterreden, während Sie den Hörer hochnehmen – diese Unsitte soll wahrscheinlich Geschäftigkeit ausdrücken, ist aber nur unhöflich!
- Öfter mal im Stehen telefonieren – nicht nur wegen der Bandscheiben, der Klang der Stimme verbessert sich.
- Überprüfen Sie doch einmal die vielen Telefon-Floskeln in Ihrem Betrieb. Sie werden staunen, was da alles an »Kommunikations-Killern« formuliert wird!
  (»Da ist *eine* Frau Meier für Sie!« »Der Chef ist in einer *wichtigen* Besprechung.« »Wie war doch gleich Ihr Name?« »Um was geht es denn?« »Herr Klein ist nicht da!« ... oder »auf dem Klo, Squash spielen ...« »Da müssen Sie warten.« »Da muß ich Sie verbinden.« »Dafür bin ich nicht zuständig.« »Den Herrn Walter gibt es nicht mehr.«)

Ihnen fallen bestimmt noch andere auf. Vielleicht fertigen Sie eine Negativ- und Positivliste an, die in Sichtweite an jeden Apparat gehängt wird.

Der Gast in der Firma – Gastgeberin sein

Ein Firmenjubiläum ist zu feiern, die neue Lagerhalle wurde endlich fertiggestellt, die Chefin lädt zu ihrem runden Geburtstag ein.
Schon immer spielen Einladung und Bewirtung im geschäftlichen und öffentlichen Leben eine Rolle. Abgesehen von der aufwendigen Vorbereitungszeit, vor allem in den eigenen Räumen und für einen großen Personenkreis, sind sie meistens auch ein Kostenfaktor. Große Veranstaltungen/Einladungen können in der Tat sehr zeitraubend sein. Bewirtung erfordert oft viel Vorbereitungszeit – Time is money – und eine geübte Hand. Und vor der Bewirtung stehen immer die W-Fragen: Wer – wann – wo – wie – was?

Setzen Sie keine Selbstverständlichkeiten voraus!
Ein kluger Mensch sagte einmal: »Wer plant, ersetzt den Zufall durch einen Irrtum.«
Ohne Frage: Eine spontane Büro-Fête kann der Knüller werden und wird noch lange in guter Erinnerung bleiben. Für alle größeren Veranstaltungen ist eine ordentliche Planung unerläßlich.

Alternativen
Je nach Budget und nach Anzahl der zu bewirtenden Personen gibt es mehrere Alternativen.

- Bewirtung in Eigenregie, in den eigenen Räumen.
- Bewirtung durch einen Catering-Betrieb (Außer-Haus-Verkauf) in den eigenen Räumen, das Personal kann vom Lieferanten gestellt werden (der Partyservice ist oft ein Geschäftszweig z.B. einer Feinkosthandlung).
- In angemieteten Räumen kann eigenes Personal eingesetzt werden.
- In angemieteten Räumlichkeiten wird durch Catering bewirtet.
- Restaurantbesuch.
- Ganz exquisit: Planung und Ausführung durch eine Veranstaltungsagentur.

Wie leicht kann es bei der Vorbereitung zu Mißverständnissen kommen. Wir bestellen mundgerechte Canapés (»Auf-einmal-in-den-Mund-Happen«) – und der Partyservice liefert handgroße Apparate mit Rinde, einer dicken Scheibe rohem Schinken und einem Maiskölbchen nebst Zahnstocher obenauf! So *relativ* sind manchmal Aussagen.
Darum verlassen wir uns lieber auf nichts; es sei denn, wir sind in der glücklichen Lage, über ein wirklich eingespieltes Team zu verfügen.
Eine Drei- bis Sechswochenfrist für kleine und private Veranstaltungen (Spontanfeiern natürlich ausgenommen) ist bei den heutigen vollen Terminkalendern nicht allzu weit gegriffen. Offizielle Veranstaltungen liegen bei einer Einladungsdauer von fünf bis sechs Monaten.

Aus der Einladung muß ersichtlich sein:

- Wer einlädt, Ort, Datum und Uhrzeit(en), die Art der Veranstaltung, evtl. Kleiderwünsche, bis wann die Antwort vorliegen soll, für wen und für wie viele Personen die Einladung gilt. Am besten: »Die Einladung gilt für zwei Personen«, dann kann mitgebracht werden, wer will, und niemand tritt als »Begleitung« auf.
- Klare Absprachen erleichtern nicht nur dem Gast die Planung. Falls zum Empfang eingeladen wird, sollte dies auch klipp und klar ausgedrückt werden, also auch auf das Ende hingewiesen werden (z.B. »Beginn ab 11h, Dauer 1,5 bis 2 Stunden« oder »Nachmittags ab 17.30h, Dauer ca. 2 Stunden«). Bei Platzproblemen wird oft die zweite Gruppe eine Stunde später eingeladen.
- Für auswärtige/unkundige Gäste ist eine Anfahrtsskizze mit Parkmöglichkeit unverzichtbar.
- Zehn bis zwanzig Prozent »Gästeschwund« sollten einkalkuliert werden.
- In sehr kleinen Betrieben halten sich die Kunden zu Besprechungen ja auch öfter im Privatbereich auf. Höfliche Gastgeber bieten bei längeren Gesprächen etwas an. Ein kleiner Vorrat ist darum sinnvoll.
- Aber immer nur Trockengebäck und Kaffee? Wie langweilig! Heute sind Obst, Joghurt, Säfte, Kräutertee, Fruchtsäfte oder auch Milch gefragt.

Auf der einen Seite ist heute ein großes Bedürfnis nach neuer Sicherheit durch »alte« Rituale festzustellen. Je unklarer eine Gesellschaft wird, desto wichtiger sind Codes, in denen sich alle miteinander verständigen können.
Auf der anderen Seite sind die Ergebnisse um so schlimmer, je verkrampfter wir in bestimmten Situationen reagieren. Wer sich selbst hintenanstellen kann, sprich: sich nicht so wichtig nimmt, hat die besseren Karten.
Also: Ignorieren wir überflüssige Regeln – oder passen wir sie unseren Bedürfnissen an!

> *»Höflichkeit ist nichts anderes als das erfolgreiche Bemühen, trotz guter Menschenkenntnis die Fassung zu bewahren.«*
>
> Jean Gabin

Margit Hummel

Kleid macht Frau – Outfit Macht Kompetenz

Margit Hummel ist Damenschneidermeisterin und Betriebswirtin des Handwerks. Sie führt seit vielen Jahren eine Maßschneiderei mit Nähschule. Bei den Wettbewerben der deutschen Maßschneiderelite wurden ihre Entwürfe mehrfach ausgezeichnet.

»Wer ist sie, die erscheint wie das Morgenrot,
schön wie der Mond, hell wie die Sonne,
drohend gleich gewappneten Scharen?«

Hoheslied 6,10

Bedeutung des Outfits für die soziale Interaktion

Nonverbale Kommunikation

In einer geschäftlichen Begegnung steht in der Regel ein sachliches Thema, zum Beispiel ein angestrebter Vertragsabschluß oder die Lösung eines konkreten Problems, im Vordergrund. Zugleich sind die Teilnehmer einer solchen Interaktion bestrebt, bestimmte persönliche Bedürfnisse wie Zuwendung, Anerkennung, Kontakt, aber auch Rachegefühle, Aggressionen, also emotionale Bedürfnisse zu befriedigen.

Deshalb agieren Menschen immer auf mehreren Ebenen der Persönlichkeit. Die meisten dieser Aktionen finden nonverbal statt. Nonverbal bedeutet in der Regel Kommunikation über optische, taktile und olfaktorische Signale.

Die persönliche Darstellung ist de Schlüsselfaktor

Besonders Geruchsreize (olfaktorische Reize) erreichen sehr leicht die emotionale Schicht eines Menschen. Unser Gegenüber, sofern es über eine entsprechend wache Wahrnehmung verfügt, kann riechen, ob wir angemessen gepflegt sind, ob wir unter starker Anspannung stehen (verändert sofort den Körpergeruch, trotz Waschens und Deodorants!), oder ob wir unter gesundheitlichen Problemen leiden. Ob wir einander sympathisch sind, hängt ganz entscheidend am Geruchssinn, wie auch der Volksmund mit dem Ausspruch »Den kann ich nicht riechen!« bezeugt.

Um sich erfolgreich zu präsentieren, werden Sie natürlich darauf achten, Ihren Körper und Ihre Gesundheit zu pflegen. Aber seien Sie dezent bei der Verwendung von Parfüm! Keiner schätzt es, wenn Ihr Geruch drei Stunden länger anwesend ist als Sie. Es gibt bedeutend sympathischere Möglichkeiten, in Erinnerung zu bleiben.
Auch Ihre Körpersprache, die Art, wie Sie sich bewegen, wie Sie gestikulieren, Ihre Mimik, hat großen Einfluß darauf, wie Sie ankommen. Ihre Körperhaltung sagt sehr viel aus darüber, wie Sie selbst sich einschätzen, wieviel Sie sich selbst gelten.
Ganz klar, wer mit hängenden Schultern, gekrümmtem Rücken und schlurfendem Gang unterwegs ist, ist entweder sehr müde, krank, sich selbst gegenüber nachlässig – wenn er schon sich selbst vernachlässigt, wie will er dann mit anderen sorgfältig umgehen? –, oder dieser Mensch hat einfach zuwenig Selbstvertrauen, ist jedenfalls nicht die Person, die man mit einer Problemlösung betrauen möchte.
Aber auch das Gegenteil, extrem gerade, steife Haltung und raumgreifende Bewegungsmuster empfindet man als unpassend und eher abschreckend. Auch in diesem Bereich gilt es also, so etwas wie den goldenen Mittelweg zu finden, eine Haltung, die von Aufmerksamkeit, Reaktionsfähigkeit und nötiger Gelassenheit, die von Selbstgewißheit zeugt.
Sollten Sie sich diesbezüglich unsicher fühlen, hilft Ihnen vielleicht Sport, aber auch der Besuch eines Kurses in einem Mannequinstudio kann Ihnen die entscheidenden Pluspunkte vermitteln.
Am deutlichsten zeigt sich, wer wir sind, in der Art, wie wir uns kleiden. Zugleich haben wir hier auch die größte Möglichkeit, etwas gezielt zu ändern. Ganz allgemein gilt, daß unsere Kleidung zu uns passen muß, und zwar in jeder Hinsicht, sowohl vom Stil her als auch in Farbe, Mustern und insbesondere Qualität.
Da Kleidung und Accessoires so leicht verändert werden können, sollten Sie hier besonders strenge Maßstäbe anlegen. Die Übereinstimmung Ihres Outfits mit Ihrer Persönlichkeit und dem Rahmen, in dem Sie sich präsentieren wollen oder müssen, erfordert viel Fingerspitzengefühl; aber die Mühe lohnt sich, denn gerade daran erkennt man Ihr Niveau.

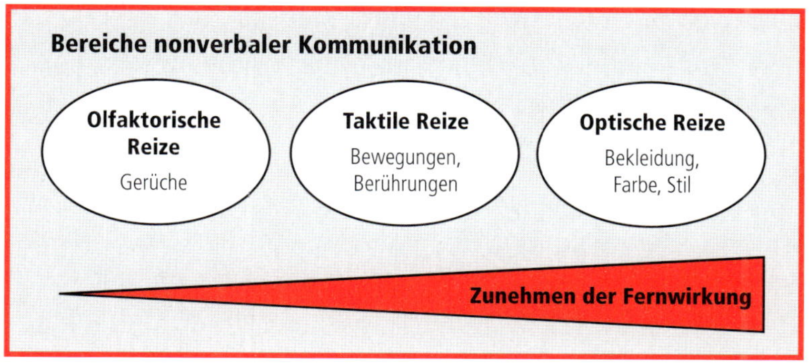

Gruppenspezifische Erwartungen
Grob gesprochen haben Sie es hauptsächlich mit zweierlei Arten von Gruppen zu tun.

Formelle Gruppen
Diese erkennt man relativ leicht an einer ganz klaren Zugehörigkeitsdefinition und am häufig weitgehend uniformen Erscheinungsbild. Auch Rangordnungen innerhalb dieser Gruppen sind meistens durch Bekleidungsmerkmale (beispielsweise Schulterklappen der Uniformen, Dienstabzeichen oder ähnliches) oder Statussymbole (Vorzimmer etc.) klar zu identifizieren.

Informelle Gruppen
Weitaus schwieriger wird die Sache bei informellen Gruppen. Zugehörigkeitsmerkmale sind dort in der Regel nicht für Außenstehende gedacht, sondern dienen der Erkennung der Gruppenmitglieder untereinander. Deshalb sind solche Gruppensymbole durchaus wandelbar, was die Identifikation für Uneingeweihte zusätzlich erschwert. Ein solches Zeichen kann zum Beispiel eine kleine Falte im Krawattenknoten sein oder ein dezent getragener Knopf, das Hemd einer bestimmten Marke oder auch eine unauffällige, nur Insidern bekannte Geste.
Die Zugehörigkeit zu bestimmten Berufsgruppen ist häufig mit einem bestimmten Image versehen, an dem der einzelne gemessen wird (typisch Lehrer, typisch Friseuse!). Meist ist damit ein Verhaltens- und Bekleidungskodex verbunden. Branchenspezifische Berufskleidung fällt hierunter und auch die Unternehmergattin eines Metzgermeisters ist in ihrem Betrieb von einer Bankangestellten unterscheidbar.

Anlaßgerechte Bekleidungswahl

Entscheidend für die Wahl des Outfits ist der Anlaß, zu dem es gebraucht wird. Es wäre völlig verfehlt, im Kostüm in einer Schreinerwerkstatt zu hantieren. Ebenso problematisch ist es, als Handwerksmeisterin oder Mitunternehmerin zu einer Präsentation in einem Vier-Sterne-Hotel in Jeans oder Rock und Strickjacke mit der Einkaufstasche in der Hand (wegen der vielen Prospekte!) aufzutauchen. Sie müssen sich dann nicht wundern, wenn Ihnen jegliche Kompetenz abgesprochen wird!

Vorüberlegungen zur anlaßgerechten Auswahl der Kleidung:

- Art der Veranstaltung: Besprechung betriebsintern oder außerhalb mit Kunden, Geschäftspartnern, Bank etc., Empfang, Präsentation, Pressegespräch, Interview (Radio oder Fernsehen), Fototermin, Einladung, Hochzeit usw.
- In welchem Rahmen findet die Veranstaltung statt? Gibt es Bekleidungsvermerke auf der Einladung?
- Welches persönliche und/oder berufliche oder betriebliche Ziel soll erreicht oder zumindest nicht gefährdet werden?
- Inwieweit können, wollen und müssen Sie sich den durch den Anlaß gegebenen Regeln anpassen, oder dürfen Sie Individualität (oder gar Eigensinn!) zeigen?

Tip: Bekleidungsvermerke

Ein Bekleidungsvermerk auf einer Einladung ist absolut bindend! Ihn nicht zu beachten, bedeutet grobe Unhöflichkeit dem Gastgeber gegenüber. Sollten Sie selbst Gastgeber sein, helfen Sie Ihren Gästen durch einen Bekleidungsvermerk, den Rahmen Ihrer Veranstaltung richtig einzuschätzen und weder »overdressed« noch »underdressed« zu erscheinen. Ein Bekleidungsvermerk bezieht sich in der Regel auf die Herrengarderobe, der sich die Damen anzupassen haben. Rücksichtnahme auf den Begleiter/Partner ist zwingend, sonst stellen Sie sich ganz leicht bloß!

Dunkler Anzug

Die Dame trägt ein elegantes Kleid, das sogenannte Nachmittagskleid, ein elegantes Kostüm, einen entsprechenden Hosenanzug oder das »kleine Schwarze«, das auch eine andere vornehme Farbe haben darf.

Smoking

Hier haben Sie als Frau den größten Spielraum. Sie können, je nach Alter und Figur, ein mehr oder weniger kurzes Cocktailkleid tragen, ein »kleines Schwarzes«, jetzt aber durchaus auch mit Dekolleté, tragen. Auch extravagante Hosen und paillet-

Anlaß	Vormittags	Nachmittags	Abends
Besprechung mit Kunden, Geschäftspartnern, Pressegespräch, Interview	Kombination, Kostüm, Hosenanzug, auch mit Pullover, aber unbedingt Jacke tragen!	Straßenkleidung wie vormittags	Wie vormittags, aber etwas eleganter Bluse statt Pullover, eventuell aufwendigere Accessoires
Geschäftsessen	Straßenkleidung wie oben	Wie oben	Eleganteres Kostüm, schickes Kleid
Empfänge, Betriebsfeste	Kostüm oder Jackenkleid, eventuell Hosenanzug, keine Pullover	Elegantes Kostüm, Farbe etwas dunkler, gedeckt	Immer richtig: das kleine Schwarze, ersatzweise elegantes Kostüm oder vergleichbarer Hosenanzug
Feste in großem Rahmen, Hochzeiten	Bekleidungsvermerke beachten, sonst elegantes Kostüm oder »kleines Schwarzes«, evtl. Hut	Wie vormittags	Bekleidungsvermerke beachten, passend zum Herrn und Rahmen Cocktailkleid bis große Abendrobe

tenbestickte Teile sind gut möglich. Lange Kleider wurden in letzter Zeit praktisch nicht zum Smoking getragen, scheinen aber zunehmend wieder in Mode zu kommen. Wenn Sie jung genug für Experimente sind, tragen Sie wieder lang!

Frack

Zum Frack gehört das große Abendkleid. Schmücken Sie sich mit Gold und Silber, raschelndem Taft, Tüll, Samt, funkelnden Perlen und Brokat. Hier haben Sie die Möglichkeit zu all dem Luxus, den Sie sich schon als Mädchen gewünscht haben.

Cut

Wird nur noch sehr selten getragen. Einziger Anlaß heute sind festliche Trauungen am Vormittag. Als Dame tragen Sie zum Cut ein elegantes Kostüm, ein Kleid mit Jacke und fast immer einen passenden Hut dazu.

Identifikation – Differenzierung

Jeder Mensch sortiert seine Eindrücke, die er erhält, danach, ob sie zu schon Bekanntem oder zu vorgefaßten Erwartungen und Vorurteilen passen, oder ob sie etwas völlig Neues darstellen. Diese Erwartungshaltung Ihres Gesprächspartners sollten Sie, soweit es Ihnen möglich ist, herauszufinden trachten und Ihr Bekleidungsverhalten darauf abstellen.

Je genauer Sie diese Vorstellungen kennen, desto leichter können Sie einen Gesprächsverlauf gezielt beeinflussen. Dabei ist es nicht wichtig, alle Erwartungen zu erfüllen, das würde Sie als Gesprächspartner eher uninteressant machen. Sie sollten nur die Grundlinie richtig treffen, also zum Beispiel bei einem konservativen Menschen nicht allzu flippig, bei einem aufgeschlossenen jüngeren aber auch nicht sehr altmodisch gekleidet sein. Irgend ein tolles Detail, etwas, mit dem man nicht unbedingt rechnet, sollten Sie haben, um bei Ihrem Gegenüber in Erinnerung zu bleiben. Das kann auch die Schlichtheit Ihres Auftretens sein! Denken Sie doch mal darüber nach, in welcher Eigenschaft Sie die anderen übertreffen, was Sie an sich sehr mögen und betonen Sie diesen einen (!) Vorzug!

Über Handicaps sollten Sie sich nicht grämen, erstens macht Gram häßlich, zweitens gehört auch das zu Ihrer Persönlichkeit und kann, falls Sie dazu eine gute Einstellung finden, Ihren Erinnerungswert deutlich steigern. Nicht vollendete Schönheit, nein, oft sind es gerade solche Widerhaken, die im Gedächtnis bleiben!

Kompetenzerwartungen

Als Frau im Handwerk sind Sie vielfach kompetent, egal ob Sie als Meisterin oder Mitunternehmerin tätig sind.

Hauptsächlich erwartet wird von Ihnen allgemein Kompetenz in kaufmännischen Belangen. Darüber hinaus sind die meisten von Ihnen im fachlichen Bereich Ihres Gewerkes außerordentlich fit. Auch der Umgang mit Personal, Kunden, schwierigen Reklamationen, Vereinbarkeit von Familie und Berufstätigkeit gehört für Sie häufig zum täglichen Brot.

Die 24-Stunden Allround-Kompetenz-Garderobe gibt es nicht

Die Schwierigkeit ist hier, daß all diese Kompetenzen unterschiedlich, zum Teil absolut konträr, optisch präsentiert werden müssen.

Zum Beispiel sollten Sie sich nicht in der Schürze im Büro erwischen lassen, das Kostüm wird leicht zum Opfer Ihrer Kleinen, die Sie gerade schnell mal vom Kindergarten abholen müssen, und daß Sie von Ihrem Handwerk auch als Frau etwas verstehen, glaubt man Ihnen eher, wenn Sie Arbeitskluft tragen.

Stellen Sie sich darauf ein, und planen Sie genügend Zeit zum Umziehen ein. Das »Allkompetenzoutfit« ist leider noch nicht erfunden worden.

Mode

Eine Schlüsselrolle in unserem Bekleidungsverhalten spielt die Mode. Sie ist ein ständiges Verändern, Ausloten neuer Möglichkeiten, oftmals auch schockierende Herausforderung. Die modische Entwicklung steht niemals still. Wir entscheiden uns aber, ob wir der Mode voraus laufen als Avantgarde, ob wir Neues freudig begrüßen, zeitgerecht mitmachen, hinterherlaufen oder uns dem modischen Spiel verweigern. Dadurch geben wir unsere Eistellung zum Leben und der Veränderlichkeit der Lebensumstände zu erkennen.

Je nachdem, in welcher Branche und in welchem Genre Sie tätig sind, müssen Sie Ihre Garderobe mehr oder weniger schnell verändern. Der zeitliche Rahmen bewegt sich dabei etwa zwischen zwei bis drei Jahren im gehobenen und eher

modisch orientierten Bereich bis zu maximal fünf bis sechs Jahren bei zeitlos klassischen Teilen und im eher konservativen Bereich. Basisteile können Sie modisch ergänzen und so ihre optische Überlebenszeit etwas verlängern.
Je höher die Qualität Ihrer Kleidungsstücke, desto länger können Sie diese tragen. Größere modische Umbrüche, zum Beispiel spitze oder kantige Schuhformen, sollten Sie in gemäßigter Form mitvollziehen, da an solchen Veränderungen das Alter Ihrer Kleidung und auch das Ihre besonders leicht sichtbar wird.
Auch extremere Farbveränderungen sind ein Grund, sich erneut mit Ihrer Garderobe zu befassen. Wenn Sie sich unsicher sind, ob Sie das eine oder andere Teil ihrer Garderobe noch tragen können, ob Sie diese oder jene Mode in Ihrem Alter oder Ihrer Position mitmachen sollen oder können, suchen sie Beratung in guten Fachgeschäften und nicht zuletzt bei Ihrer Schneidermeisterin.

Farbsignale

Farben wecken Assoziationen.
Wer denkt bei Rot nicht an Wärme, Liebe, Feuer, Nähe, auch Gefahr; ebenso verbindet man mit Blau Kühle, Distanz, Ruhe etc ... Wenn das Wetter wieder einmal alles Grau in Grau erscheinen läßt, sinkt die Stimmung ...
Besonders bei der Kleidung, dem, was man ganz nahe auf der Haut trägt, ist es wichtig, die richtigen Farben zu wählen, denn diese stehen in engem Austausch mit unseren Gefühlen. Erfolgreiche Menschen achten auf ihre Emotionen und die ihrer Mitmenschen. Gezielte Farbwahl wirkt auf den Träger und seine Umgebung, sein Gegenüber.

Ihre besten Farben

Farben können eher ausgleichend wirken, wenn man beispielsweise gegen Müdigkeit aufmunternde Farben trägt, oder verstärkend, indem bei einer schwierigen Verhandlung etwa ein rotes Accessoire getragen wird. Die psychologische Wirkung einer Farbe hat entscheidenden Anteil daran, in welcher Weise und welchem Maß man sie einsetzen sollte.

Blau

Blau steht als Lieblingsfarbe sowohl bei Frauen als auch Männern ganz vorne. Etwa 38% der Bevölkerung bevorzugen diese Farbe. Dunkelblau steht für Tiefe, Hellblau läßt die Weite des Himmels und des Meeres erahnen. Der Volksmund weist Blau Eigenschaften zu wie Treue, Klugheit und Zuverlässigkeit.
Andererseits war Blau früher die Farbe für jedermann, da Bekleidung leicht und billig blau eingefärbt werden konnte. Auch heute noch kennt man den Blaumann als Arbeitskleidung.
Als vornehme Farbe galt für Kleidung lediglich das Königsblau, das, neben Purpur, dem Adel vorbehalten war.

Treue, Klugheit und Zuverlässigkeit

Blau ist die kälteste Farbe des Spektrums. Ein blau gestrichener Raum läßt die Raumtemperatur um ein bis zwei Grad kühler erscheinen, als sie tatsächlich ist. Blau tritt als Farbe eher zurück, schafft Raum.

Als Bekleidungsfarbe gehört Blau zu den angenehmsten Farben. Blau macht schlank, wirkt vornehm und zurückhaltend, aber durch die Häufigkeit des Vorkommens leider auch manchmal etwas langweilig. Mit Blau als Kleiderfarbe können Sie praktisch nichts falsch machen, aber ohne entsprechende Kombinationsfarbe (beispielsweise Türkis, Pink, Orange) keine Sensationen hervorrufen.

Rot

Nach Blau ist Rot die beliebteste Farbe. Rot und Blut gehören eng zusammen, symbolisieren beide Lebenskraft, Leidenschaft, Liebe. Rot ist die Farbe des Kriegsgottes Mars, von daher eine urmännliche, die nur stark »verdünnt« als Rosa weiblich empfunden wird. Mit Rot verbindet man Aggression, Gefahr, Feuer. Rote Kleidung war den Adeligen vorbehalten, weil der Farbstoff immens teuer und der Glaube an die Magie der roten Farbe als Herrschaftsmittel groß war.

Lebenskraft, Leidenschaft, Liebe

Rot drängt sich als Farbe immer in den Vordergrund, dehnt sich über seine Grenzen aus und überstrahlt andere Farben. Diese Eigenheit macht Rot zu einer schwierigen Farbe für Fernsehaufnahmen, da die Konturen leicht verschwimmen. Rote Flächen, auch Kleidungsstücke, empfindet man wärmer als sie sind (im Sommer besonders wichtig!).

Für Kleidung war Rot in letzter Zeit außerordentlich beliebt. Ist es gut möglich, mit rotem Gewand auf sich aufmerksam zu machen, reduziert sich diese Chance stark, wenn annähernd die Hälfte der anwesenden Damen Rot trägt. Weichen Sie dann doch lieber auf andere ungewöhnliche Farben und Farbkombinationen aus.
Abgedunkeltes Rot symbolisiert verborgene Kraft, ist also eine Farbe, die Sie gut im geschäftlichen Bereich tragen können. Rosa dagegen steht für abgeschwächte, nicht voll entwickelte Kraft, hat also einen gewissen Mitleidsfaktor. Von daher sollten Sie für Ihr Berufsoutfit auf Rosa verzichten, wenn Sie ernst genommen werden möchten.

Grün
Grün ist eine zwiespältige Farbe. Die Zahl ihrer Fans und die ihrer Gegner hält sich die Waage. Bei Grün hat jeder eine andere Vorstellung. Meinen die einen das Grün des Frühlings, die Farbe der Hoffnung, denken andere an Unreife, Gift oder eine grüne Hölle.

Grün ist eine zwiespältige Farbe

Grün bildet vom Farbcharakter her die beruhigende Mitte zwischen fernem Blau und bedrängendem Rot. In grüner Umgebung beruhigen sich aufgebrachte Gemüter am leichtesten.

Als Kleiderfarbe war Grün wegen des billigen Farbstoffs und der Eigenart, daß Grün sich bei Tageslicht und Kunstlicht stärker als andere Farben verändert, für bessere Anlässe verpönt. Durch die Entwicklung neuer Farbstoffe besteht heute eine etwas bessere Situation. Dennoch ist Grün eine riskante Kleiderfarbe geblieben. Bei matten Stoffen wirkt sie leicht gewöhnlich, bei glänzenden besonders auffällig, extravagant, weniger elegant. Bei Filmaufnahmen wirkt dunkleres Grün eher wie schmutziges Schwarz. Dennoch wird Grün von Zeit zu Zeit Modefarbe, und wenn Sie möchten, der Anlaß paßt und Ihnen der Farbton steht, tragen Sie es!

Gelb
Die zwiespältigste aller Farben ist Gelb. Licht, Sonne, Gold, Klugheit, Reichtum sind die positiven Assoziationen, aber ebenso werden mit Gelb egoistische Eigenschaften verbunden wie Eifersucht, Gier, Neid. Lange Zeit und in vielen Kulturen war Gelb die Farbe der Geächteten, Ausgestoßenen.

Gelb ist eine leichte, freundliche Farbe

Gelb ist eine leichte, freundliche Farbe, die von oben zu kommen scheint. Leider ist Gelb aber auch sehr empfindlich, verschmutzt leicht und wirkt dann schmuddelig oder gar giftig.

In gelber Kleidung erregen Sie in unseren Breiten sicher Aufmerksamkeit. Ihre Erscheinung kann aber, besonders wenn Sie ein sehr helles Gelb tragen, einen Hauch von Unwirklichkeit haben. Gelbe Kleidung verschmutzt sehr schnell und verdirbt den guten Eindruck.

Violett/Lila
Violett, der Farbton des antiken Purpurs, gilt heute noch als Farbe der Macht. Violett zeigt deutliche sprachliche Verwandtschaft zu Begriffen wie lat. »violentia«, Gewalt und »violare«, schänden, beinhaltet also auch die sexuelle Dimension. Violett ist die Farbe der Buße, der Dekadenz und der Eitelkeit. Aufgehellt als Lila gilt sie als altjüngferliche Farbe des »letzten Versuchs«.

Violett ist eine extravagante, nie gewöhnliche Farbe

Violett entsteht aus der Mischung von Rot und Blau, aus dem eigentlich unvereinbaren Gegensatz von Nähe und Ferne zugleich. Deshalb weckt diese Farbe Zweifel und Unsicherheit.

Als Kleiderfarbe zeigt Violett, daß man auffallen will. Es ist eine extravagante, nie gewöhnliche Farbe. Mit Violett, richtig eingesetzt, zeigen sie Selbst- und Statusbewußtsein, bejahen Sie Ihr Frausein.

Orange
Die zweite Energiefarbe nach Rot ist Orange. Mit Orange wird Vergnügen, Geselligkeit, laute Munterkeit verbunden. Orange wirkt leicht aufdringlich und billig, steht auch für Modernität bis hin zum Synonym für Wegwerfartikel aus Plastik. Orange ist sehr auffallend und wird daher als Warnfarbe eingesetzt.

Vergnügen, Geselligkeit, lauter Munterkeit

Orange ist eine Mischung aus Feuer – Rot – und Licht – Gelb.

Als Kleiderfarbe kommt Orange insbesondere für die Jugend immer wieder in Mode. Orange ist keine Farbe, die aus sich

Kompetenz vermittelt. In größerem Stil sollten Sie diese Farbe beruflich nur ganz vorsichtig einsetzen, sie birgt ein hohes Risiko.

Braun

Aus jüngster Vergangenheit hochbelastet, weckt Braun negative Assoziationen wie Faulheit, Spießigkeit und Biederkeit. Braun gilt als Farbe des Schmutzes, der Dummheit und der Armut. Goethes Vorliebe für Braun machte diese Farbe in der bürgerlichen Gesellschaft salonfähig. Mit Braun verband man Gemütlichkeit und Geborgenheit, die sanfte Unerbittlichkeit des Herbstes.

Gemütlichkeit, Geborgenheit

Braun entsteht, wenn man Orange abdunkelt, Braun wirkt daher praktisch nie edel.

Das Schönheitsideal gebräunter Gesundheit und Frische ließ Braun zu einer beliebten Kleiderfarbe werden. Neben Schwarz zählt Braun heute zu den Grundfarben für Basics. Braun sollten Sie immer mit einer anderen Farbe, einem farbigen Accessoires ergänzen, es erhält dadurch erst seinen Ausdruckswert. Braun taugt eigentlich nicht für Abendgarderobe, braune Kostüme sind dem Tag vorbehalten.

Schwarz

Eigentlich ist Schwarz keine Farbe, es ist eher die Abwesenheit von Licht, wo alle Farbe verschwindet. Schwarz steht für das Ende, den Tod, die Trauer. Schwarz bedeutet Unglück, Schmutz und Gemeinheit. Der Volksmund spricht von »anschwärzen«, vom »Schwarzen Freitag«, vom »schwarzen Blut« der Melancholie.

Aus religiösen Gründen wurde Schwarz nach dem farbenfrohen Mittelalter zur häufigsten Kleiderfarbe. Schwarz bezeugt Abkehr vom frohen Treiben, Hinwendung zu Ruhe und Ungestörtheit. Durch die Verbesserung der Färbemethoden wurde Schwarz zur Farbe der Eleganz, der vornehmen Zurückhaltung, die ja Verzicht auf Pomp und exaltierte Auffälligkeit verlangt. Schwarz ist Lieblingsfarbe der Individualisten.

Lieblingsfarbe der Individualisten

Weiß

Weiß ist die Summe aller Farben, Vollkommenheit, strahlendes Licht. Weiß zeugt von Unschuld, Unberührtheit, Sterilität, Feinheit, Künstlichkeit, aber auch Substanzlosigkeit.

Unschuld, Unberührtheit, Sterilität

Weiße Kleidung wird heute verlangt in Bereichen mit höchsten Anforderungen an Hygiene.

Brautkleider sind weiß und in wärmeren Klimazonen auch die Tageskleidung. Für Businesskleidung sollten Sie Weiß sparsam einsetzen, dunklere Farben wirken ernsthafter.

Grau

Grau ist die Farbe der Unentschiedenheit, des Nicht-Erkannt-Werden-Wollens, der sprichwörtlichen »Grauen Eminenz«, bedeutet Anpassung bis hin zur Mittelmäßigkeit. Grau ist alle Theorie, gräßlich, grausam, grauenhaft, unheimlich.

Grau füllt den Raum zwischen Schwarz und Weiß.

Anpassung

Der graue Anzug ist der normale Tagesanzug eines Angestellten. Analog werden graue Kostüme von Frauen getragen. Diese bilden den optimalen Hintergrund für farbige Accessoires. Grau ist die Farbe des Tagesgeschäfts.

Gold

Die Farbe Gold ist eigentlich bestenfalls Erinnerung an das Edelmetall. Dieses bedeutet Reichtum, Macht, Göttlichkeit, Glück, Pracht und Ruhm, aber auch Stolz, Verblendung und Überfluß.

Gold ist das Zeichen des Siegers, spielt vor allem als Schmuckmetall seine Rolle.

Als Kleiderfarbe ist Gold nur für Abendmode möglich. Im beruflichen Umfeld sollten Sie mit goldenen Accessoires zurückhaltend umgehen.

Silber

Silber wird immer an Gold gemessen. Silber ist der ewige Zweite, die Farbe des schnöden Mammons und des Mondes. Kühl und distanziert ist Silber zurückhaltender und damit als Kleiderfarbe auch eleganter als Gold.

Silber wirkt rasant – man denke an den legendären »Silberpfeil«-, hell und klar, jung und originell.

Metallicstoffe eignen sich für Abendmode, am Tag wirken sie wenig professionell. Silberschmuck eignet sich jedoch hervorragend als Accessoire zu Berufskleidung.

Grundgarderobe für erfolgreiche Handwerkerinnen

Anforderungen an Qualität und Zweckmäßigkeit

Als Handwerksfrau repräsentieren Sie einen Betrieb, der Spitzenprodukte produziert. Dies muß sich in der Qualität Ihrer Kleidung widerspiegeln!
Geeignet sind für Kostüme, Jacken, Anzüge nur hochwertige Stoffe aus Wolle und Wollmischungen, eventuell auch Seide und Baumwolle, vorwiegend mit stabilisierenden Beimischungen. Andere Materialien erfüllen in Tragefestigkeit, Optik (ein Polyesterkostüm hat den Charme einer Plastiktüte!) und Pflege nicht die Anforderungen. Diese Kleidungsstücke sollten Sie regelmäßig (im Schatten!!) lüften und gelegentlich in einer guten Reinigung oder bei Ihrer Schneiderin aufbügeln lassen.
Für Blusen und Pullover sind Seide und andere Naturmaterialien zwar wunderschön, aber für den täglichen Gebrauch, mit Ausnahme von Baumwolle, viel zu aufwendig zu pflegen. Sie können jedoch problemlos die heute angebotenen hochwertigen, seidenartigen Synthetics verwenden, ohne Einbußen an Optik und Tragekomfort befürchten zu müssen.
Grundsätzlich sollten Sie sich nur beste Qualität leisten, Sie sind es Ihrem Betrieb schuldig!

Kriterien für persönliche und berufsbedingte Farbwahl

Zunächst sollten Sie Ihren Farbtyp ermitteln. Dies können Sie entweder mit Hilfe einer guten Freundin, indem Sie bei gutem Tageslicht die Wirkung verschiedener Farben auf Ihr Gesicht ausprobieren, oder Sie nehmen professionelle Hilfe in Anspruch (Schneiderin, Farbberaterin).
Aus Ihren persönlichen Farben wählen Sie die neutralsten ein bis drei Farbtöne aus, die miteinander harmonieren. Davon wiederum nehmen Sie eine dunklere und eine mittlere Helligkeitsstufe als Basisfarbe für Ihre Garderobe.
Je ernster der Anlaß und je gewichtiger Ihr Auftreten sein muß, desto dunkler sollte Ihre Kleidung sein. Wenn Sie moderat und umgänglich erscheinen wollen, nehmen Sie die hellere Variante.
Farbakzente setzen Sie mit Bluse und Accessoires (siehe unten).

Stil und Paßform

Für die Auswahl Ihres persönlichen Stils berücksichtigen Sie bitte Ihre wesentlichen Charakterzüge. Eine quirlige Person wirkt in steifem Nadelstreifen nicht sehr überzeugend und dürfte sich darin auch nicht sonderlich wohl fühlen.
Je femininer und runder Ihr Körperbau ist, desto weicher und fließender sollte Ihr Kleidungsstil sein. Wenn Sie über einen kantigen großen Körper verfügen, dürfen Ihre Kleider nicht zu leicht in der Optik sein. Festere Materialien sind vorzuziehen.
Als kleine, feminine Frau haben Sie es oft nicht leicht, in unserer männergeprägten Welt ernst genommen zu werden. Daher sollten Sie sich durch Verwendung einer etwas härteren Linie optisch mehr Gewicht verschaffen. Ebenso können sehr dominant wirkende Frauen durch etwas weichere Kleidung ihr Auftreten abschwächen, wenn es nötig ist.

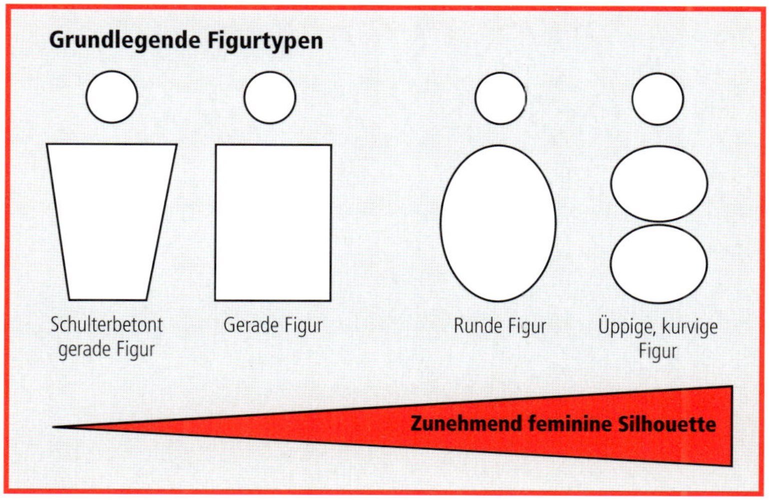

Bei der Paßform dürfen Sie keine Kompromisse machen. Ein schlecht sitzendes Kleidungsstück verdirbt den besten Eindruck! Besonders wichtig sind Schulter und Brustpartie, auf die der Blick Ihres Gesprächspartners zuerst fällt. Kragen und Ausschnitt, der keinesfalls tief sein darf, müssen exakt sitzen.
Achten Sie darauf, daß Ihre Kleidung locker am Körper liegt, zu enge Kleidung sieht einfach ordinär aus! Auch Ihre Wäsche darf nicht zu eng sein, sie würde sich deutlich abzeichnen.
Ihrer Rückseite sollten Sie genügend Aufmerksamkeit widmen. Hierzu benötigen Sie zumindest einen mehrteiligen Spiegel. Besser noch ist der unbestechlich kritische Blick einer Freundin oder Ihres Partners. In allen Zweifelsfällen wenden Sie sich am besten an eine Fachfrau.

Basisteile
Um für alle Situationen gut gerüstet zu sein, brauchen Sie eine gewisse Mindestausrüstung, eine Grundgarderobe in Ihren persönlichen Basisfarben, die Sie je nach Bedarf variieren können.

Jacken
Sie brauchen mindestens drei davon. Eine sollte für sommerliche Temperaturen geeignet sein, eine wärmere für den Winter und eine in einer seriösen Farbe für ernstere Anlässe.
Wenn Sie einen langen Hals haben, sind Kragen sehr schick, bei kurzem Hals sind kragenlose Varianten besser. Achten Sie auf die Ärmellänge, zu lange Ärmel lassen Sie schrumpfen, in zu kurzen wirken Sie unproportioniert. Richtig endet der Ärmel genau am Handgelenk.

Röcke und Hosen
Drei bis vier Röcke oder Hosen genügen im allgemeinen. Die Röcke sollten auf Ihre optimale Länge abgestimmt sein, extreme Minis sind im Beruf tabu. Bei Hosen achten Sie bitte auf guten Fall und gute Proportionen, engere Hosenformen sind jüngeren vorbehalten. Leggings haben im Büro nichts zu suchen! Röcke und Hosen müssen unbedingt zu Ihren Jacken passen.

Blusen und Oberteile
Drei bis vier für jede Jahreszeit sollten Sie besitzen. Achten Sie besonders auf gute, wasch- und reinigungsbeständige Qualität. Große Ausschnitte vermeiden Sie bitte ebenso wie ärmellose Teile. Zeigen Sie bei Tops Farbe!
Lockern Sie strengen Stil durch etwas weichere Blusen auf, oder verstärken Sie Ihren Anspruch durch eher maskuline Hemdblusen. Pullover sollten sehr fein in der Ausführung sein und nur im Winter getragen werden.
Die Kragengestaltung Ihrer Oberteile muß mit Ihren Jacken harmonieren.

Mantel
Mindestens ein Mantel muß sein. Beschaffen Sie sich ein gutes Stück in einer schönen Farbe, passend zu Ihrer übrigen Garderobe. Ein Mantel – übrigens eine größere Anschaffung, und entsprechend anspruchsvoll sollten Sie sein – muß genug Platz bieten für Jacke und Pullover.
Im Lauf der Zeit können Sie sich Mäntel unterschiedlicher Stilrichtungen anschaffen, aber achten Sie unbedingt auf die richtige Länge. Nichts ist häßlicher als ein vorstehender Rock! Ob Sie lieber einen Wollmantel tragen oder moderne Mikrofasern, hängt von Ihrem Geschmack und den individuellen Anforderungen ab.

Kleider
Kleider für berufstätige Frauen dürfen nicht verspielt wirken. Ansonsten sind Sie in einem gut geschnittenen Kleid immer toll angezogen. Bei Präsentationen und Besprechungen denken Sie an eine gut passende Jacke.

Strümpfe
Zu einer gut gekleideten Erscheinung gehören unbedingt, auch bei Sommerhitze, dezente, farblich abgestimmte Strümpfe! Orientieren Sie sich dabei an Ihren Basisfarben.

Schuhe
Im Beruf sollten Ihre Schuhe glatt und schlicht, auf jeden Fall aber geschlossen sein. Dunklere Schuhe wirken edler. Schnallen, Riemchen und goldene Schmuckelemente sind unprofessionell. Weiße Schuhe tragen Sie nur als Braut und in Gesundheitsberufen.
Sie brauchen mehrere Paar Schuhe, damit Sie sie öfter wechseln können. Das erhält Ihre Schuhe und die Gesundheit Ihrer

Füße. Die Absätze guter Schuhe haben eine mittlere Höhe. Sandalen und Stiefel benutzen Sie bitte nur in Ausnahmesituationen.

Auswahl und Einsatz von Accessoires

Entsprechende Accessoires machen Ihren Look erst perfekt. Unbedingt tragen sollten Sie eine zu Ihren Proportionen passende Halskette oder eine schöne Brosche und Ohrklips. Diese entsprechen der Krawatte der Männer. Wenn Sie können, tragen Sie echten Schmuck, ansonsten erzielt qualitativ hochwertiger Modeschmuck gleiche Wirkung. Vermeiden Sie baumelnde Ketten und klirrenden Armschmuck.

Mit Tüchern, geschickt eingesetzt, können Sie manches eher trist wirkende Kleidungsstück aufpeppen. Achten Sie jedoch darauf, das Tuch sicher zu befestigen. Nichts wirkt unprofessioneller, als ständig an einem Tuch zu nesteln. Verwenden Sie bei Tüchern bitte keine Imitationen berühmter Stücke.

Natürlich paßt auch Ihre Frisur zum Gesamtbild. Regelmäßige, fachmännische Pflege und Anpassung an die Mode sind selbstverständlich.

Ihre Brille stimmen Sie mit kundiger Hilfe auf Ihren Look ab. Sie soll Ihre Augen optimal zur Geltung bringen.

Taschen sollten Sie in verschiedenen Größen, abgestimmt auf Ihre Sommer- und Wintergarderobe, besitzen. Wichtig sind gute Qualität und schlichtes, stilvolles Design.

Zusammenfassung

Durch überlegte Selbstpräsentation stellen Sie Ihre Kompetenz dar. Weil Sie nicht ständig um Anerkennung ringen müssen, haben Sie zusätzliche Kapazität frei für Sachaufgaben.

Es kommt auch weniger darauf an, in allen Details perfekt zu sein, viel wichtiger ist der stimmige Gesamteindruck, den Sie erzielen.

Mit einiger Übung werden Sie im kommunikativen Konzert Ihre Erscheinungs-Klaviatur virtuos beherrschen.

Literaturverzeichnis

René König: Menschheit auf dem Laufsteg. Die Mode auf dem Laufsteg, München, Wien 1985

Ingrid Loschek: Mode im 20. Jahrhundert, München 1978

Ingrid Loschek: Mode, Verführung und Notwendigkeit. Struktur und Strategie der Aussehensveränderung, München 1991

Ulla Freifrau von Uslar-Gleichen: Kleidung – Stilmittel und Signal, in Norman Rentrop (Hrsg.): Stil und Etikette 1994

Doris Pooser: Ihr persönlicher Stil mit color me beautiful, Stuttgart 1989

Mary Spillane: Kleider, Farben, Stil, Stuttgart 1992

Mary Spillane: Image-Guide für die Frau, Stuttgart 1994

Eva Heller: Wie Farben wirken, Reinbek 1989

Ingrid Riedel: Farben in Religion, Gesellschaft, Kunst und Psychotherapie, Stuttgart 1983

Lili Eberhard: Welche Farben wähle ich? Praktische Farbenlehre für Mode und Bekleidung, München 1952

Peter Lauster: Statussymbole. Wie jeder jeden beeindrucken will, Köln 1975

Reinhild von Brunn

Wie Frauen auf dem laufenden bleiben
Mediennutzung von Frauen im Handwerk

Reinhild von Brunn arbeitet seit 1993 als Leiterin Maketing Kommunikation der Braas Flachdachsysteme GmbH & Co. in Oberursel bei Frankfurt am Main. Zuvor war sie journalistisch und in der Werbung für Siemens und Siemens Nixdorf tätig.
Sie lebte und arbeitete in Chile und Ägypten, hat drei erwachsene Söhne, lernt gerne Sprachen, malt und schreibt in der Freizeit.

»Was ihr den Geist der Zeiten heißt,
Das ist im Grund der Frauen eigner Geist,
In dem die Zeiten sich bespiegeln.«

Frei nach Johann Wolfgang v.Goethe

Welche Medien, welche Frauen?

Medienbegriff

Medien sind zunächst einmal alle Informationsträger: vom Kochbuch über die Bild-Zeitung bis zu den Fernsehnachrichten oder den Internet-Seiten der Handelskammer. Auch Werbebriefe von Versandhäusern gehören dazu, Plakate an Bushaltestellen und Videotexttafeln ebenso.

Mediennutzung in der Statistik

Frauen im Handwerk nutzen die Medien je nach Alter, Schulbildung, Rolle, augenblicklichem Interessenschwerpunkt und regionaler Situation. Trotz dieser vielfältigen Unterschiede zeichnet sich ein eigenes Profil ab.
Frauen im Handwerk stehen nirgendwo im Zentrum des Interesses. Eigenen Recherchen fehlen bisher die notwendigen Fallzahlen, um verbindliche Aussagen zu formulieren. Auftragsforschung für Verlage bringt relativ gut abgesicherte Ergebnisse, wenngleich die Fallzahlen auch dort oft unter 2000 liegen. Die folgenden vergleichenden Analysen versuchen eine erste Beschreibung des Medienverhaltens von Frauen im Handwerk und regen zur zielorientierten Nutzung an.

Quellen

Eigene Recherche
Dieser Studie liegen eigene halbstrukturierte Interviews mit insgesamt 20 Vertreterinnen aus den Handwerksbereichen Bäckerei, Tischlerei, Dachdeckerei, Schneiderei, Steinmetz-Handwerk zugrunde, davon 14 Unternehmerfrauen, 5 Gesellinnen, 1 Meisterin.
Ein 34 Fragen umfassender Fragebogen wurde im Februar 1998 von 15 der 300 angeschriebenen Frauen im Handwerk schriftlich beantwortet. Die befragten Frauen arbeiten als Angestellte in den Betrieben ihres Mannes, sind 27 bis 58 Jahre alt. Regionale Streuung: Mecklenburg-Vorpommern, Berlin, Baden-Württemberg und Hessen.
Fragebogen und Interviews untersuchten die Gründe und die Rahmenbedingungen für den Medienkonsum, die in den bisher vorhandenen Studien nicht berücksichtigt wurden, z.B.:
- Wann hören Sie Radio? Wo?
- An welchem Ort lesen Sie die Zeitung?
- Wo erfuhren Sie Wichtiges über Ihr letztes Ferienziel?
- Schreiben Sie gerne Briefe? An wen? Werbebriefe?
- Haben Sie sich an TV-Talkshows, interaktiven Sendungen, Radio-Quiz etc. beteiligt?
- Welche Art der Werbung stößt Sie ab? etc.

Die eigenen Recherchen bestätigten weitgehend die für Frauen im Mittelstand ermittelten Daten aus den statistisch relevanten Untersuchungen. Sie werden ergänzend und illustrierend in die vorliegende Untersuchung eingebaut.

Statistisches Material
Abgeglichen wurden die eigenen Recherchen vorrangig mit der Trend-Untersuchung II für das Verlagshaus Burda (1), der Untersuchung »Gehobene Zielgruppen« STERN vom Verlagshaus Gruner – Jahr, November 1997 (2) und der angegebenen Fachliteratur.
Nur Handwerkskammern (3/4) und der Bundesverband der Unternehmerfrauen im Handwerk (5) befassen sich systematisch und kontinuierlich mit der Frau im Handwerk.

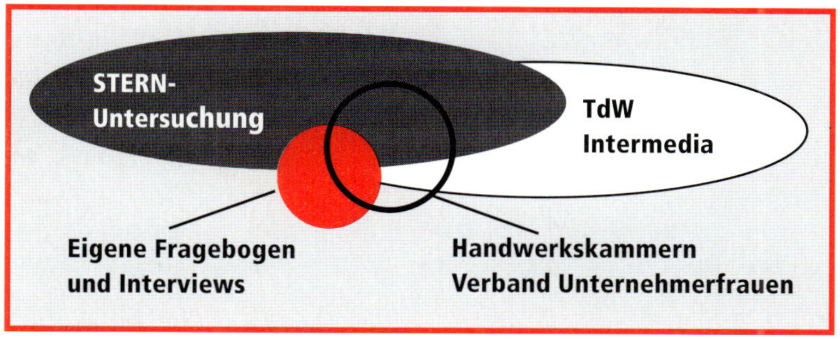

Die STERN-Untersuchung (2) nimmt eine Stichprobe von insgesamt 4 027 Personen der Grundgesamtheit von 10,08 Mio. deutschsprachigen Personen der »gehobenen Zielgruppen« im Alter von 18 bis 64 Jahren in der Bundesrepublik Deutschland, die voll berufstätig sind. Darunter werden verstanden
- kleine, mittlere, große Selbständige,
- freie Berufe,
- qualifizierte, leitende Angestellte,
- gehobene, höhere Beamte.

Aus der Trendanalyse von Burda werden Frauen (Fallzahl 5 556) und Männer, die voll berufstätig und
- Arbeiter mit Lehre/Geselle und oder
- Facharbeiter, Vorarbeiter, Polier und/oder
- Meister sind,

aus einer Gesamt-Fallzahl von 10 584 ausgewählt.

(1) Marktstrukturanalyse TdW Intermedia '97/'98 Trend II. Zitiert nach Auswertungen des Burda Advertising Center. Offenburg 1998.
(2) Gehobene Zielgruppen. Kompetenzen – Konsum – Kommunikation. In: DIE STERN BIBLIOTHEK. Hamburg 1997.
(3) Thomas Köster und Jürgen Schubert: Unternehmerinnen im Handwerk. In: Schriftenreihe Information/Dokumentation 5/90 der Handwerkskammer Düsseldorf. Düsseldorf 1990.
(4) Nikolaus Teves: Alles eine Frage des Managements. In: Deutsches Handwerk report 11/94.
(5) UFH-Selbstdarstellung der Unternehmerfrauen im Handwerk, Landesverband Baden-Württemberg. Winnenden 1997.

Frauen im Handwerk – ein dreideutiger Begriff

Funktionen
Frauen erfüllen sehr unterschiedliche Funktionen im Handwerk.

- Sie verwalten, machen passives Telefonmarketing, erledigen Steuern, Angebotserstellung, Rechnungslegung, Buchhaltung und Inkasso.
- Sie üben selbst den Handwerksberuf als Gesellin, Meisterin oder als betriebsführende selbständige Unternehmerin aus.

Wie schwer sind sie zu differenzieren! Viele von ihnen entgehen jeder Statistik als

- mithelfendes Familienmitglied, sie tauchen unter als
- »Angestellte« und »mitarbeitende Familienangehörige« (1)
- oder verschwinden ungesehen in der Gruppe der männlichen Gesellen- und Meisterkollegen.

Sie leben in Haushalten, die Grundbesitz in Millionenwerten besitzen, oder aber an der Armutsgrenze. Sie arbeiten mit der Großfamilie oder für Betriebe mit 50 Mitarbeitern.
Geht man von der aktuellen Zahl von rund 811 100 Handwerksbetrieben in Deutschland (2) aus, so arbeiten dort mindestens ebenso viele Frauen. Rund 1 000 Milliarden Mark werden im Handwerk umgesetzt. Und meist läuft dieser Umsatz durch weibliche Hände.

> Tip:

Informieren Sie sich bei Ihrer Innung oder Ihrer Handwerkskammer.
Besuchen Sie die dort angebotenen betriebswirtschaftlichen Kurse.
Halten Sie Kontakt zu anderen Frauen im Handwerk.

Ausbildung
Rund die Hälfte aller Frauen im Handwerk haben den Realschulabschluß, Frauen mit Abitur sind auf dem Vormarsch. Auch bei Existenzgründerinnen ist die Tendenz steigend. Mehr als jeder fünfte Start in die Selbständigkeit erfolgt durch Frauen (3). Allerdings beschränken sich die Gründungen häufig auf sogenannte typische Frauenberufe.

Einstellungen und Rolle
Das Selbstbewußtsein des Handwerkers selbst (siehe Tabelle), der sich innerhalb der Gesellschaft als Produzent sieht, färbt auf die ganze Familie ab. Der Meistervorbehalt schafft fast ein Elitebewußtsein. Auch die relative Unabhängigkeit der mitarbeitenden Frauen im Handwerk verleiht ein gesundes Selbstbewußtsein. Gleichberechtigte Arbeitsteilung ist in der Handwerkerfamilie eher üblich als hierarchisches Denken.
Der Mann arbeitet in der Werkstatt und »draußen«. Die Frau steuert die Vorgänge in Haus und Büro. Die Kindererziehung wird stärker als bei anderen sozialen Gruppen von beiden Partnern betreut. Die Doppelrolle der Frau läßt sich zur Zufriedenheit aller Beteiligten leben (1).

> Tip:

Genießen Sie es, wenn die Familie an einem Platz lebt, lernt und arbeitet.
Fortschritt bedeutet, daß Sie von dem Zustand, in dem Sie sich befinden, »fort-schreiten«.
Überlegen Sie sich genau, ob Sie das wirklich wollen.

Frau des Handwerkers als »Unternehmerfrau«

Mithelfende werden Mitarbeitende
Etwa 431 000 Frauen sind als mithelfende Familienangehörige in den westlichen Bundesländern beschäftigt, in den östlichen rund 9 000 Frauen. Aber die Umschichtung zu entlohnten, angestellten »mitarbeitenden« Familienangehörigen ist in vollem Gange. »Erwerbsarbeit im Famlienbetrieb wird nicht nur als Beitrag zum Familieneinkommen, sondern auch als Möglichkeit zur eigenständigen sozialen Sicherung verstanden. Besonders ausgeprägt ist diese Haltung in den neuen Bundesländern.« (1).

(1) Marita Bartmann und Johanna Zieran: Die Vereinbarkeit von Familie und Beruf in mittelständischen Betrieben für mithelfende und mitarbeitende Familienangehörige sowie Selbständige. Stuttgart 1994.
(2) http://www.handwerk.de am 2. März 1998.
(3) Thomas Köster und Jürgen Schubert: Unternehmerinnen im Handwerk. In: Schriftenreihe Information/Dokumentation 5/90 der Handwerkskammer Düsseldorf. Düsseldorf 1990.

Einstellungen	Frauen in der Gesamtbevölkerung 5 556 Fälle gew.	*)	Voll berufstätig und Lehre/Geselle/Meister Fach- und Vorarbeiter 1 171 Fälle gewichtet	Gesamtbevölkerung 10 584 Fälle gew.
Kann mich gut durchsetzen	43,20 %	+	**54,60 %**	48,70 %
Sehe Dinge positiv	47,90 %	+	**50,70 %**	50,40 %
Übernehme Verantwortung	36,40 %	+	**43,50 %**	41,00 %
Habe gutes Gespür	40,60 %	+	**43,10 %**	42,20 %
Habe ehrgeizige Pläne und Ziele	33,80 %		26,40 %	43,20 %
Beruflicher Erfolg ist wichtig	26,60 %		**48,30 %**	34,20 %
Ich erreiche Vorgenommenes	36,50 %	+	**39,40 %**	39,80 %
Übernehme gern Führung	20,30 %		**27,70 %**	25,30 %
Weiterbildung ist wichtig	31,40 %		**37,10 %**	36,30 %
Bin kreativer als andere	20,20 %		19,80 %	21,30 %
Lerne gern neue Menschen kennen	**44,90 %**	–	**44,60 %**	40,60 %
Sorgen des Alltags beschäftigen mich	51,40 %		**59,40 %**	51,50 %
Verbringe viel Zeit mit der Familie	**54,50 %**		**58,60 %**	53,90 %
Bin politisch aktiv	6,90 %		**10,60 %**	9,20 %
Will Neues schaffen	33,50 %		**40,60 %**	35,70 %
Führe einfaches Leben	**40,80 %**		36,20 %	38,40 %

Aus: TdW Intermedia '97/98 Trend II , Marktstrukturanalyse des Burda Advertising Center.
Die über den Durchschnitt der Gesamtbevölkerung hinausgehenden Werte sind **fett** gedruckt.
*) Abweichungen aus eigenen Recherchen bei Frauen im Handwerk

Unternehmerfrauen formieren sich

- »Wir setzen uns für die soziale Absicherung und generelle Unterstützung von Frauen im Handwerk ein; wir fordern die gesellschaftliche Anerkennung der enormen Leistungen, die Frauen im Handwerk vollbringen.
- Wir wollen erreichen, daß es für Frauen im Handwerk leichter wird, ihre umfassenden beruflichen und familiären Verpflichtungen zu erfüllen.
- Eines unserer wichtigsten Ziele ist, uns beruflich weiterzubilden, um den vielschichtigen Aufgaben und Anforderungen gerecht zu werden.
- Darüber hinaus setzen wir uns für die Entwicklung des gesamten Handwerks ein.«

Diese Ziele formuliert der Bundesverband der Unternehmerfrauen im Handwerk (UFH) für sich. Schwerpunkte seiner Aktivitäten sind der Austausch untereinander und die Fortbildung (2). 95% der insgesamt 10 000 organisierten Frauen sind im Betrieb mitarbeitende Ehefrauen.

Diversifikation in Fraueninitiative

In einigen Fällen betreibt die Frau des Handwerkers im Rahmen des Meisterbetriebs einen eigenen Erwerbszweig, der allein von ihr gesteuert und betreut wird: den Vertrieb von Holzpflegemitteln im Tischlerbetrieb z.B., oder einen Beschriftungsservice im Maler- und Lackiererunternehmen. Die Ausweitung des Geschäftsfeldes im Fall der Kraftfahrzeugmeisterbetriebe, falls sie Tankstellen angeschlossen sind, ist bekannt.

> Tip:

Wenn Sie Zeit und den Wunsch haben, eine eigene Geschäftsidee zu verwirklichen, sollten Sie nicht zögern, sich nach Möglichkeiten der Umsetzung zu erkundigen. Ihre Hausbank, das Gewerbeamt und die Innung beraten Sie gern.

Informationsangebote

Rhetorikseminare für Frauen bieten die meisten Handwerkskammern an. Innungen haben ein größeres Angebot. Buchführung, Lohn- und Gehaltsabrechnung, Kalkulation und »Erfolgreiches Bestehen im Wettbewerb« führt z.B. das Gemeinnützige Berufsbildungswerk des Deutschen Dachdeckerhandwerks e.V. für die Zielgruppen »kaufmännische Mitarbeiterinnen und Mitarbeiter und mitarbeitende Ehefrauen« im Programm. Geschlechtsspezifischer faßt es die Handwerkskammer Rhein-Main. Dort bietet die Akademie des Handwerks »Zusätzliche Seminare für Frauen« an. Darunter verstehen sich »Führungswissen für Unternehmerfrauen, Rhetorik für Frauen, Gute Umgangsformen und eine gepflegte Erscheinung als Schlüssel zum Erfolg, Beweglich im Alltag – entspannen und Kraft schöpfen« (3). Auch die Frauen selbst mischen ihre Themen bunt. Der Arbeitskreis des UFH Rems-Murr bot im April 1998 einen Besuch beim Arbeitsamt und einen Vortrag über »Möglichkeiten und Methoden des Brustaufbaues mit Eigengewebe« an, worauf im Mai ein Tagesseminar »Internet-E-Mail-T-Online für das Handwerk« folgte. Dieser Interessenmix ist charakteristisch und realitätsnah.

Medienverhalten

Eine Situationsanalyse auf der Basis von 661 Fragebögen aus Baden-Württemberg und Sachsen, die vom Landesverband der Unternehmerfrauen im Handwerk (UFH) in Baden-Württemberg mitinitiiert wurde, stellt 1994 fest, daß die Fachzeitschriften der Branche die wichtigste Informationsquelle sind (4). Dort holen sich die Frauen im Handwerk demnach zu 57,51% ihr unternehmerisch aktuelles Wissen, nur 44% stützen sich auf den Wirtschaftsteil der Tageszeitungen oder auf Hinweise des Steuerberaters. Die Nutzung von Datenbanken, elektronischer Archivierung oder Internet sind noch verschwindend gering.

Im Gespräch bekennt sich Helga Hirth, bis 1998 Vorsitzende des Landesverbandes UFH Baden-Württemberg, zur Zukunft des Internet. Sie ist entschlossen, die neuen Möglichkeiten für sich und die Verbandsmitglieder zu nutzen. Daß weder sie selbst noch die Mehrheit der organisierten Frauen bis dato Zugang zu dieser Informationsquelle haben, ändert nichts an ihrer Überzeugung, daß hier enorme Chancen für das Handwerk insgesamt liegen.

Die Notwendigkeit, sich qualifiziert auf dem laufenden zu halten, ist allein schon bedingt durch die immer komplizierter werdenden gesetzlichen Auflagen, durch den immer dichter wachsenden Formulardschungel der Behörden, durch EDV-gestützte Administration und den latenten Zwang der Kammern und Verbände, sich im Internet zu tummeln.

Wie informieren Sie sich über neue unternehmerische Entwicklungen?

Quellen	regelmäßig	häufig	gelegentlich	nie	kenne ich nicht
Fachzeitschriften	57,51 %	12,98 %	17,08 %	3,65 %	1,78 %
Info der IHK	34,02 %	18,17 %	24,45 %	14,89 %	2,87 %
Hinweise des Steuerberaters	43,58 %	23,77 %	20,90 %	4,51 %	2,05 %
Hinweise des Unternehmensberaters	7,24 %	5,33 %	15,71 %	21,72 %	23,74 %
Unternehmerstammtisch	9,56 %	6,42 %	17,21 %	10,52 %	35,11 %
Weiterbildung v. Banken/Sparkassen	10,38 %	7,24 %	34,97 %	22,13 %	13,39 %
Fachhochschulen (z.B.Steinbeis-Stiftg.)	0,14 %	0,68 %	9,15 %	14,89 %	47,68 %
EU-Beratungsstellen	0,41 %	0 %	2,87 %	0,01 %	51,91 %

Aus: Nikolaus Teves: Alles eine Frage des Managements. In: Deutsches Handwerk report 11/94

Computer

Nur noch wenige Frauen wehren sich aktiv gegen den Computer im Büro. Im Dachdeckergewerbe z.B. verfügen 46% über einen PC, 20% sogar über netzwerkfähige Arbeitsplätze. Vor allem Textverarbeitung, Angebotserstellung, Aufmaß und Abrechnung, Finanz- und Lohnbuchhaltung werden EDV-gestützt erledigt (5). Frauen, die Spaß an Anwenderprogrammen haben, avancieren oft ungewollt zur Branchenberaterin: »Mein dritter Job neben Büro und Familie...«

Wo Innungen einen Computer-Freak in ihren Reihen haben, gedeiht hin und wieder schon eine Selbstdarstellung auf CD-ROM, an der die Innungsmitglieder mit Bild und Text beteiligt werden. Nicht selten werden sie bei diesen Maßnahmen ungefragt zur Kasse gebeten.

Oft sind es die Frauen, die sich zuerst mit dem neuen Medium beschäftigen und daran Gefallen finden. Die spielerische Komponente der Anwendungen und ihr werblicher Nutzen werden von den Männern langsamer angenommen, da sie aufgrund ihrer mehr nach außen gerichteten Tätigkeit weniger Zeit dafür aufwenden können und wollen. Die Generation der heute zwanzigjährigen männlichen Gesellen ist jedoch bereits mit dem Computer aufgewachsen und akzeptiert die Medien schneller als ihre Väter.

EDV-Ausstattung im Dachdecker-Handwerk 1996

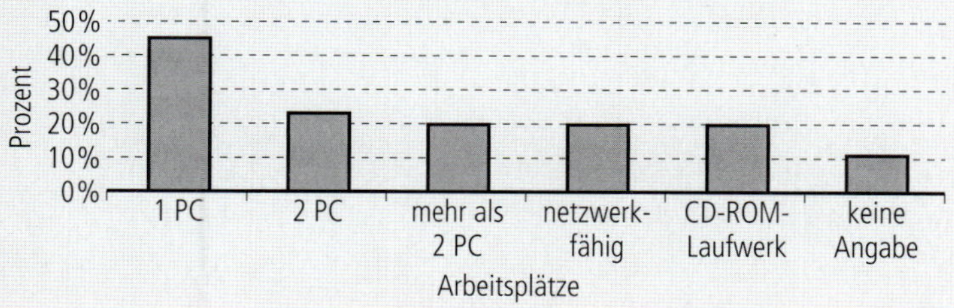

> Tip:

Lernen Sie den Computer nutzen, nicht nur für Textverarbeitung und Buchhaltung.
Holen Sie sich Anregungen im Internet.
Lassen Sie sich von Jugendlichen helfen.

(1) Marita Bartmann und Johanna Zieran: Die Vereinbarkeit von Familie und Beruf in mittelständischen Betrieben für mithelfende und mitarbeitende Familienangehörige sowie Selbständige. Stuttgart 1994.

(2) UFH-Selbstdarstellung der Unternehmerfrauen im Handwerk, Landesverband Baden-Württemberg. Winnenden 1997.

(3) Handwerkskammer Rhein-Main. Seminarprogramm 1. Halbjahr 1998.

(4) Nikolaus Teves: Alles eine Frage des Managements. In: Deutsches Handwerk report 11/94.

(5) Leserstrukturanalyse der Zeitschrift Das Dachdecker-Handwerk. Köln 1996.

Gesellin oder Meisterin

»Carmen folgt dem Ruf ihres Herzens: Dachdeckerin werden!« So der Comic »Meister Obenauf« (1). Auf dem Titelblatt steht sie schmollend abseits. Sie hat nicht den übertriebenen Ehrgeiz ihres Freundes Michael, der sich unbedingt beim Leistungswettbewerb profilieren will, und fährt ohne ihn in Urlaub.
An Michaels erstem Lehrtag öffnet die volantgeschürzte Frau des Dachdeckermeisters. Dieser Muttertyp taucht im Personenverzeichnis à la Asterix nicht auf. Und am Ende feiert das Paar glücklich in Ibiza. Ein happy end nach Carmens Geschmack. Fast wie im richtigen Leben.
Dieser Comic bildet die vielfältigen weiblichen Rollen im Handwerk gut ab.

Frauenberufe überwiegen
Rund 30% aller weiblichen Lehrlinge lassen sich derzeit noch im Friseurhandwerk ausbilden, doch der Anteil der Frauen, die in bisher typische Männerberufe wie Büroinformationselektroniker, Drechsler, Drucker, Flexograf, Orthopädiemechaniker, Raumausstatter, Schriftsetzer oder Uhrmacher eindringen, steigt ständig. Nicht selten schneiden die Frauen bei Prüfungen besser ab als ihre männlichen Kollegen (2). So bildeten die weiblichen Lehrlinge beim Wettbewerb »Die gute Form im Handwerk« 1997 die Mehrheit, beim 46. Praktischen Leistungswettbewerb der Handwerksjugend stieg der Anteil der Frauen unter den Preisträgern auf 30,5%. Die Frauen aus den östlichen Bundesländern holen auf.

Die Grenzen zwischen Männer- und Frauenberufen lösen sich auf

Veränderungen der Handwerksordnung haben direkten Einfluß auf das Medienverhalten der Betroffenen. Sie müssen sich nicht nur mit den Veröffentlichungen der Innungen und Kammern beschäftigen, sondern auch – etwa durch erhöhten Qualifizierungsdruck – Fachliteratur zu Rate ziehen, Fortbildungskurse besuchen und Prüfungen ablegen. So trifft der Meistervorbehalt die Kosmetikerinnen und Friseurinnen ganz unmittelbar (3).

Unternehmerin

1990 waren 22,8% der Existenzgründer im Düsseldorfer Handwerk Frauen, in der Mehrheit »Schönheitspflegerinnen«, Friseurinnen und Flickschneiderinnen (4).
Aber Meisterinnen führen Betriebe nicht immer selbst, obwohl ihre Abschlußnoten über dem Durchschnitt liegen. Und wenn sie selbständig sind, treten sie nicht immer der Innung bei, obwohl Informationen und Kontakte, die in einer solchen Organisation zusammenlaufen, ausgesprochen nützlich wären. Wie holen sie sich fachliche Anregungen, didaktische und pädagogische Kenntnisse für die Lehrlingsausbildung? Nicht selten, indem sie ihre Wünsche in die Innung hineintragen und ihre Anregungen mit Hilfe der Institution verwirklichen (5).

>Tip:

Innungsarbeit heißt vielfach Freizeit-Opfer. Die Informationen und Kontakte, die Sie dort finden, können sich aber reichlich lohnen!
Existenzgründer können sich dort und bei Banken beraten lassen.

In Bayern ließen sich Meister zum »Betriebswirt des Handwerks« ausbilden, um eigene Betriebe zu gründen. Die Frauenquote war hierbei um ein Vielfaches höher als bei der Meisterausbildung, was den Rückschluß zuläßt, daß Büro und Organisation noch beliebter sind als das Handwerk selbst.

(1) Meister Obenauf und eine Frage der Ehre. In: Meister Obenauf, der erstaunliche Dachdecker, Band IV, Comic des Zentralverbandes des Deutschen Dachdeckerhandwerks e.V. Köln 1996.
(2) Matthias Thurm: Frauen haben die Nase vorn. In: DHreport, 1/98, S.24
(3) DHreport, 6/97, S. 22: Friseurinnen und Friseure gehören mit 250.000 Beschäftigten zu den größten Handwerksgruppen in Deutschland.
(4) Thomas Köster und Jürgen Schubert: Unternehmerinnen im Handwerk. In: Schriftenreihe Information/Dokumentation 5/90 der Handwerkskammer Düsseldorf. Düsseldorf 1990.
(5) Helma Nehrlich: Doch lieber kämpferisch? In: DHreport, 6/97, S.20

Mediennutzung

Zeitungen, Zeitschriften, Bücher

Unentbehrlich: Die Lokalzeitung
Lokalnachrichten, Nachrichten aus aller Welt, Wirtschaft und Kultur – dieses Rubriken-Ranking erteilten die befragten Frauen im Handwerk. BILD und Regionalzeitungen laufen den übrigen Blättern den Rang ab. Im Handwerk wird die Zeitung morgens allenfalls überflogen. Gründlicher gelesen wird sie von den Frauen eher nach dem Mittagessen oder abends.

Star ist nicht nur der STERN

Reichweiten der meistgelesenen Zeitungen/Zeitschriften	***)**	**Frauen in der Gesamtbevölk. 5 556 Fälle gew.**	**Voll berufstätig UND Lehre/Geselle/Meister 1 171 Fälle gewichtet**	**2)**	**Gesamtbevölkerung 10 584 Fälle gew.**
BILD		14,10 %	**30,90 %**	-	17,80 %
Die Welt		0,60 %	0,20 %	+	0,90 %
FAZ		1,00 %	0,20 %	+	1,40 %
Süddeutsche Zeitung		1,70 %	0,70 %	+	2,00 %
Regionalzeitungen		fehlt	fehlt		fehlt
(Frankfurter Neue Presse, WAZ	+	fehlt	fehlt		fehlt
Märkische Oderzeitung, Segeberger	+				
Zeitung, Südkurier etc.) 3)	+				
Focus		6,40 %	6,50 %	+	9,20 %
Spiegel		6,50 %	6,30 %	++	9,20 %
STERN		**12,00 %**	10,60 %	++	10,30 %
HÖRZU		11,20 %	9,40 %	+	10,90 %
TV Movie		8,50 %	**14,20 %**	+	9,60 %
TV Spielfilm		9,20 %	**14,00 %**	+	10,70 %
prisma		**14,20 %**	12,40 %		13,80 %
rtv		**15,00 %**	**16,00 %**		14,60 %
Bild der Frau		7,80 %	2,70 %	-	7,80 %
Tina		**10,30 %**	2,60 %	-	6,30 %
Brigitte		**10,70 %**	1,70 %	+	6,20 %
ADAC Motorwelt		**17,20 %**	**44,80 %**	++	29,20 %
Auto BILD		1,10 %	**13,90 %**		5,10 %

*) Abweichungen in eigenen Recherchen bei Frauen im Handwerk
2) Abweichungen in: Gehobene Zielgruppen. Kompetenzen - Konsum - Kommunikation. In: DIE STERN BIBLIOTHEK. Hamburg 1997
3) FAZ und Frankfurter Rundschau wurden wegen des Lokalbezugs im Frankfurter Raum häufiger genannt
Die über den Durchschnitt der Gesamtbevölkerung hinausgehenden Werte sind **fett** gedruckt.

Bücher

Frauen sind, der Statistik zufolge, Leseratten. Wieviel Frauen im Handwerk dafür Zeit aufbringen, hängt stark von ihrer persönlichen Neigung ab. Jedenfalls sind sie es, die Kinder ans Lesen heranführen, nicht etwa die Männer. Sie werden in der Familie als die kompetenten Leser identifiziert (4). Die Auswahl der Bücher ist stark zweckbezogen: Koch-, Reise- und Fachbücher laufen der Belletristik den Rang ab. Offenbar ist für Romane wenig Platz im Alltag. Oder muß man dem Handwerker-Alltag gar nicht entfliehen?

(4) Bettina Hurrelmann: Mediengebrauch und Lesesozialisation in der Familie. Oldenburg 1993.

Fernsehen, Radio, Kino und Video

Fernsehkonsum ist klar geschlechtsspezifisch

Nur Nachrichten, Regionalsendungen und Reisemagazine sehen Frauen und Männer gleich gern. An Spielfilmen scheiden sich die Geister, ebenso an Sport- und Krimiserien.

Die besten Reichweiten im Fernsehen erzielt das Werbefernsehen bei Mann und Frau in RTL, ARD und ZDF, dicht gefolgt von SAT 1 (1).

Eigene Recherchen ergaben, daß Regionalsender, ARD und ZDF, gefolgt von RTL und SAT1 bei Frauen im Handwerk die besten Schulnoten für Programmqualität erhielten. Die staatlichen Sender gelten nach wie vor als seriöser. Begründungen für

Die am häufigsten gesehenen TV-Sendungen	*)	Frauen in der Gesamtbevölk. 5 556 Fälle gew.	Voll berufstätig UND Lehre/Geselle/Meister 1 171 Fälle gewichtet	2)	Gesamtbevölkerung 10 584 Fälle gew.
Nachrichten		62,30 %	64,00 %	+	65,20 %
Politische Magazine		29,30 %	35,90 %		36,20 %
Shows		**43,10 %**	29,80 %		36,60 %
Talkshows	+	**28,60 %**	18,90 %	-	23,90 %
Quizsendungen	+	**24,00 %**	22,00 %		24,00 %
Deutsche Familienserien	+	**34,20 %**	18,30 %		24,70 %
Actionserien		18,40 %	**37,70 %**		24,30 %
Deutsche Krimiserien		33,30 %	**37,30 %**	+	33,00 %
Amerikanische Krimiserien		24,40 %	**35,20 %**	+	26,10 %
Berichte über Unglücke		**28,70 %**	**30,10 %**		27,90 %
Volkstheater, Heimatfilme		**31,20 %**	17,00 %	-	25,60 %
Kabarett, Satire, Sketch		20,60 %	18,20 %	+	38,30 %
Reisemagazine	+	**39,00 %**	35,90 %	+	38,30 %
Wissenschaftsmagazine		28,80 %	**33,20 %**		32,20 %
Automagazine		13,80 %	**42,70 %**		25,70 %
Regionalsendungen	+	46,40 %	44,10 %		46,80 %
Sportberichte		33,00 %	**53,90 %**	+	33,00 %
Videotexttafeln	+	8,00 %	**13,20 %**		9,60 %

*) Abweichungen in eigenen Recherchen bei Frauen im Handwerk

2) Abweichungen in: Gehobene Zielgruppen. Kompetenzen . Konsum - Kommunikation. In: DIE STERN BIBLIOTHEK. Hamburg 1997

Die über den Durchschnitt der Gesamtbevölkerung hinausgehenden Werte sind **fett** gedruckt.

die Beliebtheit von Quiz- und Unterhaltungssendungen: »Alles ist so problemlos. Da kann man einfach abschalten.«
Videotext wird von jüngeren Frauen als schnell verfügbares Informationsmedium gern genutzt. (Siehe Tabelle Seite 72)

Radio ist überall
Wenn man bedenkt, daß der Hörfunk schon einmal fast totgesagt war, ist es beachtlich: Regionale Radiosender wie FFH, DLF, Radio Schleswig-Holstein, SWR3, Stadtradio SFB und andere erreichen fast alle Familienmitglieder im Handwerk. Die einen in der Werkstatt oder im Auto, die anderen im Büro oder in der Küche. Für Quizsendungen wie »Sonntagsrätsel«, so eine Befragte, trifft sonntags die ganze Familie zusammen. Die Einflußnahme erfolgt beiläufig, geradewegs ins Unterbewußte. Rechnet man die Hördauer gegen die Fernsehdauer auf, so gewinnt bei den Frauen im Handwerk mit Sicherheit das Radio.

>Tip:
Lokale Radiosender sind auf Anregungen der Hörer angewiesen.
Nutzen Sie den telefonischen Kontakt, sagen Sie Ihre Meinung. Wenn Sie Fragen haben, die allgemein interessant sind, wird die Redaktion diesen dankbar nachgehen.

Kinobesuch
Handwerker gehen seltener ins Kino als Angestellte und Beamte. Junge Haushaltführende und junge Frauen mit Einkommen ab DM 3000,– gehen häufiger als ältere Frauen und Arbeiterinnen, deren Einkommen geringer ist. Und wenn Frauen sich einen Film ansehen, dann am liebsten Komödien, Liebesfilme, Satiren und Actionfilme. (2)

Video ja, Videothek eher nein
Aufzeichnungen von Reise- oder Unterhaltungssendungen halten Frauen im Handwerk für praktisch. Aber die meisten gaben an, keine Filme aus der Videothek zu holen.

(1) Gehobene Zielgruppen. Kompetenzen - Konsum - Kommunikation. In: DIE STERN BIBLIOTHEK. Hamburg 1997.
(2) Media Digest: Kino 1997/98. Hamburg 1997.

Reichweite und Zeitaufwand Mediennutzung 1990 und 1995	**Westliche Bundesländer**		**Östliche Bundesländer**		**Gesamt**
	1990	**1995**	**1990**	**1995**	**1995**
Reichweite in Prozent					
Fernsehen	81	82	90	89	83
Hörfunk	79	74	86	83	75
Tageszeitung	71	64	78	69	65
Zeitaufwand in Stunden:Min.					
Fernsehen	2:15	2:30	2:51	3:11	2:38
Hörfunk	2:50	2:32	3:02	3:20	2:42
Tageszeitung	0:28	0:29	0:33	0:32	0:30
Zeitaufwand gesamt	5:21	5:19	6:06	6:46	5:37

Nach: Kiefer, Marie-Luise: Massenkommunikation 1995 In: Media Perspektiven, H. 5/1996, S. 234

Direktmarketing

Einstellungen zum Werbekonsum allgemein
Marketing und Werbung werden in vielen Handwerkerfamilien als weibliche Domäne gesehen. Bei Interviews mit Dachdeckern fiel auf, daß der befragte Mann seine Frau hinzurief, sobald diese Themen aufkamen. Sie schien ihm auf diesem Gebiet kompetenter.
Fernsehwerbung wird in Maßen als sinnvoll empfunden. Besonders beliebt sind »lustige« Spots im Rundfunk. Abgelehnt werden provozierende (Benetton), für dumm verkaufende (Waschmittel) und auf männliche Zielgruppen gerichtete sexbetonte Werbung (Parfüm). Siehe dazu auch Tabelle unten.

Einstellungen zum Direktmarketing
Zu den abgelehnten Werbeformen gehören Handzettel und Postwurfsendungen. Dennoch werden Werbebriefe geöffnet und zu 10% zumindest überflogen oder sogar gelesen (1).
Besonders ärgerlich reagieren Frauen im Handwerk auf Prospekte und Postwurfsendungen von Billiganbietern der eigenen Branche. In den östlichen Bundesländern kommt die Furcht gegenüber jeder Art von Übervorteilung hinzu (2).

>Tip:
Legen Sie eine Kundendatenbank an. Pflegen Sie sie. Tragen Sie dort ein, was der Kunde bestellt, bemängelt, besonders bevorzugt.
Gratulieren Sie Ihren Kunden zum Geburtstag.
Benachrichtigen Sie Ihre Kunden, wenn eine besondere Aktion ansteht.

Eigene Marketing-Ansätze
Wenn nach eigenen Werbeaktivitäten gefragt wird, werden spontan Beilagen zu Angeboten und der Eindruck von werblichen Inhalten auf Rechnungen genannt. Mit dem Vertrieb von Zubehör oder eigenen Dienstleistungen sorgen viele Frauen dafür, daß nebenbei noch etwas Geld in die Haushaltskasse kommt.
Beispiele von selbst initiiertem Direktmarketing sind noch immer selten. In manchen Handwerkerfamilien hat man eine Scheu davor, sich damit öffentlich darzustellen. Denn Familie und Unternehmen werden oft als Einheit gesehen.
Werbebriefaktivitäten setzen eine gepflegte Kundendatenbank voraus und auch, daß die Frauen gerne schreiben. Gerade das ist, den Umfrage-Ergebnissen nach zu schließen, nicht oft der Fall. Schreiben wird nicht geübt. Nach dem Schulabschluß mit

Die Werbung...	**Frauen in der Gesamtbevölk. 5 556 Fälle gew.**	***)**	**Voll berufstätig UND Lehre/Geselle/Meister 1 171 Fälle gewichtet**	**Gesamtbevölkerung 10 584 Fälle gew.**
bringt neue Ideen	**30,60 %**	-	**33,60 %**	29,70 %
ist notwendig	**22,60 %**		**24,00 %**	22,30 %
finde ich toll	**20,40 %**	-	**20,10 %**	19,70 %
Markenartikel sind Qualität	26,40 %		26,00 %	26,90 %
Markenartikel sind teurer	23,40 %		**24,10 %**	24,00 %
Qualität ist wichtiger als der Preis	28,90 %		28,30 %	30,20 %
Ich lese Testberichte	23,50 %	+	**33,80 %**	29,30 %

Aus: TdW Intermedia '97/98 Trend II, Marktstrukturanalyse des Burda Advertising Center
*) Abweichungen in eigenen Recherchen bei Frauen im Handwerk
Die über den Durchschnitt der Gesamtbevölkerung hinausgehenden Werte sind **fett** gedruckt.

dem lästigen Deutschaufsatz möchte man dieses Kapitel vergessen. Meist entscheiden Versuch und Irrtum über den Erfolg. Die Handwerkskammern und -innnungen bieten noch keine speziellen Marketing-Texterkurse an. Bedarf an Verkaufsschulung melden besonders Frauen aus den östlichen Bundesländern an (3).

Einige Unternehmerfrauen entwickeln dennoch Eigeninitiative: Die Frau eines Malermeisters beispielsweise schreibt im Winter Briefe an passive Kunden, um ein Sanierungspaket anzubieten. Sie liest sie ihrem Mann abends vor. Er korrigiert und stimmt zu. Daß der Mann unterschreibt, gilt dabei als völlig selbstverständlich.
Die Frau eines Dachdeckermeisters pflegte vor Weihnachten statt der üblichen Karte einen Kundenbrief zu verschicken, in dem sie aufforderte, die Winterzeit zum Dachausbau zu nutzen. Durch einen Zufall verzögerte sich im letzten Jahr ihre Aussendung, und sie wandelte das Schreiben in einen Neujahrsbrief um. Die Antwortquote war um ein Vielfaches höher, weil der Brief nicht im allgemeinen Weihnachtspostberg unterging.

Online-Dienste

Internet-Präsenz wird gefordert und gefördert durch den Zentralverband des Deutschen Handwerks. Aber es wird möglicherweise noch mehr als zwei Jahre dauern, bis die nächste Generation, bereits mit dem Computer aufgewachsen, zu Arbeitszwecken oder gar mit Vergnügen durchs Netz surft.
Die Akzeptanz des Internetangebots wird mit Sicherheit noch überschätzt. Zwar haben die Initiatoren des Projekts »Informationsgesellschaft Handwerk 2000«(4) herausgefunden, daß Handwerksvertreter im Web Suchmaschinen, Kommunikationsstandards und einen Marktplatz für ihre Betriebe erwarten. Ein erster Ansatz findet sich in www.handwerk-net.de (5). Dort bieten Handwerksbetriebe als »Online-Partner« ihre Spezialitäten an.
Mehr als 20 000 visits pro Monat verzeichnet der Düsseldorfer Verlag zur Zeit mit Stolz (6). Eindrucksvoll ist auch die Domain handwerk.de (7).

> Tip:
> Lassen Sie sich in die Seiten der Handelskammer eintragen. Pflegen Sie diese Seiten mindestens einmal im Vierteljahr. Schauen Sie immer wieder nach, was Ihre Kollegen und Kolleginnen in der Branche anbieten.

Tagesaktuelle Standes-Informationen, Fortbildungsangebote, Erfinderförderung, Informationen über europäische Kontakte und Kooperationen verstecken sich unter dem Button »home«, unter dem die deutsche Fahne flattert. Die Verzweigungen reichen über alle zentralen Handwerksorganisationen bis in regionale Zusammenschlüsse. Der Ausbaustandard der Sites ist noch sehr unterschiedlich. Manche Seiten sind aktuell und ausführlich gepflegt, andere bieten nur die Markierung »Baustelle« oder eine magere Adresse.
Gefordert ist von oben ein einheitliches »Handwerksnetz«, das organisationsübergreifend informiert. E-Mail-Verbreitung ist angestrebt.

(1) Siegfried Vögele: Dialogmethode: das Verkaufsgespräch per Brief und Antwortkarte. 7. Auflage, Landsberg 1993.
(2) Der unbekannte Konsument in Zahlen. Konsumstile in den neuen Bundesländern. In: DIE STERN BIBLIOTHEK. Hamburg 1994.
(3) Marita Bartmann und Johanna Zieran: Die Vereinbarkeit von Familie und Beruf in mittelständischen Betrieben für mithelfende und mitarbeitende Familienangehörige sowie Selbständige. Stuttgart 1994.
(4) http://www.handwerk.de
(5) http://www.handwerk-net.de
(6) Deutsches Handwerk report, 2/98, S. 15
(7) http://www.handwerk.de

Nutzertypen

Die Unternehmerfrau
Sie wählt zielgerichtet Informationen aus, wertet sie aus und nutzt sie für den Betrieb. Sie orientiert sich am Trend, ohne sich ihm auszuliefern.

Die Bewahrerin
Sie ist der Tradition verhaftet, räumt der Innung und der Information der anderen Innungsfrauen hohe Bedeutung ein. Die Inhalte der Medien werden streng an überkommenen Werten gemessen.

Die Genießerin
Sie nutzt die Gelegenheit zur Interaktion mit den Medien, beteiligt sich als Zuschauerin an Talkshows, an Quizsendungen auch als aktive Teilnehmerin. Sie spielt mit den Medien, ohne deren Wertewelt zu übernehmen oder deren Techniken näher kennenlernen zu wollen.

Die Erfolgsorientierte
Für sie sind Informationen Pflicht. Sie will Meisterin und/oder Unternehmerin sein. Aus Zeitnot selektiert sie stark, gibt aber eigene Impulse an die Verbände weiter. Unterhaltungssendungen im Fernsehen nutzt sie zur Entspannung.

Die Künstlerin
Ihr Medienverhalten ist eher akademisch. Im Glaser-, Steinmetz- oder Goldschmiedehandwerk finden sich viele Frauen, die gute Kontakte zu Kunsthochschulen unterhalten. Sie sind die Bücherwürmer unter den Frauen im Handwerk.

Die Abstinente
Sie findet sich häufig in den östlichen Bundesländern. Argwohn gegenüber jeglicher Einmischung ins Privatleben kennzeichnet sie. Die Inhalte der Medien konsumiert sie mit Vorsicht, viele lehnt sie ab. Einfluß hat nur ein enger Kreis von Vertrauten.

Ergebnisse

Eine Zielgruppe im Schatten der Sozialwissenschaften

Im Handwerk wird ein Umsatz von rund 1 000 Milliarden Mark getätigt. Frauen im Handwerk verwalten ihn. Unverständlich, warum sich weder das Statistische Bundesamt noch die Sozial- oder Medienforschung konzentriert mit den Frauen im Handwerk befaßt. Dabei wären außerordentlich interessante Ergebnisse zu erwarten.

Einige Fragen von vielen, die zu untersuchen sich für Sozialwissenschaften, Industrie und politische Parteien lohnen würde:

- Welche Motive und Werteinstellungen unterscheiden die Frau im Handwerk von der Gesamtbevölkerung?
- Über welche Kaufkraft verfügt die Frau im Handwerk? Welche Werbung trifft diese Zielgruppe?
- Sind die Ehen im Handwerk stabiler als im Bundesdurchschnitt? Wenn ja, warum?
- Wie ist das politische Wahlverhalten bei Frauen im Handwerk? Wodurch wird es geprägt?

Lebenswelt und Traditionen immunisieren

Gewinner unter den Medien: das Radio
Das Radio tönt auf der Baustelle, in Werkstatt, Büro und Küche. Häufig den ganzen Tag über. Ob Musik, Unterhaltungssendungen, Nachrichten, Werbung, Landfrauenfunk oder Lokales, es tönt und hinterläßt seine Spuren. Zwar rangiert das Fernsehen als Freizeitbeschäftigung noch weiter oben, aber die Konsumdauer ist beim Radio deutlich höher. Die lokalen Fernsehsender haben neben den Regionalsendern des Rundfunks schlechtere Karten (1).

Mediengewinner im Büro: die Fachzeitschrift der Branche
Wer fachlich und unternehmerisch auf dem laufenden bleiben will, informiert sich in der Fachzeitschrift der Branche. Wenn diese gleichzeitig das Organ des Zentralverbands ist, kommt der durch die Innung gefilterten Information eine ganz zentrale Bedeutung zu. Interessant hieran ist, daß sowohl der Mann - eher fachlich - als auch die Frau - eher unternehmerisch - sich ihr Wissen dort holen.

Der Gewinner von nebenan

Veranstaltungen, Besichtigungen, Vorträge, gesellige Anlässe sind als Informationsmedium nicht zu unterschätzen. Diesen Quellen wird viel mehr Glauben geschenkt als den Massenmedien. Der Innungsball, der Tip von Mitgliedern der Freiwilligen Feuerwehr nebenan, der Austausch mit anderen Frauen prägen noch stärker als die Inhalte der Medien (1). Die Kartoffeln im Topf wiegen schwerer als ein Produkt aus der Satellitenschüssel. »Ausgesprochen empfänglich für die Meinungsbeeinflussung durch Massenmedien erscheinen jene Personen, die Kontakte ... schlecht herstellen oder aufrechterhalten können oder die Begegnungen als außerordentlich spannungsreich und ziemlich unbefriedigend empfinden.« (1)

Der Umkehrschluß sei gewagt, daß stabile Familienverhältnisse – niedrige Scheidungsraten, meist zwei Kinder, die im Handwerk weiterarbeiten – eine Abwehr gegen Medieneinflüsse und gegen eine durch sie nahegelegte Veränderung des Lebensstils darstellen.

Stabil sind die Familienverhältnisse, weil

- alle Familienmitglieder für ein gemeinsames Unternehmen arbeiten und leben (2),
- ihre Arbeit nicht entfremdet ist, die Produzierenden lieben ihre Produkte und sind stolz auf sie,
- viele Frauen im Handwerk mit ihrer Doppelrolle zufrieden sind. (3).

(1) Hermann Meyn: Massenmedien in der BRD. In: Zur Politik und Zeitgeschichte. Berlin 1996.

(2) Hans H. Hinterhuber (Hrsg.): Die mittelständische Familienunternehmung. Die Integration der beiden Subsysteme Familie und Unternehmung in den 90er Jahren. Frankfurt am Main 1994.

(3) Marita Bartmann und Johanna Zieran: Die Vereinbarkeit von Familie und Beruf in mittelständischen Betrieben für mithelfende und mitarbeitende Familienangehörige sowie Selbständige. Stuttgart 1994.

Die beliebtesten Freizeit-Beschäftigungen	**Frauen in der Gesamtbevölk. 5556 Fälle gew.**	**Voll berufstätig UND Lehre/Geselle/Meister 1171 Fälle gew.**	**Gesamtbevölkerung 10584 Fälle gew.**
Radfahren	44,70 %	**48,20 %**	46,20 %
Schwimmen	**39,00 %**	**40,50 %**	38,90 %
Schallplatten hören	53,70 %	**64,20 %**	56,50 %
Rätsel lösen	**40,30 %**	25,50 %	34,40 %
Spazieren gehen	**77,60 %**	63,30 %	70,30 %
Gartenarbeit	**42,80 %**	36,30 %	41,00 %
Ausgehen	50,20 %	**62,60 %**	54,40 %
Ausflüge mit dem Auto	45,50 %	**68,60 %**	51,10 %
Mit Kindern spielen	**44,20 %**	**44,20 %**	40,00 %
Bücher lesen	**58,00 %**	36,10 %	52,40 %
Zeitung lesen	85,00 %	**85,50 %**	85,30 %
Fernsehen	94,20 %	**95,80 %**	94,20 %
Radio hören	85,20 %	**88,00 %**	**85,60 %**

Aus: TdW Intermedia '97/98 Trend II , Marktstrukturanalyse des Burda Advertising Center

Die über die Gesamtbevölkerung hinausgehenden Werte sind **fett** gedruckt.

Herrschaft durch Mediennutzung

Die Frauen im Handwerk sind die grauen Eminenzen des Mittelstands. Daran besteht kein Zweifel. Häufig wissen sie es selbst nicht, aber es ist so. Basis ihrer Macht sind die Finanzverwaltung, die Büroorganisation, das Archiv im Kopf.

Wenn es gelingt, die Frauen über die elektronische Vernetzung des Handwerks noch enger in das Verbandsgeschehen einzubeziehen, werden sie durch diesen Informationsvorsprung die Fäden noch fester in der Hand halten können.

> *»Zwei mal zwei gleich vier ist Wahrheit,*
> *Schade, daß sie leicht und leer ist,*
> *Denn ich wollte lieber Klarheit*
> *Über das, was voll und schwer ist».*
> Wilhelm Busch

Zusammenfassung

Das Frauenprofil

Frauen im Handwerk nutzen die Medien gemäß ihrer Funktion als Unternehmerfrau, als Handwerksgesellin oder -meisterin oder als Unternehmerin. Sie üben – oft unbewußt – starken Einfluß auf die Geschicke des Unternehmens aus. Ihre Doppelrolle im Unternehmen Familie und im Unternehmen Handwerk stellt sie mehrheitlich zufrieden.

Eine direkte Verhaltenssteuerung durch die Medien ist – aufgrund der stabilen Lebensverhältnisse – selten.

Der Medienkonsum

Aktuelles, Nachrichten und Unterhaltung in regionalen Rundfunksendern, Regionalzeitungen und Regional-Fernsehsendern finden Resonanz. Vor allem die regionalen Rundfunksender verzeichnen einen deutlichen Vorsprung vor anderen Medien – u.a. auch aufgrund der Hördauer. Sachinformationen holen sich die Frauen aus den Fachzeitschriften der Branche, aus den Mitteilungen der Innungen und Verbände. Der übrige Medienkonsum unterscheidet sich wenig von dem des Mittelstands.

Der aktive Umgang mit Medien

Interaktion mit Rundfunk- und Fernsehsendern oder eigene Marketingaktivitäten sind eher die Ausnahme. Die Nutzung elektronischer Medien steckt noch in den Anfängen. In Kombination mit der zunehmenden Organisation in Frauenverbänden kann sich dies jedoch innerhalb der nächsten zwei Jahre entscheidend ändern.

Literatur

Axel Bau: Wertewandel-Werbewandel? Zum Verhältnis von Zeitgeist und Werbung. Anpassung ökonomischer und politischer Werbung an veränderte soziokulturelle Orientierungsgrößen in der BRD. Frankfurt am Main 1995

Marita Bartmann und Johanna Zieran: Die Vereinbarkeit von Familie und Beruf in mittelständischen Betrieben für mithelfende und mitarbeitende Familienangehörige sowie Selbständige. Stuttgart 1994

Renate Bauerreiß, Hiltrud Bayer und Walter Bien: Familienatlas II. Lebenslagen und Regionen in Deutschland. Opladen 1997

Hans-Bernd Brosius und Andreas Fahr: Werbewirkung im Fernsehen. Aktuelle Befunde der Medienforschung. München 1996 In: Angewandte Medienforschung 1

Clemens Bueter: Das Handwerk in der wirtschaftlichen Entwicklung der ehemaligen DDR und im Übergang zur sozialen Marktwirtschaft. Frankfurt am Main 1997

Deutsches Handwerk report. Organ des Zentralverbandes des Deutschen Handwerks. Monatsschrift. Düsseldorf (DH report)

Der unbekannte Konsument in Zahlen. Konsumstile in den neuen Bundesländern. In: DIE STERN BIBLIOTHEK. Hamburg 1994

Christian Duncker: Dimensionen des Wertewandels in Deutschland. Eine Analyse anhand ausgewählter Zeitreihen. Frankfurt am Main 1998

Alexander Gauland: Was ist Konservativismus: Streitschrift gegen die falschen deutschen Traditionen; westliche Werte aus konservativer Sicht. Frankfurt am Main 1991

Gehobene Zielgruppen. Kompetenzen – Konsum – Kommunikation. In: DIE STERN BIBLIOTHEK. Hamburg 1997
Hans H. Hinterhuber (Hrsg.): Die mittelständische Familienunternehmung. Die Integration der beiden Subsysteme Familie und Unternehmung in den 90er Jahren. Frankfurt am Main 1994
Bettina Hurrelmann: Mediengebrauch und Lesesozialisation in der Familie. Oldenburg 1993
Marie-Luise Kiefer: Massenkommunikation 1995. In: Media Perspektiven, H. 5/1996
Thomas Köster und Jürgen Schubert: Unternehmerinnen im Handwerk. In: Schriftenreihe Information/Dokumentation 5/90 der Handwerkskammer Düsseldorf. Düsseldorf 1990
Werner Kroeber-Riel und Peter Weinberg: Konsumentenverhalten. 6. Aufl. München 1996
Ulrich Lakemann: Familienhaushalt und Büroheimarbeit. Frankfurt am Main 1992
Leserstrukturanalyse der Zeitschrift Das Dachdecker-Handwerk. Köln 1996
Marktstrukturanalyse Typologie der Wünsche (TdW) Intermedia '97/'98 Trend II. Zitiert nach Auswertungen des Burda Advertising Center. Offenburg 1998
Media Digest: Kino 1997/98. Hamburg 1997
Beate Muecke: Die Macht der rationalisierten Lebenswelt: Moderne Organisationsformen im Handwerk. Berlin 1996
Helma Nehrlich: Doch lieber kämpferisch? In: Deutsches Handwerk report Nr. 6 1997
Elisabeth Noelle-Neumann: Der Wertewandel in unserer Gesellschaft seit 1970 unter Berücksichtigung der Entwicklung in Ost und West. Frankfurt am Main 1997
Günter Ruehl: Erfahrungen mit öffentlichen Förderprogrammen zur Existenzsicherung in Handwerk und Handel. ITB-Forschungsberichte. Karlsruhe 1987
Rüdiger Szallies und Günter Wiswede: Wertewandel und Konsum: Fakten, Perspektiven und Szenarien für Markt und Marketing. Landsberg 1990
Nikolaus Teves: Alles eine Frage des Managements. In: Deutsches Handwerk report 11/94
UFH-Selbstdarstellung der Unternehmerfrauen im Handwerk, Landesverband Baden-Württemberg. Winnenden 1997
Was mitarbeitende Familienangehörige verdienen. Report BBE-Verlag. Köln 1997
Max Weber: Wirtschaft und Gesellschaft. Tübingen 1921
Dieter Weirich: Medien 2000. Kommunikationszukunft in Deutschland. Berlin 1997

Websites

http://www.handwerk-net.de
http://www.handwerk.de
http://www.potsdam.de
http://www.hwk-reutlingen.de
http://www.gewerbeakademie-rt.de
http://www.hwk-wiesbaden.de
http://www.holzmannverlag.de
http://www.uni-marketing.de

Barbara Schott

Cool bleiben in heißen Phasen
Streß zeitig bewältigen – dem Burnout vorbeugen

Prof. Dr. Barbara Schott interessierte sich schon als Lehrling und später als Studentin dafür, was herausragende Menschen anders machen. Während ihres Studiums in den USA bildete sie sich in den verschiedensten Richtungen der Humanwissenschaften.
Als Vertriebsleiterin und Filialdirektorin einer großen Versicherungsgesellschaft setzte sie viele Jahre ihre Erfahrungen auf den Gebieten Motivation, Streßmanagement und Kommunikation um. Derzeit entwickelt die Professorin an der Fachhochschule Nürnberg gemeinsam mit ihren Studenten neue NLP-Konzepte, die dem einzelnen sowohl privat als auch beruflich größeren Erfolg bei der Umsetzung seiner Ziele und mehr Freude am Leben ermöglichen. In ihrem eigenen Institut NLP-Praxis berät und trainiert sie sowohl Manager als auch Privatpersonen. Ihr Spezialgebiet liegt in der Anwendung des NLP im Servicebereich.

Wer Menschenkenntnis besitzt, ist gut.
Wer Selbsterkenntnis besitzt, ist erleuchtet.

Konfuzius

Es geht heiß her

Der lügt mir glatt ins Gesicht, und das macht mich fuchsteufelswild! Wenn ich schon höre, um wieviel billiger die Konkurrenz ist, geht mir die Galle über, weil ich genau weiß, daß es nicht stimmt!« Unsere Sprache drückt genau aus, wie unser Körper bei Streß reagiert! Heiß her geht's besonders bei negativem Streß. Unsere Partner/Mitmenschen fordern uns, und, genetisch programmiert, kann unser Gehirn auf jede Anforderung mit dem sogenannten Dis-Streß (wir nehmen's ihm wirklich übel) und dem sogenannten Eu-Streß (wir fühlen uns herausgefordert, freuen uns über die Aufgabe) reagieren. Je nachdem, wie sehr wir uns überfordert fühlen, reagieren wir mit Kampf oder Flucht! Diese Reaktionen werden in unserem Urgehirn, dem sogenannten limbischen System, gesteuert. Es steuert unter anderem unser Nervensystem, das wiederum die inneren Organe wie Herz, Lunge, Leber und die Blutgefäße im Kopf kontrolliert. Das alles muß automatisch gehen, denn wie bekannt, steuern wir nur einen kleinen Teil unseres Verhaltens bewußt, der Rest ist unbewußt.
Kampf oder Flucht waren in grauer Vorzeit nur möglich, weil unser Urhirn so schnell reagierte. Das Urhirn versetzt unseren Körper in Sekundenschnelle in Alarmbereitschaft, erhitzt uns, macht uns heiß, putscht uns auf. Adrenalin brauchen wir auch bei Eustreß, um Herausforderungen zu bewältigen – durch Eustreß werden wir wach, einsatzbereit und kompetent. Zu viel Adrenalin – wir fühlen uns überfordert und negativ gestreßt –

geht allerdings zu Lasten des Denkgehirns. Kreative, flexible Entscheidungen waren in den Situationen, in denen das Leben auf dem Spiel stand, nicht nützlich. Den Tiger oder auch den Räuber der Nachbarhorde mit einem Witz aufzuheitern oder ihn zu fragen: »Du hast Hunger, ich hab' Hunger, was machen wir jetzt?« wäre tödlich gewesen. Je größer der negative Streß, um so mehr setzt die kreative Seite im Gehirn – in der Regel die rechte Gehirnhälfte – aus (Abb. 1). Jeder negative Streß, d.h. jede erlebte Überforderung, löst diese Überlebensautomatik heute immer noch aus.

Unser Denkvermögen ist dann besonders reduziert, wenn wir es am nötigsten brauchen. Bei Mitmenschen, die sich nicht an unsere Spielregeln halten oder gar die Wahrheit verbiegen, werden unsere Werte verletzt. Das führt zu besonders hohem Dis-Streß!

Während wir das Adrenalin und alle anderen Kampf- und Fluchthormone in grauer Vorzeit durch körperliche Bewegung abbauen konnten, bleiben diese Hormone heute im Blut, fördern den Alterungsprozeß und schwächen das Immunsystem. Nur eine gezielte Vorsorge und ein gezieltes Einschalten des Denkgehirns in sogenannten kritischen Situationen vermindern die schweren Gesundheitsschäden durch den Dis-Streß. Statt Kampf oder Flucht, statt Angriff oder Zurückweichen muß es bei negativem Streß darum gehen, bei großen Belastungen mit der ganzen Kreativität der wieder eingeschalteten Gehirnhälften neue Lösungen auszudenken.

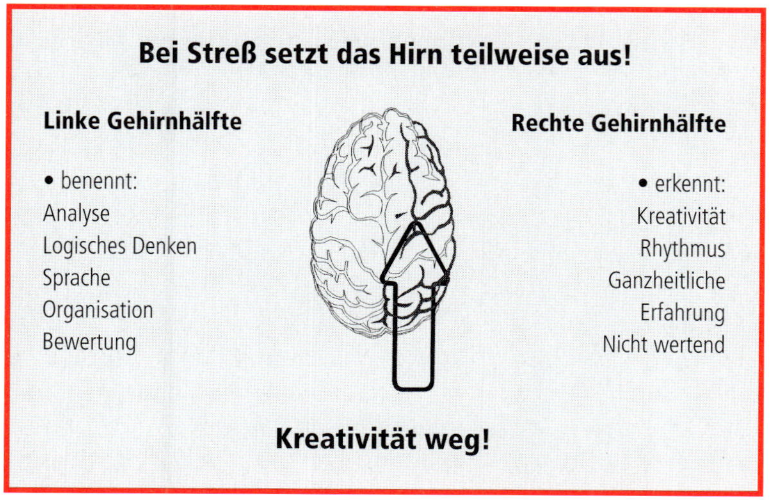

Abb. 1

Die Wissenschaft hat eine ganze Reihe von Ereignissen ausgemacht, die anscheinend jeden Menschen unter negativen Streß setzen, wie z.B. der Tod des Partners oder der Verlust des Arbeitsplatzes. Was jeden einzelnen von uns überfordert, hängt von der Befindlichkeit – abgearbeitet läßt man sich eher stressen –, von der Erziehung und auch von den äußeren Umständen ab. In Zeiten hoher Arbeitslosigkeit können kleinste Signale in bezug auf die Sicherheit des Arbeitsplatzes extrem negativen Streß auslösen. In dem folgenden Streß-Checkup können Sie herausfinden, welche Situationen Sie persönlich schnell nerven.

Streß – Checkup

Situation	**Was denken Sie über die Situation?**
z.B. Partner ist unpünktlich	Partner achtet mich nicht, ich bin ihm nicht wichtig

Burnout und Streß hängen eng zusammen. Burnout beschreibt den Zustand, wenn jemand für seine Aufgaben, seinen Beruf wie eine Kerze an beiden Enden brennt, sich durch übermäßiges Engagament verausgabt und dann so ausgebrannt ist, daß er anfängt, seinen einst sehr geliebten Beruf zu hassen, seine Arbeit zu sabotieren und depressiv zu werden. Anfällig für Burnouts sind z.B. sehr engagierte Ärzte, Sozialarbeiter, Manager, Freiberufler, die ihre persönlichen Wünsche stets zurücknehmen und sich für alles und jedes einsetzen, ohne auf die eigene Kondition zu achten.

Während negativer Streß durch einzelne Personen und Situationen ausgelöst wird, ist beim Burnout das ganze Leben durch andauernde eigene Überforderung zum Streß geworden. Methoden der Streßbewältigung helfen sowohl bei Dis-Streß als auch beim Burnout. Je früher man mit der Streßbewältigung beginnt, um so mehr lassen sich Dis-Streß und Burnout vermeiden oder reduzieren.

Nochmals kurz zusammengefaßt:

Dis-Streß = Überforderung durch einzelne Situationen/Personen

Burnout = Das Leben selbst ist zum Streß geworden durch andauernde eigene Überforderung

NLP: Das Windows fürs Gehirn

Vergleicht man unser Gehirn mit einem komplizierten Computer, so fehlte uns bisher der Windows-Befehl »Entstressen!«
Für diese Software fürs Gehirn hat sich besonders eine neue aus den USA stammende Wissenschaft, das sogenannte Neurolinguistische Programmieren (NLP), interessiert. Das NLP hat Spitzenkönner, die instinktiv wußten, daß negativer Streß sowohl das eigene Immunsystem schädigt als auch das des Partners in Mitleidenschaft zieht, genau beobachtet und herausgefunden, wie Sie sich für Herausforderungen motivieren und wie Sie Freude an besonders schwierigen Situationen und Mitmenschen entwickeln. Die Besonderheit des NLP liegt darin, daß alle Verhaltensweisen – auch negative, von denen wir sozusagen nicht loskommen, die uns anhaften wie Pech – wie auch alles Denken, alle Empfindungen auf die Arbeit unserer fünf Sinne – Sehen, Hören, Fühlen, Riechen und Schmecken – zurückgeführt werden. Daher heißt auch das erste Wort »neuro-«, d.h. die fünf Sinne nehmen Informationen auf, und unsere Gedanken werden sinnesspezifisch im Gehirn gespeichert. Bei einigen von uns genügt es, daß bestimmte Menschen sie schlecht behandelt haben, damit sie bei ähnlichen Menschen sofort Angst bekommen! Kann man solche Erfahrungen, solche Programme, die alles zukünftige Verhalten beeinflussen, verändern? NLP hat besondere Instrumente entwickelt, um aus solchen Sackgassen herauszufinden. Das Wort »linguistisch« weist darauf hin, daß wir die Sprache benutzen, um uns unsere Erfahrungen zugänglich zu machen und sie auch mitzuteilen. Mit der Sprache können wir berichten, was wir mit unseren fünf Sinnen erlebt haben und was wir im Gehirn mit jedem Sinnesspeicher aufgenommen, verarbeitet und sozusagen als Referenzfilm gespeichert haben. Das Wort »programmieren« weist darauf hin, daß unsere Erfahrungen für uns in etwa das darstellen, was für einen Computer Softwareprogamme sind. Neue Erlebnisse verstehen wir erst mit dieser Software, d.h. wir sehen sie im Licht unserer Erfahrungen und steuern unser Verhalten dementsprechend.
Das NLP erklärt auch, warum es immer dieselben Erlebnisse, Mitmenschen, Situationen sind, die zu den gleichen Blockaden führen. Das Gehirn hat die Fähigkeit, äußere Reize und innere Gefühle beim ersten Erlebnis für immer als Programm miteinander zu verbinden. Diese alten inneren Erlebnisse, die bei jeder ähnlichen Begegnung wieder aufgerufen werden, bestimmen, ob wir uns schüchtern, mutig oder selbstbewußt und kundenorientiert fühlen und verhalten. Kein Mensch kommt durch unser Auge, unser Ohr, unsere Haut, unseren Geruchs- oder unseren Geschmackskanal und kratzt sozusagen an unserem Gehirn, um in uns Streßgefühle und Denkblockaden auszulösen. Es sind die inneren Erlebnisse der Vergangenheit, die unsere Gehirnfilme prägen. Diese in allen Sinneszentren unserer Gehirnbibliothek vorhandenen Tonbildschauen über vergangene Erlebnisse lösen unsere Stimmungen, unsere Empfindungen aus und steuern damit unser Verhalten. Ob wir uns geschickt, ob wir uns partnerorientiert oder dem Partner gegenüber rechthaberisch verhalten, wird durch den Aufruf vergangener Erlebnisse aus unserer Gehirnbibliothek verursacht. Unsere Sprache spiegelt das, was wir innerlich aus unserer Gehirnbibliothek hervorziehen, deutlich wider: Sehen Sie innerlich schwarz oder rot? Haben Sie keinen Schimmer? Stehen Sie vor einem Berg? In dieser Form beschreiben wir sprachlich unsere inneren unbewußten Bilder, die unsere Handlungen leiten. Interessant ist, daß nicht der Inhalt, sondern die Qualität der Bilder darüber entscheidet, wie wir uns in bestimmten Situationen fühlen und wie wir uns verhalten.
Da ein System wie unser Gehirn von dem Teil kontrolliert wird, der die größten Variationsmöglichkeiten hat, ist es das Ziel von NLP, in jeder Situation mindestens über drei Möglichkeiten verfügen zu können. Eine Lösung macht einseitig, zwei Lösungen führen leicht zum Konflikt, nur drei Lösungen eröffnen Variationsmöglichkeiten (Abb. 2)!

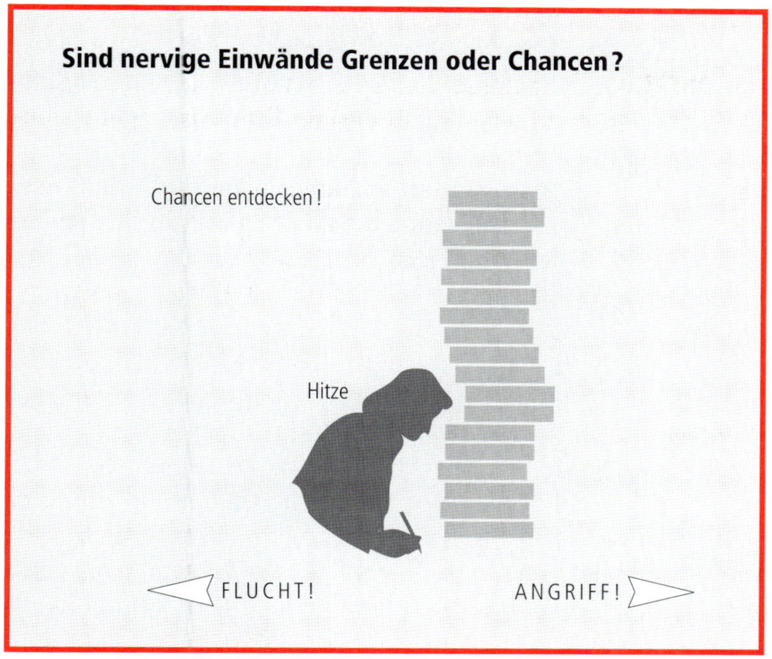

Abb. 2

Mögliche Reaktionen in Streßsituationen sind:

Angriff:
Wie du mir, so ich dir, Aug' um Auge, Zahn um Zahn!
Mit dem Kopf durch die Wand gehen wollen, heizt die Atmosphäre richtig auf, setzt unser Nervensystem unter Strom und unser Denkhirn außer Gefecht! »Dem werde ich's zeigen!«, »Das ist doch unerhört!«, »Nicht mit mir!« – all das zeigt verbal, daß wir auf Angriff programmiert sind, unser kreatives Gehirn schon lange ausgesetzt hat!

Flucht:
Der Partner hat recht, ich passe mich an!
»Man kann eh nichts machen!« – solche Äußerungen, begleitet von Achselzucken und gesenktem Haupt, zeigen an, daß wir Flucht statt Kampf wählen!

Neue Wege:
In jeder Situation habe ich die Kraft, mich entsprechend meinen Zielen zu entscheiden!

Chancen entdecken:
Über die Grenze klettern und neue Chancen entdecken
Leider brauchen wir zum Entstressen Freudehormone und nicht die Kampfhormone, die unsere Urahnen retteten! Streßhormone sind aber trotzdem da, und der Ärger frißt in uns, verursacht Magenschmerzen, setzt sich im Genick fest! Was wir in dem Augenblick nicht erkennen können, ist, daß jemand, der unsere Ziele durchkreuzt, uns eigentlich auch ein Angebot macht, etwas Neues zu lernen! Leider hat unser Großhirn in der Hitze ausgesetzt! Cool bleiben ist die Devise! Nur dann gelingt der Zugriff auf das volle Großhirn. Nur mit dem vollen Denkhirn besteht die Chance, Grenzen zu erweitern und als Herausforderung aufzunehmen.

Entärgern auf Knopfdruck

Es ist passiert! Der Ärger steigt hoch, und der Streß steigt! Die Kinesiologen haben sich besonders mit der körperlichen Streßbewältigung befaßt und dabei entdeckt, mit welchen Übungen das Gehirn wieder eingeschaltet werden kann. Manche dieser Übungen sind nur im stillen Kämmerlein anwendbar, manche direkt in der Streßsituation.

Den Thymus aktivieren!
Klopfen auf die Tymusdrüse bietet sofortige Hilfe, weil jedes Gefühl zuerst auf unsere Thymusdrüse wirkt. Sie ist quasi das Bindeglied zwischen Körper und Geist.
Man legt die Fingerspitzen der freien Hand in der Höhe auf das Brustbein, wo die zweite Rippe mit dem Brustbein verbunden ist. Dieser Punkt liegt direkt über dem Thymus und wird auch Thymuspunkt genannt. Zehn- bis zwölfmaliges Klopfen auf diesen Thymuspunkt hebt die Schwächung des Muskels durch negative Gedanken auf! Ärgerliche Gedanken werden neutralisiert!
Es gibt einen weiteren Reflexpunkt, den schon die Griechen, Römer und Inder kannten und nutzten, den Gaumenpunkt!
Man kann den Thymus nämlich auch aktivieren, indem man die Zunge gegen den Gaumen legt. Die Spitze der Zunge soll dabei ungefähr einen halben Zentimeter hinter den oberen Schneidezähnen liegen.

Es zeigt sich nun, daß dieser »zentrierende Punkt« beide Gehirnhälften aktiviert. Da bei Streß durch Gedanken der Überforderung nur eine der beiden Gehirnhälfte benutzt wird, kann man durch Aktivierung des Thymuspunktes wieder beide Gehirnhälften ansprechen und einschalten.

Bewegen Sie Ihr Gehirn, wieder mitzumachen!

Steigt der Ärger auf, so befinden wir uns in einer energieraubenden Streßsituation und neigen dazu, nur eine Gehirnhälfte zu nutzen!

Manche Menschen werden unter Streß hektisch und treten oft in einen verbalen und intellektuellen Kampf mit den Mitmenschen! Es fehlen intuitive und kreative Aspekte bei Problemlösungen, die vorwiegend in der rechten Gehirnhälfte lokalisiert sind.

Andere neigen unter Streß zu einer Dominanz der rechten Gehirnhälfte und treten bei unangenehmen Gefühlen die »Wirklichkeitsflucht« an.

Nur wenn beide Gehirnhälften voll aktiv und aufeinander abgestimmt sind – man spricht von der sogenannten zerebralen Ausgeglichenheit – mischen sich Logik, verbale Kompetenz, Intuition und Kreativität, und wir erreichen ein Höchstmaß an Energie.

Es gibt mehrere Methoden, die beiden Gehirnhälften zu integrieren, denn ein Gleichgewicht zwischen den beiden Gehirnhälften und den dort lokalisierten Funktionen stärkt die Arbeits- und Funktionsweise der Thymusdrüse und umgekehrt: eine Stimulierung der Thymusdrüse bringt auch ihrerseits die beiden Gehirnhälften ins Gleichgewicht. So wirken die beiden »Entärgerungsknöpfe« auch gleichzeitig auf die Balance unseres Gehirns.

Delacato, ein Vorläufer der Kinesiologen, erkannte, daß diese Balance des Gehirns auch eine motorische Auswirkung hat und daß man über die Motorik wieder diese sogenannte zerebrale Ausgeglichenheit erreichen kann. Er beobachtete bei Kindern mit neurologischen Problemen, insbesondere auch bei solchen mit Leseschwäche, eine Rückentwicklung auf eine frühe Stufe der Fortbewegung und der neurologischen Gehirnorganisation. Diese Problemkinder bewegten sich seitengleich, d. h. bei einer Fortbewegung wurden gleichzeitig der rechte Arm und das rechte Bein nach vorn bewegt, dann der linke Arm und das linke Bein. Dies ist eine frühe Fortbewegungsart, die einer einfacheren Verknüpfung im Gehirn entspricht.

Bei weiterer Entwicklung kommt es zu einer höheren Stufe der neurologischen Verknüpfung im Gehirn. Der Mensch bewegt sich gegengleich. Gleichzeitig mit dem rechten Bein wird der linke Arm vorgenommen. Wenn man sich jetzt gegengleich fortbewegt, d.h. sich mit forschem Schritt eine ganze Zeitlang bewegt oder z. B. Sirtaki tanzt, aktiviert man wieder beide Gehirnhälften und verändert seinen neurologischen Zustand auf ein höheres Niveau und stärkt damit seine Lebenskraft. Die Jogger, Walker, Bergsteiger nutzen diesen Vorteil des Streßabbaus. Sie selbst brauchen in der Regel nicht mehr als ca. 5 bis 10 Minuten »Überkreuzgehen«, um beide Gehirnhälften wieder einzuschalten.

Zentrieren Sie sich mit dem sogenannten Klatschtest

Bevor Sie sich in eine stressige Situation begeben, testen Sie, ob beide Gehirnhälften und damit beide Körperhälften gleich intensiv arbeiten. Vielleicht haben Sie Lust, das gleich auszuprobieren.

Wie ist Ihre Stimmung in diesem Moment, da Sie diese Zeilen lesen? Sind beide Gehirnhälften voll eingeschaltet? Sind Sie gut drauf? Sehen Sie sich um, hören Sie, was es zu hören gibt, fühlen Sie genau nach, wie es Ihnen im Augenblick geht. Vielleicht gibt es auch etwas zu riechen oder zu schmecken, so daß Sie Ihre jetzige Situation mit allen Sinnen wahrnehmen. Jetzt öffnen Sie die Arme und strecken sie aus den Schultern heraus, und zwar so, daß Ihre Schultern mit den ausgestreckten Armen eine Linie bilden. Wenn Sie die Situation und Ihr Gefühl voll wahrnehmen, klatschen Sie in die Hände und lassen Sie sie zusammen. Landen beide Hände genau deckungsgleich aufeinander, sind beide Gehirnhälften aktiviert und die Voraussetzungen für Streßfreiheit und gute Stimmung gegeben.

Falls sich die Handinnenflächen nicht genau abdecken (alle Finger der rechten Hand müssen alle Finger der linken Hand genau abdecken), richten Sie Ihren Körper symmetrischer ein. Halten Sie Ihre Handflächen genau zusammen und verändern Sie Ihre Schultern, Ihre Kopf- und Körperhaltung so, daß die Hände beim ungesteuerten Zusammenklatschen direkt aufeinander passen. Eine Hilfe ist dabei die Vorstellung von einem »goldenen Faden«, den Sie an Ihrer Brustmitte festbinden und an dem Sie Ihren ganzen Körper imaginär nach oben ziehen, bis Sie vollkommen symmetrisch sitzen oder stehen. Sie merken vielleicht, daß Sie sofort tiefer atmen. Ihr Gehirn wird besser mit Sauerstoff versorgt, und ein größerer Teil Ihres Großhirns kann wieder in Betrieb genommen werden. Durch Körper- und Großhirnsymmetrie fallen uns trotz Entäuschung neue Ideen zur Lösung unserer Streßprobleme ein. Dies ist schon ein wichtiger Hinweis darauf, daß die kreative Denkfähigkeit eingeschaltet ist.

Streß löschen: Kinotechnik

NLP hat festgestellt, daß die innerliche Entfernung aus einem Problemzustand erst die Freiheit gibt, das Problem von außen zu erleben und neue Lösungen zu suchen.
Ein sehr traumatisches Erlebnis läßt sich neutraler betrachten, um daraus zu lernen, wenn man innerlich mehrfach Abstand gewinnt, sich zwei-, drei-, oder sogar viermal dissoziiert. Sie suchen sich einen bequemen Platz und gehen in Ihr Antistreß-Kino!

- Sie sitzen in einem Kinosessel, gehen innerlich in Ihr Lieblingskino und sehen die Leinwand vor sich, auf der jetzt gleich ein Film mit Ihrem Problem erscheinen wird. Sie sehen sich als Filmdarsteller, der ein Problem zu haben schien (erste Dissoziation).
- Sie schweben aus sich heraus, sehen sich im Kinosessel sitzen und gleichzeitig als Schauspieler in dem Film, wo Sie ein Problem hatten (zweite Dissoziation).
- Sie werden der Filmvorführer in diesem Kino, wo Ihr spezieller Problemfilm spielt. Als Filmvorführer haben Sie nun die Aufgabe festzustellen, daß der Film richtig eingelegt ist, die Lautstärke stimmt, daß der Vorhang zur richtigen Zeit auf- und zugeht. Wenn Sie aus dieser dreifach veränderten Perspektive Ihr Problem betrachten, das Sie aus der assoziierten Sicht sehr betroffen gemacht hat, dann können Sie sich vorstellen, daß die Gefühle sich neutralisieren (dritte Dissoziation).

Sehen Sie sich diesen Streßfilm als Filmvorführer an (Abb. 3). Wenn der Film mit einem vergangenen Streßerlebnis durchgelaufen ist, lassen Sie ihn als Filmvorführer mit dreifacher Geschwindigkeit rückwärtslaufen. Sie sehen die Bilder des Films in schneller Reihenfolge rückwärts. Erfahrungsgemäß löscht diese Technik den Streßfilm und entkoppelt Situation und erlebte Gefühle. Machen Sie das Vorwärtsabspielen des Films mit Rückwärtsspulen in dreifacher Geschwindigkeit mehrfach. Der Schritt »Löschen von Streß« ist erfolgreich abgeschlossen, wenn Sie den Film mit neutralen Gefühlen ansehen können.
Jetzt ändern Sie den Film und geben sich als dem Hauptdarsteller im Film die Fähigkeiten, die Sie an sich kennen und damals gebraucht hätten, aber wegen des Ausschalten des Gehirns nicht einsetzen konnten.
Spielen Sie den Film weiter in die Zukunft und sehen Sie sich

Kinotechnik

1. Streßfilm: Titel (neutral)
2. Vorhang auf: Film des Streßerlebnisses in s/w bis zum Ende
3. Film mit 3fach-Geschwindigkeit rückwärts laufen lassen; ein 2. und 3. Mal wiederholen, bis das Gefühl neutralisiert ist
4. Film normal abspielen
5. Film neu entwerfen mit optimaler Fähigkeit
6. Film für Streßsituation in der Zukunft planen

Abb. 3

zu, wo, wann und wie Sie alle Ihre Fähigkeiten in sich stärken werden. Als letztes sehen Sie eine zukünftige Szene mit dem schwierigen Partner aus dem Film, in der Sie alle Ihre Fähigkeiten einsetzen und zu einer guten Lösung kommen. Jetzt werden Sie wieder Sie selbst, nehmen Abschied vom Kino und strecken und recken sich. Den Zukunftsfilm spielen Sie innerlich so oft wie möglich ab, so daß Ihr Gehirn diesen Zielfilm verinnerlicht und Sie sich z. B. beim nächsten Kundenbesuch automatisch so verhalten, wie es Ihren besten Fähigkeiten entspricht. Wenn Sie nicht über die Fähigkeiten verfügen, die besonders schwierige Kunden zu echten Partnern machen, dann entscheiden Sie jetzt, wann und wo Sie diese Fähigkeiten lernen wollen.
Sie merken schon, Streß läßt sich beseitigen, weil wir uns durch die Kino-Technik befreien und Streß als Signal werten und nutzen, mehr zu lernen.

Ein ermutigendes Tonband einlegen

Zeiten wechseln! Es ist passiert, Sie ärgern sich maßlos, möchten am liebsten alles hinschmeißen, Ihrem Mitmenschen mal so richtig sagen, was Sache ist! Wie kommen Sie auf neue Wege? Eine Hilfe sind unsere inneren Kommentare, die wie Tonbänder in uns abgespielt werden. Achten Sie darauf, was Sie sich selbst sagen, bevor wieder Streß einsetzt! Diese Tonbänder haben wir in der Vergangenheit bei dem ersten Streßerlebnis dieser Art angelegt. Sie erinnern unser Gehirn daran, sich wieder genauso zu verhalten. Also weg damit! Aber wie?
Es geht letzten Endes darum, tiefsitzende Mißerfolgskommentare neu zu programmieren.

Ich hatte ein Problem ...
Spüren Sie den Unterschied, wenn Sie in Ihren Überzeugungssätzen über Ihre Mißerfolgserlebnisse die Zeitformen verändern?

Denken Sie an einen Streßanlaß und hören Sie Ihren inneren Kommentar dazu. Dann sprechen Sie den Satz in verschiedenen Zeitformen innerlich aus und spüren, wie sich Ihr Gefühl für dieses Problem verändert:

Ich *habe* Probleme mit Menschen, die mich versetzen
Ich *hatte* Probleme mit Menschen, die mich versetzten
Ich *habe* Probleme mit Menschen *gehabt,* die mich versetzt haben.

Die Zeitformen sorgen dafür, ob wir ein Erlebnis
- assoziiert wiedererleben, d.h. mit unseren eigenen Augen und so, wie wir es in der ursprünglichen Form erlebt haben! Dann wirkt ein negatives Erlebnis natürlich sehr viel stärker, ein positives auch;

oder ob wir ein Erlebnis
- dissoziiert erleben, als ob wir uns selbst zusähen. Aus der Vogelperspektive, aus der Regisseursicht läßt sich von Mißerfolgserlebnissen, die häufig passiert sind, Abstand gewinnen, so daß wir uns der Zukunft zuwenden und neue Ziele planen können!

Ein Satz in der Gegenwart – »Mit dieser Situation komme ich nie zurecht« – wird in der Regel assoziiert erlebt, während derselbe Satz in der Vergangenheitsform mit Abstand aus der Regisseurperspektive erlebt wird, so daß Fehlschläge noch da sind, aber nicht mehr so viel Macht über uns haben.
Die Zukunft – »In solchen Situationen werde ich immer dieses Problem haben!« – erleben die meisten Menschen assoziiert in der Gegenwart und sehen sich dissoziiert von der Situation in der Zukunft reden.
Wenn Sie zusätzlich Zeitwörter einbauen wie »gerade«, so werden aus stehenden Bildern Filme. Denn »gerade« weist auf eine fortwährende Tätigkeit hin, die sich innerlich als Bild darstellt. Oft wird das Bild außerdem größer und näher, was bei Problembildern die negativen Gefühle noch verstärkt.

Prüfen Sie die Sätze
»Ich habe den Störenfried so behandelt, wie er mich.«
»Gerade habe ich den Störenfried so behandelt, wie er mich.«

Stellen Sie sich innerlich für den zweiten Satz einen kürzeren oder längeren Film vor. Sind Sie im zweiten Satz assoziiert, wie verändert sich Ihr inneres Bild? Kommt es näher, wird es größer?

Praxisanwendung

Denken Sie sich eine Situation, die Sie häufiger streßt, z. B. das Problem, einen säumigen Kunden auf Zahlungsrückstände aufmerksam machen zu müssen oder auf Einwände gekonnt einzugehen etc.

So funktioniert es:
Sehen Sie dieses Thema ganz deutlich vor Ihrem inneren Auge, vielleicht in mehreren Situationen. Und während Sie dieses Problembild innerlich wahrnehmen, verändern Sie die Zeiten entsprechend der Sätze, die jetzt folgen. Für das Problem setzen Sie Ihre innere Blockade ein. Wechseln Sie zwischen diesen Sätzen. Um den Kontrast deutlicher zu spüren, springen Sie auch mal vom ersten auf den dritten Satz:

Ich *habe* dieses Problem ... *(Bitte ausfüllen!)*
Ich *hatte* dieses Problem ...
Ich *werde gerade* dieses Problem *haben* ...
Ich *würde gerade* dieses Problem *haben* ...
Ich *werde gerade* dieses Problem *gehabt haben* ...
Ich *hätte gerade* dieses Problem *gehabt* ...

Was ist innerlich passiert, wenn Sie z. B. an dieses eine, bisher häufig aufgetretene Problem denken? Ist Ihr Problemgefühl schon etwas verwirrt? Das genau ist das Ziel!

Jetzt gehen wir einen Schritt weiter und sammeln dazu die Fähigkeiten, die Sie brauchen, um dieses Problem gut lösen zu können.

Wenn Sie z.B. den Gesprächspartner immer widerlegen »müssen«, dann denken Sie an Situationen, wo Sie flexibel reagiert haben. Dann ist Flexibilität die Stärke, die Sie sich für die Lösung dieses Problems häufiger vergegenwärtigen könnten. Sehen Sie innerlich eine Situation, in der Sie sehr flexibel waren und in der Sie die Stärke besaßen, um Ihr Kundenproblem zu lösen. Jetzt verändern Sie die Zeitform in der folgenden Weise:

Ich *habe* die Fähigkeit, ...(Sie ergänzen die zu Ihrem Problem passende Stärke.)
Ich *hatte* die Fähigkeit, ...
Ich *werde* die Fähigkeit *haben*, ...

Die Fähigkeit, die Sie brauchen, um mit diesem Mitmenschen gut zurechtzukommen, setzen Sie in die »Gerade-Form«: »Ich erlebe gerade diese Fähigkeit.« ist die intensivste Form der Assoziation mit einer Stärke, die Ihnen zur Lösung des Problems helfen kann.

Ich *habe gerade* die Fähigkeit,...
Ich *hatte gerade* die Fähigkeit,...
Ich *werde gerade* die Fähigkeit *haben*,...

Als Kurzform empfiehlt es sich, Problemfilme abzustreifen, sich davon zu dissoziieren, indem man einfach Vergangenheitsformen benutzt: Statt zu sagen »Mit diesem Kunden komme ich nicht zurecht!« lautet der neue Satz »Mit diesem Kunden bin ich bisher nicht zurecht gekommen!«
»Mach dir den Tag doch niemals schwerer – ist er nicht Freund, so ist er Lehrer!« Dieser Spruch des Arbeitsmethodikers Josef Schmidt zeigt, daß die Möglichkeit zum Umdenken sehr nahe liegt! Glücklich und erfolgreich ist, wer verstanden hat, daß jeder »schwierige« Mitmensch eine Quelle voller Lernchancen ist. Wichtig ist nur, daß man sich klarmacht, welche Lernchance man bestimmten schwierigen Kunden zuschreiben kann, und wie man diese wahrnimmt.

Mangel als Chance

Diese Technik des Umdenkens lenkt unsere Energie in den Teil der Gehirnbibliothek, der an die Zukunft denkt, und mit Zukunftsgedanken finden wir aus dem Streß heraus. Die NLP-Erfinder nennen dieses Instrumentarium »Reframing«. Das sagt nichts anderes, als daß wir einer Situation einen neuen Rahmen, eine neue Bedeutung geben. Der Streß liegt nicht in der Situation, sondern in unseren Gedanken über die Situation. Was bedeutet denn Dis-Streß, negativer Streß? Ganz genau bedeutet negativer Streß, daß wir Anforderungen der Umwelt als Belastung empfinden, daß wir uns bestimmten Situationen nicht gewachsen fühlen! Würden wir den Streß einfach durch Gehirnmechanik reduzieren, so hätten wir uns einen Schaden zugefügt! Durch den Streß erkennen wir eine Lernchance, und wir erkennen die Chance, unser Großhirn wieder einzuschalten. Daher muß die Frage bei Streß lauten: »Will ich jetzt oder später aus dieser Situation lernen, um so viele Fähigkeiten zu entwickeln, daß ich nie wieder diese Streßgefühle habe, weil ich die Situation in Zukunft als Herausforderung meistern werde.« Benutzen Sie die folgende Übersicht, um heute schon aus möglichst vielen Streßsituationen Nutzen zu ziehen, und in die erste Spalte schreiben Sie genau das hin, was Sie stört, in der folgenden Spalte »Was kann ich lernen?« schreiben Sie auf, welche Fähigkeiten Sie benötigen, um diese Streßsituation in Zukunft als Herausforderung zu erleben. Betrachten Sie danach die Situation, die Ihnen Streß bereitet hat, in einer völlig neuen Form, so, als ob der Streß nie entstanden wäre. Welche Fähigkeiten hätten Sie besitzen müssen, um die Situation so effizient zu bewältigen? Diese Fähigkeiten sind Ihre Lernchancen. In die dritte Spalte tragen Sie ein, wann, wo und wie Sie mit dem Lernen dieser Fähigkeiten beginnen.

Partner	**Was kann ich lernen?**	**Wann, von wem, was lernen?**
1. .... (Streßerfahrung)		
1. .... (Streßerfahrung)		
1. .... (eigene Streßerfahrung)		

- »Er hört nicht genau zu«: Ich lerne mich so auszudrücken und durch Rückfragen zu vergewissern, daß der Partner wichtige Details versteht und weiß.
- »Er läßt mich warten«: Ich kann lernen, mit dem Warten umzugehen und die Energie zu halten. Ich kann lernen, die Zeit vertraglich so zu vereinbaren, daß sie eingehalten wird.

Die Stufen zum Siedepunkt: Streß, der in die Tiefe geht

Nicht alle Anforderungen führen zur Belastung, aber manchmal genügt eine hochgezogene Augenbraue, und die Stimmung sinkt auf den Tiefpunkt! Was in kühlen Phasen eine normale Anforderung darstellt, wird dann zur Überforderung! Das NLP hat drei Stufen zum Siedepunkt entdeckt: Über denselben äußeren Anlaß können wir schmunzeln und innerlich den Kopf schütteln, uns kurz ärgern oder in einen tiefen, nachhaltigen Zorn geraten! Was passiert da in unserem Unterbewußtsein? Was passiert in unserem Gehirn, daß wir solche Stadien des Stresses außerordentlich schnell und praktisch stufenlos in uns erleben können? Dem Modell liegen Beobachtungen von Hirnforschern zugrunde, die zeigen, wie wir auf bestimmte Anforderungen von unserer Außenwelt reagieren.
NLP hat entdeckt, daß das Gehirn Situationen auf verschiedenen Denkebenen verwertet. Das Interessante ist hier, daß wir im Gehirn unbewußt mehrere Ebenen der Bewertung besitzen, wobei sich die Gefühle von Ebene zu Ebene vertiefen. Das Eis-

Das Eisbergmodell

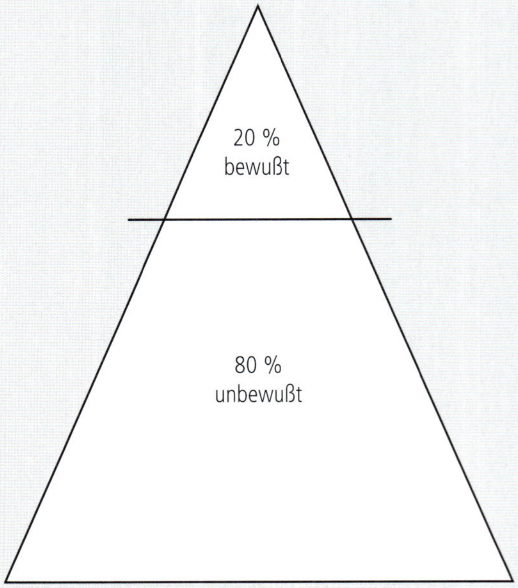

Abb. 4

bergmodell (Abb. 4) zeigt unsere Entscheidungsmöglichkeiten; wie bei einem Eisberg sind 20% bewußt – beim Eisberg über dem Wasser – und 80% unbewußt (unter Wasser). Im Unbewußten sitzen diese sogenannten logischen Ebenen der Bewertung (Abb. 5).

Ebene 1: Umwelt
Die Perspektive heißt hier: Was ist in der Umwelt passiert, wer war beteiligt, wo ist es passiert, wann ist es passiert? Wenn der Partner den Termin nicht einhält, bleibt es unter dieser Perspektive sein Thema. Der »Versetzte« hat immer noch alle Freiheit zu reagieren. Zieht er sich den Schuh an und fühlt sich versetzt, nicht geachtet, nicht respektiert, dann wird die Herausforderung, die Probleme des anderen zu lösen, auch wenn er Termine verlegen möchte, zur Überforderung und damit zum Streß. Der Burnout ist vorprogrammiert. Sieht der »Versetzte« die Terminverlegung als Thema des anderen, so kann er wählen, ob und wie er reagiert.

Ebene 2: Fähigkeiten und Verhalten
Hier erlebt der »Versetzte« die Situation unter dem Aspekt: wie reagiere ich automatisch, wenn der andere Termine verschiebt, oder welche Fähigkeiten setze ich ein? Wenn er hier keine Fähigkeiten findet und auch nicht weiß, wie er sich am besten verhält, sondern eher in die Flucht oder den Angriff geht, dann fühlt er sich hilflos.

Ebene 3: Überzeugungen und Werte
Hier geht es um die Perspektive, warum jemand auf eine bestimmte Situation in einer bestimmten Weise reagiert. Wenn die Überzeugung auf eine Partnerreaktion ist: Ich werde abgewertet, dann wird der Betreffende sehr viel tiefer als bei der Umwelt- oder der Fähigkeiten-/Verhaltensebene gestreßt. Streß auf dieser Ebene erzeugt das Gefühl »hoffnungslos«. Und es gibt noch eine tiefere Ebene des Stresses:

Ebene 4: Identität und Rolle
Wenn Sie sich fragen: »Wer bin ich, daß der andere mich so respektlos behandelt?« kommt leicht die Antwort: »Ein Neandertaler!«, und damit haben Sie recht! Überforderungen auf dieser Ebene erzeugen in der Regel das Gefühl »wertlos«!

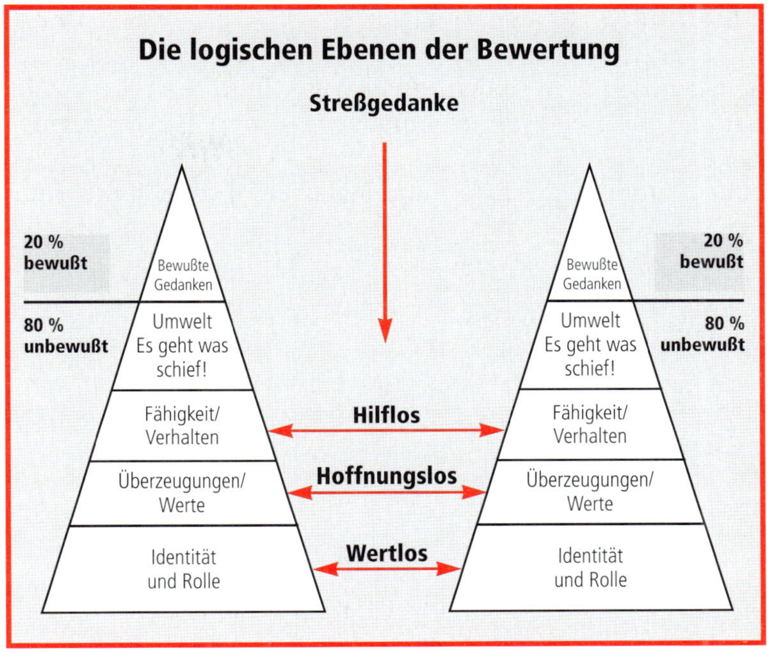

Abb. 5

Diese Stufenfolge hilflos – hoffnungslos – wertlos erzeugt einen immer tieferen Streß. Man denkt immer mehr wie ein Neandertaler, jedenfalls nicht wie ein Großhirnbesitzer.
Abb. 5 zeigt, wie man unter Belastungen sich selbst durch seine Denkstufen ausmanövriert. Auslöser ist immer ein Ereignis in der Umwelt, die eigenen Pläne werden durchkreuzt, die Wünsche und Werte sind durch das Verhalten des Partners in Frage gestellt. Entwickeln sich daraus Gefühle der Hilflosigkeit, Hoffnungslosigkeit und Wertlosigkeit, so versorgt uns unser Gehirn wie in alter Zeit mit Kampfhormonen. Mögliche Folge sind Aggressionen und Wut gegen die Umwelt und Verbalattacken oder Flucht und Wut gegen sich selbst. Diese Kampfhormone, ob Aggression oder Depression, schädigen unser Immunsystem. Je höher die gewählte Streßstufe ist, desto mehr Kampfhormone fließen und desto vollständiger ist unser Großhirn, unser Denkhirn ausgeschaltet. Damit ist es unmöglich, bei Ansprüchen der Umwelt, die wir als größte Belastung empfinden, die Situation im Griff zu behalten. Burnout entsteht auf der Identitätsstufe: Der Beruf, das Leben werden sinnlos.

Wie sieht die Praxisanwendung des Entstressens aus?

Zusammenfassung

Ein schrittweises Vorgehen in der Praxis hat sich bewährt:

- *Durch Aktivieren der Energiepunkte Gehirn wieder einschalten.*
- *Als Regisseur/in den eigenen Zielfilm für die Herausforderung konstruieren, und zwar unter Zuhilfenahme aller Sinne: Bild, Worte (Affirmationen), begeisterndes Gefühl für die Zielerreichung, vielleicht noch Duft und Geschmack! Der Film wird so lange verändert, bis allein diese Zielvorstellung Begeisterung auslöst!*
- *Für das Umschreiben der Streßfilme und inneren Tonbänder Zeit nehmen: Herausforderung und Lernchance herausfinden.*
- *Ständige Orientierung an diesem Zielfilm, indem man die Ziele vielleicht auch mit den wichtigsten Bildern im Zeitplanbuch festhält. Man erinnert sich täglich daran, daß man auf diese Ziele seine Konzentration mit Begeisterung und nicht mit Willenskraft oder Mühe lenkt.*

Viel Spaß beim Entstressen und gutes Gelingen bei den vielen Herausforderungen!

Nähere Informationen erhalten Sie gern bei:
NLP-Praxis
Prof. Dr. B. Schott
Postfach 810120
90246 Nürnberg

Literatur:

Richard Bandler:Veränderung des subjektiven Erlebens, 5. Aufl., Paderborn 1995

Klaus Birker/Barbara Schott: Energie tanken. Das NLP-Psycho-Power-Programm, Reinbek/Hamburg 1997

Robert Dilts: Die Veränderung von Glaubenssystemen, Paderborn 1993

Barbara Schott: Cool bleiben. Das NLP-Psycho-Power-Programm, Reinbek/Hamburg 1994

Barbara Schott: Gut drauf sein, wenn's schief geht. Das NLP-Psycho-Power-Programm, Reinbek/Hamburg 1994

Barbara Schott: Andere Wege wagen. Das NLP-Psycho-Power-Programm, Reinbek/Hamburg 1994

Barbara Schott: Prüfungsstreß ade. Das NLP-Psycho-Power-Programm, Reinbek/Hamburg 1994

Angelina Meissner

Zeit ist Geld – Zeit ist Leben!
Richtiges Zeitmanagement von heute – Ihr Erfolg von morgen

Seit mehr als zwanzig Jahren ist Angelina Meissner im Weiterbildungsgeschäft. Zunächst als Lehrgangsberaterin in einer Amsterdamer Fernschule, danach als Projektleiterin bei einem Management-Institut in Heidelberg. Zwischendurch entschied sie sich, doch noch zu studieren, und zwar Psychologie mit den Schwerpunkten Erwachsenenbildung, Organisationspsychologie und Wissenschaftstheorie. Heute entwickelt sie als Freiberuflerin Weiterbildungskonzeptionen, Seminare und Tagungen für verschiedene Wirtschaftsunternehmen und Sozialorganisationen.

»Carpe diem – Nutze den Tag.«

Was heißt Zeitmanagement?

Der Versuch, eindeutig und allumfassend zu erklären, wie Zeit sinnvoll genutzt werden kann, ist deswegen nicht einfach, weil die Bedeutung Lebenszeit von verschiedenen Denkmodellen ausgeht. Zum einen gibt es das westlich-rationale Modell, demzufolge wir unser Leben zu organisieren und unsere Angelegenheiten nach Wichtigkeiten zu ordnen haben. Demgegenüber steht eine eher der östlichen Hemisphäre zuzuordnende Denkart, wonach wir den natürlichen Rhythmen des Lebens und des Kosmos folgen, im Hier und Jetzt dem Diktat der Uhr etwas entgegensetzen sollten, um die uns verbleibende Lebenszeit gemäß unserem »inneren Auftrag« zu nutzen.
Beide Denkrichtungen fließen ein, wenn wir heute von Zeitmanagement sprechen. Ging es zunächst darum, mit einer ausgeklügelten Planung und Vorbereitung, unterstützt von Checklisten, klarer Zielsetzung und effizientem Termineinsatz, die Arbeitszeit in Schach zu halten, so werden gegenwärtig auch psychologische Variablen betrachtet und mit einbezogen. Zum Ausdruck kommt dies durch das Wort »Selbstmanagement«, das immer häufiger den Begriff »Zeitmanagement« ergänzt oder manchmal sogar ersetzt. Weiterbildungsseminare und Trainings betonen, daß eine effektive und effiziente Zeiteinteilung ohne konsequente »Selbstführung« nicht zu erreichen ist. So gesehen ist Zeitmanagement immer auch eine Selbstschau, eine Selbstdisziplinierung, das ein wirkliches Wollen voraussetzt. Sonst verkommt die Anstrengung, die eigene Zeit sinnvoll einzuteilen und zu managen, zur bloßen Technik, die wie ein nur symptomatisch verordnetes Medikament zwar ober-

flächlich Linderung und Ordnung schafft, jedoch die tieferliegenden Ursachen für unsere Zeitnot nicht berührt.
Eine Definition des Begriffs Zeitmanagement muß also mehrere Aspekte enthalten; mein Versuch lautet: mit der eigenen Zeit umgehen lernen; dabei die Kategorien dringlich, wichtig, wesentlich trennscharf auseinander halten, der allzeitigen Verfügbarkeit Einhalt gebieten, dem Druck von außen widerstehen, Störfaktoren ausschalten und die Techniken der klaren Zielformulierung, Planung, Vorbereitung, Gedächtnishilfen, Prioritätensetzung und Kontrolle klug und gewissenhaft anwenden.

Wie kann Ihnen Zeitmanagement helfen?
Die Methoden und Vielfalt des Zeitmanagements haben sich in den letzten Jahren fast explosionsartig vergrößert. Ich möchte den Leserinnen mit den zwei Dimensionen Zeit ist Geld... – Zeit ist Leben... einerseits einen Einblick in die Arbeitsmethodik des Zeit- und Selbstmanagements verschaffen, andererseits einige Anregungen geben, was wir dem Gefühl der Zeitnot, des Zeitdrucks – dem inneren Streß also – entgegensetzen können. Im ersten Teil werde ich daher die Techniken und »tools« des Zeitmanagements aufzeigen, wie sie in vielen Büchern und Seminaren zu diesem Thema gelehrt werden. Im zweiten Teil will ich verdeutlichen, daß Techniken allein nicht ausreichen – es bedarf mindestens ebenso stark der Einsicht, daß Zeit Leben ist.

> *»Was also ist ›Zeit‹?*
> *Wenn mich niemand danach fragt, weiß ich es;*
> *will ich es einem Fragenden erklären, weiß ich es nicht.«*
> Augustinus

Zeit ist Geld...
Nun, wir scheinen es heute zu wissen: »time is money« – »Zeit ist Geld«. Diese Aussage verdeutlicht, welche Auffassung wir von der Zeit haben: Zeit, die nicht in Geld verwandelt wird, ist wertlos. Besonders Hausfrauen und ehrenamtlich arbeitende Personen erfahren dies in oft negativer Weise. Der Ursprung ist in der Industrialisierung begründet: Die Arbeitskraft von Mensch und Tier wurde durch Maschinen ersetzt oder ergänzt, die Produktivität durch einen Zeittakt erhöht, die Zeiteinteilung verband sich mit Geld. Zugleich hatten protestantisch-kalvinistische Wertvorstellungen großen Einfluß; nur durch Verzicht, sparsamen Umgang mit der Zeit und viel Arbeit kann das »ewige Leben« erreicht werden.
Mit den Uhren entstand die Einteilung in Pünktlichkeit und Unpünktlichkeit, Termine und Freizeit, die Arbeit und die Nicht-Arbeit, die kalkulierte Zeit – und so entstand die Redensweise: Zeit ist Geld.

> *»Was in Monaten vorbereitet wurde, zahlt sich in Minuten aus,*
> *und was in Sekunden falsch gemacht wurde, beeinflußt*
> *ganze Jahre negativ.«*
> Sten Nadolny

Effiziente Zeiteinteilung beginnt mit der Zielsetzung

Wissenschaftliche Untersuchungen beweisen, was schon der gesunde Menschenverstand sagt: Je mehr Zeit wir in die Zielsetzung und Planung eines Vorhabens investieren, desto weniger Zeit beansprucht es am Ende. Mangelnde Planung und Organisation verursachen unablässigen Zeitdruck. Wie im Alltagsleben, so brauchen wir auch im Arbeitsleben Ziele. Setzen wir uns keine Ziele, nützt uns die beste Zeiteinteilung nichts!
Viele Menschen resignieren vorzeitig, weil sie das Arbeitsvolumen in seiner Gesamtheit betrachten, anstatt es in Teilziele und Teilaufgaben zu untergliedern. Wer sich (Teil-)Ziele setzt, behält den Überblick, kann die Vorrangigkeit festlegen, die Planung danach ausrichten und ergebnisorientiert handeln. Daher gehört an den Anfang allen Zeitmanagements die Zielfindung. Ganz gleich, ob Sie im beruflichen oder privaten Bereich mit dem Zeitmanagement beginnen wollen, der Prozeß vollzieht sich immer in vier Schritten:

1. Schritt: Ziele formulieren
2. Schritt: Einzelmaßnahmen planen
3. Schritt: Durchführung organisieren
4. Schritt: Zielerreichung prüfen

Dieses Verfahren wird häufig mit »Salami-Taktik« umschrieben, d.h. das Vorhaben wird in Scheiben, in Teilaktivitäten zerlegt.
Als ich den Auftrag bekam, diesen kleinen Artikel zu schreiben, ging ich ebenfalls so vor, denn neben der Tätigkeit als Autorin praktiziere ich noch als Psychologin, muß also als Selbständige ganz besonders mit der Zeit haushalten.

Und das sind meine Schritte:
1. Schritt: Formulieren des (Tages-)Ziels, d. h. des Projekts, so konkret wie möglich. (Was soll bis wann und wie erreicht werden?)
Was: Artikel über das Thema Zeitmanagement; bis wann: Abgabetermin 9.3.98; wie: maximale Seitenzahl 15; Inhalt praxisbezogen.
2. Schritt: Zerlegen der Gesamtaufgabe in kleine einzelne Teile: Erstens Gliederung erstellen; zweitens Bücher, Informationsmaterialien, bereits erarbeitete Texte zusammensuchen und sichten; Gliederung daraufhin eventuell ergänzen, abändern oder kürzen und als vorläufige Vorlage ausarbeiten; Titel ausdenken; Lesearbeit.
Für diese Vorarbeit habe ich eine volle Woche eingeplant, bevor auch nur eine Zeile am Artikel geschrieben wurde.
3. Schritt: Pro Tag werden diese und weitere Aufgaben nach Vorrangigkeit oder Termindruck geordnet; dabei habe ich überlegt, wer was von den Aufgaben übernehmen und ausführen kann (delegieren).
4. Schritt: Am Tagesende wurden die Tätigkeiten abgehakt, die erledigt waren, und geprüft, was in den nächsten Zeitabschnitt übernommen werden mußte.

Wichtig ist nun, daß Sie sich pro Zeitabschnitt – ob Tages-, Wochen-, Monats- oder Jahresplanung – nicht zuviel auf einmal vornehmen. Vor allem bei der Tagesplanung besteht die Gefahr, die zur Verfügung stehende Zeit zu überschätzen. Daher sollten Sie Störungen und Zeitfresser gleich einplanen. Der Umgang mit sogenannten Zeitdieben wird in den nächsten Kapiteln behandelt.

Techniken und »Werkzeuge« des Zeitmanagements

Nachdem Sie ihre Ziele und Teilaufgaben definiert und ein grobes Zeitraster erstellt haben, wenden Sie die Techniken des Zeitmanagements an.
Sorgfältiges Planen ist der halbe Zeitgewinn. Bereitet man sich bewußt auf Tätigkeiten vor, so spricht man von Planung. (Das Gegenteil ist das improvisierte Reagieren auf unvorhergesehene Ereignisse.) Je präziser und eindeutiger Ihre Planung, desto leichter die Durchführung, die jeweilige Kontrolle und desto höher die Zeitersparnis.
Planen Sie Ihre Arbeiten schriftlich; Sie behalten den Überblick, entlasten Ihr Gedächtnis und setzen sich selbst ein Pensum. Planen Sie jeden einzelnen Tag. Der Tag ist eine überschaubare Zeiteinheit; mit ihm können Sie »üben«, auch längere Zeiträume wie Monats- oder Jahrespläne zu bewältigen. War ein Tag mal weniger erfolgreich, so ist er mit dem nächsten wettzumachen.

Planen Sie jeden einzelnen Tag

Die Kontrolle der Tagesergebnisse hat motivierende Wirkung; außerdem lassen sich Zeitbedarf und Störzeiten besser einschätzen, so daß Sie Ihre Pufferzeiten (s. unten) für Unvorhergesehenes realistischer einplanen können.
Und so gehen Sie vor:

Die **A-L-P-E-N**-Methode:

A ufgaben und Aktivitäten einschließlich Termine notieren:
- Alle zu erledigen Aufgaben
- Unerledigtes vom Vortag
- Neue Tagesarbeiten
- Termine
- Zu erledigende Korrespondenz und Telefonate
- Periodisch wiederkehrende Tätigkeiten

L änge (Dauer) der Tätigkeiten schätzen
- Kalkulieren Sie den jeweiligen Zeitbedarf.
- Setzen Sie aber auch ein Zeitlimit pro Tätigkeit.
- Sie arbeiten konzentrierter, wenn Sie sich ein Zeitraster setzen!

P ufferzeit einplanen
Eine Grundregel des Zeitmanagements heißt: Verplanen Sie niemals die gesamte zur Verfügung stehende Zeit, sondern nur 60%, besser noch: 50%! Die restlichen 40%, 50% sollten Sie für unerwartete Ereignisse reservieren (Störungen, zu lange Kunden- oder Mitarbeitergespräche, Hindernisse oder Konzentrationsschwäche usw.)

E ntscheidungen treffen
Hierzu gehören: Prioritäten setzen und Delegationsmöglichkeiten prüfen. Dabei arbeitsteilig vorgehen – auch im Haushalt! Bei Überplanung hilft nur eins: drastisch reduzieren oder – Überstunden anordnen.

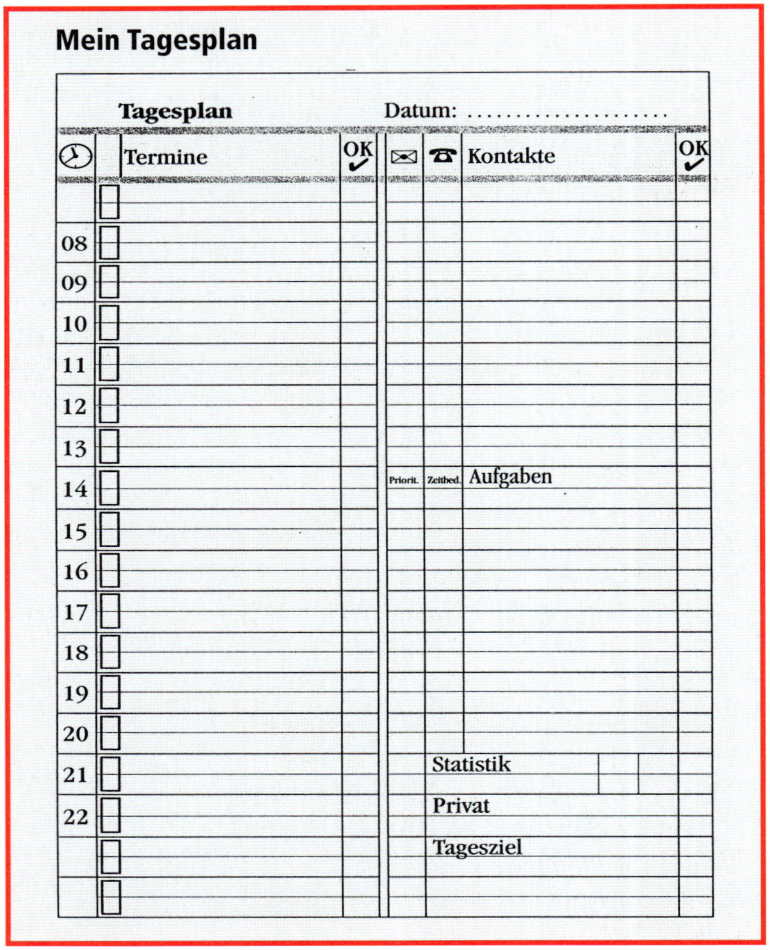

Quelle: Das neue 1x1 des Zeitmanagement

N achkontrolle
Prüfen Sie nun, was erledigt ist, und was noch übertragen werden muß. Packen Sie das Unerledigte vom Vortag möglichst gleich am nächsten Tag an.
Und noch eine Regel: Unbequemes auf die lange Bank schieben kann leicht zur Gewohnheit werden; daher: erstens Unbequemes immer zuerst vornehmen, zweitens Gewohnheiten ändern!

Die **A-B-C**-Analyse der Wertigkeit

Sie vermeiden Verzettelung, indem Sie eine Rangliste Ihrer Arbeiten anfertigen, um die Vorrangigkeit bestimmter Tätigkeiten zu bestimmen. Dann gehen Sie konsequent jeweils immer nur eine Aufgabe auf einmal an.
Nachdem Sie alle anstehenden Tätigkeiten auf ein Blatt Papier oder auf einem Vordruck (s. Abb. 1) notiert haben, ordnen Sie sie nach ihrer Wichtigkeit und Dringlichkeit. Hilfreich ist hierbei die »A-B-C-Analyse«.

A-Tätigkeiten = wichtig, sehr eilig
sind solche Arbeiten, die keinen Aufschub dulden und auch nur von Ihnen erledigt werden können. ⇛ **vordringlich erledigen**

B-Tätigkeiten = wichtig
In diese Kategorie gehören Aufgaben, die wichtig sind, aber entweder keine große Eile haben oder aber delegiert werden können. ⇛ **sollte erledigt werden**

C-Tätigkeiten = (weniger) wichtig und nicht eilig
Zu ihnen gehören Routinearbeiten, Papiere ordnen und ablegen, lesen, Verwaltungsarbeiten usw. ⇛ **eventuell erledigen oder entrümpeln**

Überlegen Sie einmal, wieviel Zeit Sie mit den eher nebensächlichen Tätigkeiten vertun. Viele Menschen geraten deswegen unter Zeitdruck, weil sie sich zu sehr mit C-Aufgaben beschäftigen und Arbeiten nicht delegieren können.

Wertanalyse der Zeitverwendung (ABC-Analyse)

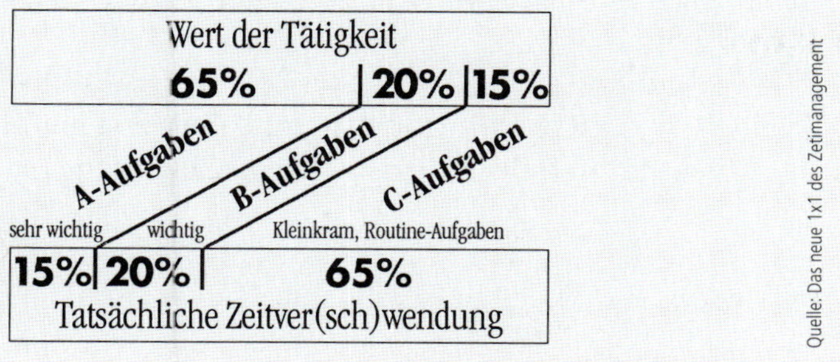

Leistungskurve (REFA-Normkurve)

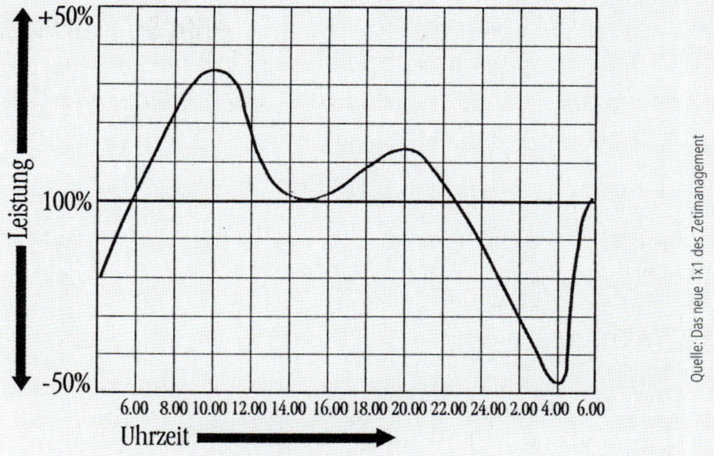

Zur A-B-C-Analyse gehört nun auch eine realistische Einschätzung und Festlegung von Aktivitäten.

A-Aufgaben: Maximal zwei pro Tag, die nicht mehr als drei Stunden beanspruchen.

B-Aufgaben: Zwei bis drei Tätigkeiten, die in ein bis zwei Stunden erledigt oder völlig oder teilweise delegiert werden können.

C-Aufgaben: Diese Arbeiten erledigen Sie am besten, wenn Sie eine Unterbrechung brauchen oder aber mit Routinearbeiten einen »toten Punkt« überwinden wollen (ca. 3/4 Stunde).

Systematisieren, was systematisiert werden kann! Legen Sie gleichrangige Arbeiten zusammen; zum Beispiel können Sie Telefonate bündeln und Ihre Angebotskorrespondenz hintereinander erledigen. Größere Aufgaben möglichst an einem Stück beenden und nicht alle Dinge durcheinander erledigen.
Noch ein Hinweis auf die Leistungsfähigkeit. Man geht im allgemeinen davon aus, daß jedem Menschen ein biologischer Rhythmus innewohnt, der seine Leistungshochs und -tiefs beeinflußt. Untersuchungen dazu zeigen, daß der Leistungshöhepunkt im Durchschnitt in den Vormittagsstunden liegt, während das Leistungstief sich meistens am Nachmittag zeigt.
Selbstverständlich gibt es hier individuelle Unterschiede (Morgenmenschen, Nachtmenschen usw.). Prüfen Sie, wann sich Ihre beste Tagesform einstellt, und stimmen Sie Ihre Prioritäten- und ABC-Aktivitäten darauf ab.

Zeitfresser und Zeitfallen

Nun werden Sie einwenden, das sei alles ja schön und gut, aber so glatt laufe das Leben nicht. Weil Sie natürlich recht haben, wollen wir uns jetzt einmal anschauen, wie wir mit Störenfrieden und Zeitdieben umgehen können, die im übrigen nicht immer von außen kommen!

Die wichtigsten Zeitdiebe von außen sind
- Unterbrechung durch Telefonanrufe,
- unangemeldete Besucher,
- Besprechungen und Konferenzen,
- Krisensituationen, die unverhofft auftreten,
- wichtige Informationen dringen nicht zu Ihnen vor.

Und wo stehen wir uns selbst im Weg? Durch
- fehlende Zielsetzung, Prioritäten und Arbeitsorganisation,
- Festbeißen an Detail- und Routinearbeiten,
- nicht delegieren können,
- Neigung zum Aufschub,
- unklare Absprachen und Anweisungen,
- Unfähigkeit, nein zu sagen.

Was können Sie äußeren und inneren Zeitfallen entgegensetzen? Beginnen Sie mit einer kleinen (Selbst-)Analyse. Fragen Sie sich, ob die Störungen eher durch eigenes Verschulden verursacht sind oder ob tatsächlich immer die Umgebung dafür verantwortlich ist. Manchmal vermischen sich die Ereignisse. Wenn z.B. das Telefon laufend klingelt (Störung von außen), wir aber bei unnötig langem Gespräch nicht zu unterbrechen wagen oder gar selbst zu lange reden.
Oder leiden Sie vielleicht an der »Aufschieberitis«, d.h. verschieben Sie unangenehme oder zeit- und konzentrationsintensive Aufgaben auf den nächsten Tag?
Wie steht es mit Ihrem Nein-Sagen-Können? Auch diese Fähigkeit gehört zu den eigenen inneren Verhinderern von Zeitverschwendung.

Versuchen Sie einmal folgende Umkehrung: Anstatt in der verfügbaren Zeit mehr tun – mehr Zeit haben. Dabei helfen folgende Fragen:

- Warum erledige ich Routinearbeiten, die ich delegieren kann?
- Wo lasse ich mich von Sachzwängen beherrschen, die ich selbst geschaffen habe?
- Verliere ich noch Zeit durch Helfenwollen oder zu lange Kunden-, Mitarbeitergespräche?
- Reagiere ich emotional auf Störungen?
- Wo erleide ich Energieverlust?
- Setze ich Qualitätsarbeit gleich Perfektion?

Stille Stunden und Zeitblöcke

Versuchen Sie – wenn möglich täglich – sogenannte »stille Stunden« einzuplanen, in denen Sie wirklich ungestört arbeiten können. Richten Sie sich also unstörbare Arbeitsblöcke ein, indem Sie sozusagen Termine mit sich selbst machen!

»Wer selbst arbeitet, verliert den Überblick.«
Lernen Sie unbedingt zu delegieren! Vor allem Frauen tun sich schwer, andere »für sich arbeiten zu lassen«, Anweisungen zu geben und auch noch Kontrolle darüber auszuüben. Hilfreich ist die Vorbereitung zum Delegieren. Dazu einige psychologische Hintergründe.

Gehen Sie davon aus, daß jeder Mitarbeiter, Kollege usw. leistungswillig ist. Geben Sie ihm die Sicherheit, daß seine Leistung wichtig und notwendig ist. Delegieren Sie nicht, könnte bei Ihren Mitarbeitern der Gedanke kommen, daß Sie ihnen die Arbeit nicht zutrauen. Und dies wirkt sich demotivierend aus! Suchen Sie also stets die goldene Mitte zwischen Überforderung und Unterforderung.

Frauen-Zeit

Zum Schluß soll noch auf einen Zeitdieb hingewiesen sein, auf den ich in einem Aufsatz der Soziologin Karin Jurczyk zum Thema Zeit im Alltag von Frauen gestoßen bin. Er betrifft Frauen, ist ihnen aber oft gar nicht bewußt, obwohl er unangenehmen Streß und häufig sogar Schuldgefühle in ihnen erzeugt. Es ist die Verfügbarkeit von »Frauen-Zeit«. Die Zeit der (Haus-) Frauen ist traditionsgemäß definiert als die Zeit, über die andere verfügen können. Eine Ressource also, auf die alle einen Zugriff haben. Dies beruht auf der Unterstellung, daß Frauen für andere sorgen müssen.
Die Zeit der Frauen war von jeher anders strukturiert als die Zeit der Männer. Öffentliche Zeit der Arbeit (Männerdomäne) wurde der privaten Zeit innerhalb der Familie (Frauensphäre) entgegengesetzt; beide Zeiten waren im Bürgertum stark voneinander abgegrenzt. Im 20. Jahrhundert vermischt sich private und öffentliche Sphäre gerade für Frauen in bedeutendem Maße.
Der Umgang mit solchen – gewollten oder ungewollten – Zugriffen auf die (Eigen-)Zeit muß demzufolge noch geübt werden! Übrigens gilt ähnliches für den Raum. Denn: Es gibt das Arbeitszimmer für den Mann, das Kinderzimmer für die Kinder... Und das Zimmer für die Frau – ist die Küche; ein Raum, zu dem jeder Zugriff und in dem jeder Anwesenheitsrecht hat.

> *»Zeit ist die Erscheinungsform unserer Innerlichkeit.«*
> Immanuel Kant

Zeit ist Leben...
Die Lebensbewältigung früherer Zeiten – Auseinandersetzung mit Naturereignissen, mit den Lebensrhythmen Geburt, Kindheit, Elternschaft, Tod, mit Krieg und Frieden, Hunger und Sättigung – bestimmte das Zeiterleben und die Zeitwahrnehmung. Der Arbeitstag und das soziale Leben begannen mit dem Aufgang der Sonne und endeten meist bei Sonnenuntergang. Die kosmischen, natürlichen und die sozialen Prozesse legten fest, um welche Art Zeit es sich jeweils handelte. Die subjektiv empfundene Zeitspanne war eine Funktion der Bedeutung der Erfahrungen, die in ihr gemacht wurden.
Heute, da längst Uhren, Terminkalender, Arbeitswochen und Wochenenden unser Leben strukturieren, bedeutet Zeit häufig nicht mehr Erleben und Erfahren. Hastige Tätigkeiten, Eile und Geschwindigkeit verdrängen Erleben – und sie hinterlassen keine Spuren, keine Erinnerung in unserem Gedächtnis, da sie mit nur flüchtigen Gefühlen belegt sind. Das scheint der Grund dafür zu sein, daß die Zeit – subjektiv gesehen – rast, wir das Gefühl haben, daß die Tage, Wochen und Monate immer schneller verfliegen. Was ist schon ein Jahr...?
Hingegen haften Ereignisse, die uns emotional berühren, stärker im Gedächtnis, die Erinnerung daran ist intensiv. Im Rückblick erscheinen uns diese Momente lang, das subjektive Zeitempfinden hat eine andere Qualität.
In ihrem Buch »Eigenzeit« beschreibt die Soziologin Helga Nowotny das Phänomen der permanenten Zeitnot, daß neben der »Gleichsetzung von Zeit und Geld« die »Zeit jetzt selbst dynamisiert (wird): sie wird zur beschleunigten Innovation.« Der »unersättliche Bedarf nach Neuem« treibt die heutige Zivilisation an. Die Fülle alternativer Möglichkeiten suggeriert einen Mangel an Zeit; wir bauen uns selbst Zeitfallen, weil wir Angst haben, etwas zu verpassen.

Wie können wir dem entgehen?
Wir können damit beginnen, zwischen Wichtigem und Unwichtigem zu trennen, um den Blick für das Wesentliche wiederzugewinnen. Zweitens können wir versuchen, die Techniken des Zeitmanagements in unsere Selbstführung zu integrieren. Will sagen: Nicht Zeitmanagement allein hilft uns.
Unsere Einstellungen, Eigenschaften, unsere Erfahrungen und unsere Bedürfnisse gehen in unsere Sicht- und Denkstruktur mit ein; sie wirken wie Filter und steuern unser Verhalten. Bewußtes und aufmerksames Betrachten unseres Tuns hilft uns, die einzelnen Situationen, unser Denken und Fühlen zu benennen; wir schaffen Distanz, wodurch Veränderung überhaupt erst möglich wird.
Freilich sind wir nur dann hierzu in der Lage, wenn rastloses Tun nicht im Dienste der Flucht vor Langeweile oder vor Problemen steht – sozusagen »als Kniff, die Welt so einzurichten, daß wir sie nicht mehr erleben müssen« (Max Frisch in »Homo Faber«).
Machen wir uns etwa selbst etwas vor? Fragen Sie sich einmal, warum Sie sich immer so beschäftigen müssen. Befürchten Sie, nicht gebraucht zu werden? Wem »müssen« Sie beweisen, daß Sie wichtig sind? Was fangen Sie in Ihrer freien Zeit an?
Wenn der berufliche Aufstieg zum Zwang oder gar zum Selbstzweck wird, vergessen wir, uns dem Wesentlichem zu widmen.

Dringlichkeit und Wichtigkeit

Stephen Covey empfiehlt in seinem Buch über das »Zeitmanagement der vierten Generation«, den »Weg zum Wesentlichen« zu gehen und Dringendes von Wichtigem zu unterscheiden.
Dringende Aufgaben erfordern unser unverzügliches Handeln. Wichtige Aufgaben müssen selten gleich erledigt werden. Oft können wir aber Dringendes nicht mehr von Wichtigem trennen. Dadurch verschlimmern wir die Diskrepanz zwischen innerem Frieden und organisiertem, nach Prioritäten eingeteiltem Leben. Nur Sie selbst können für sich definieren, was wichtig, was wesentlich ist. Beginnen Sie mit folgender Unterscheidung:

• *Anforderungen, die sowohl dringend als auch wichtig sind.*
Hierzu zählen: Terminarbeiten, einen Defekt beheben, auf Reklamation eingehen, Erste Hilfe leisten ..., Anforderungen also, die unvermeidbar und unabdinglich sind. Ihnen müssen wir uns stellen; sie müssen wir einkalkulieren und dafür Pufferzonen bereithalten.
• *Dinge, die wichtig, aber nicht dringend sind.*
In diese Kategorie gehören Lebensziele und Lebensplanung, die persönliche Entwicklung, Ausbau der Fähigkeiten und Ta-

lente, Gründung einer Familie, Förderung von Beziehungen usw.

- *Tätigkeiten, die dringend, aber nicht wichtig sind.*

Dies sind Tätigkeiten, die meist für jemand anders wichtig sind. Anrufer, Besprechungen, Zufallsbesuche fallen in diese Kategorie. Wir werden den Prioritäten anderer gerecht, aber nicht unseren eigenen. Zum Beispiel weil wir nicht nein sagen können, uns nicht durchsetzen, oder weil wir selbst uns unnötig lange mit Anrufern, Kunden, Besuchern aufhalten.

- *Tätigkeiten, die weder dringlich noch wichtig sind.*

Mit diesen Tätigkeiten verschwenden wir unsere Zeit – z.B. mit Bürotratsch, geistlosen Ablenkungen wie anspruchslose Fernsehsendungen, Literatur, Freizeitgestaltung usw.

Zur persönlichen Zeitgestaltung gehört die gründliche Durchforstung der Arbeits- und Privatsituation und, wenn es sein muß, eine radikale Änderung der Lebensweise.

»Wer mit dem Leben spielt,
Kommt nie zurecht;
Wer sich nicht selbst befiehlt,
Bleibt immer Knecht.«
Goethe

Selbstorganisation und Selbstführung

Psychologische Studien (zur Streßforschung) zeigen, daß äußere Faktoren weniger zeitraubend und streßerzeugend sind als allgemein angenommen. Meistens behindern ganz bestimmte, in der Person selbst liegende Eigenschaften und Verhaltensweisen eine optimale Zeiteinteilung. Zum Beispiel leiden Menschen, die es – aus Furcht vor Zurückweisung – allen recht machen wollen, häufiger an Zeitnot und Streß. Manche wiederum legen eher ein vermeidendes als ein zupackendes Verhalten an den Tag; andere sind von innerer Unruhe oder Hektik befallen, können Arbeiten nicht beenden, da sie zu perfektionistisch sind.

Wie man eine Sache oder Situation empfindet, hängt demzufolge sehr von den eigenen Bewertungsmustern ab.

Beobachten Sie sich einmal selbst. Trifft etwas von dem oben genannten auf Sie zu? Wie groß ist die Kluft zwischen Ihren Ansprüchen und der Sie umgebenden Wirklichkeit? Was hindert Sie daran, mehr »Qualität zu leben«? Spätestens dann, wenn Sie glauben, daß Ihnen Lebensqualität fehlt, weil Ihnen die Zeit davonläuft, heißt es, Abschied nehmen von eingeschliffenen Verhaltensweisen.

Das kann eine totale Umstellung der Ziele sein. Es kann aber auch bedeuten, daß Sie Ihre Denkinhalte umstrukturieren müssen, weil logische Denkfehler Sie zu verzerrten Sichtweisen, unangemessenen Vorstellungen, voreiligen Bewertungen und Schlußfolgerungen veranlassen. Solche falschen Gedanken ziehen quasi automatisch auf und führen zu Wahrnehmungsverzerrungen und entsprechenden emotionalen Reaktionen.

Machen Sie sich Ihr Wertesystem bewußt, und hinterfragen Sie Ihre Lebensregeln. Entdecken Sie dabei unangemessene (Denk-)Gewohnheiten, dann bauen Sie sie ab.

Das Goethe-Zitat verdeutlicht sehr anschaulich, daß die Bereitschaft, sich zu ändern, mit einer aktiven Selbstführung gekoppelt ist, sonst bleiben Sie Spielball des Schicksals, Ihrer Automatismen und der Zufälle.

Spüren Sie Ihre inneren Widerstände auf und trainieren Sie Ihre Willensstärke!

Viele Menschen glauben, daß innere Antreiber und Unsicherheits-, Schuld-, Zwangsgefühle oder negative Gedanken, Pessimismus usw. schicksalhaft in ihnen verankert sind – unabänderlich eingeprägt seit ihrer Kindheit. Sie wissen nicht, daß man innere »Drehbücher« kontrollieren, ja regelrecht wegtrainieren kann. Freilich können wir nur das ändern, was wir erkannt haben. Daher beginnt jeder Änderungsprozeß mit bedingungsloser Ehrlichkeit vor sich selbst!

Haben Sie bei sich Ungeduld, Vermeidungsverhalten, Selbstabwertung, Mutlosigkeit oder immer wiederkehrende negative Antreibergedanken, Angst vor Entscheidungen, Hang zu Pedanterie, Hartnäckigkeit oder Hektik usw. entdeckt, dann versuchen Sie, Ihre inneren »Drehbücher« umzuschreiben, indem Sie die verankerten Bewertungen und Instruktionen umformulieren. Dazu einige Beispiele:

Ich bin gelassen / Ich bin und bleibe ruhig / Ich packe es jetzt an / Ich schaffe es / Ich mach eins nach dem anderen / Ich bin

zuversichtlich / Ich halte durch und erreiche mein Ziel / Ich konzentriere mich / Ich lasse los ...
Neigen Sie zu Pedanterie und Perfektionismus, so vergegenwärtigen Sie sich, daß beides nicht mit Qualität gleichzusetzen ist. Qualitätsarbeit ist erreichbar, führt zu Zufriedenheit und Leistungsfreude, ist also gesund. Hingegen ist absolute Perfektion selten oder nie erreichbar, sie ist selbstüberfordernd, führt zu Selbstabwertung und Unsicherheit, manchmal auch zu Zwanghaftigkeit. Ganz und gar ungesunde Verhaltensweisen also, gegen die wir etwas unternehmen müssen.
Tun Sie bewußt etwas gegen solche Fallen. Fangen Sie in kleinen Schritten an. Auch hier helfen sogenannte Selbstinstruktionen. Rufen Sie zunächst die lästigen Antreibergedanken absichtlich hervor; dadurch setzen Sie die Automatik außer Kraft, und Sie bestimmen selbst! Formulieren Sie nun einen Gegengedanken, und wiederholen Sie diese konstruktive Selbstverbalisierung so lange, bis sie als Gefühl ankommt. Haben Sie das Prinzip einmal verstanden, können Sie weitere Instruktionen erfinden, die auf Ihre Lebenssituation zugeschnitten sind.
Falls Sie meditative Übungen beherrschen (autogenes Training oder andere Entspannungstechniken), dann bauen Sie solche Anweisungen in Ihre Übungen mit ein. Achten Sie dabei darauf, daß sie positiv formuliert sind, d.h. anstatt »Ich habe keine Angst.« besser »Ich bin mutig, ich bin zuversichtlich.«
Haben Sie einmal begonnen, sich aufmerksamer Ihrer Zeitnot zuzuwenden, werden Sie bald erfahren, wer oder was Sie eigentlich treibt, und ein großer Schritt zum Wesentlichen ist getan. Dann wissen Sie: Mich streßt nicht das, was ist, sondern die Art, wie ich darüber denke und fühle.

> *»Wenn du Erfolg haben willst, begrenze dich.«*
> Charles-Augustin Sainte-Beuve

Wenn für Sie Zeit nicht nur Geld, sondern auch (Er-)Leben ist, dann entdecken Sie das Wesentliche, und beschränken Sie Ihre Aktivitäten auf das Wichtigste; achten Sie auf ein gesundes inneres Gleichgewicht, indem Sie sich selbst steuern, sich physisch fit halten, regelmäßig entspannen, Pausen einlegen, Beziehungen pflegen.

Fazit

Schon im 19. Jahrhundert fand der italienische Volkswirtschaftler Pareto heraus, daß die meiste Zeit für Dinge verwendet wird, die von geringer Bedeutung sind. Er stellte die Formel auf: 20% strategisch richtig eingesetzte Zeit = 80% des Ergebnisses; d.h. zwanzig Prozent gut organisierte Arbeit bewirken achtzig Prozent des Arbeitserfolgs. Jedoch ist das ausgeklügeltste Zeitmanagement ohne konsequente Selbstführung auf Dauer wirkungslos. Denn manchmal sind ganz bestimmte, in der Person selbst liegende Eigenschaften und Verhaltensweisen ursächlich für Zeitnot- und Streßgefühle. Daher wird der Blick nach innen ebenso wichtig. Wenn wir Wichtiges von Unwichtigem unterscheiden wollen, müssen wir unser inneres Engagement kennen.

> **20 % strategisch richtig eingesetzte Zeit = 80 % des Ergebnisses**

Welche Techniken und »Tricks« es gibt, der Arbeitsflut und dem Zeitdruck zu begegnen, Prioritäten zu setzen und die Arbeit effektiver zu organisieren, war Inhalt des ersten Abschnitts. Welche Selbstblockaden es abzutranieren gilt und wie Streßgefühle aufgelöst werden können – dafür gab es im zweiten Teil einige Hinweise.

Literatur

Stephen Covey u.a.: Der Weg zum Wesentlichen – Zeitmanagement der vierten Generation, Campus Verlag, Frankfurt/New York, 1997

Karin Jurczyk: Zwischen Selbstbestimmung und Bedrängnis – Zeit im Alltag von Frauen. In: M Brückner und B. Meyer (Hrsg.): Die sichtbare Frau – Die Aneignung der gesellschaftlichen Räume, Kore Verlag, Freiburg 1994

Helga Nowotny: Eigenzeit – Entstehung und Strukturierung eines Zeitgefühls, Suhrkamp, Frankfurt a.M., 1989

Lothar J. Seiwert: Das neue 1x1 des Zeitmanagement, GABAL-Verlag, Offenbach, 1995

Renate Bargsten

Soziale und führungsspezifische Kompetenzen – Neue Chancen für Frauen im Handwerk?

Renate Bargsten arbeitete nach ihrer Ausbildung zur Verlagskauffrau in verschiedenen Werbe- und Public-Relations-Agenturen als Kundenberaterin und im Bereich Kommunikation. Seit Januar 1998 ist sie geschäftsführende Gesellschafterin einer Gesellschaft für Marketing und Kommunikationswelten.

Glaube an Grenzen, und sie gehören Dir!

Richard Bach, Möwe Jonathan

Noch immer ist das Handwerk eine klassisch männlich geprägte Domäne. Obwohl sich viele Berufsfelder mit dem Einsatz neuer Technologien verändert haben und gerade auch für Frauen viele interessante Tätigkeitsfelder eröffnen, sind weibliche Fachkräfte – zumal in technisch-gewerblichen Bereichen – stark unterrepräsentiert. Verschärfter noch stellt sich die Situation bei den Meisterprüfungen und Ausbildereignungsprüfungen dar: Frauen sind hier lediglich mit einem Anteil von 10,2 Prozent vertreten (vgl. Bundesministerium für Bildung, Wissenschaft, Forschung und Technologie (Hrsg.): Meisterinnen im Handwerk. Studie zur Weiterbildung von Frauen zu Meisterinnen und Ausbilderinnen. Hindernisse – Erfolge – Fallbeispiele. Bonn 1995, Seite 4).
Auf der anderen Seite zeigen Erfahrungen, daß junge Frauen, die eine Lehre in einem technischen Beruf absolvieren, ihre Prüfungen meist besser abschließen als ihre männlichen Kollegen und sich auch später in der konkreten Arbeitssituation in gewerblich-technischen Betrieben sehr gut bewähren.

Frauen im Handwerk – Lückenbüßerin oder neue Qualität?

Das verstärkte Bemühen um die Förderung von Frauen in Handwerksberufen, insbesondere auch in Führungspositionen und Unternehmensleitungen, ist aus vielfachen Gründen notwendig und sinnvoll.

So wird in der Dokumentation der zweiten Norddeutschen Handwerksmesse, die sich einen Tag lang speziell dem Thema »Frauen im Handwerk« widmete, auf das erwartete Defizit an Fach- und Führungskräften im Handwerk hingewiesen: »Aus quantitativen Problemen (wird) eine verstärkte Frauentätigkeit unerläßlich, weil sonst die bestehende und erweiterte Führungs- und Fachkräftelücke kaum geschlossen werden kann.« (Zukunftswerkstatt e.V. der Handwerkskammer Hamburg: Frauen im Handwerk – Lückenbüßerin oder neue Qualität? Dokumentation der Veranstaltung auf der 2. Norddeutschen Handwerksmesse. Hamburg 1994, Seite 10)
Über die rein quantitativen Aspekte hinaus sollten Frauen laut Dokumentation auch aufgrund ihrer besonderen Fähigkeiten und Kompetenzen besonders gefördert werden. Dabei wird auf künftige Entwicklungen und Veränderungen im Handwerk verwiesen: Die »zunehmende Komplexität« und das »wachsende Wandlungstempo« erfordere in Zukunft »hohe Flexibilität und jegliche Vergrößerung des kreativen und innovativen Potentials«. Von besonderer Bedeutung seien daher zukünftig Führungsqualifikationen wie Kommunikations- und Kooperationsfähigkeit. Gerade vor diesem Hintergrund sei die Förderung von Frauen als Fach- und insbesondere als Führungskräfte für die zukünftige Entwicklung des Handwerks unverzichtbar: »Frauen haben im naturwissenschaftlichen und technischen Bereich gleiche Fähigkeiten wie Männer. Sie sind jedoch besser begabt in personell-sozialen Schlüsselqualifikationen, die eine hohe und wachsende Bedeutung auch für das Handwerk haben.« (Frauen im Handwerk – Lückenbüßerin oder neue Qualität? Seite 9)

Der erwartete Mangel an Fach- und Führungskräften im Handwerk macht einerseits aus ökonomischen Gründen eine verstärkte Förderung von Frauen in diesem Bereich notwendig. Und andererseits geht es um die »neue Qualität«, die neuen Kompetenzen und Qualifikationen, die den Frauen zugesprochen werden und die für eine moderne Unternehmensphilosophie immer wichtiger zu werden scheinen.
Worin bestehen denn nun die den Frauen zugeschriebenen besonderen »Schlüsselqualifikationen«? Welche besondere Bedeutung haben sie für den Bereich Handwerk, und welche neuen Chancen könnten sich für Frauen dadurch ergeben?

Führen Frauen anders?

Haben Frauen spezifisch »weibliche« Führungsqualitäten, und wenn ja, worin bestehen diese? Oder führen Frauen gar besser als ihre männlichen Kollegen? Dies sind Fragen, die in den letzten Jahren von Ökonomen, Managementexperten oder Sozialwissenschaftlern intensiv diskutiert wurden. Buchtitel wie »Sanfte Macht«, »Frauen zeigen Profil« oder »Frauen revolutionieren die Arbeitswelt« sind nur ein Indiz dafür.

Foto: Museum der Arbeit, Karin Plessing

Abb. 1 *Frauen – die besseren Manager?*
Anzeige von Philipps, Mitte der neunziger Jahre

Das prognostizierte Defizit auf der Führungsetage bis zum Jahr 2000 läßt das Thema weibliche Nachwuchsführungskräfte zu einer ökonomischen Notwendigkeit werden. Frauen sind mittlerweile für Unternehmen zu einer begehrten »human resource« geworden: Sie bringen ein hohes fachliches Qualifikationsniveau mit und haben im Schnitt bessere Zeugnisnoten als ihre männlichen Mitbewerber. So können beispielsweise die weiblichen Trainees bei der Bayerischen Hypotheken- und Wechsel-Bank AG durchweg bessere Beurteilungen vorweisen als ihre männlichen Kollegen (vgl. Gaby Neujahr-Schwachulla/Sybille Bauer: Führungsfrauen. Anforderungen und Chancen in der Wirtschaft. Frankfurt a.M. 1995, Seite 17/18).

Doch darüber hinaus geht es auch immer wieder um eine »neue Qualität«, die Frauen in verkrustete Strukturen und Hierarchien im Arbeitsleben einbringen können. Das Zauberwort heißt »soziale Kompetenz«: Sie soll zukünftig in der Führung gleichberechtigt neben die Fach- und Sachkompetenz treten. Und diese »sanften Qualitäten« bringen nach Ansicht vieler Ökonomen und Managementtheoretiker eher die Frauen mit: »Eigenschaften wie Teamfähigkeit, Einfühlungsvermögen, Integrationskraft, hohe Kommunikationsbereitschaft oder die Fähigkeit zu pragmatischem Handeln, bisher als weibliche Schwächen geschmäht und mit einem mitleidigen Schulterzucken abgetan, erscheinen durch diesen Wertewandel plötzlich in einem völlig neuen Licht.« (Führungsfrauen, Seite 15)

Das Zauberwort heißt »soziale Kompetenz«

In den USA vollzieht sich bereits seit mehreren Jahren ein Wandel in der Unternehmensphilosophie. Die amerikanische Journalistin Sally Helgesen schreibt in ihrem Buch »Frauen führen anders. Vorteile eines neuen Führungsstils« über die Hintergründe dieses Wertewandels: »Unter dem Druck des weltweiten Wettbewerbs und einer sich rasch wandelnden, durch Flexibilität und Innovationen gekennzeichneten Technologie werfen die Unternehmen alte Werte beiseite, stutzen die Hierarchien und beseitigen schwerfällige und bürokratische Strukturen. Sogar Firmen, denen dies bisher nicht gelungen ist, erkennen mittlerweile, daß die alten Autoritätshierarchien mit ihren unausgesprochenen Regeln und Codes für die heutige Wirtschaft zu starr und energieaufwendig sind.« (Sally Helgesen: Frauen führen anders. Vorteile eines neuen Führungsstils. Frankfurt/New York 1991, Seite 14)

Angesichts dieser Veränderungen werden die traditionell eher den Frauen zugesprochenen Führungsqualitäten plötzlich attraktiv. Sally Helgesen hat weibliche Führungskräfte in ihrem Berufsalltag minutiös beobachtet, an Konferenzen teilgenommen, Geschäftskorrespondenz gelesen und Telefongesprächen zugehört. Dieses Material verdichtete und analysierte sie in sogenannten Portraitstudien.

Einige der charakteristischen Eigenschaften und Führungselemente, die sich oftmals in kleinen Nuancen zeigten, waren beispielsweise, daß Frauen unvorhergesehene Aufgaben und Begegnungen nicht als Störungen empfanden und stets bemüht waren, für ihre Mitarbeiterinnen und Mitarbeiter da zu sein. Die Qualität ihrer Beziehungen hat höchste Priorität. Frauen nahmen sich Zeit für Aktivitäten, die nicht in direktem Zusammenhang mit ihrer Arbeit standen und empfanden ihre persönliche Identität als komplex und facettenreich. Sie zeigten große Bereitschaft, andere an ihrem Wissen teilhaben zu lassen und planten stets genügend Zeit ein, um Informationen weiterzugeben. Als Führungskräfte sahen sie sich eher im Zentrum ihrer Organisation als an deren Spitze und bauten ihre Unternehmen eher nach dem Modell eines Netzes oder eines Gitters auf.

Erklärungen dafür, daß Frauen Werte wie Einfühlsamkeit, Integrationsfähigeit oder Kooperation eher gelernt haben und ihnen größeren Wert beimessen als Männer, sieht Helgesen – und mit ihr zahlreiche andere Wissenschaftler/innen – in Elementen der weiblichen und männlichen Sozialisation. Als typisches Beispiel dafür nennt sie Mädchen- und Jungenspiele.

Die Spielregeln der Frauen

Als Mitte der siebziger Jahre Frauen vermehrt auf den Arbeitsmarkt drängten, wurde ihnen in speziellen Ratgebern nahegelegt, die Grundlagen des Männersports, besonders die des Footballspiels, zu studieren und zu erlernen, da dieses Spiel viele Gemeinsamkeiten mit Unternehmensstrukturen aufweise: strenge Regeln und eine Organisationsstruktur, die auf Wettkampf ausgelegt ist, die Unterordung der Spieler unter die Anordnungen des Trainers, eine hartnäckige Zielorientierung und das Streben, die Konkurrenz auszuschalten und zu gewinnen.

Mädchenspiele wie Seilhüpfen oder Rollenspiele wie »Mutter und Kind« seien als Vorbereitung auf die Geschäftswelt dagegen völlig ungeeignet, da hier Kooperation vor Konkurrenz den Vorrang habe und die Regeln einfach und flexibel seien.
Angesichts eines Wertewandels in Managementkonzepten, die sich von einer strengen Autoritätshierarchie hin zu »weicheren« Methoden entwickeln, ergibt sich jedoch ein anderes Bild: Gerade Mädchenspiele vermitteln dann die Fähigkeiten und Voraussetzungen für moderne Unternehmen, in denen eher Kooperation, Innovation und Kreativität gefordert sind als eine autoritäre Befehlskette und Unterordnung:
»Jungen lernen, daß Gewinnen Vorrang vor persönlicher Entwicklung und Beziehungen zu anderen Menschen hat; sie lernen, sich an Regeln, Grenzen und festgelegte Verfahrensweisen anzupassen und ihre Individualität um eines größeren Ziels willen zurückzustellen. Mädchen dagegen lernen, Kooperation und Beziehungen zu schätzen. Sie verachten komplizierte Regeln und autoritäre Strukturen und messen abstrakten Konzepten, wie dem Streben nach Sieg, keinen Wert bei, wenn dadurch die Harmonie innerhalb der Gruppe gefährdet ist.« (Frauen führen anders, Seite 41)

Abb. 2 *Die cleveren Kids – betont männlich!*
Anzeige von Gruner + Jahr zur Aktion Jugend forscht, Mitte der neunziger Jahre

Foto: Museum der Arbeit, Karin Plessing

Fremdes Terrain

In einem Gespräch über Führungsqualitäten von Frauen betont auch Dette Alfert, Geschäftsführerin bei Frau und Arbeit e.V. in Hamburg und verantwortlich für den Bereich »Führen und Leiten«, die Bedeutung, die in diesem Zusammenhang männliche

Abb. 3 *Schon von Kindesbeinen an die klassische Rollenverteilung eingeübt.*
Kinderbuch, Anfang des 20. Jahrhunderts

Foto: Museum der Arbeit, Karin Plessing

und weibliche Prägungen durch Erziehung haben: »Es gibt viele Forschungen darüber, daß Mädchen ganz stark in dem Sinne erzogen werden, daß sie sich im Miteinander definieren, in Beziehung, in Verbindung, während es bei Jungen darum geht, daß sie planen, Ziele entwickeln, daß sie sozusagen ein Gegenüber herstellen.«

In Führungsseminaren für Frauen stellt sie immer wieder fest, daß Frauen einerseits besondere Fähigkeiten mitbringen, die unter dem Begriff »Schlüsselqualifikationen« eine neue Wertschätzung erlangt haben. Andererseits haben sie es gerade durch diese »typisch weiblichen« Verhaltensmuster schwer, sich im Berufsalltag durchzusetzen:

»Es ist ein Phänomen, daß im Berufsleben Frauen auf jeden Fall mehr auf Kooperation, Verbindlichkeit, emotionale Verbindung und Beziehungsorientierung achten, dem einen viel höheren Wert beimessen. Das ist einerseits eine Qualität, finde ich, eine hohe Qualität, weil ihnen Sensibilität, Kooperation und Kommunikation selbstverständlicher zur Verfügung stehen. Andererseits schwächt es sie auch, wenn sie das als den alleinigen Wert sehen und sich nicht auf der Seite der Durchsetzungsfähigkeit schulen und weiterentwickeln.«

Durchsetzungsvermögen versus Beziehungsorientierung

Ihrer Erfahrung nach haben es Frauen nach wie vor sehr schwer, in führende Positionen zu kommen, in denen es »etwas mit Macht zu tun hat, mit Einfluß und Gestaltungsspielräumen«. Frauen werden damit konfrontiert, »daß man da kämpfen und ziemlich klar planen muß, wo man hin will, was man will, was man für Stärken und für Schwächen hat. Und da, an der Stelle, gibt es etwas Gewöhnungsbedürftiges für Frauen, daß sie da dann sagen: ›Ich will da hin‹, ›Das ist mein Ziel‹, ›Was muß ich tun, um da hinzukommen‹.«

Männer dagegen haben es durch ihre Sozialisation gelernt, »zu kämpfen, zu rivalisieren, Sportsgeist zu entwickeln, auf Status sehr viel Wert zu legen und sich in Szene zu setzen. Und es gelingt ihnen auch leichter, weil sie das gelernt haben von der Prägung her. Und mit diesen Männern haben sich die Frauen in leitenden Positionen auseinanderzusetzen.«

Die besondere Schwierigkeit für Frauen in leitenden Positionen besteht nach ihren Erfahrungen vor allem darin, in einem von Männern geprägten Umfeld erfolgreich zu bestehen und sich durchzusetzen, ohne sich jedoch zu sehr von den eigenen Werten und Vorstellungen zu entfremden: »Frauen in leitenden Positionen kommen in ein fremdes Terrain. Das ist ein Terrain, das ihnen von der ganzen sozialen Prägung nicht das Ureigenste ist. Und in diesem fremden Terrain müssen sie sich auskennen, und das ist das Schwierigste, ein Stück weit in diesem Terrain mitzuspielen, so wie es in den einzelnen Betrieben und Institutionen erforderlich ist, und gleichzeitig die eigenen Werte nicht zu verlieren. Das ist der Spagat, das ist wirklich ein Spagat für viele Frauen.«

Männerdomäne Handwerk: Frauen als »Exotinnen«?

Wenn die Unternehmensberaterin Dette Alfert davon spricht, daß die Geschäftswelt nach wie vor sehr stark von Männern besetzt und geprägt ist und für Frauen noch immer »fremdes Terrain« bedeutet, so gilt dies in besonderem Maße für Handwerksberufe.

Die Studie »Meisterinnen im Handwerk«, herausgegeben vom Bundesministerium für Bildung, Wissenschaft, Forschung und Technologie, geht dem Leitthema nach: »Was hindert und was unterstützt Frauen, die Meisterinnen werden wollen?« Im Mittelpunkt stehen Interviews mit 58 Meisterinnen und Ausbilderinnen im ganzen Bundesgebiet, ihre Erfahrungen und Probleme auf dem Weg zur Erlangung des Meisterbriefs. Die Gespräche wurden überwiegend mit Handwerkerinnen aus dem technisch-gewerblichen Bereich geführt (u. a. Metallbauerinnen, Kfz-Mechanikerinnen, Elektroinstallateurinnen, Tischlerinnen, Malerinnen und Bäckerinnen), aber auch einige Meisterinnen aus den typischen Frauenberufen (u. a. Damenschneiderin, Goldschmiedin, Zahntechnikerin). Die Ergebnisse spiegeln sehr eindrucksvoll die besondere Situation wider, in der Frauen im Handwerk allgemein und insbesondere in Führungspositionen, d. h. als Meisterinnen und Ausbilderinnen, stehen.

Die Mehrzahl der Interviewpartnerinnen erachtete es als sinnvoll, als Frau eine Karriere im Handwerk anzustreben. Die meisten würden, vor die Wahl gestellt, diesen Weg wieder gehen. Als Motivation, einen Handwerksberuf zu erlernen und die Meisterprüfung zu machen, nannten viele finanzielle Unabhängigkeit, Selbständigkeit und die Möglichkeit, keine »typi-

sche Frauenrolle« zu übernehmen. Bei der Berufswahl spielten oftmals die Väter, meist ebenfalls Handwerker, eine entscheidende Rolle.
Die meisten Gesprächspartnerinnen berichteten jedoch von vielfachen Hindernissen, die sie während der Ausbildung und später im Betrieb erlebten. Durchschnittlich jede vierte befragte Meisterin nannte häufiges »Anmachen« und Foppen der Mitschüler. Außerdem fehlten oftmals besondere Vorkehrungen wie passende Berufskleidung. Insbesondere Frauen im Bau- und Ausbauhandwerk, in typischen »Männerberufen«, fühlten sich als »Exotinnen«. Es gab kaum Ausbilderinnen – weder in der Berufsschule noch in der Ausbildung.

Abb. 4 *Anzeige der Firma boco, 1997*

»Frauen kapitulieren oft vor den versteckten Diskriminierungen in den Betrieben«, meinten viele. Eine Interviewpartnerin erzählte: »Die anderen Gesellen haben mich gehindert, sie haben mich gequält, mir fiese Aufgaben aufgedrückt, Witze gerissen und mich ständig beobachtet.«
Eine Meisterin aus dem Nahrungsmittelhandwerk erzählte, daß sie als Frau oftmals zu Reinigungsarbeiten herangezogen wurde: »Ausfegen, Kaffee kochen, aufräumen und auch einkaufen, so war es in meinem Lehrbetrieb. Aber auch später war es nicht anders. Obwohl ein männlicher Lehrling da war, mußte ich als Gesellin die erwähnten Dinge tun.«
Auch körperliche Belastungen wurden häufig thematisiert: »Die Arbeiten, die mir übertragen wurden, waren Stemmen und über Kopf bohren, nur damit ich sage, daß ich es nicht schaffe.« Oftmals wurden Hilfestellungen von männlichen Kollegen schlicht verweigert. Einige Interviewpartnerinnen berichteten jedoch auch über positive Veränderungen. So trugen sie zum Beispiel Sorge dafür, daß Hilfsmittel wie Rollwagen angeschafft wurden, die dann auch von Männern benutzt wurden.
Gut zwei Drittel der Gesprächspartnerinnen klagten über Vorurteile der Kunden, Lieferanten und männlichen Kollegen: »Von unseren Kunden, Lieferanten werde nicht ich, sondern grundsätzlich meine Kollegen angesprochen. Ob die das auch richtig macht? Ob ich keine Angst hätte, vom Dach zu fallen? Diese Fragen stellt man ständig.«
Insgesamt wird den handwerklichen Fertigkeiten und Fähigkeiten von Frauen relativ viel Mißtrauen entgegengebracht. Kunden, Lieferanten, Kollegen haben meist ein gestörtes Verhältnis zu Frauen in männlichen Handwerksdomänen. Sie betrachten Frauen nicht als vollwertige Handwerkerinnen. Die Vorbehalte und die Angst vor der weiblichen Konkurrenz überwiegen bei Männern gegenüber der Freude über bessere Leistungen und ein besseres Betriebsklima.
Als einer der wesentlichsten Hinderungsgründe wurde das Problem der Vereinbarkeit von Beruf und Familie genannt. In den Betrieben werden Frauen häufig nicht als Gesellin einge-

stellt, weil sie aus der Sicht des Betriebsinhabers nicht als langfristig belastbar betrachtet werden. »Kriegst ja doch mal ein Kind und fällst aus«, dieses häufige Erwähnen des »Schwangerschaftsrisikos« empfanden viele Frauen als sehr bedrückend.
Fast drei Viertel der Interviewpartnerinnen aus den alten Bundesländern hatten keine Kinder. Offensichtlich läßt sich das Anstreben einer Führungsposition als Meisterin/Ausbilderin im Handwerk kaum mit einem Kinderwunsch in Einklang bringen. »Kinder und Familie« wurde auch als häufigster Grund genannt, der Frauen dazu veranlaßt, die Höherqualifizierung abzubrechen.
Im Hinblick auf die Tatsache, daß Frauen im Handwerk meist in kleinen und mittleren Betrieben beschäftigt sind, sollten hier besondere Lösungswege gefunden werden, beispielsweise durch den Verbund kleinerer Betriebe, um die Berufsrückkehr von Frauen nach einer Familienphase zu ermöglichen (Meisterinnen-Studie, Seite 96/97).
Befragt nach den notwendigen Eigenschaften, die eine Frau mitbringen muß, um Meisterin zu werden, nannten die Gesprächspartnerinnen meist an erster Stelle Selbstbewußtsein und Durchsetzungsvermögen. Eigenschaften wie Einfühlungsvermögen, Verständnis, Toleranz wurden weit weniger erwähnt, übrigens eher von den ostdeutschen Meisterinnen. Häufig wurde das »Sich arrangieren müssen« mit der Männerwelt genannt. Zwei Drittel der Befragten war der Meinung, daß sie mehr Leistung bringen, mehr überzeugen müßten als ihre männlichen Kollegen.

Kinderwunsch versus Führungsposition

Danach befragt, welche besonderen Qualitäten und Vorteile Frauen in den Beruf mitbringen, äußerten viele die Meinung, daß Frauen sorgfältiger und umsichtiger arbeiten und vor allem größere Kommunikationsfähigkeiten beweisen und oftmals zur Verbesserung des Arbeitsklimas beitragen.
Auf die Frage, was sie als Ausbilderinnen anders machen, antworteten viele, daß sie im Gegensatz zu den männlichen Ausbildern kommunikativer und flexibler sind, mehr auf die Persönlichkeit eingehen, mehr Offenheit, Bereitschaft, mehr Zeit für die Auszubildenden investieren. Viele hatten die autoritäre Strenge ihrer eigenen Ausbilder als Belastung empfunden und waren nun selbst bemüht, einen kooperativen und einfühlsamen Ausbildungsstil zu verfolgen. Sie wollten als gutes Vorbild wirken und durch ein konsequentes Verhalten die Richtung vorgeben.
Die Frage, ob es in den Betrieben spezielle Konzepte zur Förderung von Frauen gegeben habe, wurde zumeist mit einem Lachen begleitet. Keine der Befragten hatte jemals von Frauenförderung in Handwerksbetrieben gehört.

»Meisterfrauen meistern alles.«

In einer besonderen Situation befinden sich Frauen, die im Handwerksbetrieb ihres Ehemannes mitarbeiten: die Meister- oder Unternehmerfrauen. Neben Haushalt und Familienarbeit meistern sie – oftmals ohne eine spezielle Ausbildung – wesentliche Arbeitsbereiche, ohne die ein Handwerksbetrieb nicht funktionieren würde, z.B. Buchhaltung, Betriebswirtschaft, kaufmännisches Rechnen, Büroorganisation, EDV, Personal- und Kundenbetreuung und Korrespondenz. Darüber hinaus sind sie häufig Mädchen für alles, helfen in der Werkstatt mit aus, sorgen für ein positives Betriebsklima und sind der Kummerkasten.
Doch trotz ihrer wesentlichen Rolle, die sie im Handwerksbetrieb einnehmen, gibt es in bezug auf Berufsbild und sozialen Status der Unternehmerfrauen noch großen Klärungsbedarf. Ein wichtiger Schritt war 1988 in Hamburg die Gründung des Vereins »Meisterfrauen im Handwerk«. Zu dieser Zeit war es – besonders in Landgemeinden – noch üblich, daß die Meisterfrauen unentgeltlich oder auf 620-Mark-Basis im Betrieb des Ehemannes mitarbeiteten. Doch viele Frauen sind wach geworden, und auch Männer haben langsam eingesehen, daß die Arbeit, die ihre Frauen im Betrieb leisten, unverzichtbar ist und auch bezahlt werden muß. Mittlerweile haben ca. 85 Prozent der Meisterfrauen einen Ehegatten-Arbeitsvertrag abgeschlossen, der neben einem regelmäßigen Gehalt auch soziale Sicherheiten bietet, beispielsweise für den Fall einer Scheidung oder einer Betriebsstillegung.
Bundes- und europaweit setzen sich Verbände von Unternehmerfrauen dafür ein, ein klares Berufsbild zu schaffen und den Frauen, die im Betrieb des Ehemannes mitarbeiten, Möglichkeiten zur Qualifikation und Weiterbildung zu eröffnen. So entstand – zunächst auf Rheinland-Pfalz und Bayern begrenzt –

das Projekt »Zielgruppenspezifische Weiterbildung von Unternehmerfrauen«, das den Meisterfrauen ermöglicht, sich berufsbegleitend im kaufmännischen und betriebswirtschaftlichen Bereich weiterzubilden, an der Handwerkskammer eine Prüfung zu absolvieren und ein Zertifikat zu erhalten. Damit soll für Unternehmerfrauen ein eigenständiger, anerkannter Status geschaffen und eine größere Unabhängigkeit vom Betrieb des Ehemannes gewährleistet werden.

Modelle und Möglichkeiten

Die Ergebnisse der Studie »Meisterinnen im Handwerk« bilden eine gute Basis, um Konzepte zur Förderung von Frauen im Handwerk zu entwickeln. Die beiden Verfasserinnen, Marianne Ludewig und Astrid Denker, weisen auf verschiedene Möglichkeiten hin. Dabei sind gerade die den Frauen zugesprochenen kommunikativen Fähigkeiten und ihre Führungsqualitäten für eine wachsende Zahl von Handwerksbetrieben sehr wertvoll: »Die Umbruchsituation des Handwerks durch immer größeren Technikeinsatz und verstärkte Kundenorientierung bietet neue Einsatzfelder für weibliche Fachkräfte. Bei einem Teil der handwerklichen Unternehmen werden Geschick, Ehrgeiz und Zielstrebigkeit und die fachlichen Fähigkeiten von Frauen höher eingeschätzt als vermeintliche in den Betrieben bestehende Einsatzschranken für Frauen, meinen wir. Hier sollte im Rahmen von Vorhaben mit Modellcharakter, nach dem Motto, neue Einsatzfelder für weibliche Fachkräfte im Handwerk', mehr Mut zum Beschreiten neuer Wege gezeigt werden.« (Meisterinnen im Handwerk, Seite 109)

Die Ergebnisse dieser Untersuchung machen aber auch deutlich, daß die mangelnde betriebliche Frauenförderung im Handwerk lediglich ein Aspekt unter der Vielschichtigkeit der Probleme ist. Hindernisse auf dem Weg zur Meisterin ergaben sich auch durch das stark verinnerlichte Frauen- und Männerbild und die geschlechtspezifische Rollenverteilung. Spezielle Seminare zum Thema »Weibliche Führungskräfte«, zur »Selbstbehauptung im Betrieb« oder zu »Veränderungen im Rollenverständnis zwischen Männern und Frauen« könnten hier ein Anfang sein. Gerade in den traditionell männlich dominierten Bereichen des Handwerks (z.B. Bau- und Ausbaugewerbe) sollten spezielle Seminare für Betriebsinhaber und Führungskräfte angeboten werden, die sie für die Probleme und Schwierigkeiten von Frauen in ihrem Gewerk sensibilisieren, ihnen aber auch die besonderen weiblichen Qualitäten und Fähigkeiten vor Augen führen.

Abb. 5 *Postkartenserie zu Art.3, Abs.2 Grundgesetz, herausgegeben vom Bundesministerium für Jugend, Familie, Frauen und Gesundheit, Anfang der neunziger Jahre*

Foto: Museum der Arbeit, Karin Plessing

Tandem – Bündnis für Chancengleichheit für Frauen und Männer im Handwerk

Neue Wege erprobte ein Projekt, das unlängst an der Akademie der Handwerkskammer Hamburg seinen Abschlußbericht vorgelegt hat: »Tandem – Bündnis für Chancengleichheit für Frauen und Männer im Handwerk und kleinen und mittleren Unternehmen.« Zielsetzung dieses Projekts war es, Frauen mittel- und langfristig die Türen zu Führungspositionen im Handwerk und in anderen kleineren und mittleren Unternehmen zu öffnen.

Projektleiterin Martina Kelb erläutert die Idee, die zu diesem Projekt führte: »Es hat sich gezeigt, daß es trotz der besseren Schulzeugnisse, der besseren Gesellenprüfungen in den sogenannten Männerdomänen für Frauen noch ungleich schwerer ist, in dem Beruf Fuß zu fassen. Und wir haben gedacht, wir müssen einen neuen Ansatz finden, denn die feministischen Appelle an die Männer: ›Frauen sind so großartig‹ etc. bringen nichts oder nicht genügend. Und da haben wir gesagt, wir müssen die Männer, die in Führungspositionen sind, davon überzeugen, welche Werte Frauen einbringen können und daß Frauen nicht nur die Gefahr bedeuten, schwanger zu werden und auszufallen, und sie öffnen für die Qualitäten der Frauen.«

Es galt also, neue Strategien zur Verbesserung der Chancengleichheit im Handwerk zu finden, die Männer aktiv mit einbinden. Eine Studie in Großunternehmen (Ingrid Dzalakowski: GenderWorking. Männer und Frauen im Team: Synergien nutzen, Potentiale erschließen, Wiesbaden 1995) hatte gezeigt, daß sich positive Effekte ergeben, wenn Frauen und Männer gemeinsam im Team Führungsaufgaben übernehmen. Die Untersuchung machte deutlich, daß gerade die Unterschiedlichkeit eine gegenseitige Bereicherung und Erweiterung des eigenen Handlungsrepertoires bedeuten kann.

Nach dem Vorbild dieser Studie wurde in Hamburg ein ähnlicher Versuch unternommen. Insgesamt zwanzig »Tandem-Paare« erklärten sich bereit, sich in einer Praxisphase von sechs Wochen von einer Co-Managerin/einem Co-Manager bei Führungsaufgaben wie Mitarbeiterbesprechungen oder Verhandlungen mit Kunden und Lieferanten über die Schulter sehen zu lassen. Die Co-Manager hatten dabei eine beobachtende und beratende Funktion. In einem gemeinsamen Gespräch konnten die Situationen dann besprochen und analysiert werden.

Die Tandem-Paare wurden dabei bewußt aus unterschiedlichen Berufsfeldern zusammengestellt, um sicherzustellen, daß der Austausch nicht ins Fachliche abgleitet, sondern vor allem die weiblichen und männlichen Elemente in der Führung im Mittelpunkt stehen.

Obwohl die Ergebnisse nicht als repräsentativ gelten können, geben sie doch einige Anregungen und Denkanstöße. Alle Beteiligten gaben an, durch dieses Projekt viel gelernt zu haben. Besonders die Möglichkeit, in der Konstellation Mann – Frau Führungsaufgaben besprechen zu können, bewerteten die Beteiligten als sehr positiv. Insbesondere die Männer genossen es, auch über Probleme und Unsicherheiten reden zu können, ohne daß sie damit sofort eine Unterhöhlung ihrer Führungsautorität fürchten mußten: »Frauen haben für Schwächen mehr Verständnis und verwenden sie nicht so schnell gegen einen«, meinte ein Tandem-Partner treffend. Ein männlicher Projekt-Teilnehmer berichtete außerdem, daß die bloße Anwesenheit seiner Co-Managerin die Verhandlungsatmosphäre entspannt und positiv beeinflußt habe.

Eine Meisterin und Unternehmerin aus dem Metallbauer-Handwerk empfand die Begleitung ihres Co-Managers als angenehme Unterstützung. Sie hatte das Gefühl, in seiner Begleitung ernster genommen zu werden. Durch die Gepräche und die Reflexion ihres Verhaltens ist ihr Auftreten und ihr Verhandlungsgeschick nach ihrer eigenen Einschätzung bestimmter geworden.

Ein anderer Effekt war, daß einigen männlichen Teilnehmern die Schwierigkeiten, die Frauen durch die Doppelbelastung durch Beruf und Familie haben, deutlich vor Augen geführt wurde. Dadurch wurde für manchen diese Problematik erst richtig nachvollziehbar, so daß sie in Zukunft sensibler und verständnisvoller mit diesem Problem umgehen wollten.

Die Frage »Führen Frauen und Männer unterschiedlich und wenn ja, inwiefern?« bildete den Kern des Projekts. In der Praxis erwiesen sich die Unterschiede im Führungsstil von Frauen und Männern als vergleichsweise gering, vielmehr kamen die Teilnehmer/innen zu der Erkenntnis, daß man treffender zwischen guter und schlechter Führung unterscheiden sollte.

Allerdings ergaben sich dann nach näherer Betrachtung doch einige wichtige Unterschiede: Es ließ sich zum Beispiel feststellen, daß sich Frauen mit ihrer Arbeit weitaus stärker identifizieren. Die Vermutung liegt nahe, daß Frauen – besonders in männlich dominierten Branchen noch sehr kritisch und mißtrauisch beobachtet – oftmals jahrelang dafür kämpfen mußten, in ihrem Berufsfeld anerkannt zu werden. Dies könnte zu einer stärkeren Identifikation mit ihrer Arbeit führen.

Weitere Unterschiede stellten die Projektmitarbeiterinnen im Bereich der sozialen Kompetenz fest, die als typisch weiblich angesehen wird. Auch die Erfahrungen des Tandem-Projekts konnten diese Annahme bestätigen. Im Abschlußbericht heißt es: »In der Tat nehmen Frauen in Führungspositionen meist einen größeren Anteil am Wohlergehen ihrer Mitarbeiter/innen.« Schattenseiten dieser Eigenschaften sind allerdings auch, daß Frauen ihre Persönlichkeit dadurch viel stärker einbringen als Männer: »Das raubt nicht nur viel Kraft und beeinflußt das Privatleben, sondern behindert die oft notwendige Distanz gegenüber dem eigenen Handeln und dem der Mitarbeiter/innen.« Doch mit der nötigen Reflexion über diese Ambivalenzen und Gefahren trägt die soziale Kompetenz weiblicher Führungspersonen wesentlich zu einer größeren Motivation und Zufriedenheit der Mitarbeiterinnen und Mitarbeiter und damit auch zu einem positiven Betriebserfolg bei.

Die Ergebnisse dieses Tandem-Projekts, das bald auch europa-

Abb. 6 *Der neue Mann als Vater. Werbung der Vereinsbank für Telefonbanking, neunziger Jahre*

Abb. 7 *Neue Kommunikationsmedien – neue Chancen für Frauen? Titelbild der Zeitschrift »Nordhandwerk«, März 1998*

weit wiederholt werden soll, zeigen sehr eindrucksvoll: Es gibt Unterschiede im männlichen und weiblichen Führungsstil, und gerade diese unterschiedlichen Fähigkeiten und Kompetenzen sind bei einer Chancengleichheit von Männern und Frauen und der gegenseitigen Akzeptanz sehr bereichernd.

Frauen kommen nicht mit leeren Händen

Im September 1991 befragten zwei Psychologinnen Personalchefs und Personalentwickler von 74 Unternehmen zum Thema »Rollenwandel in den Führungsetagen« (Karin Maier, Claudia Harss: Personalberatung Twist: Rollenwandel in den Führungsetagen. München 1991).

Die spontanen Äußerungen von weiblichen und männlichen Personalfachleuten bringen die besonderen weiblichen Kompetenzen sehr gut auf den Punkt:

- Frauen sind meist kooperativer.
- Frauen führen ganzheitlicher.
- Sie kehren nicht so ihre Position heraus wie Männer, sie sind offener und direkter.
- Frauen sind weniger egoistisch auf ihre Karriere fixiert.
- Frauen signalisieren in der Regel mehr Verständnis für den Gesprächspartner, ohne ihre Position dabei aufzugeben.
- Frauen sind erfolgsorientierter.
- Frauen zeigen im Gespräch häufig eine größere soziale Kompetenz.
- Frauen haben ein besseres »feeling« und sind diplomatischer in der Lösung von Konflikten.
- Frauen kümmern sich mehr um ihr Führungsverhalten, Männer führen »unbekümmerter«.
- Frauen führen mehr im Hinblick auf ihre Mitarbeiter; Männer denken mehr an die eigene Karriere.

Im klassisch männlich geprägten Handwerk haben es Frauen bekanntermaßen besonders schwer, Fuß zu fassen und anerkannt zu werden. Sollten Frauen sich nun trotz der genannten besonderen Kompetenzen anpassen und »männliche« Strategien verfolgen? Die Projektleiterin von »Tandem«, Martina Kelb, meint dazu: »Also ich denke nicht , daß man aus Frauen verkappte Männer machen sollte. Ich glaube, man sollte das eher als Bereicherung ansehen, daß Frauen sich anders verhalten, anders führen und anders empfinden.« Sehr treffend bringt dies auch Unternehmensberaterin Dette Alfert zum Ausdruck, wenn sie den Frauen in ihren Seminaren empfiehlt: »Sich als Fremde zumuten und den Reichtum sehen.«

Literatur

Christine Autenrieth, Karin Chemnitzer, Michel Domsch: Personalauswahl und -entwicklung von weiblichen Führungskräften. Frankfurt a.M. 1993

Bundesministerium für Bildung, Wissenschaft, Forschung und Technologie (Hrsg.): Meisterinnen im Handwerk. Studie zur Weiterbildung von Frauen zu Meisterinnen und Ausbilderinnen. Hindernisse – Erfolge – Fallbeispiele. Bonn 1995

Sherry S. Cohen: Sanfte Macht. Der neue weibliche Weg. Hamburg 1990

Elke Dobner: Wie Frauen führen. Innovation durch weibliche Führung. Heidelberg 1997

Handwerkskammer Hamburg, AHH Akademie des Handwerks Hamburg: Tandem. Bündnis für Chancengleichheit für Frauen und Männer im Handwerk und kleinen und mittleren Unternehmen (KMU). Abschlußbericht. Bonn 1995

Sally Helgesen: Frauen führen anders. Vorteile eines neuen Führungsstils. Frankfurt a.M. 1991

Gaby Neujahr-Schwachulla, Sybille Bauer: Führungsfrauen. Anforderungen und Chancen in der Wirtschaft. Frankfurt a.M. 1995

Angelika Wagner-Link: Frauen zeigen Profil. Weibliche Wege zum Erfolg. Renningen-Malmsheim 1997

Zukunftswerkstatt eV. der Handwerkskammer Hamburg: Frauen im Handwerk – Lückenbüßerin oder neue Qualität? Dokumentation der Veranstaltung auf der 2. Norddeutschen Handwerksmesse. Hamburg 1994

Brigitte Ruhleder

Durchsetzungsvermögen der Frau im Handwerk

Brigitte Ruhleder ist Trainerin und Dozentin des renommierten Management Instituts Ruhleder in Bad Harzburg. Seit acht Jahren führt sie Seminare zu den Themen Etikette, Rhetorik und Persönlichkeitstraining für Führungskräfte aus der Wirtschaft durch.

»Der Verstand weiß nicht, was das Herz braucht.«

Vauvenargues

Auch das Handwerk ist inzwischen keine reine Männerdomäne mehr. Zum Glück trauen es sich immer mehr Frauen zu, als Tischler, Maurer, Installateur oder Schornsteinfeger »ihren Mann zu stehen«. Eine durchaus erfreuliche Entwicklung, bringen doch Frauen in aller Regel sehr viele positive Eigenschaften mit, um das Arbeitsleben ein wenig wärmer und menschlicher zu gestalten. Frauen interessiert nicht allein das Ergebnis ihrer Tätigkeit, für sie sind auch die Atmosphäre, die Stimmung untereinander und der gemeinsame, harmonische Weg zum Ziel wichtig. In Gesprächen vermitteln Männer in erster Linie Informationen, Frauen jedoch legen großen Wert auf die persönliche Beziehung zu ihren Arbeitskollegen oder Mitarbeitern. Das macht sie allerdings auch empfindlicher gegen Kritik, sie können nicht so schnell zur Tagesordnung übergehen, sind verunsichert und traurig. Viele Männer empfinden sie als zu kompliziert, emotional und weniger belastbar. Ziel sollte es also sein, Männer dafür zu sensibilisieren, daß sich Frauen stets in ein Beziehungsgeflecht eingebunden sehen und daß für sie bei einem Gespräch die Stimmungslage von ausschlaggebender Bedeutung ist. Männer sind in aller Regel weniger teamorientiert, sie sind eher Einzelkämpfer, die in erster Linie ihr eigenes Ziel vor Augen haben und siegen wollen. Und genau hier liegt auch die Stärke der Frauen. Ihnen bedeuten zwischenmenschliche Beziehungen sehr viel, teamorientierte, partnerschaftliche Kommunikation ist ihnen wichtig. Sie warten weniger angespannt auf ihren eigenen Einsatz, daher hören sie anderen aufmerksamer zu und unterbrechen seltener.

Doch leben Frauen und Männer in unterschiedlichen Welten, auch was die Sprache angeht. Frauen benutzen öfter den Konjunktiv und gebrauchen Formulierungen wie »Ich denke ...«, »Vielleicht sollte man ...«, »Ich würde vorschlagen ...« etc. Vor allem das unpersönliche Wörtchen »man« ist sehr beliebt, aber gerade dieses »man« sollten Sie aus Ihrem Wortschatz streichen. Es signalisiert dem anderen, daß Sie nicht klar Stellung beziehen wollen. »Man« sollten Sie lediglich gebrauchen, wenn Sie Kritik üben möchten, da es weniger aggressiv wirkt. Wer in der »Ich-Form« spricht, zeigt seinem Gegenüber, daß er eine eigene – und damit auch subjektive – Meinung hat. Er drückt dadurch aus, daß er bereit ist, Verantwortung für seine Ansichten und Forderungen zu übernehmen. Vermeiden Sie auch, Ihre Ausführungen durch Füllwörter wie »im Grunde ...«, »eigentlich«, »eventuell« oder »an und für sich ...« abzuwerten und Ihre berufliche Position herunterzuspielen. Auch Abwertungen Ihrer Person wie übermäßige Entschuldigungen, wenn Sie einen Fehler gemacht haben oder das Kokettieren mit Schwächen (»Ich bin halt technisch so unbegabt ...«) wird dazu führen, daß Ihnen weniger Fachkompetenz und Entschlossenheit zugebilligt werden.

Streichen Sie das Wort »man« aus Ihrem Wortschatz

Klappern gehört zum Handwerk

Viele Frauen stellen ihr Licht permanent unter den Scheffel, weil sie dazu erzogen worden sind, sich in Bescheidenheit zu üben und sich nicht in den Vordergrund zu drängen. Mädchen hatten hübsch artig, sittsam und nett zu sein – Jungen durften sich durchaus im Zweikampf messen, schubsen, rangeln, die Ellenbogen einsetzen und so erproben, wer als Sieger durchs Ziel geht... Oft kommt es vor, daß Frauen still und ohne groß darüber zu reden ganz erstaunliche Leistungen vollbringen. Sie halten das, was sie tun, für ganz selbstverständlich und hoffen darauf, daß der Vorgesetzte schon von selbst merken wird, was er an ihnen hat. Doch Klappern gehört zum Handwerk! Lassen Sie es nicht zu, daß andere, die längst nicht Ihre Kompetenz und Ihren Arbeitseinsatz vorweisen können, an Ihnen vorbeiziehen, nur weil sie sich einfach besser verkaufen. Seine Verdienste ins rechte Licht zu rücken, hat nichts mit Angeberei zu tun! Üben Sie sich darin, positiv über sich selbst zu sprechen und nicht immer nur Ihre Schwächen zu betonen, um dadurch ein Wir-Gefühl herzustellen. Sehen Sie Ihren beruflichen Erfolg keinesfalls als Glücksfall an. Sie haben hart dafür gearbeitet, und er steht Ihnen zu!

Viele Frauen sind engagiert im Einsatz für die anderen – allerdings nehmen sie sich selbst nicht so wichtig und stellen ihre eigenen Wünsche brav in den Hintergrund. Das ist sicher eine bewundernswerte Tugend, doch um Karriere zu machen, gehört eine bestimmte Portion Egoismus dazu. Wenn Sie all Ihre Kräfte im Bewältigen der Probleme anderer verbrauchen, haben Sie keine mehr für Ihr eigenes Vorwärtskommen übrig. Auch Frauen können nicht alle Probleme der Welt lösen! Also trauen Sie Ihren Mitmenschen zu, daß sie die Verantwortung für ihr eigenes Leben durchaus selbst übernehmen können, und machen Sie nicht jedes Unglück zu Ihrem eigenen. Sie brauchen auch kein schlechtes Gewissen zu haben, wenn Sie sich Ruhe gönnen und an Ihr eigenes Wohlergehen denken. Um im harten Berufsleben vollen Einsatz zu bringen, müssen Sie Ihre Batterien zwischendurch aufladen.

Profil zeigen

Frauen sprechen häufig in längeren Sätzen und stellen Rückfragen. Dies wird ihnen unter Umständen als mangelnde Entschlossenheit und Überzeugungskraft ausgelegt. Sie handeln impulsiv und sprechen spontan, was sie leichter angreifbar macht. Auch eine leise, zögernde Stimme wird von Männern als Schwäche und mangelnde Fachkompetenz ausgelegt. Bemühen Sie sich unbedingt um kurze Sätze! Am Ende eines Satzes geht die Stimme automatisch nach unten, sie klingt so dunkler. Es ist erstaunlich, daß Frauen ihren männlichen Kollegen noch immer eher das Recht zum Reden zugestehen als sich selbst. Vielleicht weil sie von vornherein das Gefühl haben, daß Männer sie doch nur überfahren und niederreden wollen. Doch die Bilder, die wir im Kopf haben, möchten sich auch erfüllen. Haben Sie diese Erwartungshaltung, so wird sie sich gewiß auch einstellen.

In Gesprächen möchten Männer sich häufig selbst darstellen und provozieren ihre Gesprächspartner, weil sie abklären wol-

len, wer der Stärkere ist. Es ist ihnen wichtig, ihren Status zu demonstrieren. Sie hören einer Unterhaltung auch oft zu, halten dabei jedoch keinen Blickkontakt und geben keine Signale, daß sie noch bei der Sache sind. Frauen empfinden dieses Verhalten leicht als desinteressiert und unhöflich. Dies ist Männern nicht bewußt. Keineswegs möchten sie ihre Kolleginnen kränken oder gar persönlich angreifen. Ziehen Sie sich also nicht enttäuscht zurück, sondern üben Sie sich in positivem Denken!
Haben Sie keine Scheu, sich zu profilieren und bringen Sie Ihre fachliche Kompetenz zur Geltung. Auf das »Wie« kommt es an. Wenn Sie Ihre Stärken in einer freundlichen, aber bestimmten Form betonen, wird Sie auch niemand für unweiblich halten. Machen Sie deutlich, daß Sie von sich und Ihrem Anliegen überzeugt sind und sich nicht so leicht zur Seite drängen lassen. Auch Frauen dürfen Forderungen stellen und Wünsche haben. Also brauchen Sie keinesfalls um den heißen Brei herum zu reden. Fassen Sie Mut, und sehen Sie es als Selbstverständlichkeit an, ebenso wie Ihre männlichen Kollegen die Zeit und die Aufmerksamkeit der anderen in Anspruch zu nehmen und Platz für sich zu reklamieren.
Frauen bewegen sich in aller Regel schneller als Männer. Doch damit wir wirklich präsent wirken, müssen die anderen uns auch richtig sehen können. Also huschen Sie bei Besprechungen und Verhandlungen nicht unauffällig an Ihren Platz, sondern versuchen Sie, in Ruhe und mit einer souveränen Selbstverständlichkeit den Raum zu durchqueren. Sagen Sie laut und deutlich »Guten Tag« und halten Sie Blickkontakt mit allen Anwesenden, ein scheuer Blick von unten signalisiert Unsicherheit. Doch aus einer Frau wird kein Mann! Wenn Sie versuchen, bewußt typisch männliche Verhaltensmuster anzutrainieren, wirken Sie nicht mehr authentisch und es schadet Ihnen nur. Freuen Sie sich über Ihre Erfolge und nörgeln Sie nicht ständig an sich herum. Nur wer sich selbst achtet und respektiert, den werden auch die anderen respektieren.
Arbeiten Frauen in einem Team, so legen sie in aller Regel großen Wert auf partnerschaftliche Gespräche, die dann zu einem für alle akzeptablen Gesamtergebnis führen. Sie geben keine Lösungen vor, sie unterbreiten Vorschläge, über die dann diskutiert werden kann. Sie favorisieren wiederum die Frageform, um andere nicht vor den Kopf zu stoßen. Natürlich kann dies hilfreich sein, um Konflikte zu vermeiden. Doch in einer reinen Männerrunde wird dem weiblichen Teilnehmer sehr leicht mangelndes Durchsetzungsvermögen und Angst vor klaren Entscheidungen unterstellt. Männer sehen sich selbst eher als Konfliktlöser. Zeigen Frauen zu viel Empathie, kann es ihnen passieren, daß sie nicht ernst genommen werden, demonstrieren sie jedoch eine bestimmte, eher männliche Haltung, werden sie oft als »karrieregeile Emanze« gebrandmarkt. Überlegen Sie also genau, wie und wo Sie Ihre Energie einsetzen und welches Verhalten Ihnen mehr Vorteile bringt.

Mit Imponiergehabe umgehen

Unter einem schlechten Betriebsklima leiden Frauen mehr als Männer, da sie Schwingungen der Mitarbeiter untereinander eher wahrnehmen. Ein ruppiger Umgangston, der ja gerade in sogenannten »Männerberufen« weit verbreitet ist, trifft sie oft ganz empfindlich. Sie nehmen das gesprochene Wort als bestehende Tatsache und erkennen nicht, daß ein Vorarbeiter auf der Baustelle nun einmal so nebenbei seine Vorrangstellung dokumentieren will. Danach geht er dann zur Tagesordnung über und ist einem vernünftigen Gespräch wieder zugeneigt. Ihr Harmoniestreben führt dazu, daß Frauen stets den Konsens suchen und schlechter akzeptieren können, daß die Menschen nun einmal sehr unterschiedlich sind und auch ganz verschiedene Ansichten haben. Allerdings können sie sehr ausgleichend wirken, da sie sich stets in der Vermittlerrolle sehen und das positive Gesamtergebnis im Blickfeld behalten. Ihnen liegt an zusammen erarbeiteten Ergebnissen, mit denen möglichst alle zufrieden sind. Da Frauen aus diesen Gründen eher zum Nachgeben bereit sind, wird ihnen das von ihren männlichen Kollegen als Schwäche angekreidet. Doch bin ich überzeugt davon, daß das Modell »Sieger und Verlierer« immer mehr seine Daseinsberechtigung verliert, weil es demotiviert und frustriert. Gute Leistungen lassen sich jedoch keineswegs mit Mitarbeitern erreichen, die ihrem Unternehmen »die innere Kündigung« ausgesprochen haben. Es gibt erfreuliche Anzeichen dafür, daß sich eher »weibliche« Führungsqualitäten mehr und mehr durchsetzen.

Das Modell »Sieger und Verlierer« verliert immer mehr seine Daseinsberechtigung

Geht etwas schief, so suchen Frauen zunächst einmal die

Schuld bei sich selbst. Das macht sie empfindlicher für Rückschläge. Deshalb ist es, um in dem rauhen Klima eines Handwerksberufs zu überleben, wichtig, sich ein dickes Fell anzuschaffen und Angriffe nicht persönlich zu nehmen. Ein zu großes Maß an Selbstkritik führt dazu, an sich zu zweifeln und sich weniger zuzutrauen. Männer sehen das Verschulden eher im Außenbereich, an den Umständen etc. Deshalb belastet sie ein Mißerfolg nicht so nachhaltig. Kritisieren sie ihre Mitarbeiter, wollen sie nicht selten Macht demonstrieren und Respekt einflößen. Ihr polterndes Benehmen ist meist nicht so ernst gemeint. Haben sie erst einmal Dampf abgelassen, ist die ganze leidige Geschichte rasch vergessen, während ihre »zusammengefaltete« Mitarbeiterin noch tagelang mit den Folgen zu kämpfen hat.

Frauen liegt die Demonstration von Macht weniger, denn sie wissen, daß sie dadurch die guten zwischenmenschlichen Beziehungen aufs Spiel setzen. Sie versuchen, zu motivieren und zu überzeugen, was sich sicher weitaus positiver auf das Betriebsklima auswirkt. Allerdings überschätzen sie das Einfühlungsvermögen ihrer männlichen Kollegen ganz erheblich – und dies führt dann zu großen Mißverständnissen. Wenn Frauen mit Frauen kommunizieren, gibt es weitaus seltener Probleme. Sie verstehen die »versteckte Botschaft«, sie können zwischen den Zeilen lesen. Sagt eine Kollegin: »Lieber Himmel, was habe ich viel zu tun! Ich weiß wirklich nicht, wo mir der Kopf steht«, dann versteht die andere Seite die Bitte: »Kannst du mir nicht ein wenig helfen?« Männer können solche Signale nicht so gut lesen. Deshalb ist es wichtig, sich klar und deutlich auszudrücken. Natürlich ist es ein Risiko, jemanden direkt um einen Gefallen zu bitten. Er hat das Recht abzulehnen. Lernen Sie, ein »Nein« nicht persönlich zu nehmen – es ist eine reine Sachaussage, die nichts mit der Wertschätzung Ihrer Person zu tun hat.

Sich abgrenzen können

Das (in der Kindheit trainierte) Einfühlungsvermögen und die Tatsache, daß Frauen die Beziehung zu ihrem Gegenüber und menschliche Nähe so am Herzen liegen, läßt sie allerdings auch leicht in eine Falle tappen: Sie ziehen jedes Problem an, glauben, daß von ihnen Hilfe erwartet wird und lassen es dadurch zu einer Arbeitsüberlastung kommen. Sie glauben, alles allein bewältigen zu müssen und wagen es nicht, auch einmal Aufgaben zu delegieren und um Hilfe zu bitten. Natürlich habe ich die Dinge besser unter Kontrolle, wenn ich alles selbst mache – ich bin unentbehrlich und wichtig. Doch irgendwann ist die Grenze der Belastbarkeit erreicht, und ich fühle mich leer und ausgebrannt. Deshalb sollten Frauen lernen, sich besser abzugrenzen. Haben Sie dies bisher selten geschafft und nehmen Sie sich nun vor, dies zu ändern, so können Sie natürlich nicht erwarten, daß Ihre Mitmenschen freudig erregt reagieren und die Pseudo-Harmonie bestehen bleibt. Wer gibt schon gerne Privilegien, die er hat, wieder ab? Ihre Kollegen werden sicher darum kämpfen, daß sie weiterhin unangenehme Arbeiten an Sie weiterreichen können, denn das ist schließlich sehr bequem. Doch lohnt es sicher, den Druck, der vorübergehend entsteht, auszuhalten. Führen Sie sich immer vor Augen: Jeder geht mit Ihnen so weit, wie Sie ihn gehen lassen. Die ewigen »Ja-Sager« werden gewiß nicht respektiert. Ein künstlich aufrechterhaltener Friede nützt niemandem. Wenn Sie ständig alle Kränkungen und Frustrationen unter den Teppich kehren, wird der Druckdeckel womöglich irgendwann zu einem völlig unpassenden Zeitpunkt hochgehen. Unterdrückte Wut gibt uns ein Gefühl der Ohnmacht und macht auf Dauer krank. Also überwinden Sie sich und bringen Sie klar zum Ausdruck, daß Sie dieses Spiel in Zukunft nicht mehr mitspielen werden. Formulierungen wie: »Eigentlich habe ich ja selbst genug zu tun ...« reichen hier nicht aus. Jeder hört nur das, was er versteht und verstehen will. Sie sollten schon klar und deutlich artikulieren: »Ich kann das leider nicht übernehmen, denn ich habe selbst genug zu tun.« Sobald Sie nicht unumwunden sagen, was Sie möchten, werden die anderen ihre Chance nutzen und nachhaken, um Sie umzustimmen.

Bemühen Sie sich stets um eine freundliche, sachliche Tonlage. Wenn Ihre Stimme aggressiv klingt, werden Ihre Gesprächspartner dies in dem Sinne interpretieren, daß Sie selbst nicht mit der Erfüllung Ihrer Wünsche und Forderungen rechnen. Verlegen Sie Ihre Taktik auf »mädchenhaftes Schmeicheln«, nimmt Sie niemand so recht ernst – und das wollen Sie doch ganz sicher nicht! Reden Sie in einem weinerlichen Tonfall und üben sich in anhaltendem Jammern, dann werden gerade Männer Sie eher für schwach und nicht belastbar ansehen. Also denken Sie daran: Das, was Sie möchten, ist völlig legitim, und Sie brauchen Ihr Anliegen auch keinesfalls in Formulierungen wie: »Es tut mir leid, daß ich Sie belästigen muß...« zu verkleiden. Sagen Sie kurz und präzise, was Sie möchten. Umständliche Schnörkel zeigen dem anderen nur, daß Sie selbst nicht so ganz von Ihrer Sache überzeugt sind. Und gehen Sie nie davon aus, daß ein »Nein« endgültig ein »Nein« bleiben muß! Gute Verkäufer wissen, daß beim »Nein« des Kunden die Verhandlungen erst beginnen. Falls Sie zu diesem Zeitpunkt kein »Ja« erreichen können – nun, morgen ist auch noch ein Tag!

Mit Konflikten umgehen

Mit Konflikten gehen Frauen und Männer auf recht unterschiedliche Weise um. Männer bedienen sich häufig einer Sprache, von der sie glauben, daß sie zu ihrem Status gehört und ihre überlegene Stellung dokumentiert: Sie drohen, machen lächerlich oder befehlen ganz einfach. Selbstverständlich gibt es auch Frauen, die sich einer solchen Sprache bedienen, allerdings weitaus seltener. Frauen sind in aller Regel nicht so statusorientiert. Sie setzen eher auf Verhandlungen, da ihnen das gute zwischenmenschliche Einvernehmen wichtig ist.

Spüren sie massiven Widerstand, stecken sie bei Konflikten eher zurück und ordnen ihr persönliches Anliegen dem allgemeinen Interesse unter. Deshalb ist es für Sie wichtig, nie Ihr eigenes Ziel aus den Augen zu verlieren und beharrlich zu bleiben. Oft ist es hilfreich, in Diskussionen den Zielsatz immer wieder ins Gespräch zu bringen. Signalisieren Sie Verständnis, wiederholen Sie den Einwand Ihres Gegenübers, dann wiederholen Sie ruhig und sachlich Ihre Forderung. Vermeiden Sie hier Reizwörter wie »aber«. Benutzen Sie statt dessen die verbindlicheren Formulierungen »allerdings«, »obwohl«, »jedoch«, »nur« oder einfach das Wörtchen »und«: »Ich kann verstehen, daß Sie hier Bedenken anmelden – nur mir ist es sehr wichtig, daß ...«

Bei innerbetrieblichen Problemen neigen Frauen dazu, das Problem aufzuzeigen und fragen dann die Kollegen nach ihrer Meinung. Sie möchten zu einer gemeinsamen Lösung kommen und bitten die anderen um Hilfe. Für Männer ist das oft schwer zu verstehen, denn sie sehen sich als Einzelkämpfer und glauben, das Gesicht zu verlieren, wenn sie nicht allein entscheiden. Doch sind gemeinsam erarbeitete Ergebnisse sicher befriedigender und motivierender für das gesamte Team. Daher liegt die Chance der Frauen darin, in ihren männlichen Kollegen das Gemeinschaftsgefühl zu wecken.

Kritik üben und annehmen

Weibliche Vorgesetzte haben häufig Probleme damit, ihre Mitarbeiter in der angemessenen Form zu kritisieren. Sie befürchten eine Verschlechterung der zwischenmenschlichen Beziehungen und des Betriebsklimas. Sie möchten nicht als » gnadenloses Karrieremonster« abgestempelt werden oder zu dominant wirken. Deshalb vermeiden sie den Konflikt und üben sich in Geduld. Bis dann irgendwann das Faß zum Überlaufen kommt und sie vielleicht an völlig unpassender Stelle explodieren. Also fassen Sie Mut, bitten Sie die betreffende Person möglichst umgehend zum Gespräch: Sorgen Sie für eine ruhige Atmosphäre, und stellen Sie den Unglücksraben nicht in aller Eile vor den übrigen Mitarbeitern bloß, denn das wird er Ihnen so schnell nicht verzeihen. Verschaffen Sie sich einen genauen Überblick über den Vorfall, vor allem lassen Sie Dritte aus dem Spiel.

Vermischen Sie Ihre Kritik auch nicht mit Lob, denn der Mitarbeiter sollte im nachhinein schon klar erkennen können, daß es sich keineswegs um ein Anerkennungsgespräch gehandelt hat. Natürlich sollten Sie sich am Anfang und am Ende die Zeit für ein paar verbindliche Worte nehmen, denn Sie möchten weder mit der Tür ins Haus fallen, noch Ihren Gesprächspartner so am Boden zerstört entlassen, daß er für den Rest des Tages zu einer vernünftigen Arbeit nicht mehr zu gebrauchen ist. Er sollte am Ende der Unterhaltung schon das Gefühl haben, daß Sie ihn als Mitarbeiter und Menschen schätzen, auch wenn er einen Fehler gemacht hat. Üben Sie also niemals Kritik an der Person (»Sie sind eben nachlässig in Ihrer Arbeit ...«), sondern an der Sache (»Bei dem Bericht X haben Sie wesentliche Punkte übersehen ...«).

Bleiben Sie sachlich

Halten Sie sich an die vorliegenden Fakten, und geben Sie keine eigenen Vermutungen von sich. Geben Sie dem anderen die Gelegenheit, die Sache aus seiner Sicht darzustellen. Bitte gehen Sie nicht davon aus, daß Ihr Gegenüber die versteckten

Botschaften erkennt und Sie sich um eine klare, unmißverständliche Formulierung des Kritikpunktes drücken können. Hier haben »Ich-Botschaften« ihre besondere Bedeutung. Grundtenor Ihrer Kritik sollte sein »Ich habe ein Problem mit dir...« und nicht »Du bist nicht o.k. so wie du bist...«. Bemühen Sie sich um eine angemessene Mimik: Drohendes Unheil sollten Ihre Gesichtszüge nicht ausdrücken – allerdings dürfen Sie die Wirkung Ihrer Worte nicht durch ein verbindliches Lächeln abschwächen. Stellen Sie offene Fragen, also keine, die Ihr Gesprächspartner nur mit »ja« oder »nein« beantworten kann. Er könnte sich leicht verhört und in die Enge getrieben fühlen. Geschickter sind die sogenannten »W-Fragen«. Sie beginnen mit einem Fragewort: »Wie konnte es passieren, daß Sie den Termin übersehen haben?« Das etwas harte Fragewort »warum« ersetzen Sie besser durch die verbindlichere Formulierung »aus welchen Gründen«.

Doch kritisieren Sie Ihre Mitarbeiter nicht nur – denken Sie auch daran, sie zu loben! Bitte machen Sie sich bewußt: Nicht ausgesprochenes Lob ist nicht ausgezahlter Lohn. Ein anerkennendes Wort motiviert Menschen oft mehr als eine Gehaltserhöhung. Klären Sie vorab, ob der Betreffende das Lob auch wirklich verdient hat und sich nicht etwa mit fremden Federn schmückt. Lob vor Dritten halte ich nicht für ganz unproblematisch. Kollegen könnten sich zurückgesetzt und nicht genügend gewürdigt fühlen.

Frauen reagieren in aller Regel emotionaler als Männer. Sehen sie sich selbst einer Kritik ausgesetzt, so beziehen sie diese leicht auf ihre gesamte Persönlichkeit und befürchten, nun endgültig verspielt zu haben. Sie fühlen sich total zerstört und als Mensch abgelehnt, weil sie einen Fehler gemacht haben. Ihr Selbstwertgefühl steht in enger Verbindung mit ihrer Leistung, und es ist ihnen enorm wichtig, von anderen gemocht und anerkannt zu werden. Deshalb: Haben Sie keine Scheu, andere darauf anzusprechen, was Sie falsch gemacht haben. Ob Sie die Kritik dann als berechtigt annehmen oder nicht – das entscheiden Sie ganz allein! Nicht nur Sie machen Fehler und irren sich – Ihre Mitmenschen ebenso, sogar Ihrem Vorgesetzten kann es passieren, daß er die Sachlage nicht richtig beurteilt. Fehler, die Ihnen unterlaufen, sind Chancen, sich weiterzuentwickeln und dazuzulernen. Hören Sie sich deshalb alles in Ruhe an und reagieren Sie nicht gleich beleidigt oder aggressiv.

Kritik an Ihnen, die über Dritte gelaufen ist, sollten Sie keinesfalls klaglos hinnehmen. Gehen Sie der Sache auf den Grund und sprechen Sie die dafür zuständige Person an. Fragen Sie nach dem »Informanten« und klären Sie, ob der eigentliche Verursacher nicht schon vor Ihnen steht. Genaues Nachfragen hilft Ihnen zu entscheiden, ob Sie wirklich etwas falsch gemacht haben oder ob es unsachliche Kritik an Ihrer Person ist. Auch wenn über Sie getratscht wird: Lassen Sie es nicht dazu kommen, daß das weitverbreitete Phänomen des Mobbing entsteht. Treten Sie die Flucht nach vorne an und sprechen Sie die Sache direkt an. Geben Sie selbst hier ein gutes Beispiel: Reden Sie nie über jemanden, der nicht anwesend ist, und kritisieren Sie immer direkt, niemals über Dritte. Geben Sie auf keinen Fall negative Informationen, die Sie über eine Person erhalten haben, weiter.

Angriffe parieren

Wenn Sie in einer unverschämten, persönlichen Form angegriffen werden, so lassen Sie sich nicht dazu provozieren, im gleichen Stil zurückzuschlagen. Letztlich möchten Sie sich doch nicht auf die gleiche Stufe wie der rüpelhafte Angreifer begeben! Für besser halte ich es, wenn Sie mit ernster Miene und in tiefem Schweigen direkt Blickkontakt mit ihm aufnehmen und diese Spannung für kurze Zeit auch aushalten. Schaffen Sie dies aufgrund Ihres Temperaments nicht, so könnten Sie z. B. freundlich fragen: »Tritt das in Ihrer Familie häufiger auf?« Oder: »Suchen Sie doch mal einen Arzt auf, dagegen kann man vielleicht was tun!« Sie können auch versuchen, bewußt mißzuverstehen und eine Antwort zu geben, über die der andere erst einmal eine Weile grübeln muß. Ausfallend sollten Sie jedoch keinesfalls werden, Sie disqualifizieren sich dadurch selbst.

Um weniger Angriffsflächen zu bieten, vermeiden Sie es besser, durch Ihr Äußeres betont »weibliche« Signale zu senden: Alles Verspielte, Rüschen, Schleifen, eine wallende Mähne, zu viel Make-up und Parfüm, zu körperbetonte Kleidung etc. kann dazu führen, daß Ihnen weniger Fachkompetenz zugeschrieben wird.

Ablehnen können

Manchmal kommen wir nicht umhin, eine deutliche Ablehnung zu formulieren. Damit haben Frauen häufig Probleme, weil sie eine nachhaltige Trübung des guten Einvernehmens befürchten. Nicht selten wirkt das harte Wort »nein« als Gesprächskiller. Oft ist es besser, eine Alternative anzubieten oder eine verbindlichere Formulierung zu finden. Fast alles, was wir negativ ausdrücken, läßt sich auch in positive Worte kleiden. Beispiel: »Können Sie den Auftrag bis zum 30. diesen Monats ausgeführt haben?« Sie umgehen das schroffe »Nein« indem Sie vorschlagen: »Ist Ihnen damit gedient, wenn ich die Fertigstellung noch vor den Feiertagen garantiere?« Appellieren Sie an die Vernunft Ihres Gesprächspartners, bringen Sie höhere Werte ins Spiel: »Ein Grundsatz unseres Hauses ist immer die absolut erstklassige Ausführung der Arbeit. Diesen Standard können wir unmöglich unter Zeitdruck einhalten. Und letztlich wäre Ihnen doch mit einer fehlerhaften Abwicklung sicher nicht gedient!«

Setzt ein Kunde Sie mit einem bestimmten Termin unter Druck, so könnten Sie unverbindlich formulieren: »Das geht nicht, da bin ich schon besetzt!« Viel eleganter klingt es aber, wenn Sie freundlich nachfragen: »Paßt es Ihnen auch in der kommenden Woche? In diesem Fall könnten Sie den Termin jetzt festlegen, denn da bin ich noch flexibel.« Besteht Ihr Kunde auf einer bestimmten Person, die den Auftrag abwickeln soll, so könnten Sie versuchen, auszuweichen und vorschlagen: »Darf Sie Herr Krause besuchen? Er hat sich speziell in diese Materie mit großer Sorgfalt eingearbeitet. Er kann Sie hier am besten beraten.« Pokert der Kunde mit einem niedrigeren Preis der Konkurrenz, so weisen Sie ihn z. B. darauf hin, daß Ihr Unternehmen kostenlos einen zusätzlichen Kundenservice eingerichtet hat. Das harte Wort »Nein« können Sie sehr oft auch durch die geschickte Formulierung »Das wäre möglich, wenn ...« ersetzen. Wichtig ist, daß Sie Ihre Ablehnung stets begründen. Sie können bei Ihren Mitarbeitern oder Kunden auch Verständnis wecken, indem Sie ehrlich fragen: »Könnten Sie an meiner Stelle zustimmen?«

Finden Sie positive ormulierungen für das Wort nein

Körpersprache

Noch bevor wir das erste Wort gesprochen haben, drücken wir durch unsere Mimik, unsere Gestik und unsere Körpersprache schon zu 90 % aus, was wir von einer Sache halten. Unser Körper lügt nie! Nun wäre es natürlich sehr einfach, wenn es hier einen Katalog gäbe, der es uns ermöglichen würde, den anderen mit absoluter Sicherheit richtig einzuschätzen. Leider aber gibt es keine hundertprozentig genauen Zuordnungen. Zunächst einmal muß betont werden, daß die Körpersprache niemals unabhängig von der Situation gesehen werden kann. Außerdem tritt sie nur in einer Streßsituation deutlich hervor, in einem lockeren, freundschaftlichen Gespräch hat sie weniger Bedeutung. Zusätzlich müssen mindestens drei körpersprachliche Aussagen in die gleiche Richtung weisen, um eine Tendenz aufzuzeigen. Außerdem ist zu bedenken, daß die Signale in unterschiedlichen Kulturen auch vollkommen unterschiedlich sein können. So legen z. B. Südländer längst nicht so großen Wert auf die Einhaltung der Distanzzonen, auch ihre Gesten sind insgesamt lebhafter und ihre Unterhaltungen für unsere Ohren recht lautstark, auch wenn sie ein durchaus freundliches Thema haben.

Unbestritten ist aber, daß unsere Körpersprache deutlich zum Ausdruck bringt, ob wir uns in einer schwierigen Situation wohl in unserer Haut fühlen. Je weiter unsere Gesten sind, je mehr Platz wir für uns in Anspruch zu nehmen wagen, desto selbstsicherer und auch dominanter wirken wir. Das, was wir als damenhafte Haltung bezeichnen, die eng geschlossenen Knie und die elegante, zierliche Beinstellung beim Stehen, läßt sich durchaus als »platzsparend« bezeichnen. Frauen neigen dazu, sich klein zu machen: Sie sitzen nach vorne gebeugt, verschränken die Arme vor der Brust oder halten die Hände artig im Schoß gefaltet. Setzen sie Gesten ein, so agieren sie nur mit den Unterarmen und machen enge Armbewegungen. Sie halten den Kopf in einer »mädchenhafte« Schräglage und vermeiden ängstlich den Blickkontakt zu ihrem Gegenüber. Sie spielen verlegen mit ihren Haarsträhnen, zupfen an ihrer Kleidung herum oder drehen den Ring an ihrem Finger hin und her.

Kommt nun noch dazu, daß Sie nicht gerade über eine sogenannte »kompetente Simmlage« verfügen (d. h. Sie sprechen mit einer leisen, zögernden Stimme), so ist klar, daß Sie unsicher und wenig von ihren eigenen Aussagen überzeugt wirken. Machen Sie sich deshalb diese wichtigen Details immer wieder bewußt. Formulieren Sie mit klarer, deutlicher Stimme, halten Sie Blickkontakt mit Ihrem Gesprächspartner, signalisieren Sie ihm durch die offen dargebotene Handfläche, daß Sie ihm entgegenkommen wollen. Wenn Sie nicht von Ihrer Sache überzeugt sind – wie soll er es dann sein? Vermeiden Sie Minuswörter und -formulierungen: (»Das sehe ich anders...«) und Floskeln (»Wie geht's ...«, »Angenehm...« »Gestatten Sie ...«). Bleiben Sie verbindlich in der Form – jedoch hart in der Sache. Denken Sie stets daran: »Der Standpunkt macht es nicht – nur die Art, wie man ihn vertritt!«

Klopfen Sie an einer Zimmertür, so kommt das der Bitte gleich, in ein fremdes Territorium eintreten zu dürfen. Klopfen Sie nun ganz zaghaft und leise, hat Ihr Gesprächspartner hinter der Tür eine bestimmte Erwartungshaltung Ihnen gegenüber. Wenn Sie dann noch zögernd den Raum betreten und Blickkontakt ängstlich vermeiden, so befinden Sie sich gleich in der Bittstellerposition. Senden Sie also schon durch die Art Ihres Anklopfens das Signal aus: Hier kommt ein gleichwertiger Partner, der auch etwas zu bieten hat. Rücken Sie Ihrem Gesprächspartner aber nicht zu nah auf die Pelle – strecken Sie gedanklich stets den Arm aus, damit Sie nicht ungewollt seine Distanzzone unterlaufen. Im Gegenzug ist es auch wichtig, daß Sie selbst auf die Einhaltung Ihrer eigenen bestehen. Dringt jemand in unsere Distanzzone ein, besonders wenn er uns gegenübersteht, so fühlen wir uns bedroht und denken an Flucht. Doch räumen Sie nicht einfach klaglos das Feld, wenn Sie sich unbehaglich fühlen. Treten Sie gegebenenfalls also ruhig ein Stück zurück oder ein wenig zur Seite.

Wahren und fordern Sie die Distanz

Verschaffen Sie sich Platz und lassen Sie es sich auch nicht gefallen, daß Sie jemand z. B. einfach so am Arm packt. Ein solches Verhalten legen die meisten nur bei einem Mitmenschen an den Tag, dem sie einen niedrigeren Status als sich selbst zuschreiben. Männer dominieren oftmals schon allein durch ihre Körpergröße. Also halten Sie besser einen etwas größeren Abstand, da Ihnen dies den Blickkontakt mit Ihrem Gegenüber erleichtert. Viele Frauen vermeiden die Aufmerksamkeit der anderen und haben Angst davor, im Mittelpunkt zu stehen, da sie befürchten, ihre Mitmenschen könnten sie allzu kritisch unter die Lupe nehmen. Denken Sie nicht so oft daran, was die anderen von Ihnen halten könnten! Bemühen Sie sich in schwierigen Situationen um einen aufrechten Stand und eine positive Mimik, dann wird Ihrem Gehirn gemeldet: »Mir geht es gut ...« – und Sie fühlen sich gleich ein wenig sicherer.

Um sich durchzusetzen ist es nicht nur wichtig, sich selbst bestmöglich zu präsentieren. Um eine Situation richtig einzuschätzen und auch danach zu handeln, ist es unabdingbar, genau zu beobachten und zuzuhören. Für den Erfolg vieler Verhandlungen ist »aktives Zuhören« schon die halbe Miete. Zuhören heißt für mich, auch sensibel zu sein für das, was zwischen den Zeilen steht. Wir alle verschlüsseln unsere Botschaften. Die Stärke der Frauen liegt darin, daß sie das, was nicht klar und deutlich ausgesprochen wird, viel eher wahrnehmen. So kann das Schweigen meiner Zuhörer Begeisterung und Interesse bedeuten – allerdings auch, daß ein Großteil bereits die Ohren »auf Durchzug« gestellt hat. Entgehen mir die unterschwelligen Signale, die je nach Stimmungslage ausgesandt werden, kann das unerfreuliche Folgen haben.

Alles hängt davon ab, ob es uns gelingt, eine positive Stimmung zu erzeugen – ohne diese läuft gar nichts. Ob wir einen Mitmenschen sympathisch oder unsympathisch finden, entscheiden wir nicht aus dem Kopf, sondern stets aus dem Bauch. Aktives Zuhören bedeutet also, den anderen ermutigen, sich zu öffnen. Dann werden wir leichter erkennen, was er wirklich sagen wollte. Um unser Gegenüber zu motivieren, eignen sich Formulierungen wie: »Darf ich Sie so verstehen, daß...«, »Wollten Sie damit folgendes ausdrücken...« Auf diese Weise fühlt sich der andere ernst genommen und rechnet auf ein partnerschaftliches Gespräch.

Frauen liegt daran, im Rahmen eines Gesprächs Nähe und Verständnis herzustellen. In Unterhaltungen nicken sie z. B. häufiger mit dem Kopf oder zeigen durch andere Gesten ihre Aufmerksamkeit, um dem anderen zu signalisieren: »Ich folge dir...«. Männer interpretieren dies häufig als vorschnelles Einlenken und Zustimmung. Machen Sie sich deshalb bewußt, daß Männer meist im Gewinner-und-Verlierer-Schema verhaftet sind, und gehen Sie mit solchen Äußerungen etwas sparsamer um.

Selbst-bewußt sein

Das Berufsleben – da sollten wir uns keinen Illusionen hingeben – ist nach wie vor männlich dominiert. Jungen wurden in früheren Zeiten (und manchmal auch heute noch) dahingehend erzogen, daß sie sich »nicht so anstellen« durften, sie sollten »hart im Nehmen« und kein »Jammerlappen« sein. Auch wir Frauen tragen zu diesem Bild unseren Teil bei: Machos sind uns zuwider – doch ein »Softie« wird auch nicht geschätzt. Dies alles führt dazu, daß Gefühle im Geschäftsleben – vor allem nach Meinung der Männer – nichts zu suchen haben. Stellen Sie sich nur einmal einen männlichen Kollegen vor, der nach einem Anpfiff vom Chef zusammengesunken und heulend in der Ecke sitzt. Gefällt Ihnen dieses Bild? Nun sagt man uns Frauen ja nach, daß wir alles zu persönlich nehmen würden und »zu nah am Wasser gebaut« hätten. Männer fühlen sich weiblichen Tränen gegenüber oft hilflos und reagieren aus diesem Grund ruppig und genervt.

Im allgemeinen befreit und erleichtert es zwar, seine Gefühle auszuleben, doch versuchen Sie nach Möglichkeit, Ihre Tränen vor männlichem Publikum zu beherrschen. Vielleicht hilft es Ihnen ein wenig, wenn Sie sich selbst den Befehl »Jetzt nicht!« geben. Machen Sie sich immer wieder klar, daß auch die härteste Kritik kein Werturteil über Ihre Person darstellt. Was Sie von kritischen Bemerkungen anderer an sich herankommen lassen, ob Sie darüber nachdenken und dann etwas verändern, das entscheiden Sie allein.

Haben Sie keine Angst, einen Fehler einzugestehen. Nur wer nichts tut, macht keine! Ein selbstsicherer Mensch ruht in sich, er braucht das Gefühl nicht, anderen überlegen zu sein. Perfektion weckt Aggression! Wir sind alle nur Menschen, und Unzulänglichkeiten können auch sympathisch machen. Selbstsicherheit bedeutet keineswegs, keinerlei Schwächen zu zeigen und sich stets geschickt zu verkaufen. Ein souveräner Mensch hat keine Probleme damit, zu seinen Schattenseiten zu stehen. Da er weiß, daß er selbst nicht perfekt ist, zeigt er den Schwächen und Empfindlichkeiten anderer gegenüber Toleranz. Was natürlich nicht heißen soll, daß Sie ständig auf Ihren Schwächen herumreiten und sich stets eine Nummer kleiner machen.

Stehen Sie »tränenlos« zu Ihren Fehlern

Niemand vergibt sich etwas, wenn er andere um Hilfe bittet. Warum sollte eine Frau in einem kräftezehrenden Handwerksberuf nicht hin und wieder einen körperlich stärkeren Mann um seine tatkräftige Unterstützung bitten? Teamarbeit ist heute gefragt. In einem Team, das ja nur mit gleichberechtigten, selbständigen und mündigen Mitgliedern funktionieren kann, tut jeder das, was er am besten kann. Der Vorgesetzte eines Teams sollte auch nicht auf seine Führungsposition pochen. Er ist ein Gruppenmitglied wie alle anderen auch. Er schneidet sehr viel Lebendigkeit und Kreativität ab, wenn alle Mitglieder ängstlich darauf bedacht sind, dem Chef zu gefallen. Hier sei noch einmal betont, daß Frauen mit ihrem feinen Gespür für Schwingungen und Strömungen innerhalb einer Gruppe und mit ihrer großen Empathie ein Segen für jedes Team sein können. Ein Mensch, der immer nach Überlegenheit strebt, wird eine Menge seiner kostbaren Zeit damit verschwenden, Fehler der anderen zu entdecken. Mit Humor, Einfühlungsvermögen und Freundlichkeit wird meist mehr erreicht als mit Kampf und Aggressivität.

Unsere Ansicht und die der anderen

Immer dort, wo Menschen zusammenleben und -arbeiten, entstehen Konflikte. Das ist normal und auch wichtig für eine fruchtbare Auseinandersetzung. Sehen Sie Konflikte also nicht als Probleme an, denen Sie lieber aus dem Weg gehen, sondern als Wegweiser zum gemeinsamen Ziel. Freuen Sie sich, wenn Einwände zu Ihren Vorschlägen kommen! Dies zeigt Ihnen, daß die anderen noch an Ihnen interessiert sind und über das nachdenken, was Sie sagen. Lassen Sie sich in einem solchen Fall nicht aus der Ruhe bringen und bleiben Sie unbedingt sachlich. Zeigen Sie nicht schon durch Ihre Mimik, Ihre Gestik und Ihre Körperhaltung, was Sie von dem Einwand halten. Lassen Sie Ihren Gesprächspartner unbedingt ausreden und nehmen Sie sich Zeit für Ihre Antwort. Bei Ihrer Entgegnung ersetzen Sie das Wort »Einwand« geschickt durch das verbindlichere Wort »Frage«. Wollen Sie Zeit gewinnen, so kontern Sie mit einer geschickten Gegenfrage. Formulieren Sie z. B. »Wie darf ich das verstehen?« oder »Können Sie mir dies näher erläutern?« Glauben Sie nicht, daß Sie, wenn die Atmosphäre

sehr aufgeladen ist, noch mit Sachargumenten überzeugen können. Oft ist es besser, den anderen erst einmal sein Pulver verschießen zu lassen und sich in der Zwischenzeit die geeignete Antwort zu überlegen. Sie können – von Fall zu Fall – den Einwand auf später verschieben oder auch einfach überhören.
Fragen Sie auf jeden Fall noch einmal nach. Wie oft interpretieren wir doch das, was wir hören, allein in unserem Sinne – und der andere hat es völlig anders gemeint. So entstehen Mißverständnisse, die später mühsam wieder ausgeräumt werden müssen. Und denken Sie stets daran: »Jedes Ding hat zwei Seiten – die falsche und die unsrige.« Ist Ihre Ansicht der Dinge denn wirklich die einzig mögliche?
Streitgespräche sollten Sie nach Kräften vermeiden. Denn sind die Fronten erst einmal verhärtet, ist die vernünftige Basis für ein konstruktives Gespräch dahin. Gehen Sie auch bewußt mit Ihrer Sprache um und vermeiden Sie Minusformulierungen wie »Das sehe ich ganz anders ...«, »Da muß ich Sie korrigieren ...«. Stellen Sie nur ganz einfach Ihre Sicht der Dinge dar – Ihr Gegenüber wird gewiß merken, daß es eine andere als seine ist.
Haben Sie schwierige Situationen zu meistern, so füllen Sie Ihren Kopf mit positiven Bildern. Führen Sie sich in aller Deutlichkeit Gelegenheiten vor Augen, bei denen Sie sich hervorragend durchgesetzt haben. Bemühen Sie sich, die Sprache Ihrer Kunden und Mitarbeiter zu sprechen und überfordern Sie niemanden mit einem Bombardement von Fremdwörtern und Fachbegriffen. Wer so spricht, daß er von allen verstanden wird, der spricht immer gut.

Bemühen Sie sich, die Sprache Ihrer Kunden und Mitarbeiter zu sprechen

Versuchen Sie, die Richtung des Gesprächsverlaufs zu beeinflussen, indem Sie geschickt auf dem Instrument der Fragetechnik spielen. Vergessen Sie nicht: Wer fragt, der führt, der gewinnt... Bauen Sie keine Aggressionen auf, indem Sie zu viel feststellen und behaupten. Aktivieren Sie Ihren Gesprächspartner, indem Sie ihn in den Mittelpunkt stellen. Ihre Fragen zeigen ihm Ihr Interesse, und Sie erhalten eine Menge Hintergrundinformationen. Fassen Sie am Ende das Gespräch zusammen, und treffen Sie klare Vereinbarungen über das weitere Vorgehen. Falls es für Sie sinnvoll ist, so versuchen Sie noch an Ort und Stelle, einen neuen Termin auszumachen.
Wann immer Sie etwas erreichen möchten, tragen Sie Ihr Anliegen freundlich, doch bestimmt vor, und bleiben Sie am Ball. Sie haben ein klares Ziel, für das Sie sich einsetzen. Falls Sie feststellen, daß Sie Unrealistisches anstreben, seien Sie flexibel, und überlegen Sie, welches Teilziel für Sie akzeptabel wäre. Lassen Sie sich nicht bei der ersten Verhandlung schachmatt setzen, sondern starten Sie einen neuen Anlauf. Doch nicht immer können Sie bekommen, was Sie wollen. Hartnäckigkeit in Verhandlungen ist unbestritten ein entscheidender Vorteil, doch es ist ebenso eine Kunst zu erkennen, wann Sie loslassen sollten. Halten Sie nicht verbissen an überzogenen Zielen und unerträglichen Situationen fest. Häufig erkennen wir erst im Nachhinein, daß ein Aufgeben sinnvoll und besser war. Mancher Erfolg stellt sich ein, weil wir den Mut hatten, zu neuen Zielen aufzubrechen.

Gute zwischenmenschliche Beziehungen gewinnen für den reibungslosen Betriebsablauf immer mehr an Bedeutung. Durch ihr beziehungsorientiertes Verhalten eignen sich Frauen hervorragend für eine Mitarbeiterführung, die auf Partnerschaft und gleichberechtigter Kommunikation basiert. Sie erliegen weitaus seltener der Versuchung, ihre Macht zu demonstrieren und auf ihren Status zu pochen. Ihren männlichen Kollegen können sie helfen, nicht nur ihren Kopf einzusetzen, sondern auch ihr Gefühl sprechen zu lassen. Männer und Frauen sollten voneinander lernen. Gegenseitige Verurteilungen und Schuldzuweisungen sind sinnlos und blockieren die persönliche Entwicklung des einzelnen. Letztlich führt allein ganzheitliches Denken zum Erfolg. Hierzu müssen wir die linke Gehirnseite, in der das logische, analytische Denken angesiedelt ist, ebenso wie die rechte, in der die Emotionen und die Intuition zu Hause sind, einsetzen. Hier können sich die Geschlechter hervorragend ergänzen. Ein partnerschaftliches, von gegenseitiger Wertschätzung geprägtes Verhalten für Frau und Mann kann also nur von Vorteil sein.

Dagmar Kohlmann-Scheerer

Frauen führen anders, Männer auch!

Dagmar Kohlmann-Scheerer arbeitete als gelernte Buchhändlerin einige Jahre im Außendienst und gründete die Agentur für Mitsegler. Dort war sie als Inhaberin und Profi-Verkäuferin für Segeltörns führend in der Branche. Sie stammt aus einer Schauspielerfamilie und wurde so schon früh mit »gutem Sprechen« vertraut. Sie ist als freiberufliche Trainerin für Rhetorik, Verkaufsrhetorik und Frauen-Rhetorik – unter anderem auch als Lehrbeauftragte für Rhetorik tätig. Darüber hinaus schult sie seit Jahren Nachwuchsführungskräfte in Führungsverhalten.
Mit ihrem Unternehmen DKS-Training bietet sie offene Management-Seminare an, und mit ihrem Seminartheater werden Alltagsgeschehnisse heiter auf die Bühne gebracht.

»Die Macht kann nicht milde genug aussehen.«

Jean Paul

Jahrhundertelang hat die westliche Welt das rationale, analytische Bewußtsein entwickelt. Es entstanden Systeme und Ordnungen (z. B. Hierarchien), die es einer jungen Führungskraft leichter machten, sich in der Welt der Führung zurechtzufinden. So war es nicht erforderlich, die Reife der Persönlichkeit in die Waagschale werfen zu müssen.
Durch digitale und lineare Denkstrukturen (Kostenpläne, Zahlenvorgaben, Statistiken, Analysen etc.) entstand ein Kontrollsystem, welches die Managementtätigkeiten immer einfacher und transparenter machte. Man glaubte, durch reines Faktendenken, durch Organigramme und klare Zielvorgaben – nebst Kontrollen – das optimale Mittel für Führung gefunden zu haben.
Klar, Motivation gehörte auch dazu – hier wurde in den sechziger Jahren mit Anreizen (Incentives) gearbeitet, die es vermeintlich leichter machen sollten, die hohen Zielvorgaben zu erreichen.
So trocken wie die bisherige Schreibweise war auch das Klima.

Führungsstile wurden dann auch benannt, z.B.

1. der autoritäre Stil	(alte Tradition)
2. der kooperative Stil	(aus den neunziger Jahren)
3. der demokratische (neuzeitliche) Stil	(der Stil der Zukunft?)

ergänzt vom patriarchalischen, beratenden und partizipativen Stil. Somit gab es klare Bezeichnungen und Vorstellungen, die das Führen leichter machen sollten.

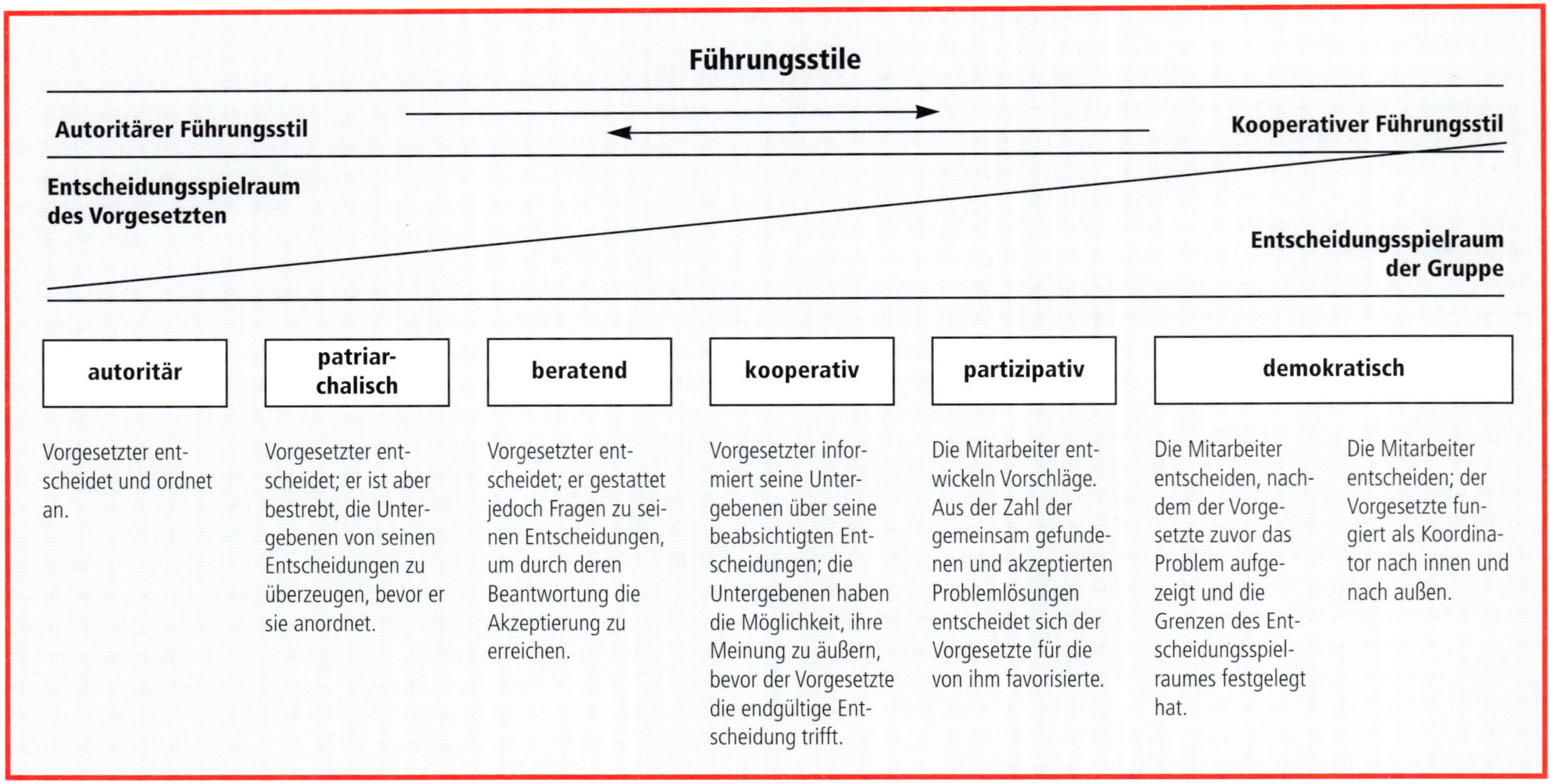

Der autoritäre Führungsstil

Der autoritäre Führungsstil stammt aus der militärischen Gehorsamkeits-Tradition und hat folgendes Menschenbild:

- Die Mitarbeiter handeln in erster Linie nach Anweisung und nicht auf eigenen Antrieb.
- Die Mitarbeiter sind Schachfiguren und werden je nach Notwendigkeit hin und her geschoben.
- Die Mitarbeiter funktionieren eher als Manipulationsmasse ohne eigenes Denk- und Urteilsvermögen.
- Die Mitarbeiter sind ohne Kompetenz und frei von jeglicher Verantwortung.

Zusammenfassend bedeutete das: Straffe Führung mit starker Begrenzung des Handlungsspielraums – das war das autoritäre Führungsgeheimnis. Der Mensch hatte sich ein- und unterzuordnen – in klar definierten Hierarchien.

Allerdings entwickelte sich aus dieser – heute nicht mehr ganz zeitgemäßen – Strategie eine sehr nützliche Erkenntnis: In Krisensituationen, in einer Phase der Umstrukturierung oder Pionierphase sind straffe Zügel und die Eingrenzung des Handlungsspielraums hilfreich und sinnvoll, wenn der autoritäre Stil nicht als Ausdruck einer grundlegenden Wertehaltung verstanden wird.

Der kooperative Führungsstil

Hier herrscht folgende Vorstellung vom Menschen:

- Er ist aktiv, leistungswillig und verantwortungsfähig.
- Er braucht Herausforderungen – z.B. durch Ziele, um seine Aktivitäten in eine für alle gemeinsame Richtung zu lenken. Hier ist gute Kommunikation zwischen Vorgesetzten und Mitarbeitern notwendig, um die Klarheit der Ziele und Vorstellungen zu definieren und konkret zu formulieren.

Dazu gehören: Information, Instruktion, Weiterbildung, Kompetenzerteilung, Zuweisung neuer anspruchsvoller Aufgaben, Beförderung und Versetzung.
Das Ziel dient dem Großen und Ganzen, also nicht dem einzelnen und seiner Machterhaltung.
Wichtig ist hier eine kontinuierliche Rückmeldung. Die Mitarbeiter müssen über den Grad der Zielerreichung und über den Stand der Dinge auf dem laufenden sein, und sie müssen Rückmeldung erhalten, wie sie im weiteren Umfeld gesehen werden; wo sie anecken und wie sie im gesamten Beziehungsnetz funktionieren. Optimal läuft die Kommunikation im kooperativen Führungsstil erst dann, wenn Rückmeldung nicht nur von oben nach unten, sondern auch von den Mitarbeitern zu den direkten Vorgesetzen stattfindet. Mitarbeiter müssen ihre Erwartungen und ihre Befürchtungen äußern dürfen.

Der demokratische Führungsstil

Gesellschaftlicher Wertewandel und neues Führungsverständnis haben in der letzten Zeit zu einem grundlegenden Wandel geführt, den wir auch als Paradigmenwandel (Gerd Gerken: Management by Love) bezeichnen.

Paradigmenwandel in der Wirtschaft

Altes Paradigma	Neues Paradigma
Fördert Konsum, was immer es koste – durch geplanten Mangel, Werbedruck oder künstliche Bedürfnisse.	Sinnvoller Konsum, bewahren, erhalten, wiederverwenden, Qualität, Handarbeit.
Aggression, Wettbewerb, Geschäft um des Geschäftes willen, Profit.	Kooperation, menschliche Werte ersetzen das Gewinnen. Spiele hart, spiele fair, verletze niemand.
Kurzsichtige Ausbeute der Ressourcen.	Ökologisch, sensibel gegenüber Folgekosten, verwalten, haushalten.
Rational – nur Daten vertrauen.	Rational und intuitiv. Datenlogik wird erweitert durch Ahnung, Gefühl, Scharfblick, holistischen Sinn für Strukturen.
Zentralisierte Unternehmen,	Dezentralisierte Operation, wo immer möglich, Mensch als Maßstab.

Paradigmenwandel in der Erziehung

Altes Paradigma	Neus Paradigma
Betonung der Inhalte in der Absicht, sich ein für allemal einen »Satz richtiger Informationen« anzueignen.	Betont wird, das Lernen zu lernen! Wie man gute Fragen stellt, die Aufmerksamkeit auf die richtigen Dinge lenkt, offen ist für neue Konzepte und wie man sie untersucht. Zur Information Zugang zu haben. Was man jetzt weiß, kann sich ändern. Wichtig ist der Sinn-Zusammenhang.
Lernen ist das Ergebnis – ein Ziel.	Lernen ist ein Prozeß – eine Reise.
Vorrang hat: etwas zu machen, etwas zu leisten.	Vorrang hat das Selbstverständnis – der Motor der Handlung und Leistung.
Betonung analytischen, linearen linkshemisphärischen Denkens.	Zielt auf Erziehung des ganzen Gehirns ab. Steigert die linkshemisphärische Rationalität durch holistische, nichtlineare und intuitive Strategien.
Befaßt sich mit Normen.	Befaßt sich mit den individuellen Leistungen. Sieht sie als Ausdruck eines Potentials.

Paradigmenwandel im Management

Das traditionelle Management verlangte, daß z.B. Störfaktoren nach der alten klassischen Methode behandelt werden mußten: Die Ursache wird erkannt und an Ort und Stelle mit raschen, wirksamen Maßnahmen behoben. Ist der Mitarbeiter der Störfaktor, so hat er sich so anzupassen, daß die Störung verschwindet.
Der neuzeitliche Manager betrachtet erst das gesamte Umfeld, er beobachtet sehr genau und macht sich dann ein Bild vom Gesamten. Er trifft lediglich Sofortmaßnahmen zur Entlastung des momentanen Drucks. Er handelt erst, wenn er alle Zusammenhänge klar erfaßt hat, besonders auch jene Prozesse, die zwischen den Dingen und den Menschen ablaufen.
Wenn er eingreift, hat er sich nicht endgültig für eine Maßnahme entschieden, sondern er läßt sich Raum zur Korrektur, um zu prüfen, ob seine Hypothese richtig ist. Er scheut sich nicht,

seinen Kurs wieder zu verändern und eine neue Ressource falls sich wider Erwarten keine neue Entwicklung einstellt.
Es gibt kein »Richtig« oder »Falsch« mehr, sondern nur das jeweilig Vorhandene. Der neuzeitliche Manager hat erweiterte Wahrnehmungsmöglichkeiten, die sich nicht mehr nur auf das Sammeln von Daten und Fakten beschränken – er sieht die Zusammenhänge aller Daten im sachlichen und im menschlichen Umfeld.

In der *traditionellen Denkweise* mußte das Denken von Stimmungen, Gefühlen und Subjektivitäten gereinigt werden, um zur »wahren Objektivität« zu gelangen.
Heute weiß man, daß es *die* Objektivität nicht gibt, sondern daß der Betrachter nur das sieht, was er sehen will. Das sogenannte »Richtige« oder »Objektive« ist höchstens das Ergebnis einer stillen oder ausgehandelten sozialen Übereinkunft und kann nicht als letzte Wahrheit beansprucht werden.
Diese Erkenntnis führt fast zwangsweise zu einer logischen Konsequenz, die da heißt: Die Fragen der Unternehmen der Zukunft beginnen nicht mehr mit »Was« sondern mit »Wie«:
- Wie gehen wir miteinander um?
- Wie sehen wir uns?
- Wie wird gehandelt?
- Wie wird entschieden?

Unternehmen werden betriebswirtschaftlich heute immer noch wie Apparate behandelt und dementsprechend technologisch geführt. Das drückt sich mancherorts auch in dem Wort »Führung« aus, wenn darunter lediglich das Verteilen von organisatorischen Aufgaben verstanden wird.

Selbstverantwortliche und mündige Mitarbeiter

Die Konsequenz muß also heißen: Weg vom Schachfiguren-Verständnis – hin zur Selbstorganisation. Stellen Sie sich dazu Ihr Unternehmen als einen Ameisenhaufen vor, der sich auf geheimnisvolle Weise weitgehend selbst regulieren kann – ohne zu leiden oder unterzugehen. Auf die Zukunft übertragen, bedeutet dies: Die Akzeptanz gesunder, sich selbst entfaltender Kräfte in einem Unternehmen bedarf keiner Führung mehr, die kontrolliert, steuert, kommandiert und dauernd Ziele setzt und deren Abweichungen korrigiert.

Mitarbeitermotivation geschieht nicht mehr dadurch, daß von außen Anreize (Incentives) geschaffen werden, um damit zu ködern, frei nach dem Motto »Mach ich's wie bei einem Esel, halte ich meinem Mitarbeiter eine Möhre vor die Nase, dann wird er schon laufen.« (Macht der Esel nämlich gerade eine Heudiät, pfeift er auf die Möhre und bewegt sich auch nicht einen Millimeter mehr.)
Bei dieser Denkweise gilt der mitarbeitende Mensch nur als Manipulationsmasse und ist Opfer von Fremdsuggestion.
Nein, Motivation entsteht dadurch, daß im Unternehmen ein Geist der Begeisterung herrscht. Einer persönlichen Entfaltung des einzelnen steht nichts mehr im Wege. Es wird grundsätzlich angenommen, daß jeder von Haus aus Leistungsbereitschaft mitbringt.
Bei schwacher Leistung müssen Sie aber prüfen, ob die Ursache eventuell an der fehlenden Leistungsfähigkeit oder der fehlenden Leistungsmöglichkeit liegt.
Setzen Sie den Hebel ausschließlich an der Bereitschaft an, wird dies zu einer Verstärkung der Demotivation führen und somit zu einem weiteren Leistungsverlust, da der Mensch den Eindruck gewinnt, man zweifele an seinem Leistungswillen.
Prüfen Sie statt dessen die Leistungsfähigkeit der Mitarbeiter: Ist sein/ihr Wissensstand für diesen Posten ausreichend? Liegt seine/ihre Begabung eher auf einem anderen Gebiet etc? Oder prüfen Sie Leistungsmöglichkeit: Sind alle technischen Voraussetzungen gegeben? Hat er/sie alle Hilfsmittel, die notwendig sind etc?

Nach der Betrachtungsweise der Selbstorganisation »evolutioniert« sich ein Unternehmen von selbst.
Die Grundlagen dafür müßten sein:
- Hierarchien werden flacher.
- Der einzelne erhält mehr Verantwortung und Handlungsspielraum.
- Informationen fließen ausgezeichnet.
- »Sägegeräusche« an Stühlen verschwinden.
- Persönliche Machtansprüche spielen keine Rolle mehr.

Das Unternehmen der Zukunft hat die Energie, bei dosierter Lenkung den ihm angemessen, gesunden Fortschritt aus sich selbst zu leisten. Führung gestaltet sich in dieser neuzeitlichen Denkweise zu einer viel differenzierteren und delikateren Einflußnahme, die sich in erster Linie an der Kultur, den Menschen, der Entwicklung der Geschäfte und an dem »Wie« orientiert. Das fordert Einfühlungsvermögen, Vertrauen, soziales Engagement, Beziehungsfähigkeit, Nachdenklichkeit.
Und spätestens hier kommen Ihnen einige Begriffe bekannt vor, da es sich bei den genannten Bezeichnungen um sogenannte »weibliche« Tugenden handelt – alles Tugenden, die im Führungsverständnis der Vergangenheit bislang noch keinen Platz hatten.

»Männliche« und »weibliche« Eigenschaften

Im herkömmlichen Führungsverständnis aber war oder ist Durchsetzungsvermögen, logische Denkweise, Autorität, Dominanz, Überzeugungskraft und Aggression gefragt.

Und nun? –
Sehen wir uns die Arbeit unseres Gehirns näher an.

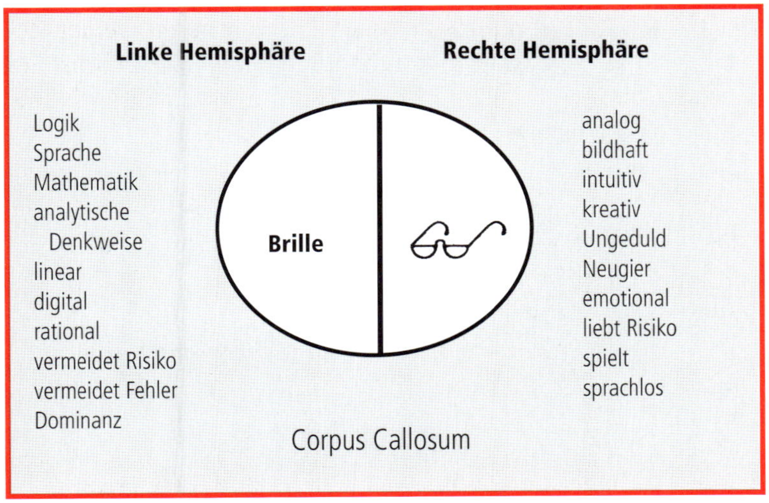

Durch den Nervenstrang (Corpus Callosum), welcher die beiden Hirnhälften miteinander verbindet, werden Informationen beider Hirnhälften zusammengeführt: D.h. zu der digitalen Information des Wortes B/R/I/L/L/E, welche in der linken Hirnhälfte nur als Buchstabenfolge ankommt, wird erst durch die Ergänzung des dazu passenden Bildes aus der rechten Hirnhälfte eine komplette Darstellung des Begriffs *Brille*.
Nach neuesten wissenschaftlichen Erkenntnissen ist der Corpus callosum bei Frauen größer. Somit sind wir sehr viel schneller in der Lage, Informationen durch beide Gehirnhälften zu jagen und somit blitzartig komplexere Zusammenhänge zu erkennen.
Auf das Führungsverständnis der Vergangenheit angewendet, bedeutet dies, daß der linken Hirnhälfte dort nach wie vor eine wesentlich wichtigere Rolle eingeräumt, die rechte Hirnhälfte dagegen eher ignoriert wird.
Wenn z.B. eine neue Büroeinrichtung angeschafft werden soll, erkennen wir Frauen sofort sowohl den rein nützlichen als auch den Wohlfühl-Aspekt. Reden wir dann über das Wohlfühlen, wird dieser Aspekt oft als unwichtig bewertet, da Ergonomie und Funktionalität im Faktendenken eine höhere Rangordnung haben.
Daraus entstehen dann Schlußfolgerungen wie: Frauen kommen nie zur Sache! Aber wer entscheidet denn, was »Sache« ist?
Weitere linkshirnige Muster sind: »Alles, was Spaß macht, taugt am Arbeitsplatz nichts.« – »Dienst ist Dienst, und Schnaps ist Schnaps.« – »Ordnung muß sein.« – »Erst die Arbeit, und dann das Vergnügen.«
So, schon sind wir wieder mitten in der »normalen« Denkweise und entdecken, daß wir Frauen im Grunde so nie gedacht haben. Sicherlich, manch »männlichen« Grundsatz haben wir uns zu eigen gemacht, um damit eine bestehende Ordnung als solche zu respektieren. Aber es war nie unsere Welt.

Womit wir eher zu kämpfen haben, ist unser ausgeprägtes Harmoniebedürfnis:

- Lieber auf ein klares Wort verzichten, als einen Konflikt heraufzubeschwören.
- Lieber eine unangenehme Aufgabe selbst erledigen, als es jemand anderem zuzumuten.
- Lieber mehr Zurückhaltung als Machtanspruch.

Daraus resultierende Vorurteile sind:

- Setzen Frauen sich durch, haben sie Haare auf den Zähnen.
- Bleiben sie im Hintergrund, sind sie inkompetent.
- Frauen denken unlogisch.
- Frauen bekommen ihre Tage und sind dann nicht zu ertragen.
- Frauen reden zuviel über unnütze Dinge. Sie kommen nicht zur Sache.
- Werden Frauen wütend, sind sie hysterisch.
- Frauen sind zu emotional.

Mit diesen und vielen anderen Vorurteilen müssen wir leben. Wir können über Jahrhunderte gewachsene Kaderstrukturen nicht ändern.

Betrachten wir noch einmal sogenannte »weibliche Schwächen«:

- Frauen äußern Kritik eher diplomatisch (und werden nicht ernst genommen).
- Sie halten sich mit Selbstdarstellung und Redebeiträgen eher zurück. (Beiträge von Frauen werden von Männern nicht beantwortet, sondern bewertet.)
- Bei erlebten Drohungen: Rückzug statt Kampf.
- Frauen schwächen Härten eher ab (z.B. durch »Entschuldigung« oder »danke«).
- Frauen spielen die eigene Autorität eher herunter (»Bin hier nur die Hausfrau.«).
- Frauen bestätigen Gesagtes; sie sind beim Zuhören eher reagierend als agierend.
- Frauen stellen häufig Fragen.

Dies alles sind, meiner Meinung nach, blendende Voraussetzungen für den neuzeitlichen Führungsstil.

Und nun zu den sogenannten »männlichen Stärken«:

Spiel! Satz! Sieg!

- *Männer haben eine Machermentalität:* Schon kleine Jungen zeigen weniger Angst und mehr Abenteuerlust als Mädchen, für das Erklimmen der Karriereleiter gute Voraussetzungen.
- *Streitlust:* Die »rituelle Opposition« macht Freude. (Ich knalle dem Gegner erst mal eine verbale Hürde – Angriff, Beleidigung – in den Weg, und er muß sie wegräumen.)
- *Eigenwerbung:* Männer sorgen dafür, daß sie nicht übersehen werden, durch lautes Auftreten oder Dominieren.
- *Eigenlob:* Männer reden oft davon, was sie gut können, selten über ihre Mängel.
- *Gefühlskontrolle:* Ärger im Job? Männer kämen nie auf die Idee, vor ihrem Chef zu weinen.
- *Egoismus:* Männer investieren mit größerer Selbstverständlichkeit in sich selbst. Sie leisten sich eher teure Statussymbole.
- *Schweigen:* Männer machen Probleme mit sich selbst aus, tragen das Herz nicht auf der Zunge, gelten dadurch als schwerer angreifbar.

In krassem Gegensatz dazu stehen die »alten« Wunschvorstellungen mit aktueller Gültigkeit:

Alte weibliche Muster*

1. **Sei attraktiv:**
   Eine Frau ist so gut, wie sie aussieht.
2. **Sei eine Dame:**
   Eine Frau verliert nie die Selbstbeherrschung.
3. **Sei selbstlos:**
   Eine Frau ist zum Geben geboren.
4. **Leiste Beziehungsarbeit:**
   Eine Frau ist von Kopf bis Fuß auf Liebe eingestellt.
5. **Sei kompetent und klage nicht:**
   Eine Frau schafft alles und wirkt nie überfordert.

Fassen wir das bisher Gesagte einmal zusammen:

1. Der autoritäre Führungsstil ist out (nur situativ einsetzbar nicht als grundsätzliches Führungsverständnis).
2. Die Kooperation wird immer wichtiger (Hierarchien verschwinden, Informationswege werden kürzer, Verständigung ist das Zauberwort.)
3. Der neuzeitliche Führungsstil verlangt reife Menschen, die um der Sache willen auf egoistische Machtansprüche verzichten.
4. Motivation geschieht nicht mehr durch Anreize von außen.
5. Männer sind die Macher, Frauen sind die Unterstützer.
6. Frauen haben blitzschnellen Zugriff auf beide Gehirnhälften und denken dadurch komplexer.

Daraus leite ich jetzt mal ganz vorsichtig (typisch Frau) logisch (weniger typisch) ab:
Wenn wir, allen Punkten folgend, u.a. auch die typischen Unterstützer der Macher sind, um zugunsten des Großen und Ganzen auf eigene Machtansprüche zu verzichten, dann sind die Macher von morgen:

Wir Frauen.

Denn offensichtlich beherrschen wir von Natur aus die oben erwähnten Spielregeln, welche für die Führung der Zukunft so dringend benötigt werden!
Werfen wir nun männliche und weibliche Führungsqualitäten zusammen, sieht das Frauenbild der Zukunft so aus:

Neue weibliche Muster*

1. **Achte auf dein Wohlbefinden:**
   Eine bewußte Frau bewertet es höher, sich wohlzufühlen, als gut auszusehen.
2. **Sei offen:**
   Eine bewußte Frau sagt frei, was sie denkt und fühlt.
3. **Sei verständnisvoll:**
   Eine bewußte Frau fühlt mit anderen, ohne sich deren Probleme aufzuladen.
4. **Fördere persönliches Wachstum:**
   Eine bewußte Frau gibt sich selbst und anderen Kraft.
5. **Sei entschlossen:**
   Eine ausgeglichene Frau setzt Grenzen.

Quintessenz:

Wir Frauen sind zum Führen geboren und entsprechen dem Idealbild der Führungskraft der Zukunft.

* Claudia Bepko und Jo-Ann Krestan: Das Superfrauen-Syndrom

Literatur

Karl Kälin und Peter Müri (Hrsg.): Führen mit Kopf und Herz. Thun 1995

Karl Kälin und Peter Müri (Hrsg.): Sich und andere führen. Thun 1993

Roland Spinola: Das Hirn-Dominanz-Instrument. Offenbach

Harald Scheerer: Erfolgreich führen durch überzeugen. München 1985

Deborah Tannen: Job Talk. Hamburg 1995

Claudia Bepko und Jo-Ann Krestan: Das Superfrauen-Syndrom. Frankfurt am Main 1994

Gerd Gerken: Management by Love. Düsseldorf 1990

Reinhard K. Sprenger: Mythos Motivation. Frankfurt am Main 1997

Irene Rieger /Gudrun Anne Schwegler

Die Unternehmerfrau im Handwerk – Initiatorin und Gestalterin betrieblicher Personalentwicklungs- und Marketingprozesse

Irene Rieger, geboren 1949, ist Diplom-Pädagogin mit den Schwerpunkten Betriebs- und Führungspädagogik, Zusatzausbildung in Betriebswirtschaft, systemischer Beratung und Familientherapie. Mehrjährige Berufserfahrung als Führungskraft im Familienunternehmen. Autorin zu Fragestellungen der Qualifikation der Mitarbeiter im Handwerk.

Gudrun Anne Schwegler, geboren 1959, Erstausbildung im Hotelfach, später Pädagogik-Studium mit Abschluß Diplom, zusätzliche Abschlüsse als Betriebs- und Führungspädagogin. Mehrjährige Erfahrung als Führungskraft, Trainerin für Kommunikation und Projektmanagement, Beratung für klein- und mittelständische Unternehmen (Personalentwicklung, Weiterbildungskonzepte, Lernprojekt-Entwicklung, Transfermanagement).

»Behandelt die Menschen so, als ob sie schon so wären,
wie Ihr sie haben wollt – es ist der einzige Weg, sie dazu zu machen.«

Johann Wolfgang von Goethe

Die Ausgangslage

Der wirtschaftliche Strukturwandel zwingt jedes Unternehmen, sich intensiv mit einem veränderten Markt und einem veränderten Kundenverhalten auseinanderzusetzen. Marktvorsprung läßt sich nicht allein durch Rationalisierungen sichern. Reine Preiskämpfe führen ins strategische Aus. Um tatsächliche Wettbewerbsvorteile zu erreichen, steht nur der Weg einer permanenten Mitarbeiterqualifizierung offen.

Zur Erhöhung der Produktivität und der Servicequalität ist eine kontinuierliche Personalentwicklung aller Mitarbeiter/innen vonnöten. Dies gilt auch für die Beschäftigten kleinerer Handwerksbetriebe.

Die meisten Mitarbeiter/innen im Handwerk, z.B. Fachberater und Monteure, haben täglich direkten Kundenkontakt. Sie müssen sich mit den ständig steigenden Wünschen der Kunden auseinandersetzen. Diese fordern heute nicht nur eine hohe Produktqualität, sondern erwarten zusätzlich Servicequalität. Sie möchten freundlich und kompetent beraten sowie individuell und schnell bedient werden. Die Erfüllung dieser Erwartungen ist für die Kunden eine Art Meßlatte für ihre Zufriedenheit. Und Zufriedenheit fördert die Bereitschaft, weitere Aufträge zu vergeben und das Unternehmen zu empfehlen.

Der Erfolg eines Unternehmens hängt stark davon ab, wie die Mitarbeiter/innen sich beim Kunden verhalten, welches Bild vom Betrieb sie dem Kunden vermitteln und inwieweit sie bereit sind, auf Kundenwünsche einzugehen. Daraus resultieren

bestimmte Anforderungen an die Beschäftigten. Ob sie diese erfüllen oder nicht, ist hauptsächlich eine Frage der Qualifikation. Aktive betriebliche Personalentwicklungsarbeit und die Durchführung von geeigneten Weiterbildungsmaßnahmen sind hierfür notwendig.
Unternehmensspezifische Aktivitäten in Personalentwicklung und Marketing werden im Handwerk meist von den Unternehmerfrauen betreut, z.B. die Durchführung kontinuierlicher Kundenbefragungen oder die Einführung einheitlicher Arbeitskleidung. In sehr vielen Fällen initiiert die Meisterfrau wichtige betriebliche Entwicklungen und begleitet die weiteren organisatorischen Prozesse, die damit im Zusammenhang stehen. Das betrifft z.B. die Planung von notwendigen Weiterbildungsmaßnahmen oder die Organisation von Veränderungsprozessen. Weiterbildung ist gerade in Klein- und Mittelbetrieben eng mit dem Marketing verbunden, insbesonders wenn es um die Umsetzung der Marketingideen geht.

Weiterbildung im Handwerksbetrieb

In den meisten Handwerksbetrieben gilt hohes fachliches und methodisches Wissen und Können als elementare Voraussetzung für eine qualitativ gute Arbeit. Doch ist immer wieder zu beobachten, daß Kunden aus dem sozialen und persönlichen Verhalten der Mitarbeiter/innen auf deren fachliches Können schließen. Häufig können sie nämlich als Laien die fachliche Kompetenz nicht beurteilen.
Auch aus diesem Grund müssen Mitarbeiter/innen zu konsequentem kundenorientierten Denken und Verhalten befähigt werden. Sie benötigen methodische und soziale Kompetenzen, die in der fachlichen Ausbildung zu kurz gekommen sind.
Einzelne Weiterbildungsangebote verschiedener Institutionen sind zwar für Handwerksbetriebe nützlich, richteten sich aber häufig ausschließlich an Führungskräfte. Kundenkontakte während der Leistungserstellung sind jedoch sehr oft auch von gewerblichen Mitarbeitern zu pflegen. Diese verfügen zwar zumeist über viel praktisches Wissen, haben jedoch größere Defizite bei den sozialen Kompetenzen. Daraus resultiert ein Weiterbildungsbedarf, der nur durch spezifische, meist betriebsinterne Maßnahmen abgedeckt werden kann.
Die Gruppe der gewerblichen Mitarbeiter/innen wird durch die bekannten Weiterbildungsangebote nicht ausreichend angesprochen. Deshalb ist es notwendig, ein Konzept zur betrieblichen Weiterbildung zu entwickeln, das deren spezifische Lernbedürfnisse und die für diese Gruppe möglichen Lernformen berücksichtigt. Um das Ziel der vollen Kundenzufriedenheit erreichen zu können, muß die Handlungskompetenz bei allen Mitarbeiterinnen und Mitarbeitern gleichermaßen entwickelt werden.

Förderung der Handlungskompetenz als Kernaufgabe der Weiterbildung

Was verstehen wir unter Handlungskompetenz?

Unter Handlungskompetenz wird die Fähigkeit verstanden, aufgabengemäß, zielgerichtet, situationsbedingt und verantwortungsbewußt betriebliche Aufgaben zu erfüllen und Probleme zu lösen, und zwar - je nach arbeitsorganisatorischen Gegebenheiten - entweder allein oder in Kooperation mit anderen. Dabei ist auch eine gesellschaftliche Verantwortung wahrzunehmen. Es sind bekannte Handlungsmöglichkeiten ständig weiterzuentwickeln und durch Alternativen zu ergänzen. Handlungskompetenz ist ein Gefüge aus Fachkompetenz, Methodenkompetenz, Sozialkompetenz und Selbstkompetenz.
Fachkompetenz als Basis jeglicher beruflicher Qualifikation ist unverzichtbar für die Lösung beruflicher Probleme. Fachkompetente Mitarbeiter/innen verfügen über fachliches Wissen und Können, das die Aufgabenerfüllung am Arbeitsplatz ermöglicht. Dazu gehört, dieses Wissen situationsgerecht umsetzen zu können.
Methodenkompetenz ist notwendig für ein planvolles und systematisches Vorgehen. Dazu gehört auch, Mitarbeiter anzuleiten, das eigene Wissen und Können ständig zu aktualisieren und weiterzugeben.
Sozialkompetenz beinhaltet das Wahrnehmen von Gedanken, Gefühlen und Einstellungen sowie eine situations- und personenbezogene Verständigung. Sie ist notwendig für die tägliche Zusammenarbeit im Betrieb. Im Kontakt mit Kunden trägt sie zur Vertrauensbildung bei und bewirkt ein kompetentes, professionelles Auftreten. Sozialkompetenz ist im Kundenkontakt

notwendig, um bestehende Ängste abzubauen und damit die Sicherheitsbedürfnisse zu befriedigen.

Selbstkompetenz bedeutet, bestimmte persönliche charakterliche Einstellungen, Werthaltungen und Orientierungen zu besitzen und der eigenen Überzeugung gemäß handeln zu können. Sie ist erforderlich für Menschenführung und zur Entwicklung von Teams, nicht zuletzt auch für die eigene Persönlichkeitsentwicklung.

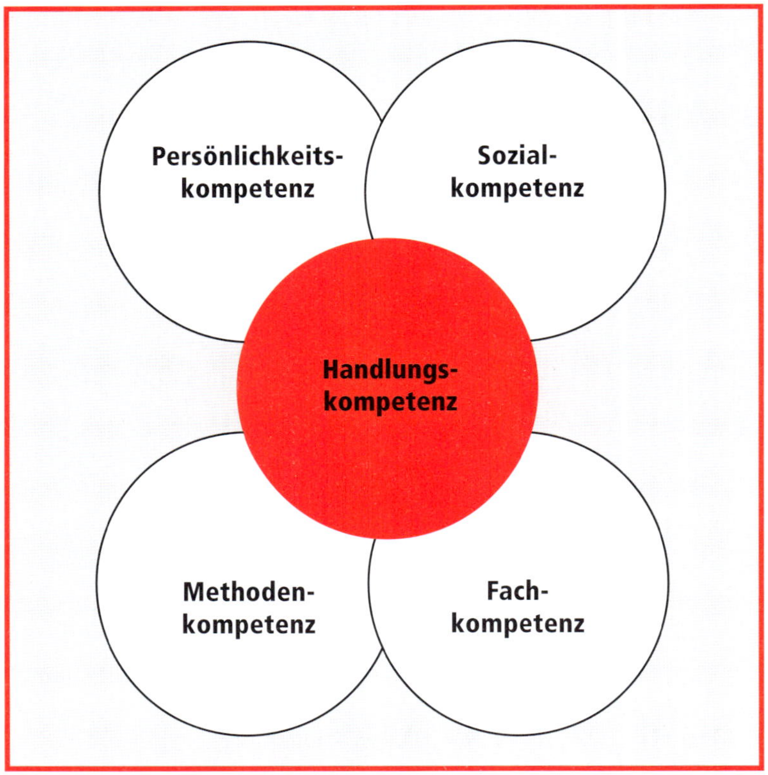

Abb. 1 Verzahnung der Kompetenzen

Die Entwicklung von Handlungskompetenz ist ein ganzheitlicher Prozeß. Dabei werden Fähigkeiten gefördert, die zur Bewältigung der heutigen und der zukünftigen Anforderungen an das Unternehmen notwendig sind. Die Entwicklung der gesamten Persönlichkeit der Mitarbeiter/innen ist dabei als fortschreitender Prozeß zu begreifen und zu gestalten. Das bedeutet: Mitarbeiter/innen befinden sich, wie die Führungskräfte, in einem permanenten Lernprozeß.

Wie zeigt sich Handlungskompetenz?

Handlungskompetenz ist im betrieblichen Alltag bei folgenden Fragestellungen tangiert:

• In welcher Art und Weise werden die unterschiedlichen Arbeitssituationen bewältigt?
Beispiel: Die Anlieferung einer Maschine auf der Baustelle ist dadurch behindert, daß die Einfahrt durch mehrere Fahrzeuge verstellt ist. Wegen der Mittagspause ist jedoch kein Mensch auf der Baustelle zu sehen. Die Arbeiten können folglich nicht ausgeführt werden. Ein handlungskompetenter Mitarbeiter verläßt die Baustelle erst, wenn er das Problem gelöst oder eine Alternativlösung mit dem Chef besprochen hat und diese umsetzen konnte.

• Setzen die Mitarbeiter/innen das vorhandene Wissen kreativ und vorausschauend im beruflichen Tätigkeitsfeld um?
Beispiel: Bereits aus den schriftlichen Auftragspapieren ist ersichtlich, daß der geplante Einbau einer Heizungsanlage mit Schwierigkeiten verbunden ist. Ein handlungskompetenter Mitarbeiter klärt die erkennbaren möglichen Probleme im Vorfeld. Er sucht im Kontakt mit dem Chef und dem Kunden nach alternativen Lösungen.

• Arbeitet ein/e Mitarbeiter/in selbständig und zeigt kooperatives Verhalten?
Beispiel: Mitarbeiter auf der Baustelle erstellen ein Aufmaß, dessen Zahlenwerte für ein Angebot verwendet werden. Ein handlungskompetenter Mitarbeiter mißt sehr genau und notiert diese Werte gut lesbar. Er weiß, daß Fehler und Ungenauigkeiten beim Aufmaß negative Konsequenzen für alle nachfolgenden Arbeitsabläufe und am Ende für den Betrieb haben. Er möchte, daß seine Kollegen diesen Auftrag so schnell und gut wie möglich weiterbearbeiten können.

• Verfügen die Mitarbeiter/innen über eigenes Entscheidungs- und Gestaltungspotential?
Beispiel: Der Schlosser hat bei dem Einbau eines Treppengeländers die Tapeten im Treppenhaus beschädigt. Als handlungskompetenter Mitarbeiter überprüft er sein Arbeitsergebnis. Er beseitigt entstandenen Schaden sofort oder kümmert sich verantwortlich darum. Zusätzlich verbessert er die Arbeitsabläufe kontinuierlich, so daß dieser Fehler nicht mehr auftritt.

Handlungskompetente Mitarbeiter/innen verfügen also zur Bewältigung alltäglicher und beruflicher Anforderungen über bestimmte Handlungsmuster. Sie greifen dabei aktiv auf vorhandene Fähigkeiten zurück, auf ihr Wissen und auf ihre Berufserfahrung.

Handlungskompetente Mitarbeiter/innen verfügen über »überschüssiges« Wissen und Können, das nicht unmittelbar am Arbeitsplatz zur Geltung gebracht wird. Dieses Mehr ist jedoch das, was sie dazu befähigt, unerwartete Probleme und Schwierigkeiten in der täglichen Arbeitssituation besser, schneller und im Sinne des Betriebs zu lösen. Wenn ein Mitarbeiter über seine eigene Tätigkeit hinaus Bescheid weiß, dann wird er Unternehmenszusammenhänge viel realistischer beurteilen und stärker im Sinne des Unternehmens handeln. Ein Beispiel ist die Preisgestaltung, die ein Arbeiter oft nicht nachvollziehen kann.

Voraussetzungen für die Entwicklung von Handlungskompetenz

Handwerksbetriebe verfügen in der Regel nicht über spezielle Mitarbeiter/innen für Personalentwicklung und Marketing. Hohe Kosten und eine zu geringe Arbeitsauslastung sprächen dagegen. Dabei müssen Handwerksbetriebe aber nicht gänzlich auf betriebliche Weiterbildung verzichten.

Für die Entwicklung von Handlungskompetenz gibt es keine einheitliche Lösung. Jeder Betrieb entwickelt seine eigene Dynamik und findet einen eigenen Weg. Effektive betriebliche Weiterbildung in Handwerksbetrieben basiert dabei auf folgenden drei Punkten:

- Eine positive Einstellung der Unternehmensführung zur Weiterbildung. Diese zeigt sich darin, daß der Unternehmer und die Unternehmerfrau sich selbst ständig weiterbilden. Zusätzlich vermitteln sie diese Grundeinstellung ihren Mitarbeiterinnen und Mitarbeitern, indem sie z.B. auf Lernchancen in der täglichen Arbeit aufmerksam machen.
- Es besteht die Möglichkeit für alle Mitarbeiter/innen, an Weiterbildungsmaßnahmen teilzunehmen. Wichtig ist, aus der Vielzahl der Angebote die für den eigenen Betrieb und die eigene Mannschaft geeigneten herauszufinden. In Frage kommen z.B. EDV-Kurse, Verkaufstraining, Zeitmanagement, Gesprächsführung, Umgang mit Kunden.
- Es ist ein betriebsinternes Weiterbildungskonzept vorhanden. Dieses ergänzt die externen Weiterbildungsmaßnahmen und ist speziell auf die besonderen Anforderungen des Betriebs abgestimmt. Bei der Gestaltung dieses dritten und wichtigsten Bereichs spielt erfahrungsgemäß die Unternehmerfrau im Handwerk eine wichtige Rolle.

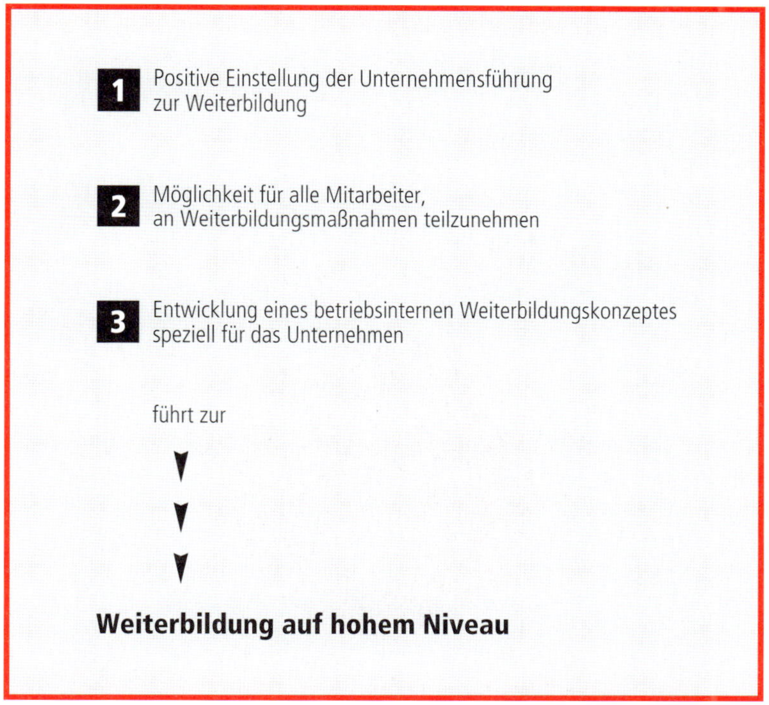

Abb. 2 Konzept für eine wirkungsvolle betriebliche Weiterbildung (Rieger 1995)

Werben und Arbeiten mit handlungskompetenten Mitarbeiter/innen

Handlungskompetente Mitarbeiter/innen sind ein erfolgversprechender Weg, um die gesetzten Unternehmensziele zu erreichen. Sie verbessern kontinuierlich die Qualität ihrer Leistung und erhöhen darüber die Kundenzufriedenheit, sie sorgen aber auch für eine gute Außenwirkung Ihres Unternehmens. Handlungskompetente Mitarbeiter/innen werben jeden Tag für Ihr Unternehmen.

Gerade kleinere und mittlere Handwerksbetriebe wollen und können keine kostenspieligen Werbemaßnahmen ins Leben rufen. Daher sind sie eher auf eine positive Mund-zu-Mund-Pro-

paganda angewiesen, übrigens eine der effektivsten Werbestrategien überhaupt. Doch diese Art von Werbung ist nicht einfach zu beeinflussen oder zu nutzen. Persönliche Empfehlungen werden nur aufgrund persönlicher Überzeugungen ausgesprochen. Daher ist hierfür die Qualität der Leistung und die Erfüllung der Kundenerwartungen besonders wichtig.
Doch die Führungskräfte müssen sich notwendigerweise zuvor über das *Wohin* und *Was* einer solchen Strategie Klarheit verschaffen. Sie haben schließlich nichts zu verschenken, sondern wollen gezielt investieren und ein bestimmtes Ergebnis damit erreichen.

Wenn gezielte Personalentwicklungsmaßnahmen zum Erfolg führen sollen, sind u.a. folgende Fragen zu klären:

- Welche Unternehmensziele strebt das Unternehmen in den kommenden fünf Jahren an? Welche Strategie führt zu diesem Ziel?
- Reichen die eigenen und die Kompetenzen der Mitarbeiter/innen aus, um diese Ziele zu erreichen? Welche Kompetenzen sind vorhanden? Welche werden benötigt? Inwieweit weicht der Ist-Zustand von dem erforderlichen Soll-Zustand ab?
- Welche betrieblichen Veränderungen haben in letzter Zeit stattgefunden? Wie wurden diese bewältigt? Was sollte verbessert werden?
- Welche Veränderungen sind in nächster Zeit zu erwarten (z.B. organisatorische Umstrukturierungen, Erhöhung/Verminderung der Personalstärke, Neuanschaffung einer Produktionsmaschine, Entwicklung eines neuen Produkts)?

Zahlreiche Veränderungen im betrieblichen Umfeld weisen bereits heute auf Weiterbildungsnotwendigkeiten hin. So hat sich beispielsweise der Markt von einem Verkäufermarkt zum Käufermarkt entwickelt; Produkte und Dienstleistungen können nur noch über eine hohe Kundenorientierung und eine hervorragende Servicequalität abgesetzt werden. Neue Technologien, neue Produkte und neue Dienstleistungen verändern die Marktsituation ständig; Gesetze und Verordnungen, z.B. im Umweltschutz, erzwingen eine Überarbeitung der Verfahren und Methoden. All diese Entwicklungen werden nicht nur in der Fachwelt diskutiert, sondern sind auch Thema in Publikumszeitschriften, Kundenzeitungen (z.B. von Bausparkassen), Informa-

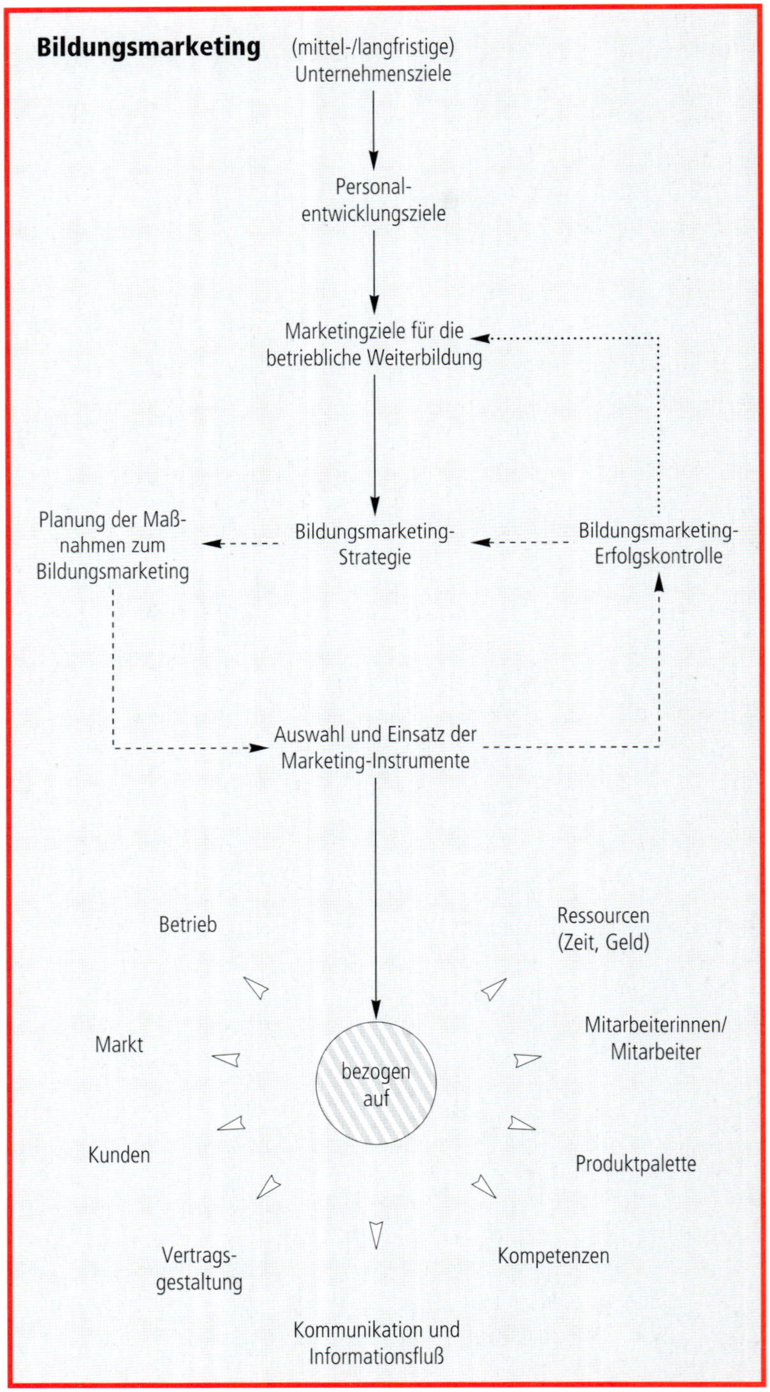

Abb. 3 Übersicht über Bildungsmarketing (Rieger/Schwegler 1997)

tionsmaterial (z.B. von Umweltschutzvereinen) und der Berichterstattung durch Rundfunk und Fernsehen (z.B. in Verbrauchermagazinen). Diese Aufklärung macht auch vor dem Kunden nicht halt; er weiß mehr als früher, stellt in vermehrtem Maße Fragen und erwartet kompetente Antworten. Deshalb ist es notwendig, Mitarbeiter/innen mit diesem Wissen zu versorgen. Dazu sind im Betrieb Lerngelegenheiten zu schaffen, um Mitarbeiter/innen mit allen wichtigen betrieblichen Fragestellungen und möglichen Antworten zu konfrontieren. Schließlich wollen sie ihren »König Kunde« mit der Leistung des Unternehmens zufriedenstellen.

Die Qualität der Leistung bemißt sich schon lange nicht mehr nur an der fachgerechten Ausführung. Viele Unternehmen werben schon seit langem mit einem guten Service, Freundlichkeit, Zuverlässigkeit und Schnelligkeit. Doch solche Werbeversprechen sind wirkungslos und problematisch, wenn sie nicht Tag für Tag von den Mitarbeiter/innen im Kundenkontakt eingelöst werden.

Aus diesem Grunde sind die betroffenen Mitarbeiter/innen auch an geplanten Marketingstrategien zu beteiligen. Ist z.B. die Kernaussage der Werbebotschaft Schnelligkeit, dann müssen die Mitarbeiter/innen nicht nur ihre Dienstleistung schnell erbringen, sondern auch schon nach ein- oder zweimaligem Klingeln das Telefon abnehmen, Angebote zügig abgeben, Briefe schnell beantworten, kurzfristig Montagetermine vereinbaren können, bei Reklamationen sofort vor Ort erscheinen u.v.m.

Die Unternehmerfrau motiviert »Lust auf Lernen«

Wenn Unternehmensziele zuverlässig erreicht und Marketingstrategien erfolgreich umgesetzt werden sollen, dann muß im Unternehmen auch über betriebsspezifische Weiterbildungsmaßnahmen nachgedacht werden. Denn erfahrungsgemäß sind nicht alle für diese Ziele notwendigen Fähigkeiten und Kenntnisse bei den Mitarbeiter/innen vorhanden.

Zudem ist bei einigen Mitarbeiter/innen u.U. die Lust auf Lernen nicht besonders groß. Für viele ist Lernen ungewohnt oder mit schlechten Erfahrungen verknüpft, z.B. aus der Schulzeit. Deshalb kann nicht erwartet werden, daß sich alle Mitarbeiter/innen spontan und freiwillig dem notwendigen Lernprozeß stellen.

In kleineren Familienunternehmen liegt es meist in der Verantwortung der Unternehmerfrau, die Mitarbeiter/innen mit Weiterbildung in Kontakt zu bringen. Vielfach muß sie dabei erst einmal für Weiterbildung werben; sie betreibt im Betrieb Bildungsmarketing. Sie stellt die Bedeutung von Weiterbildung heraus, geht mit gutem Beispiel voran, organisiert den Informationsfluß von und zu den Mitarbeiter/innen in den Fragen der Weiterbildung, motiviert die Beschäftigten zum Lernen (vor allem diejenigen, die es besonders nötig haben), kontrolliert den Lern- und Umsetzungserfolg – z.B. in Kundenbefragungen und Mitarbeitergesprächen – und arbeitet damit Schritt für Schritt an der Umsetzung der Unternehmensziele.

Schlüsseldaten für eine erfolgreiche Weiterbildung

Unternehmensziele

Eine erfolgversprechende betriebliche Weiterbildung kann nur auf der Basis einer klaren Unternehmensanalyse und klar formulierter Unternehmensziele konzipiert werden. Das setzt eine einheitliche Vorgehensweise in der gesamten Unternehmensführung voraus.

Ein Beispiel soll dies verdeutlichen: Jeder Betrieb hat Grundmerkmale, die in Stärken und Schwächen von konkreten Situationen aller beteiligten Menschen ihren Ausdruck finden. Um einen Betrieb weiterzuentwickeln, müssen diese Gegebenheiten bewußt gemacht werden, denn sie dienen als Fundament für die Planung der weiteren Maßnahmen. Ohne dieses Fundament kann Weiterentwicklung nicht stattfinden. Und auf Weiterentwicklung - in welche Richtung auch immer - muß der Betrieb zuerst eingerichtet werden. Hat die Führung unklare und wechselnde Zielvorstellungen, bemißt sie z.B. ihren Unternehmenserfolg gestern am Umsatz, heute am Arbeitstempo der Mitarbeiter und morgen an der Kundenzufriedenheit, verunsichert sie ihre Mitarbeiter/innen und Kunden permanent. Nur wenn Mitarbeiter/innen im eigenen Betrieb, aber auch Lieferanten und Kunden im betrieblichen Umfeld einen klaren Weg erkennen, können sie ihn mitgehen.

Motivation der Mitarbeiter

Je mehr die betriebsspezifischen Grundmerkmale beachtet werden, um so eher können Hemmnisse, wie auftretende Motivations- und Lernprobleme, beseitigt werden. Um Einblicke in

das Grundmuster des Betriebs, die sogenannte Unternehmenskultur, zu gewinnen, ist eine sorgfältige Ist-Analyse notwendig. Sie gibt Hinweise auf gewachsene Strukturen, durch Routine eingeschliffene Arbeitsabläufe, individuelle Sicht- und Verhaltensweisen sowie unausgesprochene Wert- und Denkhaltungen. Diese bestimmen das Verhalten der Mitarbeiter/innen in ihrer täglichen Arbeit und prägen darüber das Erscheinungsbild des Betriebs in der Öffentlichkeit.
Ein neues Image, neue Denkmuster oder neues Verhalten lassen sich dabei nicht von heute auf morgen einfordern, sondern müssen von jedem einzelnen im Rahmen seiner Möglichkeiten ausprobiert, durchdacht, erlernt und umgesetzt werden. Weiterbildung in diesem Zusammenhang bedeutet vor allem, Lerngelegenheiten zu schaffen und Lernsituationen zu gestalten.
Ein wesentlicher Punkt dabei ist, daß sich betriebliche Weiterbildung nicht allein an den Defiziten des Betriebs und der Beschäftigten orientiert, sondern stärker noch an den persönlichen Interessen und Stärken der Mitarbeiter/innen. Menschen sind dort erfolgreich, wo sie ihr Wissen, Können und Wollen optimal in Einklang bringen.
Das *Wollen,* d.h. die Motivation, ist dabei am schwierigsten zu beeinflussen. Schnell stößt man an Grenzen, manche Aktivitäten bewirken u.U. ungewollt Gegenteiliges. Deshalb ist es wichtig, die Interessen der Beschäftigten von vornherein zu kennen und so weit wie möglich zu berücksichtigen. Maßstab sind hierbei die gesteckten Unternehmensziele, die offen kommuniziert werden müssen. Für die Entwicklung und Erhaltung der Motivation noch wichtiger ist jedoch, daß das Unternehmerpaar selbst eine Veränderungs- und Lernbereitschaft vorlebt.

Das Unternehmerpaar als Vorbild

Oft ist dem Unternehmerpaar die Vorbildfunktion, die es innehat, gar nicht bewußt. Dabei haben das Verhalten und die Einstellungen des Handwerksmeisters und der mitarbeitenden Unternehmerfrau Signalwirkung für das Handeln und die Einstellungen der Beschäftigten. Sie messen daran die Bedeutung und den Stellenwert, die bestimmtes Verhalten, Werte oder Ansichten im Unternehmen haben. Beschäftigte orientieren sich am Führungsverhalten, am Arbeitsstil, an der Qualität der erbrachten Leistung. Der Maßstab für das eigene Handeln ist das Verhalten des Unternehmers und seiner Frau.
Dies zeigt sich auch ganz deutlich in bezug auf die Lernbereitschaft. Da im Handwerk die Mitarbeiter/innen im täglichen Kontakt mit »ihrer Führung« stehen, beeinflussen die von der Betriebsführung gezeigten Einstellungen zu Lernen und Weiterbildung die Weiterbildungsbereitschaft der ganzen Belegschaft in erheblichem Maße.
Diese Vorbildfunktion hat allerdings nicht nur positive Seiten. So können durch negative Einstellungen, zu wenig Kommunikation oder ungünstiges Verhalten die Beschäftigten in ihrer Lernmotivation gebremst werden. Statt zusätzlicher Lerneffekte entstehen schnell Lernfrust oder Resignation. Um das vorhandene Lerninteresse der Beschäftigten nicht ins Gegenteil zu verkehren, dürfen der Handwerksmeister und/oder die Unternehmerfrau nicht durch eigenes negatives Verhalten Lernen behindern.
Ein Blick in die Praxis soll dies verdeutlichen. Kompetenzentwickelndes Lernen verlangt, daß Lerninhalte ganzheitlich, also mit Kopf, Herz und Händen erfaßt werden. Daher ist es vor der Erarbeitung eines solchen speziellen Weiterbildungskonzepts unumgänglich zu klären, inwieweit das Unternehmerpaar selbst dieses ganzheitliche Bild vom lernenden Menschen akzeptiert. Können sie sich z.B. zurücknehmen und ihre Mitarbeiter/innen erproben, entdecken und planen lassen? Paßt dieses ganzheitliche Bild vom Lernen zu ihrem Führungsstil? Sind sie selbst auch gegenüber modernen Unterrichtsmethoden aufgeschlossen (z.B. Experimente, Erkundungen und Rollenspiele)?
Drückt sich das Unternehmerpaar, ist eine erfolgreiche Umsetzung des Konzepts in Frage gestellt. Auch wenn es Überwindung kostet: Es kann nur gelingen, wenn die Unternehmensführung mit gutem Beispiel vorangeht.

Pädagogische Qualifikation der Unternehmerfrau

Lehren im eigenen Betrieb braucht Erfahrung, Flexibilität und Einsatzbereitschaft. Um die betriebliche Weiterbildung unternehmensspezifisch und mitarbeiterbezogen durchführen zu können, muß man sie individuell und spezifisch gestalten. Von den Initiatoren und Durchführenden werden persönliche Eigenschaften gefordert, die den Lernprozeß bei den Mitarbeitern unterstützen.
Pädagogische Fähigkeiten sind bei den meisten Unternehmer-

frauen aufgrund ihrer familiären Erziehungserfahrungen in der Regel vorhanden. Weiterhin wichtig sind Selbstreflexion, Einfühlungsvermögen, partnerschaftliches Verhalten und die Fähigkeit zur inneren Distanz.
Die meisten Unternehmerfrauen verfügen über diese Kompetenzen. Es ist deshalb leicht nachvollziehbar, warum der Bereich Weiterbildung in kleinen Betrieben in den Händen der Unternehmerfrauen liegt. Daß sie nicht alles allein schaffen können, zeigt die Realität. Oft ist es sinnvoll, sich Hilfe von außen zu holen. Das dabei wichtige Kosten-Nutzen-Bewußtsein gehört zu einer wesentlichen Qualifikation der Unternehmerfrauen.
Der gezielte, zeitlich begrenzte Einsatz von Weiterbildungsexperten kann die Betriebe unterstützen, z.B. bei der Erstellung von Bildungsbedarfsanalysen und Qualifikationsprofilen, bei der Ausarbeitung eines spezifischen Weiterbildungskonzepts und dessen praktischer Umsetzung. Um Kosten zu sparen, können mehrere Betriebe einer Region kooperieren.

Lernen und Arbeiten als Einheit
In Handwerksbetrieben sind die Grenzen zwischen Arbeiten und Lernen meist fließend. Ein Hauptteil der Weiterbildungsaktivitäten am Arbeitsplatz wird während der Ausführung von Leistungen erbracht. Meist wird diese Form von Weiterbildung jedoch nicht als Weiterbildung wahrgenommen. Lernen und Arbeiten bilden in kleinen Handwerksunternehmen nämlich schon seit jeher eine Einheit. Dabei wird individuell und spezifisch vorgegangen: individuell danach, was die mitarbeitende Person noch nicht weiß oder kann, spezifisch aufgrund der Leistung, die jeweils bei der Arbeit im Unternehmen erbracht werden muß.
Erfahrungen zeigen immer wieder, daß der Wandel vom »alten Mitarbeiter« zum »neuen Mitgestalter« ein langfristiger Lernprozeß ist, der sich in kleinen Schritten vollzieht. Dieser Prozeß wird erschwert durch individuelle Widerstände und Lernbarrieren. Dabei werden häufig Probleme mit Symptomen verwechselt. So hilft bei einem schlechten Betriebsklima kein Kommunikationstraining, um die interne Verständigung zu verbessern. Dieses Problem liegt meist tiefer, und nur eine Erforschung der genauen Ursachen kann eine Problemlösung ermöglichen.

Praxistransfer

Einführung betrieblicher Weiterbildung im Handwerksbetrieb
Häufig werden in der Anfangssituation aus Unsicherheit und Unwissenheit Fehler gemacht, die sich negativ auf den gesamten Entwicklungsprozeß auswirken können. Deshalb sollen hier aus eigenen betrieblichen Erfahrungen heraus einige Hinweise gegeben werden:

- Planung, Durchführung und Begleitung betrieblicher Weiterbildung gehört zu den wichtigen Führungsaufgaben. Die Weiterbildung ist gezielt zu planen und umzusetzen, nach Möglichkeit sind dabei alle Beschäftigten mit einzubeziehen.
- Es müssen erwachsenenspezifische Lehr- und Lernmethoden und ein erhöhter Zeitbedarf berücksichtigt werden. Vermittlung von Vertrauen in die eigenen Fähigkeiten und die Übertragung des Gelernten auf den Arbeitsplatz spielen dabei eine besonders wichtige Rolle.
- Betriebliche Weiterbildung muß vorausschauend geplant werden; sie ist stets zukunftsgerichtet. Deshalb müssen sich alle Beteiligten für die Planung Zeit nehmen. Befindet sich das Unternehmen in einer Problemsituation und unter Druck, sollte das Vorhaben noch verschoben werden.
- Die Weiterbildung von Mitarbeiter/innen muß sich auf den zukünftigen Qualifikationsbedarf des Betriebs ausrichten, die individuellen Qualifikationen, Fähigkeiten und Interessen der Mitarbeiter/innen berücksichtigen und kontinuierlich stattfinden.
- Der Weiterbildungsbedarf wird aus den Unternehmenszielen und aus den qualifikatorischen Defiziten, die der Zielerreichung im Wege stehen, abgeleitet.
- Betriebliche Weiterbildung kombiniert interne mit externen Maßnahmen. Diese Kombination ist praxisorientiert und läßt sich in kleinen Betrieben einfacher und schneller umsetzen. Der Besuch von externen Maßnahmen muß dabei ergänzt werden durch interne Veranstaltungen, in denen das Gelernte weitergegeben wird und seine Umsetzungsmöglichkeiten im Betrieb besprochen und geübt werden.
- Weiterbildung ist auf mittel- und langfristigen Nutzen für das Unternehmen ausgerichtet; ein kurzfristiges, rein ökonomisches Interesse ist völlig fehl am Platz. Das bedeutet jedoch nicht, daß die Kosten außer acht gelassen werden sollen.

- Bei der Wahl der geeigneten Lehrmethode und der Planung der zeitlichen Abläufe sind die individuellen Lernvoraussetzungen und die Lerngewohnheiten der Teilnehmer/innen zu berücksichtigen. Unterschiede zeigen sich z.B. bei Büroangestellten und Arbeiter/innen.
- Wissen baut auf Wissen auf. Es ist leichter, etwas zu lernen, wenn man auf vorhandenem Wissen aufbauen kann. Wichtig ist daher eine klare Struktur der Lerninhalte. Auch die Vorgehensweise vom Bekannten zum Unbekannten hat sich bewährt. So wird ermöglicht, daß das Gehirn die neuen Informationen an bekannte anknüpfen kann. Die Mitarbeiter erkennen dadurch Zusammenhänge leichter, können Details sinnvoll einordnen und später neues Wissen leichter abrufen und besser anwenden.
- Nicht alle Mitarbeiter/innen verfügen über gleiche Voraussetzungen. Der Erfolg von Weiterbildung hängt von individuellen geistigen, körperlichen und sozialen Gegebenheiten der Teilnehmer/innen ab. Unter Umständen ist mit Lernstörungen und Lernwiderständen zu rechnen. Darauf sollten Unternehmen vorbereitet sein, um angemessen reagieren zu können!
- Selbständiges Denken muß geübt und erlernt werden. Dieser Prozeß benötigt Zeit. Unternehmer sollten nicht zu schnell zuviel von ihren Beschäftigten erwarten, aber auch nicht zuwenig! Mit zunehmendem Alter kann zwar die Bereitschaft abnehmen, eigene Einstellungen und Verhaltensweisen zu ändern; grundsätzlich ist die Fähigkeit dazu jedoch unabhängig vom Alter vorhanden.
- Der einzelne Mitarbeiter mit seiner eigenen Art, Lernaufgaben zu meistern, sollte nicht aus dem Blickfeld verloren werden. Ein lernender Mitarbeiter braucht ein entsprechendes Umfeld für seine Entwicklung, aber trotz bester Lerngelegenheiten bringt er letztendlich nur das zur Entfaltung, was er will und kann, wozu er also bereit und fähig ist. Betriebliche Weiterbildung hat daher auch Grenzen: »Ein Pferd kann nicht fliegen«!

Praxisbeispiel

Förderung von Problemlösungskompetenz bei den Fachberatern, den Innendienst-Mitarbeiter/innen und den Montagearbeitern im Handwerksbetrieb – eine Unternehmerfrau berichtet: »Ein spezieller Lernbedarf ergab sich aus einem organisatorischen Defizit, das sich über die Jahre eingeschlichen und bei den Mitarbeitern verfestigt hatte.

In unserem Betrieb wurden die Montagearbeiter – als Ausführende – an der Planung und Organisation von Arbeitsaufgaben nicht beteiligt. Die Auftragsabwicklung verlief so, daß die Montagearbeiter erst bei der Ausführung mit dem Auftrag in Kontakt kamen. Eine frühzeitige Beteiligung hat jedoch den Vorteil, die Berufserfahrung und das Problemlösungswissen dieser Mitarbeiter den Kundenberatern und den Kollegen im Innendienst verfügbar zu machen und in der Planung früher nutzen zu können.

Grundsätzlich sollten die Einsicht und die Bereitschaft gefördert werden, kontinuierlich die eigenen Arbeitsergebnisse zu verbessern und die Kooperation mit den anderen Mitarbeiter/innen zu erhöhen.

Dabei erschien wichtig, die Lernbiographien der Mitarbeiter/innen zu berücksichtigen. Wie in Handwerksbetrieben üblich, hatte sich der überwiegende Teil der Mitarbeiter die Art ihrer Arbeitsausführung durch Zuschauen und Ausprobieren angeeignet. Diese Form von Lernen sollte in der betrieblichen Weiterbildung anhand realer und simulierter Beispiele fortgesetzt und noch verstärkt werden.

Bei den täglichen Arbeiten auf bis zu zehn verschiedenen Baustellen war es praktisch und zeitlich jedoch nicht möglich, die Montagearbeiter an jeder Auftragsplanung zu beteiligen. Deshalb mußte mit Hilfe betrieblicher Weiterbildung eine Möglichkeit gefunden werden, durch gemeinsames Lernen das vorhandene Wissen auszutauschen. Damit wurde gleichzeitig die Möglichkeit zu gegenseitiger Unterstützung bei der Arbeit gegeben.

Um systematisches Lernen ohne unmittelbaren Handlungs- oder Entscheidungsdruck zu fördern, wurden zusammen mit allen Mitarbeiter/innen in mehreren »Lern-Meetings« Fallbeispiele aus der Praxis des Betriebsalltags bearbeitet. Die internen Mitarbeiter/innen und Montagearbeiter sollten bei der Rekonstruktion verschiedener, realer Kundenreklamationen das wesentliche Problem erkennen und Schritte zur Vermeidung ähnlicher Beanstandungen ausarbeiten.

Durch das Entdecken mehrerer Lösungsalternativen lernten sie, daß es verschiedene Wege zur Lösung eines Problems gibt. Sie verstanden nun, daß ihr Lösungsvorschlag nicht der einzig mögliche war – und damit auch nicht der einzig richtige sein mußte.

Wir wollten die teilweise teuren Fehler, die sich erst auf der Baustelle bemerkbar machten und häufig bisher nach dem

Prinzip von Versuch und Irrtum gelöst wurden, künftig vermeiden oder zumindest reduzieren.
Die Arbeitssituationen bei den verschiedenen »Lern-Meetings« waren zwar teilweise simuliert, sie trugen jedoch dazu bei, daß später die tatsächlich anfallenden Probleme sicherer und erfolgreicher gelöst wurden. So können heute Kundenberater bereits einige Problemfelder beim Besuch vor Ort erkennen. Sind sie sich selbst nicht sicher, fragen sie einen fachkompetenten Kollegen, bevor das Angebot geschrieben wird. Die Zusammenarbeit hat sich dadurch verbessert.
Fachberater, Innendienstmitarbeiter und Montagearbeiter wurden durch diese Weiterbildung zudem für die Kunden zu qualifizierteren Ansprechpartnern. Das ergaben unsere Kundenbefragungen und Rückmeldungen der Mitarbeiter. Die Montagearbeiter gehen heute vermehrt dazu über, Kunden fachkompetent zu informieren, wenn diese während der Ausführung der Arbeiten Fragen stellen, z.B. bezüglich des Materials oder der Verarbeitungsweise. Die Mitarbeiter sehen die Begegnung mit dem Kunden nun nicht mehr als Störfaktor, sondern nutzen vielmehr jede Gelegenheit, ihr Wissen anzubringen. Auch im Innendienst ist dieses Mehr an Wissen im Gespräch mit den Kunden immer wieder ein guter Marketingfaktor.
Es hat sich auch bestätigt, daß mit der Entwicklung einzelner Kompetenzbereiche, in diesem Falle der Problemlösungskompetenz, auch andere Fähigkeiten mitwachsen können. Früher haben die Montagearbeiter das Gespräch mit dem Kunden immer gescheut. Heute suchen sie zwar nicht ständig ein Gespräch mit Kunden, können aber, wenn es dazu kommt, positiv und kompetent darauf reagieren. Zudem sind sie selbst stark daran interessiert, sich über Neuerungen zu informieren und fachliche Details zu erfahren. Sie lernen freiwillig und gerne. Das können wir daran erkennen, daß sie viel mehr Fragen stellen als früher.
Mit Hilfe der dargestellten Weiterbildung unserer Mitarbeiter, die noch mehr Bereiche umschließt, haben wir unsere Unternehmensziele, die wir vor fünf Jahren formuliert haben, früher erreicht. Deutlich häufiger werden wir von Kunden weiter empfohlen. Ohne Zweifel haben die von uns gezielt, geduldig und umfassend in Gang gesetzten Personalentwicklungs- und Marketingprozesse einen entscheidenden Beitrag zur Verbesserung unserer Marktsituation geleistet.«

Fragebogen für Unternehmerfrauen im Handwerk: Testen Sie Ihre Einstellung zur betrieblichen Weiterbildung

Bitte kreuzen Sie jeweils nur eine Antwort an und übertragen Sie die Antwort auf das Auswertungsblatt!

1. Weiterbildung bedeutet in meinem Betrieb ...
a ❑ Wer zu einem Seminar darf, hat beim Chef einen Stein im Brett.
b ❑ Wer sich weiterbildet, macht Karriere.
c ❑ Wer zu einem Seminar muß, hat wohl zu viele Fehler gemacht.

2. Wie schätzen Sie das Interesse Ihrer Mitarbeiter an betrieblicher Weiterbildung ein?
a ❑ eher gering
b ❑ durchschnittlich
c ❑ starkes Interesse

3. An wie vielen Weiterbildungsmaßnahmen haben Sie selbst in den letzten drei Jahren teilgenommen?
a ❑ an gar keiner
b ❑ an 1 bis 5 Maßnahmen
c ❑ zwischen 5 und 10 Maßnahmen

4. Weiterbildung bedeutet für mich ...
a ❑ meist viel Geld für nichts
b ❑ eine sinnvolle Zukunftsinvestition
c ❑ eine notwendige Ausgabe, um marktfähig zu bleiben

5. Wer nimmt in Ihrem Betrieb an Weiterbildungsmaßnahmen teil?
a ❑ Alle Mitarbeiter werden beteiligt.
b ❑ nur die Geschäftsleitung
c ❑ Die Auswahl erfolgt eher zufällig.

6. Wann sehen Sie Weiterbildung für Ihre Mitarbeiter als sinnvoll an?

a ❑ ständig
b ❑ Wenn Probleme auftreten, z.B. viele Reklamationen.
c ❑ Wenn neue Service-Strategien eingeführt werden.

7. Wer bestimmt darüber, wer weitergebildet wird?

a ❑ Die betreffenden Mitarbeiter entscheiden selbst.
b ❑ die Geschäftsleitung
c ❑ Mitarbeiter und Geschäftsleitung entscheiden gemeinsam.

8. Wie wird in Ihrem Betrieb in Weiterbildung investiert?

a ❑ Bei uns gibt es ein Weiterbildungskonzept, nach dem die Seminarausgaben budgetiert sind.
b ❑ Nur wenn der Chef gute Laune hat, ist es möglich, über ein Seminar zu sprechen.
c ❑ Es werden grundsätzlich nur Seminare genehmigt, die einen bestimmten Betrag nicht übersteigen.

9. Was spricht Ihrer Meinung nach grundsätzlich für Weiterbildung?

a ❑ Weiterbildung ist notwendig, um konkurrenzfähig zu bleiben.
b ❑ Weiterbildung ist eine Zukunftsinvestition für jedes Unternehmen.
c ❑ Seminaranbieter und Trainer müssen auch leben.

10. Was haben Ihre Kunden und Lieferanten von Ihren Weiterbildungsmaßnahmen?

a ❑ Es stehen ihnen kompetente Ansprechpartner/innen zur Verfügung.
b ❑ Sie haben das gute Gefühl, mit einem Unternehmen zu arbeiten, das ein gutes Image hat.
c ❑ Die Produkte und Dienstleistungen werden teurer.

11. Wann soll der Betrieb in Weiterbildung investieren?

a ❑ Wenn auf dem Arbeitsmarkt Arbeitskräftemangel herrscht.
b ❑ Wenn technischer Fortschritt die Firma dazu zwingt.
c ❑ Wenn ein Unternehmen mit seinen Mitarbeiter/innen seine Unternehmensziele in einer absehbaren Zeit erreichen will.

12. Welche Bedeutung hat die Einstellung der Unternehmerfrau im Handwerk auf den Weiterbildungserfolg?

a ❑ Ihre Einstellung hat keinen Einfluß oder ist nur von untergeordneter Bedeutung.
b ❑ Mit einer positiven Einstellung zur Weiterbildung läßt sich der Erfolg erhöhen.
c ❑ Ihre Einstellung ist Erfolgsfaktor Nr. 1.

13. Welche Kompetenzen sind für einen optimalen Service erforderlich?

a ❑ Ein hohes Fachwissen ist das Wichtigste für guten Service.
b ❑ Hohes Fachwissen und Berufserfahrung sind wichtig, damit geplante Servicestrategien auch umgesetzt werden.
c ❑ Ein optimaler Service hängt vor allem davon ab, inwieweit Mitarbeiter ihr Wissen und Können dem Kunden zu vermitteln verstehen.

14. Welche Bedeutung messen Sie Maßnahmen zu, die eine Umsetzung des Gelernten am Arbeitsplatz fördern sollen?

a ❑ Die Umsetzung des Gelernten in die betriebliche Praxis kann durch gezielte Maßnahmen erhöht werden.
b ❑ Mit entsprechenden Kontrollen am Arbeitsplatz motiviert man die Mitarbeiter/innen, das Gelernte nach einem Seminar auch anzuwenden.
c ❑ Seminare sind teuer genug! Die Mitarbeiter/innen sollen auch ohne zusätzlichen Aufwand das Gelernte am Arbeitsplatz umsetzen.

15. Wieviel haben Sie von Ihrem letzten Seminar später am Arbeitsplatz tatsächlich umgesetzt?

a ❑ etwa ein Viertel
b ❑ unter 10 %
c ❑ mindestens ein Drittel

16. Was ist der größte Fehler, der im Hinblick auf betriebliche Weiterbildung gemacht werden kann?

a ❑ Weiterbildung wird in einer Problemsituation unter Druck praktiziert und wieder vernachlässigt, sobald das Problem beseitigt ist.
b ❑ Weiterbildung wird verordnet; die Mitarbeiter werden nicht gefragt.

c ❑ Die Planung erfolgt überwiegend kostenorientiert; praktiziert wird nur, was billig und einfach realisierbar ist.

17. Welche Art der Weiterbildung bringt den schnellsten Effekt?

a ❑ Ein Trainer, der eine Show abzieht, die Mitarbeiter/innen so schnell nicht vergessen.

b ❑ Wenn die Mitarbeiter eine positive Einstellung zu Weiterbildung haben.

c ❑ Weiterbildung bringt keinen schnellen Effekt, sondern wirkt mittel- und langfristig.

Für die Auswertung ergibt sich eine Skala wie folgt:

	a	b	c	Gesamt-Punkte
Frage 1	2	3	1	
Frage 2	1	2	3	
Frage 3	1	2	3	
Frage 4	1	3	2	
Frage 5	3	2	1	
Frage 6	3	1	2	
Frage 7	2	1	3	
Frage 8	3	1	2	
Frage 9	2	3	1	
Frage 10	3	2	1	
Frage 11	2	1	3	
Frage 12	1	2	3	
Frage 13	1	2	3	
Frage 14	3	2	1	
Frage 15	2	3	1	
Frage 16	2	1	3	
Frage 17	1	3	2	
			Summe:	

Unter 20 Punkten:
Ihre Einstellung zu betrieblicher Weiterbildung ist negativ. Man könnte meinen, Sie wollen Ihren Betrieb herunterwirtschaften. Gehen Sie die Fragen nochmal durch, denn wenn Sie längerfristig am Markt bestehen wollen, sollten Sie umdenken.

20 – 30 Punkte:
Sie halten zwar nicht viel von Weiterbildung, aber Sie haben zumindest schon mal darüber nachgedacht. Das läßt hoffen! Lesen Sie verstärkt Fachzeitschriften und besuchen Sie Messen, dann lassen Sie sich bestimmt von der Weiterbildungsnotwendigkeit überzeugen.

31 – 40 Punkte:
Sie wissen zwar, daß Weiterbildung notwendig ist, wollen aber dafür möglichst wenig investieren. Haben Sie schlechte Erfahrungen gemacht? Dann haben Sie vermutlich vergessen, den genauen Bildungsbedarf zu ermitteln, bevor Sie die Entscheidung für die Weiterbildungsmaßnahme getroffen haben. Investieren Sie in Zukunft etwas gezielter!

Über 40 Punkte:
Sie befinden sich bereits auf dem Weg zum Erfolg. Ihre positive Einstellung zahlt sich aus: Ihre Mitarbeiter und Ihre Kunden haben kompetente Gesprächspartner/innen. Mit ein paar kleinen Korrekturen in der Organisation Ihrer betrieblichen Weiterbildung sind Sie unschlagbar.

Quelle: Betriebspädagogisches Team Rieger/Schwegler
89584 Ehingen und 36043 Fulda

Literatur

B. Bergmann: Lernen im Prozeß der Arbeit. In: Kompetenzentwicklung '96: Strukturwandel und Trends in der betrieblichen Weiterbildung. Hrsg.: Arbeitsgemeinschaft Qualifikations-Entwicklungs-Management. Münster, New York, München, Berlin 1996

G. Dohmen: Das lebenslange Lernen. Leitlinien einer modernen Bildungspolitik. Hrsg.: Bundesministerium für Bildung, Wissenschaft, Forschung und Technologie. Bonn 1996

H. Geißler (Hrsg.): Organisationslernen und Weiterbildung: Die strategische Antwort auf die Herausforderung der Zukunft. Neuwied 1995

C. Heidack (Hrsg.): Lernen der Zukunft. Kooperative Selbstqualifikation - die effektivste Form der Aus- und Weiterbildung im Betrieb. München 1993

Th. Hülshoff: Grundlegende Didaktik. Landau 1991

G. v. Landsberg und R. Weiß (Hrsg.): Bildungs-Controlling. Stuttgart 1995

R. Leiter: Der Weiterbildungsbedarf im Unternehmen. Methoden der Ermittlung. In: Handbuch der Weiterbildung für die Praxis in Wirtschaft und Verwaltung. Hrsg.: W. Jeserich u.a. München, Wien 1992

H. Loebe und E. Severing (Hrsg.): Bericht zur Tagung »Mitarbeiterpotentiale entwickeln - Erfolgsfaktor für die Wettbewerbsfähigkeit der Unternehmen« im März 1993 in München. Wirtschaft und Weiterbildung, Band 5. Nürnberg bfz 1993

J. Münch: Personalentwicklung als Mittel und Aufgabe moderner Unternehmensführung. Ein Kompendium für Einsteiger und Profis. Bielefeld 1995

J. Münch: Personal und Organisation als unternehmerische Erfolgsfaktoren. Ein Reader für die Praxis. Hochheim am Rhein 1997

Th. Reglin und E. Severing: Bildungsplanung im Betrieb - Strategien zur Ökonomisierung betrieblicher Weiterbildung in kleinen und mittleren Unternehmen. Wirtschaft und Weiterbildung, Band 8. Nürnberg 1995

I. Rieger: Qualifizierung der Mitarbeiter im Handwerk. Schulungsansätze, Schulungsinhalte, Perspektiven, Beispiele. In.: B. W. Dornach (Hrsg.): Handwerksmarketing. Ideen und Visionen für Erfolgsstrategien im Handwerk. Band 1. S. 113-125, Bad Wörishofen 1995

I. Rieger: Betriebliche Weiterbildung in klein- und mittelständischen Unternehmen, insbesondere in Handwerksbetrieben. Ausgangslage, Probleme, theoretische und konzeptionelle Ansätze. Landau 1997

G. Schwegler: Umsetzbarkeit und Wirksamkeit von Maßnahmen und Instrumenten des betrieblichen Bildungsmarketing. Erfurt 1998

E. Severing: Arbeitsplatznahe Weiterbildung: Betriebspädagogische Konzepte und betriebliche Umsetzungsstrategien. Grundlagen der Weiterbildung. Neuwied 1994

M. Stölzl: Markterschließung durch Kommunikation. In: Bildungsmarketing für kleine und mittlere Betriebe, S. 57-104. Wirtschaft und Weiterbildung, Band 4. Nürnberg bfz 1993

Ini Haaks

Die Kunst, richtig zu telefonieren

Ini Haaks, gelernte Werbe- und Verlagskauffrau, steuerte bereits als Mutter und Hausfrau gezielt ihre berufliche Entwicklung. Nach Abschluß von Carnegie-Lehrgängen, einer NLP- und suggestopädischen Ausbildung ließ sie sich in Indien zur Raja-Yogalehrerin ausbilden. Nach einigen Jahren im Außendienst eines Münchner Verlags übernahm sie die Verkaufsleitung für Norddeutschland. Seit über 15 Jahren arbeitet Ini Haaks selbständig als Trainerin mit Themen wie: Telefon- und Verhaltenstraining, Verkaufsmotivation, Führungskräftetraining, Dialog-Prozeß, Suggestopädie, NLP sowie ZIELGREI, Kombinierte Atmungs- und Haltungstherapie. Sie ist Begründerin des Lingumental-Training und aktiv im Beirat des BDVT, Bund Deutscher Verkaufsförderer und Trainer, tätig.

»Die vornehmste Tugend
eines brillianten Redners ist das Hören!«

Klaus Oelmann

Das Ding namens Telefon …

Die Welt hängt am Draht! Kaum eine andere Erfindung hat unsere geistige Mobilität, unseren Horizont erweitert wie das Telefon. In den westlichen Industrienationen ist nahezu jeder Haushalt und jedes Unternehmen mit Telefon ausgestattet. Jeder ist erreichbar und dank Mobilfunk auch noch, wenn er eigentlich nicht erreichbar ist. Und die Entwicklung dieser Technologie läßt noch viele Möglichkeiten offen. Die meisten unter uns sind bereits mit dem Telefon als selbstverständlichem Gegenstand aufgewachsen, für unsere Kinder ist schon das Leben ohne Handy kaum noch vorstellbar … Weil das Telefon und damit auch das Telefonieren so verbreitet und in unseren Alltag integriert ist, gilt es nahezu als selbstverständlich, daß jeder, der sprechen kann, auch in der Lage ist zu telefonieren. Wenn damit das Transportieren von Geräuschen per Kabel über eine größere Distanz gemeint ist, stimmt das natürlich. Doch wenn damit gelungene Verständigung zwischen zwei Menschen ohne Sichtkontakt gemeint ist, dann ist diese Vorstellung ein Trugschluß.

Telefon = Kommunikationsmittel Nr. 1

Als »unsichtbares« Wesen mit einem »unsichtbaren« Gegenüber erfolgreich zu kommunizieren, ist eine hohe, aber auch erlernbare Kunst. Gerade wenn es darum geht, das Telefon im geschäftlichen Umfeld als Verkaufs-, Service- und Akquisitionsinstrument einzusetzen, sind ein solides Verständnis der Chancen und der Grenzen des Telefons und natürlich Übung unverzichtbar. Auf den folgenden Seiten habe ich einige der wesentlichen Verständnis- und Verhaltensthemen aus der Trainings- und Seminararbeit mit Unternehmerinnen und Unternehmern, deren Mitarbeiterinnen und Mitarbeitern sowie aus dem institutionellen Bereich zusammengestellt.

Chancen und Grenzen des Telefonierens

Das Telefon, richtig eingesetzt, ist ein mächtiges Instrument, über das Erfolg oder eben auch Mißerfolg unternehmerischen Tuns wesentlich mitbestimmt wird. Sowohl auf der reaktiven Seite – sprich: wenn ich angerufen werde – als auch auf der initiativen Seite – wenn also ich die Initiative ergreife – entscheiden meist schon die ersten Sekunden des Gesprächs über Erfolg oder Mißerfolg. Mit lange nachklingender Wirkung bei meinem Gesprächspartner. Auf der anderen Seite ist es wichtig, sich darüber im klaren zu sein, daß ein Telefon nur ein Medium, also nur ein Abbild der Wirklichkeit, und nicht die Wirklichkeit selbst ist – im Idealfall somit ein Instrument, das den Weg von der ersten virtuellen Begegnung mit einem Produkt, einer Dienstleistung oder schlicht einem Unternehmen bis zu einer Live-Begegnung verkürzt und positiv beeinflußt!

Ersten Sekunden entscheiden

Die Stimme

Ihre Stimme, Ihr Tonfall und die Sprechmelodie sind beim Telefonieren das einzige, was Sie in die Waagschale werfen können. Weder Ihr gepflegtes Äußeres noch Ihre Gesichtsmimik, Ihre Gestik oder Ihr Parfum unterstreichen die Ernsthaftigkeit und Glaubwürdigkeit Ihres Vortrags am Telefon. Ihre Stimme muß all diese Elemente einer tatsächlichen Begegnung mittragen! Was diesen Kontakt noch zusätzlich belastet, ist die Tatsache, daß ja nicht nur Sie im Gespräch nicht gesehen werden – Ihren Gesprächspartner sehen Sie ebenfalls nicht. Sie haben keine Chance, auf das kleine Zucken der Augenbraue bei dem gerade Gesagten mit einem aufklärenden Nebensatz zu reagieren … Sie müssen es hören!

Es ist eine alte Erkenntnis: Ihr Lächeln ist hörbar!

Wenn Sie sich vergegenwärtigen, daß Ihre Art sich zu kleiden, Ihre Art, sich zu bewegen, Ihr Gestus, ja selbst Ihr Parfum Ausdruck Ihres Lebensgefühls und Ihres Verhältnisses zu den Dingen reflektieren, die Sie bewegen, dann erahnen Sie schon, daß all diese Dinge auch in Ihrer Stimme mitklingen. Wenn Sie diese Erkenntnis verinnerlichen, haben Sie bereits einen großen, vielleicht den bedeutendsten Schritt zu erfolgreichem Telefonieren vollzogen.

Die meisten Menschen glauben, daß korrekte Inhalte und der Gesprächsgrund über Erfolg oder Mißerfolg beim Telefonieren entscheiden – in den vielen Jahren meines analytischen Umgangs mit dem Thema hat sich demgegenüber ganz deutlich herausgestellt, daß die stimmliche Ausstrahlung, die stimmliche Spiegelung der Lebenseinstellung alle anderen Erfolgsfaktoren überlagert! Damit meine ich einfach die Freude an Ihrer Arbeit.

Kurz gesagt, trägt Ihre Stimme ein Lächeln, so ist die Wahrscheinlichkeit groß, daß Sie sich einen lächelnden – und damit offenen – Gesprächspartner schaffen …

Die Ausdrucksweise

Ein weiterer wesentlicher Faktor erfolgreichen Telefonierens ist die Art Ihrer Formulierungen, die Anschaulichkeit und damit Überzeugungskraft Ihrer Argumentation. Selbst wenn wir mit Menschen des gleichen Kulturkreises sprechen, so ist der Glaube an die gleiche Sprache, die Unverwechselbarkeit von Wortbedeutungen eine Täuschung. Jeder von uns trägt eigene Bilder für die benutzten Wörter in sich, die sich aus dem Kontext, in dem wir sie gelernt haben, ableiten. Der sogenannte Verständigungskonsens ist eine höchst sensible, aber oberflächliche Angelegenheit. Die Wörter klingen wohl gleich, bedeuten jedoch für jeden etwas anderes. Natürlich ist damit nicht gemeint, daß, wenn Sie rot sagen, Ihr Gegenüber blau versteht – es sind viel mehr Nuancen mit stark emotionaler Bedeutung, die zu Mißverständnissen führen können. (Sie können ja einmal den nächsten zehn Menschen, die Ihnen begegnen, das Stichwort »Haus« geben und sie bitten, Ihnen ihre Vorstellung zu schildern …)

Eine erfolgreiche Ausdrucksweise ist somit das Ergebnis sensiblen, konzentrierten Hinhörens. Es klingt zunächst absurd: Wieso zuhören, wenn ich etwas mitteilen will? Wie auch in der Wirtschaft steht die Investition vor dem Gewinn. Das Hinhören ist die Investition, ohne die eine anschauliche, verständliche Kommunikation schwierig ist.

Es ist enorm wichtig, seine sprachliche Identität auf die Ebene des Gesprächspartners zu justieren.

Ihre Klarheit

Wer sich lesend bis zu diesen Zeilen vorgearbeitet hat, könnte versucht sein zu glauben, der Erfolg beim Telefonieren hinge davon ab, möglichst lang um den heißen Brei herumzureden oder auf Horchstation zu bleiben – bloß nicht das Thema ansprechen ...

Bezogen auf ein tatsächliches Telefonat haben wir gerade die ersten Bruchteile eines Gesprächs bestritten ... Die Menge des bisher Gesagten unterstreicht allein die Bedeutung des »Lächelns Ihrer Stimme« und der »Investition sensiblen Hörens«!

Bezüglich der Klarheit Ihres Anliegens, sprich: des Grunds Ihres Anrufs darf es im Verlauf des gesamten Gesprächs beim Angerufenen niemals Zweifel geben. Die Klarheit der Absicht und die Zielrichtung Ihrer Mitteilung muß für Ihren Gesprächspartner von Beginn des Gesprächs an klar und hörbar sein.

Die Vorbereitung

»Verkaufen ist der leichteste Beruf der Welt, wenn man hart arbeitet! – Es ist der schwerste und härteste Beruf, wenn man sich einbildet, ihn auf leichte Art und Weise ausüben zu können.« (Frank Bettger)

Da wir alle keine Propheten sind und im Vorhinein nie wissen, wie ein Telefonat ablaufen wird und mit welchen Wünschen oder auch Beschwerden uns unser Gesprächspartner konfrontieren wird, ist eine erstklassige Vorbereitung unumgänglich.

Innere Justierung (gelassene Gespanntheit)

Bevor Sie mit einem Telefonat beginnen, konzentrieren Sie sich für einen Moment auf sich selbst. Legen Sie allen Ärger, Ihre Sorgen und Probleme beiseite. Konzentrieren Sie sich auf das Hier und Jetzt, denn beim Telefonieren gibt es für Sie nur eins – Ihren Gesprächspartner, Ihr Ziel mit ihm. Werden Sie ganz ruhig und haben Sie gute Gedanken für jedermann. Stimmen Sie sich positiv ein. Denken Sie z.B.: »Ich fühle mich wohl und entspannt. Ich führe jetzt gute und erfolgreiche Gespräche, egal wie meine Gesprächspartner gestimmt sind.«

Sie werden die Erfahrung machen, daß Ihre positiven Gedanken Ihren Gesprächspartner erreichen und Ihre Gespräche leichter und erfolgreicher verlaufen. Ihre positiven Gedankenschwingungen überlagern die eventuell vorhandenen negativen Ihres Gesprächspartners. Sie signalisieren Ihrem Gesprächspartner, mit einem positiven, fröhlichen Menschen verbunden zu sein. Wenn Sie sich einmal selbst prüfen, werden Sie auch an sich selbst feststellen, wieviel mehr Aufgeschlossenheit ein positiv wirkender Telefonpartner bei Ihnen auslöst als ein »Muffkopf«. Selbst wenn Sie auf einen übel gelaunten Gesprächspartner stoßen, bleiben Sie ruhig und gelassen. Halten Sie unbedingt an Ihrer positiven Grundhaltung fest. Sie werden mit Ihrer Ruhe Ihren Gesprächspartner ganz automatisch anstecken. Sie können die Energie Ihres Gesprächspartners aufgreifen und zum Nutzen Ihres Anliegens umkehren. Wie beim Judo führt auch hier der sanfte Weg zum Ziel.

Was Sie brauchen

Beginnen Sie kein Gespräch, ehe Sie nicht alle gesprächsrelevanten Unterlagen beisammen haben. Es ist wie bei der Vorbereitung auf ein Examen, bei dem Sie im Ungewissen sind, welche Fragen und Aufgaben Ihnen gestellt werden.

Versuchen Sie, so viel wie möglich über Ihren Gesprächspartner in Erfahrung zu bringen: Namen, Funktion, Stand der Verhandlungen, Ergebnisse des letzten Gesprächs, Familienstand, Hobbys...

Fakten beherrschen

Je mehr Sie wissen, desto flexibler und persönlicher können Sie auf Ihren Gesprächspartner eingehen.

Was Sie selbst betrifft, so machen Sie sich noch einmal vertraut mit den Stärken Ihres Angebots und haben Sie Stift und Schreibmaterial etc. griffbereit.

Ziele setzen

Um ein erfolgreiches Telefongespräch führen zu können, ist eine klare Zielfokussierung unbedingt erforderlich. Ohne Ziel und eindeutigen Willen, das Ziel auch zu erreichen, verschwenden Sie einzig Ihre eigene und die Zeit Ihres Gesprächspartners.

Die Gesprächsführung

Behalten Sie die Initiative

In den vielen Workshops, die ich mit ganz unterschiedlichen Personengruppen im Themenkreis Telefonmarketing durchführen durfte, ist mir aufgefallen, wie leicht sich die Teilnehmer die Gesprächsinitiative abnehmen lassen. Sie sind vorbereitet und beginnen ein Gespräch zielorientiert – und schon mit ein paar kleinen Bemerkungen abseits ihres Zielstrangs geraten sie in die Defensive, reagieren nur auf ihren Gesprächspartner und verlieren ihr Ziel aus dem Auge. Ein tödlicher Fehler. Meist aus falsch verstandener, kundenorientierter Freundlichkeit heraus kommt so für beide Seiten kein befriedigendes Ergebnis zustande.

Zielgerichtete Gesprächsführung

Selbst wenn Sie in Ihrem Gespräch merken, daß Ihr Gesprächspartner im Moment Ihres Anrufs kein Ohr für Ihr Gesprächsziel hat, weil ihn vielleicht noch ein ungeklärter Vorgang beschäftigt, bleiben Sie dennoch in der Gesprächsoffensive. Nehmen Sie das Anliegen Ihres Gesprächspartners ernst, indem Sie ihm freundlich und bestimmt versichern, sich dieser konkreten Angelegenheit unverzüglich zu widmen und lenken Sie sein Interesse dann auf Ihr selbstbewußt vorgetragenes Zielthema. Auch beim Abschluß eines Gesprächs sollten Sie unbedingt die Initiative behalten, selbst wenn Ihr Gesprächspartner anbietet, Sie später anrufen zu wollen. Bedanken Sie sich für seine Initiative und kehren Sie diese Energie auf sich um, beispielsweise: »Das ist nicht nötig. Da ich viel unterwegs bin, scheint es mir besser, wenn ich mich wieder bei Ihnen melde. – Was halten Sie von dem und dem Tag um soundsoviel Uhr?…« Den abgemachten Termin halten Sie natürlich akkurat ein!

So hinterlassen Sie immer den Eindruck von Engagiertheit und Zuverlässigkeit.

Techniken und Tricks

Da erfolgreiches Telefonieren eigentlich kein mechanischer Vorgang ist, sondern sehr viel mehr von der persönlichen Haltung bestimmt wird, ist der folgende Abschnitt etwas problematisch. Es wäre fatal zu glauben, daß es Ihnen gelingen könnte, mit »Technik« die persönliche Glaubwürdigkeit ersetzen zu können!

Andererseits haben mich viele Seminarteilnehmer, für die das Telefon zu den wichtigsten Arbeitswerkzeugen gehört, wissen lassen, wie nachhaltig ihnen die folgende Liste hilft, sich immer wieder an die wichtigsten Jas und Neins zu erinnern.

Die organisatorische Ebene:

Falsch: Sie sind nicht genügend vorbereitet, Unterlagen fehlen.

Richtig: Studieren Sie genau die gesamten Unterlagen und holen Sie evtl. Informationen über den bisherigen Verlauf des Vorganges ein. Legen Sie alle Unterlagen neben das Telefon.

Falsch: Sie haben vergessen, wer auf der anderen Seite zuständig ist.

Richtig: Vermerken Sie Namen, Abteilung, Durchwahl, Aktenzeichen etc. sofort in den Unterlagen. Erfragen Sie, ggf. bei der Telefonistin, vor dem Gespräch den Namen Ihres Gesprächspartners.

Falsch: Sie haben Ihr Schreibzeug nicht zur Hand.

Richtig: Legen Sie neben jeden Telefonapparat Block und Bleistift (evtl. mit Kette befestigen). Bedenken Sie, daß Sie jederzeit in einem anderen Büroraum ans Telefon gerufen werden können. Sie müssen immer in der Lage sein, eine Notiz entgegenzunehmen.

Falsch: Sie finden nicht auf Anhieb die richtige Akte. Nun muß Ihr Partner warten.

Richtig: Nehmen Sie die Ablage ernst. Gliedern Sie die Registratur von Zeit zu Zeit sinnvoll weiter, und/oder pflegen Sie Ihre Dateien auf dem PC.

Falsch: Der Telefonapparat ist falsch aufgestellt.

Richtig: Rechtshänder plazieren den Apparat links und Linkshänder rechts (evtl. Schwenkarm). So können Sie mit der einen Hand den Hörer halten und haben die andere frei zum Schreiben usw. – oder arbeiten Sie mit einem Headfon.

Falsch: Sie vergessen den Rückruf.

Richtig: Verlassen sie sich nicht auf Ihr Gedächtnis. Legen Sie einen Zettel mit der entsprechenden Notiz in Ihren Sichtbereich, in die Terminmappe oder auf das Notebook/PC, wenn der Rückruf erst einige Tage später erfolgen soll.

Falsch: Sie sind nicht im Hause. Ein Anrufer bittet um Rückruf, sein Name wird aus Versehen nicht notiert.

Richtig: Dies dürfen Sie auf keinen Fall dulden. Zu schnell wird jemand dadurch verärgert. Es ist deshalb schon oft zu Auftragsverlusten gekommen.

Falsch: Vereinbarung von Rückrufen ohne die genaue Telefonnummer und Fixierung des Zeitpunkts, wann der Rückruf erfolgen soll. Dies hat schon oft zu Leerlauf geführt, wenn der Gesprächspartner schwer zu erreichen war.

Richtig: Vereinbaren Sie nie einen Rückruf ohne genaue Zeitangabe, zumindest sollten Sie den ungefähren Zeitpunkt festlegen.

Die sprechtechnische Ebene:

Falsch: Zu hohes und zu tiefes Sprechen.
Viele Menschen sprechen viel zu hoch, wenn sie aufgeregt sind, andere zu tief, im »Brustton der Überzeugung«, wenn sie einer Aussage Nachdruck verleihen wollen.

Falsch: Monotones Sprechen.
Es ermüdet den Zuhörer, schläfert ein und erweckt den Eindruck von Desinteresse.

Richtig: Die Sprechmelodie soll um die Indifferenzlage der Stimme pendeln. Das ist die individuell günstigste Stimmlage. Sie befindet sich im unteren Drittel des gesamten Stimmumfangs. Man findet sie, indem man ganz entspannt und zwanglos vor sich hinsummt. Der ökonomische Stimmumfang ist der Bereich, in dem Sie noch bequem und ohne Anstrengung summen können. In diesem Bereich soll die Stimme pendeln. Um Ihr Gespräch etwas aufzulockern, können Sie auch abwechselnd mal lauter, mal leiser sprechen, bei Wichtigem langsamer, schneller bei Selbstverständlichkeiten, betont bei etwas Besonderem. Durch Fragen führen Sie zum Dialog. Seien Sie auch manchmal etwas humorvoll. Sprechen Sie lebendig.

›prechen Sie lebendig

Falsch: Nachlässige Artikulation.
Die Vokale werden mit flachen Lippen und zu kleiner Mundöffnung gebildet.

Falsch: Verschlucken von Anfangs- und Endsilben.
Aus »Guten Morgen« wird z.B. »Gutn Morgn« und aus »nicht« wird »nich«. Abgleiten in Gemurmel. Es macht Ihren Gesprächspartner desinteressiert und signalisiert Ängstlichkeit.

Richtig: Sprechen Sie langsam und deutlich, auch Ihren Namen. Kompensieren Sie schlechte Akustik durch deutliche Aussprache, nie durch Lautstärke. Halten Sie Ihre Gesprächskonzentration aufrecht.

Falsch: Zu leises Sprechen: Damit strapazieren Sie Ihren Zuhörer. Zu lautes Sprechen: Das ist unhöflich und überfordert das Trommelfell Ihres Gesprächspartners.

Richtig: Sprechen Sie mit normaler Lautstärke. Empfehlung: Lassen Sie sich ab und an von anderen Menschen ein Feedback geben.

Falsch: Nervöses und hastiges Sprechen.
Damit erwecken Sie den Eindruck von Ungenauigkeit und Eile oder sogar den Eindruck von Unsicherheit oder mangelnder Bereitschaft, sich des Problems Ihres Gesprächspartners anzunehmen.

Richtig: Bereiten Sie sich stets gut vor. Nehmen Sie sich viel Zeit für Ihr Gespräch. Redet Ihr Partner zuviel, so können Sie ruhig das Gespräch straffen und zu normalem Tempo zwingen (auch Ihre Zeit ist teuer).

Falsch: Zu schnelles Sprechen.
So setzen Sie den langsam Denkenden unter Druck. Das ist unhöflich. Sie werden nicht verstanden und müssen oft wiederholen. Sie haben Leerlauf.

Richtig: Passen Sie Ihr Tempo der Auffassungsgabe Ihres Zuhörers an. Aus seinen Antworten können Sie schnell seine Reaktionsfähigkeit erkennen. So wie er ein Bild von Ihnen bekommt, genauso sagen seine Stimme und sein Tonfall ja auch Ihnen, mit wem Sie es zu tun haben.

Falsch: Sington.
Anheben der Stimme am Ende des Satzes wirkt gekünstelt und unnatürlich.

Falsch: Übertriebene Artikulation.
Silbenstechende Überbetontheit führt zu frisiertem Schönsprechen.

Richtig: Sprechen Sie natürlich – wie im Gespräch von Angesicht zu Angesicht.

Falsch: Militärisch abgehackter Ton.
Das klingt nach Kompensation von fehlendem Selbstvertrauen und nach Herrschsucht.

Richtig: Sprechen Sie bestimmt, aber natürlich.

Falsch: Schlechte Hörerhaltung.
Ungünstige Stellung der Sprechmuschel kann zu Zischlauten und Unverständlichkeit führen.

Richtig: Halten Sie die Sprechmuschel ca. 2 cm vom Mund entfernt. Klemmen Sie den Hörer nicht zwischen Schulter und Kopf ein, um beide Hände frei zu haben. Die Akustik leidet darunter. Sie erwecken den Eindruck, als beschäftigten Sie sich noch mit etwas anderem und wären nicht mit ungeteilter Aufmerksamkeit bei Ihrem Gesprächspartner.

Die psychologische Ebene:

Falsch: Kalte Begrüßung.
Die verstimmt Ihren Gesprächspartner sofort.

Richtig: Begrüßen Sie Ihren Gesprächspartner aufrichtig und freundlich. Der erste Eindruck ist der wichtigste.

Falsch: Gleichgültigkeit, Desinteresse, Trockenheit, nüchterne Art beim Sprechen.

Richtig: Entwickeln Sie eine positive Haltung, sonst erschweren Sie sich Ihre Aufgabe unnötig.

Falsch: Unsachlichkeit, Behauptungen statt Argumente, Besserwisserei, häufige Ich-Aussagen.
Damit erwecken Sie den Eindruck von Voreingenommenheit, Unbescheidenheit und evtl. auch von Dummheit.

Richtig: Denken und fühlen Sie sich in Ihren Gesprächspartner hinein. Den anderen schnell zu verstehen und ihm helfen zu können, ist das A und O der Verkaufspsychologie.

Falsch: Überfreundlichkeit.
Eine süßliche Art wirkt unaufrichtig.

Richtig: Sprechen Sie natürlich. Auch beim Sprechen sollte die Atmung um die Atemmittellage pendeln. Das ist das mittlere Luftvolumen der Lunge bei der Ruheatmung. Die Atemmittellage ist die Balance zwischen den Kräften, die die Einatmung und die Ausatmung bewirken. Beim Sprechen sollen Sie nicht mehr Luft verbrauchen als bei ruhiger Atmung (ca. 18mal pro Minute atmen). Es ist daher unökonomisch, unnötig und anstrengend, wenn Sie vor Sprechbeginn Luft holen.

Falsch: Empfindlichkeit gegenüber Kritik.
Sie verlieren die Führung des Gesprächs und provozieren ein Gegeneinander, wenn Sie beleidigt reagieren, sich rechtfertigen oder »zurückschießen«.

Richtig: Starten Sie keinen Gegenangriff, sondern bleiben Sie gelassen. Hören Sie hin, was Ihr Gesprächspartner Ihnen zu sagen hat, und fassen Sie zusammen, was Sie verstanden haben.

Falsch: Kritik an Ihrem Gesprächspartner.

Richtig: Hier gilt die Regel: – KVK – kritisiere, verdamme, klage nicht (Dale Carnegie). Wie auch immer Ihr Gesprächspartner sich verhält, lassen Sie sich nie zu Kritik hinreißen. Damit würden Sie sich jede Möglichkeit verbauen, das Gespräch positiv zu Ende zu führen. Sie können und sollen den Kunden nicht ändern.

Falsch: Eigene Fehler vertuschen.
Fehler nicht einzugestehen, sich nicht zu entschuldigen oder auf Ausreden zu verfallen, verstimmt und provoziert Ihren Gesprächspartner.

Richtig: Zeigen Sie eine liebenswerte Offenheit und Ehrlichkeit. Jeder ist gern bereit, einen Fehler zu entschuldigen, der offen zugegeben wird.

Falsch: Ungeduld, vorschnelle Antworten und belehrender Tonfall.

Richtig: Am Telefon sollte Geduld Ihre größte Stärke sein. Denken Sie erst, bevor Sie sprechen. Sonst denkt Ihr Gesprächspartner: »Wie kann er wissen, was ich denke, bevor er gehört hat, was ich sagen will.«

Falsch: Wortklauberei und Pedanterie.
Dies führt zu nutzlosen Disputen und wirkt kleinlich und rechthaberisch.

Richtig: Seien Sie großzügig, auch dann, wenn Ihr Gesprächspartner das Gegenteil ist.

Falsch: Kommentarloser Übergang zum Gesprächsthema bei versehentlich unterbrochener Verbindung.

Richtig: Finden Sie ein paar nette Worte für die Störung, etwa so: »Da ist wohl der kleine Telefonteufel dazwischen.« Beschuldigen Sie niemals eine andere Person.

Falsch: Der Name des Gesprächspartners ist nicht bekannt. Sie führen ein anonymes Gespräch.

Richtig: Fragen Sie zu Beginn des Gesprächs nach dem Namen Ihres Partners, und notieren Sie ihn sofort in Ihren Unterlagen, die vor Ihnen auf dem Tisch liegen. Wiederholen Sie den Namen Ihres Gesprächspartner während des Telefonats. Sie schaffen damit eine positive, persönliche Atmosphäre.

Falsch: Direktes Widersprechen.
Eine Diskussion erzeugt Druck und verärgert Ihren Gesprächspartner.

Richtig: Bedenken Sie, ein Diskussionssieg ist immer eine Verkaufsniederlage, und Druck erzeugt Gegendruck.

Falsch: Dazwischensprechen.
Der andere versteht nicht, was Sie sagen, und Sie verstehen nicht, was er sagt.

Richtig: Seien Sie stets ein guter Zuhörer. Gehen Sie auf das Gesagte ein. Lassen Sie Ihren Gesprächspartner immer ausreden.

Falsch: Unbeherrschtheit, Grobheit und Aggressivität.
Dies führt zu Auseinandersetzungen, zu Streit und Reklamationen, wenn Sie den Auftrag überhaupt bekommen. Wenn diese Neigungen bei Ihnen sehr ausgeprägt sind und Sie meinen, sie nicht ändern zu können, sollten Sie ernsthaft überlegen, ob Sie den richtigen Beruf gewählt haben. Nirgendwo sonst hängt der berufliche Erfolg so sehr von freundlichen und gewinnenden Umgangsformen ab wie im Verkauf.
Falsch: Mißverständliche Ausdrucksweise.
Das führt ebenfalls zu Auseinandersetzungen, Streit und Reklamationen oder dazu, daß Sie einen Auftrag erst gar nicht bekommen.
Richtig: Üben Sie, klar zu formulieren und trainieren Sie Ihre rhetorischen Fähigkeiten. Versetzen Sie sich in die Lage dessen, dem Sie etwas erklären wollen, und überlegen Sie, wie Sie sich ausdrücken, damit der andere Sie versteht.
Falsch: Unzureichende Fragetechnik.
Haben Sie einen inaktiven Gesprächspartner, gerät das Gespräch in Stocken.
Richtig: Stellen Sie geschickt Fragen im Sinne einer bewußt eingesetzten Fragetechnik, um Ihren Gesprächspartner zu aktivieren und ihn am Gespräch zu beteiligen. Auf diese Weise vermeiden Sie es, Monologe zu halten, und kommen zum echten Dialog. Dieser Part ist nicht einfach und muß viel geübt werden.
Falsch: Hörer auf die Tischplatte knallen.
Das kommt z.B. bei der Suche von Akten aus falsch verstandener Dynamik oder gar aus Ärger immer wieder vor.
Richtig: Legen Sie den Hörer stets sanft hin. Schonen Sie die Ohren Ihres Gesprächspartners, und denken Sie daran, daß auch Sie sich schon über diese Achtlosigkeit geärgert haben.
Falsch: Lärmquellen jeglicher Art.
Straßen- und Flugzeuglärm, aber auch unpassende Bemerkungen Ihrer Kollegen oder Gelächter vermitteln dem Zuhörer einen negativen Eindruck von Ihnen und Ihrer Firma.
Richtig: Sie sollten sämtliche Geräuschquellen in jedem Fall ausschalten. Sie telefonieren am erfolgreichsten in absolut ruhiger Umgebung.

Nach dem Gespräch

Am Ende eines jeden Gesprächs heißt es »Aufräumen«. Beginnen Sie kein neues Gespräch, ehe Sie nicht Ihre Notizen geordnet, Ihre Kartei aktualisiert und vereinbarte Termine und Aktivitäten in Ihrem Terminkalender eingetragen haben. Erst danach ist ein erfolgreiches Telefonat wirklich beendet und die Basis für die nächste Begegnung am Telefon geschaffen.

Schlußbemerkung

Gerade was die praktischen Hinweise für Gesprächsführung, Stimmeinsatz und Rhetorik angeht, werden Sie sich vielleicht wünschen, praktische Anleitung zu erfahren. Es ist unbestritten schwierig, autodidaktisch mit einem so komplexen und beruflich so bedeutenden Thema umzugehen, und ich kann Sie ermutigen, sich in Ihrer Umgebung oder über entsprechende Fachpublikationen Trainingsseminare zu suchen. Was wir gemeinhin für so selbstverständlich halten, das Telefonieren, ist in Wahrheit eine Kunst, die man, wie so vieles andere auch, richtig erlernen und beständig üben muß.

Das Wichtigste auf einen Blick

Leitsatz:
- Als »unsichtbares« Wesen mit einem »unsichtbaren« Gegenüber erfolgreich zu kommunizieren, ist eine hohe, aber auch erlernbare Kunst.
- Sowohl wenn ich angerufen werde als auch wenn ich die Initiative ergreife, entscheiden meist schon die ersten Sekunden des Gesprächs über Erfolg oder Mißerfolg – mit lange nachklingender Wirkung bei meinem Gesprächspartner.
- Ihre Stimme, Ihr Tonfall und die Sprechmelodie sind beim Telefonieren das einzige, was sie in die Waagschale werfen können, um den Verlauf eines Telefonats zu beeinflussen.
- Es hat sich in der Praxis ganz deutlich herausgestellt, daß die stimmliche Ausstrahlung, die stimmliche Spiegelung der Lebenseinstellung alle anderen Erfolgsfaktoren überlagert!

- Sie haben keine Chance, auf das kleine Zucken der Augenbraue bei dem gerade Gesagten mit einem aufklärenden Nebensatz zu reagieren ... Sie müssen es hören!
- Es ist enorm wichtig, seine sprachliche Identität auf die Ebene des Gesprächspartners auszurichten.
- Die Klarheit der Absicht und die Zielrichtung Ihrer Mitteilung muß für Ihren Gesprächspartner von Beginn des Gesprächs an klar und hörbar sein.

Die Vorbereitung:
- Bevor Sie mit einem Telefonat beginnen, konzentrieren Sie sich für einen Moment auf sich selbst. Stimmen Sie sich positiv ein. Denken Sie z.B.: »Ich fühle mich wohl und entspannt. Ich führe jetzt gute und erfolgreiche Gespräche, egal wie meine Gesprächspartner gestimmt sind.«
- Versuchen Sie so viel wie möglich über Ihren Gesprächspartner in Erfahrung zu bringen.
- Um ein erfolgreiches Telefongespräch führen zu können, ist eine klare Zielfokussierung unbedingt erforderlich.

Die Gesprächsführung:
- Eine der wichtigsten Voraussetzungen für erfolgreiches Telefonieren heißt, die Gesprächsinitiative im Sinne der Zielsetzung zu bewahren.

Nach dem Gespräch:
- Beginnen Sie kein neues Gespräch, ehe Sie nicht Ihre Notizen geordnet, Ihre Kartei aktualisiert und vereinbarte Termine und Aktivitäten in Ihrem Terminkalender eingetragen haben.

Marianne Melchers

Quo vadis, Kreativität?

Marianne Melchers, geboren in Heinsberg. Nach ihren beiden Studien der Architektur und der Innenarchitektur arbeitete sie zwei Jahre in einem Architekturbüro, bevor sie 1993 in den elterlichen Innenausbaubetrieb eintrat. Ihr Arbeitsschwerpunkt ist Entwurfsarbeit, Kundenbetreuung, Auftragsverhandlung und Bauleitung. Heute führt sie mit ihrem Ehemann den Betrieb erfolgreich in der vierten Generation.

»Man sieht nicht nur mit den Augen gut.«

Nach Antoine de Saint-Exupéry: Der kleine Prinz

»Es war einmal ein Schreiner...«

Als unser Firmengründer Hubert Melchers im Jahre 1876 von seinen Wanderjahren aus Jerusalem und Rom ins rheinische Heinsberg zurückkehrte, dürften ihn sicher verschiedene Vorstellungen geleitet haben, seinen Handwerksbetrieb aufzubauen. Ganz sicher waren diese verschieden von heutigen Überlegungen, die uns alle mit den vertrauten Schlagwörtern begleiten: ISO-Zertifizierung, Total Quality Management, Marketing ...

In dem entscheidenden Punkt wird aber zu allen Zeiten Übereinstimmung bestanden haben: *Kreativität ist das Herz aller Dinge*. Und doch – auch hier wieder ein Schlagwort vom Feinsten, oft und gern in vielen Mündern geführt, großen und zu vollen, nicht immer in berufenen. Sprechen wir alle von denselben Abläufen, Beweggründen, Absichten und Fähigkeiten? Ist die Kreativität heute ein selbstverliehener Orden, den sich mancher gern und schnell anheftet? Ist es nicht äußerst schmückend geworden oder auch geblieben, selbst zu designen und zu kreieren und davon kundzutun – notfalls auch ungefragt? Do-it-yourself läßt grüßen.

Kreativität ist das Herz aller Dinge

Uns als Architektin und Innenarchitektin und den Meistern und Gesellen im gestaltenden Handwerk stellen sich jeden Tag Gestaltungsaufgaben, wenn wir in Planung und Schreinerei das erschaffen wollen, was vor über 100 Jahren begonnen hat: individuellen, maßgefertigten Innenausbau auf hohem Niveau realisieren.

Wo beginnt Kreativität? Wo endet sie?

Vom ersten Gespräch mit den Kunden – und ihren bewußten und auch weniger klaren Wünschen – über den Entwurf zur technischen Planung bis hin zur Abstimmung der Details anhand von Original-Musterstücken zieht sich Kreativität und Innovation. Eigentlich ganz selbstverständlich, jedem Handwerker bewußt oder zumindest in Fleisch und Blut übergegangen.

Kindliche Kreativität in Reinkultur

Erst wenn man einen Schritt zurücktritt und sich mit seiner Routine und dem Alltag aus dem Abstand betrachtet, wird einem bewußt, wie sehr Kreativität ein integraler Teil des Handelns ist.

Dabei werden die Beziehungen und Mechanismen deutlich, die in uns allen zwischen so weitgespannten Bereichen wie Geschmack, Stil, Empfinden, Benehmen und Fühlen im Unbewußten wirken. Wenn diese von jedem anders gewichteten und gelebten Aspekte wirklich in jedem von uns stecken, wozu brauchen wir dann die Hohenpriester des guten Geschmacks, wozu die Stilberater und Trendsetter auf allen Medienkanälen? Ist Kreativität möglicherweise in gleichem Maße leichtfertig beansprucht worden, wie sie auch fälschlich zum goldenen Kalb erhoben wird? Da wir in einer Gesellschaft bestehen wollen, die ein zugegebenes schlechtes Namengedächtnis bereitwilliger akzeptiert als schlechten Geschmack, wird sich jeder überlegen, was er beansprucht: Wenn aber Jedermann und -frau schon als Diplom-Kreativer operiert, werden wir dann als professionelle Gestalter nicht sofort überflüssig?

Denn ohne Zweifel werden alle Aufgaben in allen Bereichen menschlichen Handelns nur gelöst durch die neue, originäre und manchmal auch originelle Vernetzung bereits vorhandener Fäden zu einem völlig neuen Muster – Kreativität in Reinkultur. Wenn wir diese Umschreibung kreativer Abläufe akzeptieren, verliert sie dummerweise etwas von ihrem überirdischen Glanz, ihre Verkünder ein wenig Glamour. Denn damit verlagert sich die als »Gnade« verliehene Würde in den ganz profanen Bereich des täglichen Tun und Lassens, vielleicht sogar auch der Tierwelt. Wer sieht, wie sich Hund und Katze vorhandene Möglichkeiten auf für sie neue Art kombinieren, um an Futter zu kommen, definiert Kreativität neu.

Und vielleicht bietet diese neue Sicht die Chance, frei von dem angehäuften Stil-Ballast ganz unvoreingenommen zu urteilen und zu erschaffen. Diese unbefangene Auffassung von Design und Entwurf können wir in ihrer reinsten Form bei Kindern beobachten. In beinahe vollendeter Weise zeigen uns andere Kulturkreise, wie selbstverständlich sich Kreativität und Design im Alltag auch zur Gestaltung der normalsten Gegenstände und Situationen geradezu anbietet. Wo das deutsche Wesen Kreativität sehr gerne verordnet oder zumindest in geordneten Bahnen sieht, gehen andere selbstverständlich damit um.

Freilich würde ein ähnlich intensiver Gebrauch dieser Fähigkeit auch manchen Kulturen im Umgang mit technischen Belangen bestens anstehen. Kreativsein sollte nach unserer Auffassung nicht mehr oder weniger sein als der verinnerlichte, wache Blick für das Wesen der Dinge und es immer wieder werden. Dies kann und darf kein stagnierender Prozeß sein. Wo es vernünftig ist, gezeigte Leistung zu diplomieren, läßt sich das Schöpferische nie per Beschluß veranlassen, Stil nie verordnen – es würde künstlich, unecht wirken. In einem nie endenden Lauf werden neue Einflüsse aufgefangen, bewußt oder nicht gewichtet, verworfen oder gespeichert, immer aber in das sich wandelnde Bild eingepaßt.

Wenn wir in unserem Haus bestrebt sind, Menschen als Kunden für uns zu gewinnen, läßt sich manches präsentieren und zertifizieren. Unsere Leistungsfähigkeit mit zwei Dutzend Leuten wird natürlich spielend von unserer Leistungsbereitschaft übertroffen, was sich einem Besucher gut vorführen läßt. Auch das angestrebte ISO-9000-Zeugnis wird sich ungemein schmückend am Eingang machen.

Ganz sicher, die Kunden fordern harte Tatsachen wie Meisterbriefe, Zertifizierungen etc. Doch in irgendeiner Weise werden alle Kunden letztendlich unter der dünnen Oberfläche der präzisen, rationellen Überlegung von verschiedensten Emotionen und Wünschen bewegt. Selbst der strengste Logiker, der Gefühle und Kreativsein mit den darauf basierenden Entscheidungen von sich weist, wird durch diesen Stolz gelenkt.

Kunden werden durc[h] Emotionen gelenkt

Kreativität im beruflichen Handeln ist für uns eine bunte Mischung verschiedenster Eigenschaften, mal Werkzeug, dann technische Entwicklung, entbehrt aber nie eines fundamentalen Grundwissens, das sicher von Intuition getragen wird. Im

Grunde ist Kreativität aus unserer Wahrnehmung ein selbstlernender Prozeß, der sich am ehesten mit einem Kaleidoskop vergleichen läßt. Darin sind alle Möglichkeiten von Anfang an enthalten, neue lassen sich stets beifügen – der vermeintliche Kuß der Muse oder der ultimative große Wurf erscheinen nur als Zufälle.
Tatsächlich basieren sie auf der steten Vorarbeit, auch wenn sich das nicht so spielerisch anhört, wie es kreativer Tätigkeit gerne unterstellt wird. Welche Umstände sind für diese Art der Arbeit von Vorteil, wie läßt sich Kreativität ausüben? Es will erscheinen, als sei diese kaum eine konsequent erlernbare Fertigkeit und somit beliebig abruf- und reproduzierbar. Das sprichwörtliche Lampenfieber von Künstlern vor ihrem noch so oft wiederholten Auftritt mag als Beleg gelten für die Angst, daß sich die Inspiration nicht einstellen könnte. Greifen wir diesen Begriff einmal auf, der gerne als Synonym für Kreativität verwendet wird: Inspiration

Inspiration

Wenn mit Kreativität der schöpferische Akt umschrieben wird, setzt das eine entsprechende Geisteshaltung voraus. Ohne irgendeiner religiösen oder philosophischen Haltung das Wort zu reden, leitet sich Inspiration vom Lateinischen in eben diesem Sinne her – als die Ver-Geistigung oder der Geist, der in jemanden fährt.
Da wir unsere Ausprägung von Kultur den alten Römern und ihren griechischen Vorbildern verdanken, wollen wir diese Sichtweise zumindest prüfen, wenn sie sich auch für unsere rational und logisch geprägte Auffassung etwas eigen anhört. Ob dieser Geist nun von außen eingegeben wird oder ob die geistige Anlage in uns allen schon angelegt ist und nur auf die richtigen Umstände wartet – Inspirationen lassen sich nicht erzwingen. In unserer täglichen Aufgabenstellung läßt sich daher beobachten, was Ihnen bereits begegnet ist. Gerade wenn sich die erstrebte Idee nicht einstellen will und wir uns resigniert den Kopf nicht weiter zerbrechen, wenn wir Abstand finden und doch die Gedanken weiter kreisen lassen, gleichsam im freien Flug – plötzlich offenbart sich die geniale Idee, die verblüffend simple, scheinbar völlig »logische« Lösung eines vermeintlich unauflösbaren Gordischen Knotens.
Lassen sich doch einige Bedingungen eingrenzen, unter denen die zarte Pflanze Kreativität gedeiht? Läßt sich dieses scheue Wild namens Inspiration anlocken und fangen? Aus unserem Empfinden scheint das in einer auch für jeden anderen nachvollziehbaren Weise erreichbar, auch wenn der ganz persönliche Weg sich jedem selbst erschließen muß. Darauf bezieht sich wohl der alte Goethe, wenn er Faust behaupten läßt: »Wenn ihr's nicht fühlt, ihr werdet's nicht erjagen.« Und an diesem Scheidepunkt trennen sich die Wege der Nachahmer und Plagiatoren von den wirklichen Innovatoren oder wahren Genies im Urteil der Nachwelt. Und dennoch: Jeder inspiriert sich und »stiehlt« mit den Augen die Eindrücke. Während viele Gedankendiebe den oft mühseligen Weg scheuen, belohnt dieser jeden, der ihm folgt. Wie hoch auch immer die Einsicht und Umsetzung zu bewerten sein mag, echte schöpferische Leistung belohnt mit der tiefen inneren Überzeugung ihrer Richtigkeit. Die Zustimmung der Umwelt oder ihre Ablehnung nimmt man wohl wahr, sie scheint nur nicht wirklich zu zählen. Dieses tiefe Gefühl der Richtigkeit gibt die Kraft, seine Kreativität auch durchzusetzen, ganz gleich in welchem Bereich.

Kreativität bedarf einer offenen, leidenschaftlichen Geisteshaltung

Ein weiteres unseres Erachtens untrügliches Anzeichen echter Inspirationen ist die verblüffende Einfachheit der scheinbar aus dem Nichts entstandenen Lösung. Die wirklich kreative oder geniale Schöpfung bedarf keiner Stützen und Krücken, keiner Erklärungen oder Fußnoten, sie spricht für sich klar und deutlich genug. Darin liegt andererseits die Geringschätzung oder auch der Neid mancher begründet. Die Leichtigkeit der Lösung, der vermeintliche Zufall, die offensichtlich dem untätigen Glückspilz in den Schoß gefallene Idee, der Gedankenblitz – da hätte man ja auch genauso gut (oder noch besser) selbst darauf kommen können, ja wenn nur... In der Reduktion liegt die Kunst.
Dabei wird – nur zu gerne – übersehen, was zuvor die Grundlagen für die scheinbar von oben kommende Eingebung schafft: die vorangehende, unablässige Bereitschaft zu Wahrnehmung. Dieses Sammeln von Eindrücken läßt Kreativität erst möglich werden und hat doch mit dem Raffen fremder Ideen und De-

tails nichts gemein. Am Beispiel unseres Bereichs der Innenarchitektur lassen sich die Versuche nachvollziehen, kreativ zu sein, ohne nur nachzuahmen.
Wie in vielen anderen Feldern auch, bietet sich die grobe Gliederung so an:

- Sammeln von Eindrücken, ganz allgemein wie auch im konkreten Bezug auf den einzelnen Kunden, in Form von Gesprächen, Unterlagen, Besichtigungen.
- Skizzieren und Entwickeln der Gedanken im Rahmen der vorgegebenen Bedingungen und Sachzwänge.
- Umsetzung der Grundidee, als große Linie im Entwurf wie auch in den Details, sowohl gestalterischer als auch technischer Art.

Die Stufen der Kreativität

Um diesen Voraussetzungen gerecht zu werden, sind die einzelnen Stufen oder Kreativitätsfelder ausnahmslos ineinander verzahnt, eine Auslassung führt zu allen möglichen Ergebnissen, nur nie zur Kundenzufriedenheit. Soll kreatives Planen den Bogen spannen zwischen dem Gewollten, darf dies niemals selbstverliebtes, rücksichtsloses Umsetzen persönlicher Eitelkeiten werden. Dieser Versuchung zu widerstehen, sich selbst hinter die Rahmenbedingungen zurücknehmen zu können, fällt oft genauso schwer, wie die Idee zu finden. Ohne diese Beherrschung handelt es sich um Überredung, Durchsetzung eigener Absichten, ohne die Kundenwünsche zu berücksichtigen.
Kreativität ist nicht die völlig losgelöste Selbstverwirklichung im luftleeren Raum eines unbegrenzten Marktes. In ihrer echten Ausprägung ist sie nur im Zusammenhang und in der umgebenden Situation denkbar. Auch in der planerischen oder handwerklichen Arbeit erscheint uns das Ignorieren bestehender Tatsachen nicht als kreativ. Nicht das Angehen gegen ungeliebte Fakten bei der Gestaltung und Planung eines Baukörpers oder seiner Innenräume läßt echte Inspirationen zu, vielmehr werden Inspirationen durch die unnatürliche, ablehnende Haltung unterdrückt oder vertrieben.
Erst das Akzeptieren der unveränderlichen Eigenheiten gibt den notwendigen Rahmen für Kreativität. Wie eben ein Rahmen Begrenzungen setzt, hat jedes noch so große Projekt seine ganz eigenen räumlichen oder wirtschaftlichen Grenzen, ohne die es beliebig austauschbar wird. Kreativ arbeiten läßt sich aus unserer Erfahrung besser definieren, indem wir sagen, was es eher nicht ist: Es ist sicher nicht das erzwungene Widerstreben gegen feste Ordnungen um jeden Preis, statt deren bewußtem Einbeziehen und Wandeln in Vorteile. Es ist nicht das Kräftemessen gegen tradierte Werte um seiner selbst willen, anstatt diese eben kreativ und also schöpferisch aufzugreifen. Es ist sicher nicht das Abstreiten seiner kulturellen und persönlichen Wurzeln. Werden diese gekappt, schneidet sich derjenige von eben der Quelle ab, aus der seine Inspiration zu schöpfen wäre.
Wenn unsere Antwort auf die Frage nach dem Umgang mit Kreativität als psychologische Abhandlung erscheint, trifft das genau unsere Absicht.
Wir möchten gerne die Geschichte unseres Hauses um ein wei-

Merkmale kreativer Menschen

- Offene Haltung gegenüber der Umwelt
- Kritische Wahrnehmung der Umwelt
- Differenziertes Reagieren auf Umwelteinflüsse
- Lösung von traditionellen Anschauungen
- Vorliebe für Neues
- Fähigkeit, Konflikte zu ertragen
- Vorliebe für komplexe, unausgeglichene Situationen
- Ausdauernd, hartnäckig
- Eher aufgaben- als statusorientiert
- Unkonventionell, nonkonformistisch
- Autonom
- Sozial introvertiert, sich selbst genügend
- Emotional stabil
- Dominant
- Sensibles Reagieren auf die Umwelt
- Gefühlsbetont
- Dynamisch, wortgewandt
- Humorvoll
- Mutig

teres Jahrhundert ergänzen. Diese Zeit erleben wir als Wandel starrer Fragen und fester Antworten auf allen Gebieten zu etwas, das verunsichert und ermutigt zugleich – in einem Zeitalter offenen Austausches von ungeschriebenen Wünschen und Emotionen, die über ebenso unstrukturierte Kanäle kommuniziert werden wie die erwarteten Antworten. Wenn wir uns bereit finden, übernommene Begriffe in Handwerk und Technik zu hinterfragen und mit neuem Leben zu erfüllen, gehören wir alle zu den Mitspielern in der neuen Liga. Teil des Wandels ist auch die zunehmende Akzeptanz gerade der Werte und Tugenden, die bisher als typisch weibliche Stärken gegolten haben: zuhören, mitfühlen, sich in andere hineinversetzen statt überreden, übertrumpfen, dominieren als lange vorherrschende Ideale.

Kreativität ist letztendlich gerade bei der Lösung dieser Aufgabe der mögliche Schlüssel, den wir alle suchen und dabei doch immer in uns hatten. Kreativität als scheinbar mühelose, frei abrufbare Musterlösung, die manchem aus heiterem Himmel in den Schoß fällt. Als anspruchsvoller Schreinerbetrieb streben wir selbst jeden Tag nach dieser anscheinend so einfachen und selbstverständlichen Inspiration, die im Grunde auf einer ganz simplen, doch wenig glanzvollen Grundlage basiert, nämlich stetiger und angestrengter Arbeit.

Ein Gehirn – zwei Hälften

Ihr Gehirn hat zwei Hälften

Erst im Jahre 1981 erhielt Roger Sperry den Nobelpreis für den Beweis der immer wieder umstrittenen Vermutung, daß das Gehirn zwei Hälften mit verschiedenen Aufgaben besitzt.

Demnach ist die linke Gehirnhälfte im allgemeinen verantwortlich für das rationale Denken und die rechte Gehirnhälfte für das emotionale Denken.

Da die meisten unserer Denksysteme immer noch auf der Logik der alten Griechen aufbauen, wird die Funktion der linken Gehirnhälfte in unserem Bildungssystem gefördert. Die linke Gehirnhälfte repräsentiert sozusagen die Rechenmaschine, die logischen Schlüsse, das lineare Denken, das Urteilen in erlernten Kategorien wie richtig oder falsch.

Die rechte Gehirnhälfte hingegen ist für den Künstler in Ihnen

Was fördert Ideen, was blockiert sie?

Was blockiert Ideen?		Was fördert Ideen?	
Ich suche die richtige Antwort.	❑	Ich suche möglichst viele Antworten	❑
Ich sehe das Lösen von Problemen als »ernste« Sache an.	❑	Ich gehe mit Freude an die Aufgabe der Problemlösung und spiele mit meinen Gedanken.	❑
Ich vermeide Fehler um jeden Preis.	❑	Ich betrachte Fehler als natürliche Begleiterscheinung kreativen Denkens.	❑
Ich bemühe mich, weiter über mögliche Lösungen nachzudenken, auch wenn ich müde werde.	❑	Ich lege zwischendurch Pausen ein und stelle mein Problem aufs Wartegleis.	❑
Ich frage nur Experten um Rat.	❑	Ich hole die Meinung der verschiedensten Seiten ein.	❑
Ich sortiere »dumme« Gedanken aus.	❑	Ich betrachte meinen Sinn für Humor als reiche Ideenquelle.	❑
Ich unterbreite einen Vorschlag nur denjenigen, die ihn akzeptieren oder unterstützen werden.	❑	Ich bitte die verschiedensten Seiten um ihr Feedback – auch einen notorischen Nörgler.	❑
Wenn ich etwas nicht verstehe, bin ich lieber still.	❑	Ich riskiere auch »dumme« Fragen	❑
Ich halte mich an das Motto »Was nicht sein muß, muß nicht sein.«	❑	Ich bin stets auf der Suche nach Dingen, die der Verbesserung bedürfen – Produkte, Leistungen, Systeme.	❑
Ich halte meine Ideen nicht schriftlich fest.	❑	Ich führe ein »Ideenheft«, wo ich alle guten Einfälle schriftlich festhalte.	❑

verantwortlich. Die rechte Gehirnhälfte ist zuständig für die Intuition, das räumliche Denken, die Risikobereitschaft, die Träume und den Humor.

Nutzen Sie beide Seiten!
Kreative Menschen berücksichtigen diese beiden Seiten bewußt. Sie sind sich darüber im klaren, daß beide Gehirnhälften unterschiedliche Aufgaben haben. Kreative Menschen setzen die jeweiligen Gehirnhälften bewußt ein und wissen, welche von beiden gerade zum Einsatz kommen sollte.

Die linke Gehirnhälfte entschlüsselt das Problem auf die logische Weise, analysiert und zergliedert es, bereitet es vor für den Gedankenblitz.
Die rechte Gehirnhälfte geht neue Wege, hält alles für möglich, macht Träume wahr.

Die linke Gehirnhälfte bewertet die Ideen, denkt an die Umsetzung, plant die weiteren Schritte.
Die rechte Gehirnhälfte überzeugt die anderen Beteiligten, motiviert zur Mitarbeit, entzündet Visionen für den Erfolg.

Heike Siebert

Mit Beziehungsmanagement zurück zum Kunden

Heike Siebert, geboren in Lauingen/Donau. Nach einer Ausbildung zur Fremdsprachenkorrespondentin und dem Studium der Betriebswirtschaft arbeitete sie von 1992 bis 1998 als Journalistin einer Tageszeitung. Seit November 1998 ist sie Redakteurin für Kundenzeitschriften und Internet-Auftritte.

»Man muß es so einrichten, daß einem das Ziel entgegenkommt.«

Theodor Fontane

Beziehungen als Wettbewerbsvorteil

Die Zeiten ändern sich. Sie ändern sich allerdings so schnell, daß wir kaum mehr in der Lage sind, mit dem Tempo Schritt zu halten. Homogene Produkte, stagnierende Märkte, sinkende Preise, harter Verdrängungswettbewerb und der Umbruch von der Industrie- zur Informationsgesellschaft kennzeichnen das Wirtschaftsleben. Im Mittelpunkt allen Werbens steht der Kunde. Er soll Produkte kaufen, Dienstleistungen in Anspruch nehmen. Gleichzeitig lassen sich immer weniger Kaufakte ihrem genauen Auslöser zuordnen. Handelt es sich um die Abdekkung eines elementaren, echten Bedürfnisses, ohne dessen Befriedigung das Überleben für den Kunden schwierig würde, oder ist es vielmehr die Erfüllung eines Wunsches? Häufig ist es letzteres. Dadurch bekommt der Kunde Entscheidungsspielraum. Er braucht ein Produkt nicht unbedingt, kann also praktisch ohne Zwang und Zeitdruck vergleichen und entscheiden. Und er kann auch verzichten. Der Kunde wird zum Prüfstein einer neuen Gesellschaft. Er fordert Dialog mit dem Unternehmen, er will Beziehungen. Markt und Gesellschaft erfordern ein Beziehungsleben. Von Kundenbindung spricht der Einsteiger, der Profi von Beziehungsmarketing, Clienting oder Netzwerken mit Kunden – gemeint ist dasselbe. Beziehungsmarketing löst klassische Marketingformeln mit Eckdaten wie Preis, Standort, Kommunikation und Distribution ab.

Normale Beziehungen, rein sachlich begründet, sind jedoch nicht ausreichend. Bei durchschnittlichen Beziehungen ist der Partner gleichgültig. Bereits kleine oder geringfügige Probleme bringen die Beziehung auf ernsthaften Schlitterkurs. Gefragt sind magische Beziehungen, die auf höchster Stufe stehen. Besondere Beziehungen oder special relations sind stabiler als Bedarf und Konsens. Gute Beziehungen entstehen nicht, wenn alles nur über den Bedarf läuft.

Das Handwerk – ein Nährboden für Beziehungen

Handwerker haben gute Karten in Händen, wenn es darum geht, Beziehungen zu schaffen. Der typische deutsche Handwerksbetrieb weist eine durchschnittliche Beschäftigtenzahl von sieben Mitarbeitern auf. Die überschaubare Angestelltenzahl und -struktur ermöglichen, daß persönliche Beziehungen zwischen Unternehmern im Handwerk und Mitarbeitern sowie deren Familienangehörigen Gewicht haben. Aus dem Beziehungsblickwinkel betrachtet, können Handwerksbetriebe einen weiteren unschätzbaren Vorteil für sich verbuchen: Sie arbeiten kunden-, verbraucher- und abnehmerorientiert, haben also unmittelbaren Kontakt zum Markt. Dieses enge Wechselspiel mit dem Abnehmer ihrer Leistungen verschafft den Unternehmen genaue Zielgruppenkenntnisse und unverfälschte Marktinformationen. Handwerksbetriebe können das heute so dringend geforderte one-to-one-Marketing – gemeint ist das direkte Eingehen auf den einzelnen Kunden – mit einfachen Mitteln realisieren. Ideale Voraussetzungen also, um Beziehungen zu schaffen. Häufig schöpfen Betriebe dieses vorhandene Beziehungspotential jedoch nicht aus.

Der Stammkunde als Rentabilitätsfaktor

Möchten Sie in Ihrem Unternehmen gerne Kunde sein? Ein neues Schlagwort in der Marketingwelt heißt »Kundenbindung«. Begriffe wie »Kundenbeziehungsmanagement«, »Relationship Marketing« oder »Retention Marketing« stehen stellvertretend. Die Autoren Peters und Watermann haben bereits 1984 das selbstverständlich klingende Stichwort »Kundennähe« als Merkmal besonders erfolgreicher Unternehmen in die Diskussion gebracht. Sie stellten fest, daß exzellente Betriebe sich in der Regel stärker von ihrem Bemühen um Nähe zum Kunden beeinflussen lassen als von technologischen oder Kostengesichtspunkten. Wo immer Märkte stagnieren oder nur noch beschränkt wachsen, sind Stammkunden der stärkste Hebel im Markt. Je größer ihr Anteil am Unternehmensbudget, desto besser zeigt sich die finanzielle Ausgangslage des Betriebs. Diese Situation wird in Abb. 1 verdeutlicht.

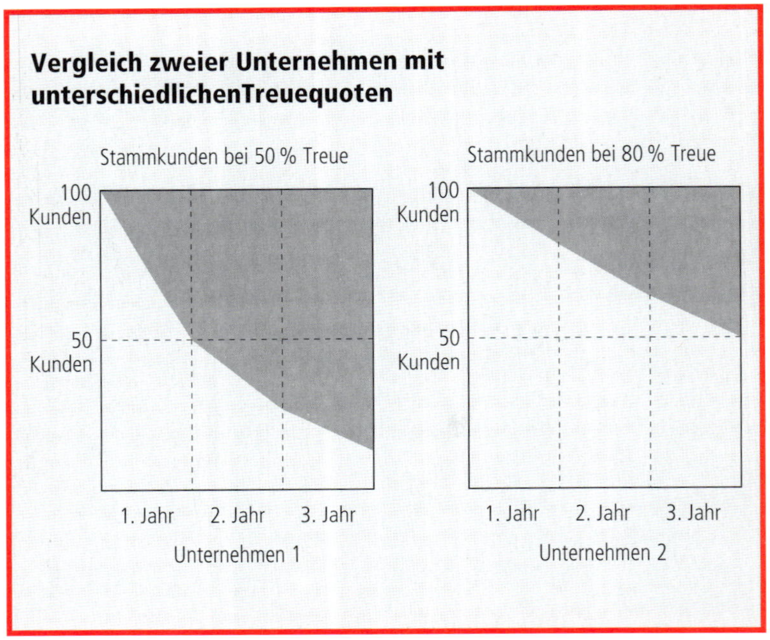

Abb. 1 Vergleich zweier Unternehmen mit unterschiedlichen Treuequoten.

Unternehmen 1 verliert von seinen ursprünglichen 100 Kunden jährlich 50. Um nach drei Jahren noch immer 100 Kunden zu haben, muß es somit in dieser Zeit 150 neue Kunden gewinnen. Unternehmen 2 kommt aufgrund einer Treuequote von 80 Prozent mit nur 60 Neukunden im gleichen Zeitraum aus. Wer weniger Neukäufer und Wechsler pro Jahr gewinnen muß, liegt näher am Erfolg. Das Unternehmen 2 mit großem Stammkundenanteil benötigt nur 40 Prozent der Neukunden, die sein Konkurrent braucht.

Treue Kunden schaffen einen nicht zu unterschätzenden Wettbewerbsvorteil. Stammkunden behalten ohne eingehende Prüfung von Alternativen ihre Lieferanten bei, weil sie mit deren Leistung zufrieden sind. Sie sind in der Regel auch zur Bezahlung eines im Vergleich zur Konkurrenz höheren Preises bereit, solange sie sich nicht übervorteilt fühlen. Bei Unternehmen mit hoher Kundenzufriedenheit beträgt der Anteil der Stammkunden und damit die echte Treuequote in fast allen Märkten regelmäßig über 50 Prozent, bei sehr hoher Zufriedenheit bis zu 90 Prozent. Die Bindung von Kunden an ein Unternehmen ist keine leichte Sache. Nicht die klassischen Marketingregeln wie der richtige Preis oder die geeigneten Werbemaßnahmen bringen Erfolg. Das »do ut des«-Prinzip – ich gebe dir, damit du (zurück)gibst – erlebt eine Renaissance beim Geschäftemachen, in dem das Miteinander an erster Stelle steht. Wer Stammkunde ist, möchte von Ihnen auch so behandelt werden. Dazu gehören emotionale Aspekte – das Gefühl, geschätzt zu werden – ebenso wie konkrete Vorteile aus der Beziehung: Zusatzleistungen, vielleicht ein günstiges Angebot, das man nicht einzufordern braucht, das gerne unterbreitet wird, weil man ein treuer Kunde ist. Häufig jedoch ist es umgekehrt. Die neuesten Kunden erhalten die beste Qualität und die tiefsten Preise. Wer die Preis- und Rabattstrukturen von Unternehmen durchforstet, stellt schnell fest, daß langjährige Kunden, die nicht regelmäßig auf einer Neuverhandlung von Preisen und Konditionen bestehen, in der Regel schlechter fahren. Am besten behandelt werden neue Kunden, die den gesamten Verhandlungsspielraum ausnützen und solche, die sich permanent über Mängel beklagen. Auch die Kommunikation der Unternehmen ist darauf ausgerichtet, über kurzfristige Vorteile und Aktionen neue Kunden zu gewinnen. Und so kommt es, daß der treue Kunde über ein Inserat oder ein Mailing erfährt, daß er, wäre er Neukunde, diesen und jenen Vorteil hätte. Er wurde für seine Treue bestraft. Dabei ist es teuer, neue Kunden für sich zu gewinnen. Immer mehr Branchen gehen davon aus, daß die Akquisitionskosten für einen Neukunden den Gewinn aus dieser Geschäftsbeziehung für längere Zeit auffressen. Die Kosten einer Neukundengewinnung liegen fünf- bis siebenmal höher als die der Kundenbindung. Diese Situation entsteht durch ständig steigende Werbekosten, durch Einstiegsanreize, oft aber auch durch tiefere Preise, die Neukunden bezahlen. Wer den Geschäftsabschluß als Beginn einer neuen Beziehung versteht und nicht nur als Kaufabschluß, kann treue Kunden gewinnen. Kundenbeziehungsmanagement ist kein neuer Marketingtrend, sondern die Rückbesinnung auf fast vergessene Tugenden.

Instrumente der Kundenbindung

Kundenbindung braucht im Handwerksbetrieb ein zeitgemäßes Erfolgsrezept. Verglichen zur guten, alten Kundenbindung, die nur als Nebenprodukt fungierte, muß heute bewußt hierin investiert werden. Dahinter verbirgt sich die geschickte Kombination von attraktivem Angebot, Service, Aktionen und Erlebnis. Kundenbeziehungsmanagment ist die Summe aller unternehmerischen Entscheidungen und Handlungen, die auf den Aufbau und die Erhaltung von längerdauernden Beziehungen zwischen dem Unternehmen und seinen Kunden abzielen. Kurzfristiger Erfolg, beispielsweise ein einmaliger Kaufabschluß, zählt wenig. Dem Kunden bleibt bei seiner Kaufentscheidung oft nur das Vertrauen in den Ratschlag des Handwerkers. Das funktioniert aber nur dann, wenn dieser eine glaubwürdige Beziehung aufgebaut hat.
Der Weg zu erfolgreicher Kundenbindung liegt allerdings abseits der ausgetretenen Marketingpfade. Mit tollen Anzeigen, Prospekten und flott getexteten Werbebriefen allein erzielen Unternehmer heute in der Regel nicht mehr den nötigen und möglichen Umsatzzuwachs, denn die klassischen Kommunikationskanäle sind zunehmend verstopft. Werbung als Manipulationsfaktor allein genügt nicht mehr. Um in Kundenköpfe hineinzukommen, müssen neue Wege beschritten werden. Die Pflege von Kundenbeziehungen ist nicht allzu verschieden von der Beziehungspflege im zwischenmenschlichen Bereich. Grundsätzlich erfordert kundenorientiertes Handeln genau diejenigen Eigenschaften, mit denen wir sowieso nicht reich gesegnet sind: Zuhören, Kritik entgegennehmen, Fehler eingestehen, anderen recht geben. Kundenbeziehungsmanagement heißt allerdings nicht, den Kunden jeden Wunsch, und sei er noch so unberechtigt, zu erfüllen. Hier gilt es, um aus der Kundenpflege nicht ein uferloses und ruinöses Geben entstehen zu lassen, mit einer konsequenten Haltung aufzutreten – im Zweifel allerdings immer zugunsten des Kunden.

Betriebsinterne Voraussetzungen schaffen

Bevor Sie Konzepte im Hinblick auf das Management von Kundenbeziehungen realisieren, müssen Sie eine geeignete interne Grundlage schaffen. Wollen Sie Kundenbindung erreichen, sollten Sie zuallererst den Blick nach innen richten. Dies erfordert Arbeit am Fundament des Betriebs. Die Pflege der

Kundenbeziehungen ist eine Angelegenheit des gesamten Unternehmens. Jeder Mitarbeiter ist dafür verantwortlich. Die Formel für den Erfolg kurz vor Beginn des dritten Jahrtausends heißt simpel: »Mensch gewinnt Mensch.« Investitionen in den Mitarbeiter sind ebenso wichtig wie Ausrüstungsinvestitionen. Ihnen muß es gelingen, durch seine Partnerschaft den Mitarbeiter als Menschen zu gewinnen, dies ist wichtigste Grundlage für eine erfolgreiche Mitarbeiterorganisation. Ein familiäre Atmosphäre im Unternehmen zahlt sich aus. Teams, die ohne Hierarchiestufen auskommen, sind vom Partnerschaftsgefühl bestimmt. Die Leitidee muß lauten: »Gemeinsam schaffen wir es.« Mitarbeiter müssen zu Dauerlernern werden. Sie müssen experimentierfreudig sein, ein betriebliches Vorschlagswesen hilft, Ideen aufzugreifen. Mitarbeiter dürfen Fehler machen, sollten jedoch auch selbst wissen, wo die Grenzen ihrer Fähigkeiten liegen. Mit Hilfe eines Beurteilungssystems können sie erkennen, in welchen Punkten ihre Arbeit verbesserungsbedürftig ist, Weiterbildungskonzepte helfen bei der Umsetzung. Mitarbeiter benötigen Visionen. Diese geben eine klare Vorstellung, wie etwas sein sollte, das noch nicht existiert, beispielsweise die optimale Beziehung zum Kunden. Visionen mobilisieren Kreativität und Begeisterung. Gemeinsam werden Lösungen erzielt, die normalerweise unmöglich sind. Den größten Handlungsbedarf für die innerbetriebliche Kundenausrichtung findet man häufig in folgenden Bereichen:

»Mensch gewinnt Mensch.«

Probleme in Prozessen	Lösungsansätze
• Erreichbarkeit von Mitarbeitern	• Durchsetzen von Abwesenheitsmeldungen, verbesserte Kommunikationssysteme
• Freundlichkeit	• Mitarbeiterschulung, Bewußtsein entwickeln
• Antwortzeiten für Problemlösungen	• Standardabläufe, Aufbau von integrierten Kommunikationssystemen, Logistik, Kompetenzdelegation
• Termineinhaltung	• Projektmanagement, Warnsystem
• Kommunikation von Problemen	• Durchsetzung von Richtlinien, Bewußtsein entwickeln
• Rechnungswesen	• Bewußtsein, Kommunikation

Abb 2 Häufige Problempunkte in Prozessen.

Mit dem Kunden in Dialog treten

Die Fragestellung des Marketings wird heute vom Kunden aufgerollt. Das Marketing fragt: Was kann ich für meinen Kunden im Zeitablauf tun, wie kann ich ihn langfristig an mich binden, was kann ich für ihn im Laufe seines Lebens tun? Letztlich wird davon ausgegangen, daß der Kunde wie eine langfristige Investition behandelt werden muß. Dabei gilt es immer, den Kundenwert im Auge zu behalten. Zwar hat sich der Konsument im Laufe der Zeit gewandelt, er ist sprunghafter und anspruchsvoller geworden und sieht sich gleichzeitig einer größeren Auswahl an Produktalternativen als früher gegenüber, aber sein Bedürfnis nach menschlicher Wärme hat sich in unserer technisierten Welt verstärkt. Um die Kommunikation mit Kunden glaubhaft, individuell und moderat zu gestalten, müssen Kundenzufriedenheiten gezielt ausgelotet werden: Weg vom Verkaufsmonolog, hin zum Kundendialog lautet die Devise. Solange der Verkäufer vor allem verkaufen, der Servicetechniker hauptsächlich reparieren will, wird man dem Kunden nicht zuhören. Zuhören beginnt schon beim Verkauf und geht weiter in allen Kundenkontakten. Häufig erwarten Kunden Handwerker mit dem gleichen Gefühl, als ob sie zum Zahnarzt gingen. Der Kunde hat ein Stück Angst von den Dingen, die auf ihn zukommen, und er macht sich Sorgen, ob alles zu seiner Zufriedenheit erledigt wird. Dieses Nicht-Wissen und Nicht-Informieren muß aufhören.

Weg vom Verkaufsmonolog, hin zum Kundendialog lautet die Devise.

Das Verkaufsgepräch kann mit einem klassischen Frage-und-Antwort-Spiel oder einer Kombination aus offenen und geschlossenen Fragen nicht mehr funktionieren. Sie müssen mit dem Kunden einen glaubwürdigen Dialog führen. Ehrlichkeit, Anstand, Geben und Nehmen, Moral, Hilfsbereitschaft auch außerhalb der Garantiezeiten bringen Ihnen wertvolle Pluspunkte. Ein echter Dialog mit den Kunden garantiert Ihnen außerdem unmittelbar verwertbare Informationen über die Erfahrungen der Nutzer mit einem Produkt oder einer Dienstleistung. Gerade die Befragung von Kunden über ihre Erfahrungen und Erwartungen kann maßgeblich zur Weiterentwicklung des Angebots beitragen oder mithelfen, Produktprobleme frühzeitig zu erkennen.

Im Handwerk kommt der dialogorientierten Kundenberatung

eine zentrale Bedeutung zu. Da der Handwerker Experte auf seinem Gebiet ist, erwartet der Kunde von ihm auch eine erstklassige fachmännische Beratung. Ist der Kunde zufrieden, gibt es kaum bessere Werbemöglichkeiten. Der Kunde spricht mit Freunden und Bekannten, die nicht zu unterschätzende Mund-zu-Mund-Propaganda kommt ins Rollen, deren Bedeutung heute eine Renaissance im Marketing erlebt. Folge ist häufig ein Dreiecksverkauf: Der neue Kunde nimmt aufgrund der positiven Empfehlungen des Erstkäufers das Angebot ebenso in Anspruch.

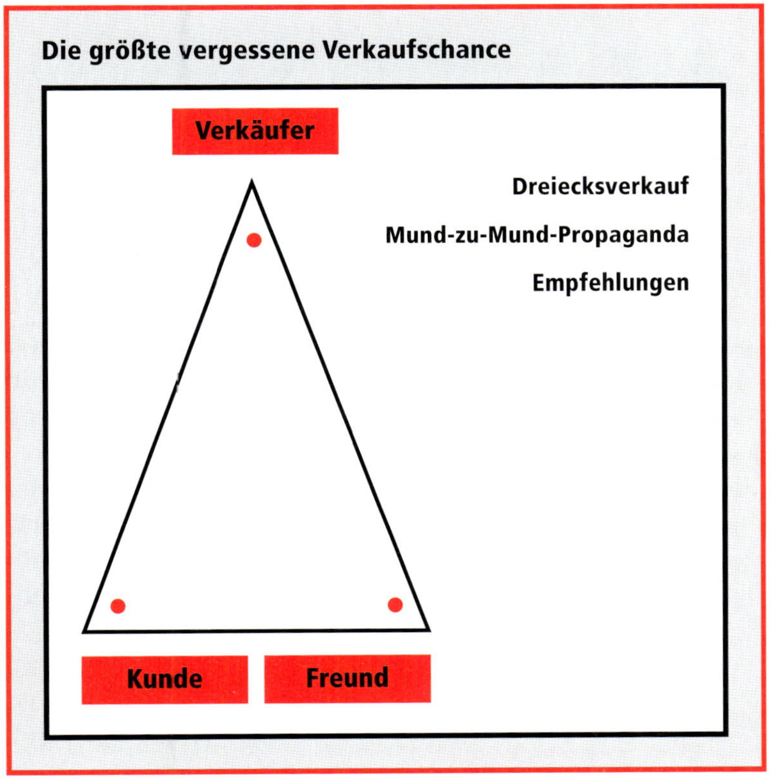

Abb. 3

Anders ausgedrückt: Sie müssen unbedingt vermeiden, daß Kunden sich im Bekannten- und Freundeskreis über Ihr Unternehmen beklagen. Sätze wie »Ich kann das nicht entscheiden.« oder »Da wären Sie der erste, bei dem wir eine Ausnahme machten.« dürfen Sie gegenüber dem Kunden auf keinen Fall in den Mund nehmen. Dialog sollten Sie auch mit abwandernden Kunden halten. Die wenigsten Unternehmen klären genau, weshalb Kunden sie verlassen, dabei ließe sich viel daraus lernen. Einerseits kann man Probleme im Unternehmen erkennen, andererseits aber auch gesellschaftliche Tendenzen, die möglicherweise ein verändertes Kaufverhalten bewirken.

Mehr Gewährleistung spricht für Kulanz

Wer heute ein Produkt kauft, setzt auf dessen einwandfreies Funktionieren während der gesamten Nutzungsdauer. Bei gewissen Produkten wird ein regelmäßiger Wartungsaufwand in Kauf genommen, von anderen erwartet der Kunde eine störungsfreie Funktion ohne weitere Betreuung. Tritt der Garantiefall ein, tut das Unternehmen gut daran, seine Gewährleistung auf die hauptsächliche Nutzung seiner Kunden auszurichten, sogar die Garantien zu differenzieren, sowie anläßlich des Verkaufs aktiv auf die Bedürfnisse der Kunden abzustimmen. So könnte ein Kunde in Ihrem Unternehmen beim Kauf entscheiden, ob er beispielsweise einen zusätzlichen Preisnachlaß und dafür geringere Garantieleistungen erwirbt oder aber, ob er zuzahlen und dafür eine verlängerte Gewährleistungsfrist, die Stellung eines Ersatzes im Schadensfall oder auch die Schadensbehebung vor Ort in Anspruch nehmen möchte. Ein derartiges Vorgehen hilft einerseits, Kosten zu sparen, andererseits auch, Kunden zufriedenzustellen und langfristig zu halten, weil sie die ihnen entsprechende Leistung bekommen. Damit wird die Gewährleistung zu einem zusätzlichen Produkt, das wesentlich zur Kundenzufriedenheit beiträgt, weil sie dem Kunden die Wahl läßt, mit der man sogar Geld verdienen kann.

Eine weitere Garantievariante haben Sie mit der Zufriedenheitsgarantie. Der Kunde hat die Möglichkeit, ohne Begründung vom Kaufvertrag zurückzutreten. Eine harte Prüfung für ein Unternehmen. Doch halten Produkt und Leistungen, was der Verkauf verspricht, wird der Kunde die Zufriedenheitsgarantie nicht in Anspruch nehmen. Unternehmen, die Zufriedenheitsgarantien geben, weisen häufig eine höhere Kundenzufriedenheit auf als Firmen, die sich strikt weigern, einen einmal abgeschlossenen Kaufvertrag für ungültig zu erklären. Die Rücktrittsmöglichkeit ist der Beweis des Vertrauens in das eigene Produkt und die eigene Dienstleistung. Kulantes Verhalten schafft Beziehungen. Ist die Gewährleistungsfrist abgelaufen, gilt es für Sie, den Einzelfall zu prüfen und zu überlegen, was für den Kunden zu tun ist. Wer sich nur hinter Gewährleistungspflichten versteckt, verschenkt goodwill.

Mit Service erstklassige Leistungen schaffen

Mit abnehmendem Kundenstrom und verstärkter Unternehmenskonzentration gewinnt der Kundendienst zunehmend Bedeutung. In vielen Fällen sind in der Hauptsache die Kundendienstmitarbeiter für den zukünftigen Umsatz verantwortlich. Sie sind nach dem Kauf in der Regel die einzigen, die aus einem vom Kunden freiwillig aufgenommenen Kontakt mit einem Unternehmen ein positives Erlebnis machen. Der Servicekontakt ist deshalb eine besondere Chance, weil er in der Regel vom Kunden akzeptiert und von ihm eingeplant wird, also a priori noch kein negatives Gefühl vermittelt. Wo immer regelmäßige Wartung notwendig ist, sollte Ihr Unternehmen die Chance nutzen, seinen guten Eindruck zu festigen. Eine im Auftrag des US-Ministeriums für Verbraucherangelegenheiten durchgeführte Untersuchung hinsichtlich prompter Serviceleistungen und Kundenbindung hat gezeigt, daß ein guter Service Stammkunden erwirtschaftet. 95 Prozent der Befragten gaben an, wenn es um kleinere Probleme gehe und diese umgehend vom Unternehmen behoben würden, würden sie dem Geschäft die Treue halten. Dauert es etwas länger, wären noch 70 Prozent dazu bereit. Diese Spanne von 25 Prozentpunkten könnte durchaus den Unterschied zwischen erst- und zweitklassiger Leistung markieren. Untersuchungen zum Gewicht der Kundentreue ergaben, daß bereits eine fünfprozentige Zunahme der Stammkundenzahl die Unternehmensrentabilität um 25 auf 85 Prozent steigern kann. Daß Kundenbindung unmittelbar mit Service- und Produktzufriedenheit zusammenhängt, zeigt ebenso eine im Jahr 1995 durchgeführte Studie im Schweizer Fahrzeugmarkt. Die Treuequote verschiedener Marken korreliert erstaunlich genau mit dem Durchschnitt aus Service- und Produktzufriedenheit.

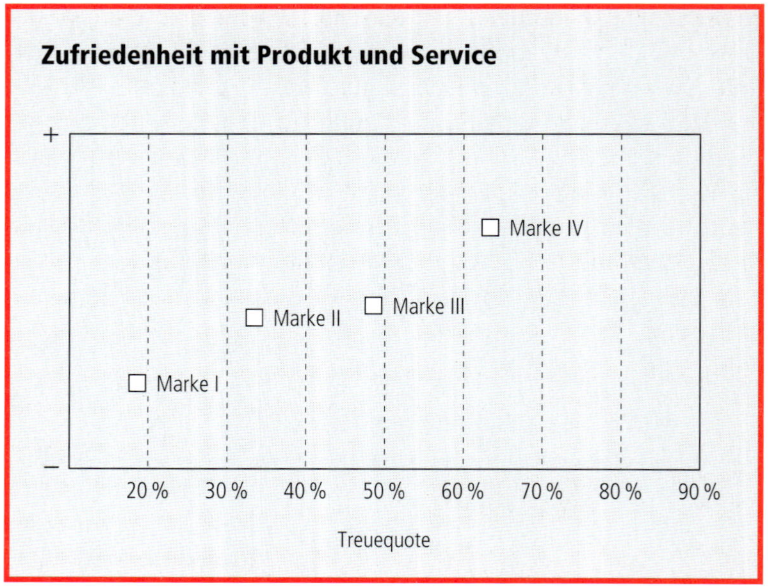

Abb. 4 Treuequote verschiedener Automarken in Abhängigkeit von der Zufriedenheit.

Wo das Servicepersonal sich jedoch für die Schwierigkeiten der Kunden überhaupt nicht interessiert oder außerstande ist zu helfen, bekommt die Firma die Negativfolgen in Form von Kundenschwund zu spüren.

Handwerker sollten jeder Reklamation sofort nachgehen. Selbst Kleinstaufträge, wie ein tropfender Wasserhahn, sollte der Handwerker annehmen – womöglich sind größere Aufträge die Folge. Vereinbarte Servicetermine sind unbedingt einzuhalten, bei unerwarteter Verhinderung gilt es, den Kunden sofort über die zeitliche Verzögerung zu informieren. Häufig jedoch sieht die Realität anders aus: Unzuverlässige zeitliche Zusagen, ein mürrisches Personal und dürftig ausgeführte Wartungsarbeiten lassen das Vertrauen des Kunden in die Leistung des Unternehmens sinken. Auch kostenlos erbrachte Nebenleistungen, beispielsweise den Einsatzort sauber und aufgeräumt zu verlassen, zahlen sich als positives Erlebnis aus. Unternehmen, die viermal schneller reagieren als der Wettbewerb, wenn es um Reklamationen, Anforderungen, Lieferungen und zeitsparende Service-Ideen geht, wachsen dreimal schneller als die Konkurrenz und streichen doppelten Gewinn ein.

Kundendienst-Hotline und Reklamationshandling anbieten

Unmut oder Lob ist etwas, was Menschen in der Regel sofort loswerden möchten. Dasselbe gilt, wenn man ein Produkt erworben hat, das nicht so funktioniert, wie es sollte – und nirgendwo ist Hilfe in Sicht. Häufig ist es für den Kunden schwierig, kompetente Gesprächspartner zu finden, wenn ein Reklamationsfall eintritt. Reklamationen sind Chefsache oder Sache geschulter Mitarbeiter. Über eine einfach zugängliche Telefonnummer – eine sogenannte Hotline – könnte in den meisten Fällen aus einem verzweifelten ein zufriedener Kunde gemacht werden. Hotlines sind eine Möglichkeit zum Dialog, für Rückfragen, für Beschwerden. Eine Hotline-Nummer muß gut sichtbar auf jeder Geschäftskorrespondenz und wenn möglich auf Produkten erkennbar sein. Erst diese Aspekte machen einen Kundendienst wirklich zum Dienst am Kunden: die erkennbare Kompetenz, nicht nur die fachliche, sondern auch im Sinne des zugestandenen Rechts, Probleme wirklich sofort und zur Zufriedenheit beider Seiten lösen zu dürfen. Der Kunde hat den Anspruch auf eine schnelle Antwort.

Mitarbeiter, die Reklamationen bearbeiten, bekommen die unangenehme Seite der Kunden präsentiert. Das kann schnell zum Burn-out-Syndrom führen, die Arbeit empfindet der betroffene Mitarbeiter dann nur noch als belastende Angelegenheit, was bis hin zu psychischen Problemen führen kann. Hier hilft nur gute Unterstützung durch andere Mitarbeiter wie auch regelmäßige Job-Rotation.

Zusatzdienste für den Kunden einführen

Der Kunde ist das beste Kapital Ihrer Firma. Deshalb ist es sinnvoll, viel Zeit und Ideen in Ihre systematische Kundenbetreuung zu investieren. Bei nüchterner Kalkulation werden Sie sofort erkennen, daß derartige Aktivitäten finanziell günstiger sind als eine Neukundengewinnung über den klassischen Weg. Geben, ohne dafür sofort nehmen zu wollen, lautet die Zauberformel. Die Bereitschaft, eine Zusatzleistung zu erbringen, ohne dafür eine unmittelbare Gegenleistung zu erwarten, beschert Folgeaufträge – nicht die Attraktivität des Preises. Kundenbesuche oder Telefonate allein reichen für eine langfristige Kundenbindung nicht aus. Ein wirksames Instrument ist dagegen der Aufbau eines systematischen Informationsdienstes. Folgende Möglichkeiten bieten sich beispielsweise an:

- Eine monatliche oder vierteljährliche *Hauszeitschrift* informiert über aktuelle Markttrends, Produktangebote und nützliche Neuerungen.
- Ein regelmäßiger *Newsletterdienst* – zwei bis vier Seiten stark – vermittelt Tips und Wissenswertes.
- *Video- und Audiokassette* übermitteln dem Kunden in Bild und/oder Ton Neuigkeiten über Produktinnovationen oder komplizierte technische Zusammenhänge.
- *Veranstaltungen* sind ein erprobter Weg, um sich von der Konkurrenz eindeutig abzusetzen. Ihr Unternehmen signalisiert damit, daß es Zusatzleistungen über das Produkt hinaus anbietet. Eine *Hausmesse* oder ein *Tag der offenen Tür* offerieren den Kunden die Leistungsfähigkeit Ihres Hauses. Ausführliche Kundengespräche können Sie hier ohne jeglichen Kaufzwang durchführen. In regelmäßig stattfindenden *Kundenseminaren* oder *Abendveranstaltungen* kommen Experten zu Wort, die neue Entwicklungen vorstellen und über interessante Themen informieren. Ein spezielles *Angebot des Monats*, reserviert für Ihre Stammkunden, sichert Vorzugsstellung im Wettbewerb.

Database-Informationen gezielt nützen

Wenn Sie Ihre Kunden kennen, können Sie sich auf ihre Wünsche und Vorlieben einstellen. Basis für ein effektives Netzwerk mit bestehenden und potentiellen Kunden ist die Kundendatenbank. In der Regel enthält eine Marketingdatenbank drei Kategorien von Informationen: statische Kundeninformatio-

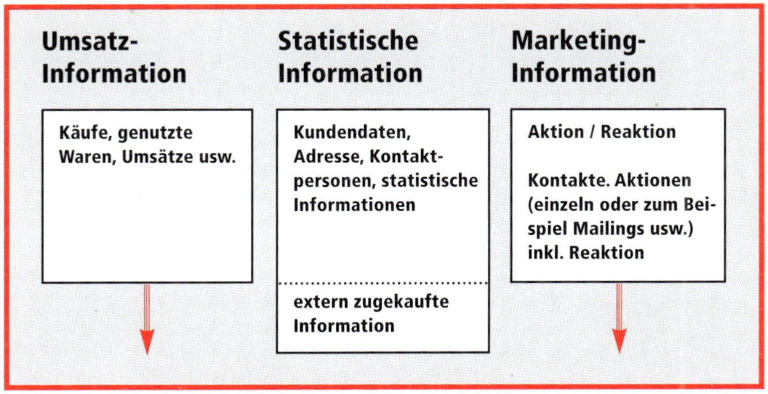

Abb. 5 Die Dimensionen einer Marketing-Datenbank.

nen wie Namen, Anschrift und allenfalls Personenangaben, Konditionen und Kreditlimits. Ebenso dazu gehören soziodemographische und statistische Merkmale. Ein wichtiger Teil der Datenbank sind verhaltensbezogene Punkte im Verkehr mit dem Unternehmen. Dazu gehören Umsätze und bevorzugte Produkte des Kunden. Unter den marketingspezifischen Kundeninformationen wird beispielsweise registriert, wie der Kontakt mit dem Kunden zustande gekommen ist, und wie er auf Angebote reagiert.
Weiterhin benötigt eine sorgfältig gepflegte Datenbank »weiche« Fakten über den Kunden: Interessen, Motive und gemeinsame Erlebnisse erfüllen eine Datenbank mit Leben. Durch Database-Marketing lernen Unternehmen ihre Kunden besser kennen und können ihnen mittels komplementärer Zusatzangebote einen höheren Nutzen bieten. Gleichzeitig erschließt Database-Marketing das Wissen um den Kreis von Interessenten.

Abb. 6 Die Zielrichtungen des Database-Marketing.

Umfassende Kundendatenbanken waren früher nur Spezialisten vorbehalten. Hohe Budgets waren notwendig, um die Datenbanken zu erstellen und zu pflegen. Dank des rasanten technologischen Fortschritts und der verbesserten Preis-Leistungs-Relation von PC-Hard- und Software stehen heute die Möglichkeiten einer Kundendatenbank ebenso mittelständischen und Kleinunternehmen offen. Auch ein einfacher Karteikasten, gefüllt mit handschriftlichen Kundeninformationen ist als Database-Marketingmaßnahme zu sehen. Kommt dann einer Ihrer Stammkunden eines Tages wieder bei Ihnen vorbei, genügt ein Blick in die Kundenkartei. Ihr Verkauf weiß sofort, daß dieser Kunde immer erst zwei oder drei Besuche benötigt, um sich endgültig zum Kauf zu entscheiden. Sie und Ihre Verkäufer werden angesichts seiner Unentschlossenheit nicht ungeduldig, kennen Sie doch diese Besonderheit des Kunden. Dem Kunden ist ein guter Dienst erwiesen, und auch Ihr Unternehmen zieht seinen Vorteil daraus – den neuen Kaufabschluß.

Netzwerke im Kommen

Die neuentdeckte Beziehungsqualität betrifft nicht nur das Verhältnis Unternehmen – Kunde. Vielmehr kommt es in allen Bereichen der Wirtschaft zu engeren Verbindungen zwischen Unternehmen, zu strategischen Allianzen, zu Kooperationen und gemeinsamen Projektgruppen.

Von brancheninternen und branchenübergreifenden Netzwerken

Herrschte zu Beginn der neunziger Jahre der Trend zur Globalisierung, vor allem bei Großunternehmen, so steht heute die brancheninterne wie auch branchenübergreifende Vernetzung von Unternehmen im Mittelpunkt. Die neue Qualität des Miteinanders betrifft auch Kleinbetriebe und Mittelständler, denn gemeinsam sind sie stärker, als es ein Einzelkämpfer je sein könnte. Das berührt nicht nur die Produktion, sondern auch das Marketing. Der Wettbewerb bleibt davon unbetroffen. Bestes Beispiel ist das Netzwerk zwischen den Automobilfirmen Volkswagen und Ford: Beide produzieren ihre Großraumfahrzeuge Sharan und Galaxy in derselben Fabrik in Portugal. Allianzen, Kooperationen und Netzwerke mit gleichgesinnten Unternehmen stehen hoch im Kurs. Firmen werden künftig beispielsweise ihr Know-how in Form von Lizenzen an Interessierte weiterverkaufen und dann von jedem verkauften Exemplar automatisch profitieren. Die Vertriebsstruktur wird immer mehr Unternehmerdenken und selbständiges Arbeiten ermöglichen, wie Franchise-Systeme und Verbundlösungen zeigen. Die Wirtschaft wird auf »atmende« Organisationen umschalten, das heißt: Falls mehr Mitarbeiter für eine Aufgabe benötigt werden, greift man auf »freie« zurück. Die eigene Mannschaft wird möglichst klein gehalten, auf veränderte Marktsituationen kann das erschlankte Unternehmen schnell reagieren. Markt und Unternehmen, Mitarbeiter und Kunde müssen zu einem System zusammenfließen, das sich selbst steuert und trägt. Es entsteht ein alles umspannendes Verknüpfungssystem, ein Netzwerk, das sich dynamisch selbst weiterentwickelt. Das bisher häufig noch gültige Frontendenken oder gar Insellösungen gehören der Vergangenheit an. Den einzelnen Firmenzellen wie Profit Center, Niederlassungen und Abteilungen muß mehr Eigendymanik und Eigeninitiative zugestanden werden. Der Königsweg in der Unternehmenslandschaft liegt in der kooperierenden Zukunft.

Die Ideen-Werkstatt – ein bracheninternes Netzwerk aus der Praxis

»Gemeinsam sind wir stark«, lautet das Credo der Ideen-Werkstatt. 1997 gegründet, weist der Zusammenschluß heute bayernweit rund 20 Mitglieder aus Meisterbetrieben des Schreiner- und Tischlerhandwerks auf. Die Gründungsinitiative ging vom bekannten Experten für Handwerks-Marketing, Herrn Dr. Bernd W. Dornach, in Augsburg aus, der die Gruppe mit seinem Team persönlich coacht. Die Ideen-Werkstatt ist Antwort auf veränderte Wirtschaftsbedingungen. Ihr Name ist Programm: Gemeinsam wollen die Mitglieder Ideen entwickeln und realisieren, um betriebliche Abläufe zu optimieren, Kunden zu binden und Neukunden zu finden. Die Mitglieder der Ideen-Werkstatt helfen sich beispielsweise bei Maßnahmen wie Marketingweiterbildung, Werbung, Verkauf, Mitarbeiterschulung, Messeauftritten, Kapazitätsauslastung oder Produktinnovation. Aufgebaut ist die Ideen-Werkstatt nach dem 7K-Modell. Dahinter verbergen sich folgende Leistungen:

- *Kooperation*: gegenseitige Zusammenarbeit, Austausch von Leistungen, gemeinsamer Einkauf, gemeinsames Auftreten
- *Kreativität*: Erfahrungsaustausch, Entwicklung neuer Produkt- und Werbeideen
- *Kommunikation*: bessere Umsetzung der Möglichkeiten im Beschaffungs-, Mitarbeiter-, Kundenmarketing sowie Verbesserung der Kundenzufriedenheit, -betreuung und Weiterempfehlung
- *Kompetenz:* Verbesserung der Image-Profilierung durch die Handwerkermarke, Erhöhung der Abwicklungs-, Verkaufs- und Betreuungskompetenz
- *Konsequenz:* Verzicht auf Einzelmaßnahmen zugunsten einer ganzheitlich orientierten Strategie
- *Kontinuität:* Langfristdenken, permanente Weiterentwicklung, schnelle Anpassung an neue Trends
- *Kosten:* deutliche Einspareffekte durch Gemeinschaftsberatung, große Auflagen bei der Werbemittelproduktion, Spezialisierung bei der Umsetzung von Kundenaufträgen, gemeinsamer Einkauf

Eine von vielen Werbeaktionen der Ideen-Werkstatt soll an dieser Stelle exemplarisch vorgestellt werden. Zur Kundenansprache, -gewinnung und -bindung setzt die Ideen-Werkstatt eine Folderreihe mit verschiedenen inhaltlichen Schwerpunkten ein. Ein einheitliches Logo der Ideen-Werkstatt, das die beteiligten Betriebe bei Bedarf übernehmen können, steht bereit. Gleichzeitig bietet sich die Möglichkeit, das eigene Firmenlogo – falls vorhanden – zu integrieren. Handgezeichnete Motive der einzelnen Schreinermeister aus dem Bereich des Möbelbaus geben den Foldern eine individuelle Note und dienen zugleich als optischer Blickfang. Die Folder werden zu den unterschiedlichsten Themen eingesetzt: Sie informieren über aktuelle Angebote, vermitteln Beratungsmöglichkeiten, oder ein Holz-Teddybär, der im Schreinerfachgeschäft zu erwerben ist, übernimmt eine Eisbrecher-Funktion. *(Abb. folgende Seite)*
Erfolgreich zeigte sich der Folder beim Messeauftritt der Schreinerwerkstatt A. Mayer aus Nußdorf auf der bayerischen Regionalausstellung TRUNA '97. Am Messestand der Schreinerei A. Mayer aufgelegte Folder, ausgestattet mit den Logos von Ideen-Werkstatt und Schreinerei, forderten die Besucher auf, ihren Traum vom schöneren Wohnen in Worten oder Bildern auf einer speziell zu diesem Zweck freigehaltenen Fläche darzustellen. Ebenfalls auf dem Folder vermerkt war, daß Teilnehmer für jede neue Idee einen Einkaufsgutschein der Schreinerei A. Mayer im Wert von 10 Mark erhalten. *(Abb. folgende Seite)*

Bestes Beispiel für die Aufmerksamkeit, die diese Werbeaktion hervorrief, war das Engagement des 16jährigen Michael Sandorov aus Traunstein. Er beteiligte sich gleich mit drei zeichnerischen Varianten seines Traums vom schöneren Wohnen. In einem Begleitschreiben drückte er seine Begeisterung für die Aktion aus:

A. MAYER
FELDSCHNEIDERWEG 5
83365 NUSSDORF
TEL. 08669/6738
FAX 08669/78261
Sind Sie auch teddybärisiert?
Teddybären üben seit fast hundert Jahren auf jung und alt einen faszinierenden Reiz aus, ob als Sammlerobjekt oder um ein Kinderherz höher schlagen zu lassen.
Für Sie entdeckt: Echte, original erzgebirgische Holzkunst mit Herz
In drei Größen
ab DM 29,–
Die Ideen Werkstatt

Abb. 7

A. MAYER
FELDSCHNEIDERWEG 5
83365 NUSSDORF
TEL. 08669/6738
FAX 08669/78261
Ihr Traum vom schöneren Wohnen
(schreiben oder zeichnen)
Name & Adresse
Jede Anregung für neue Ideen belohnen wir mit einem Einkaufsgutschein über DM 10,– (nur einmalig!)
Die Ideen Werkstatt

Abb. 8

Abb. 9

»... In der Halle 12 habe ich dann Blätter gesehen, auf denen mich sofort ein 10,–DM-Schein angelächelt hat ... ich habe mir gleich drei Exemplare davon mitgenommen. ... fing ich mit Begeisterung an, meine Träume aufzuzeichnen ... ich habe mich für eine Zeichnung meines Traumzimmers und für zwei Zeichnungen von meinen Traumküchen entschieden ... ich hoffe, daß ein paar neue Ideen für Euch dabei sind ... ich habe mir wirklich viel Mühe gegeben, schließlich habe ich gleich drei (!) Zeichnungen angefertigt und einen großen Teil meiner noch freien Zeit geopfert.«

Die zur Ideen-Werkstatt gehörenden Handwerksbetriebe bekommen noch weitere Leistungen geboten. So erscheint jeden Monat ein Servicebrief. Aktuelle Informationen aus der Wirtschaft, Hinweise auf gemeinsame Unternehmensbesichtigungen und Werkstattbesuche, Schulungstermine, Literaturempfehlungen, Marketingtips oder Veranstaltungstermine werden den Handwerkern in den Servicebriefen übersichtlich mitgeteilt. Firmenbesuche und Gesprächsrunden zählen ebenso zum Ideen-Werkstatt-Programm. Ziel ist, daß jeder einzelne Handwerksbetrieb für ihn interessante Aspekte und Angebote der Ideen-Werkstatt individuell aufgreifen kann und auf diese Weise optimalen Nutzen aus dem Zusammenschluß zieht.

Zusammenfassung

Seit die Umsatzkurven nicht mehr steil in den Himmel zeigen, haben die Unternehmen den Kunden wiederentdeckt. Über den Preis allein lassen sich immer austauschbarer werdende Produkte und Dienstleistungen nicht mehr verkaufen. Unternehmen, auch Handwerksbetrieben, gelingt es immer weniger, sich vom Wettbewerb abzusetzen. Ein technisch begründeter Vorsprung wird von den Mitbewerbern in kürzester Zeit erkannt und aufgeholt. Wettbewerb und Preisdruck steigen massiv. Gleichzeitig werden die Kunden selbstbewußter und anspruchsvoller. Ihre Forderungen nehmen zu, und ihre Geduld nimmt ab. Was gefragt ist, ist eine Rückbesinnung auf alte Tugenden. Der Kunde muß bewußt wieder in den Mittelpunkt allen Strebens rücken; Kundenbindung oder – um sich in der Marketingsprache der neunziger Jahre auszudrücken – Beziehungsmarketing erlebt eine Renaissance.

Kundenbeziehungsmanagement ist die Summe aller unternehmerischen Entscheidungen und Handlungen, die auf den Aufbau und den Erhalt von längerdauernden Beziehungen zwischen dem Unternehmen und seinen Kunden abzielen. Das sind beispielsweise exzellente Serviceleistungen, Zusatznutzen wie eine Hauszeitschrift, Infodienste oder Themenabende, ein optimal entwickeltes Gewährleistungssystem, sofortige Reklamationsbehandlung und die Pflege eines ständigen Dialogs mit dem Kunden. Wesentlich ist, daß die Beziehung zum Kunden langfristig angelegt sein muß, das bringt Folgekäufe und Empfehlungsgeschäfte – und dem Unternehmen Gewinn. Beziehungsmanagment läßt sich nicht ad hoc realisieren. Geduld und Ausdauer sind gefordert. Innerbetriebliche Unternehmensabläufe sowie Denken und Einstellung der Mitarbeiter müssen bewußt auf die Belange des Kunden ausgerichtet werden. Der Lohn zahlt sich aus. Stammkundenbindung ist für die Unternehmensrentabilität fünf- bis siebenmal günstiger als Neukundenanwerbung.

Neben der Kundenbindung sind vor allem für Klein- und Mittelbetriebe Beziehungen zur näheren Öffentlichkeit – zu Konkurrenten, Banken oder Behörden – wichtig. Das Einzelkämpferimage ist passé, gefragt sind dynamische Netzwerke, die sich an den eingangs beschriebenen herrschenden Erfordernissen des Wirtschaftslebens orientieren. Kooperationen bringen Vorteile – ob für Einkauf, Produktion, Distribution oder Werbung. Die Fähigkeit, Netzwerke zu knüpfen, ist die Herausforderung der ausgehenden neunziger Jahre – im Schulterschluß praktizieren die am Wirtschaftsleben beteiligten Partner Geben und Nehmen.

Das Einzelkämpferimage ist passé, gefragt sind dynamische Netzwerke.

Literatur

Hannes Kunz: Beziehungsmanagement: Kunden binden, nicht nur finden, Zürich 1996

Edgar K. Geffroy: Das einzige was stört ist der Kunde, 10. Aufl., Landsberg a.L. 1997

Stefan S. Gross: Beziehungsintelligenz: Talent und Brillianz im Umgang mit Menschen, Landsberg a.L. 1997

Gerd Gerken: Abschied vom Marketing: Interfusion statt Marketing, Düsseldorf 1990

Christian Schwarz, Frank Sturm und Wolfgang Klose: Marketing 2000 – Perspektiven zwischen Theorie und Praxis, 2. Aufl., Wiesbaden 1989

Heinz Schwalbe: Marketing-Praxis für Klein- und Mittelbetriebe, 6. Aufl., Freiburg i.Br. 1990

Klaus Linke: Marketing im Handwerk. In: Hans-Georg Geisbüsch: Marketing, 2. Aufl., Landsberg a.L. 1991

Leonard A. Schlesinger und James L. Heskett: Marketingstrategien für Dienstleistungsunternehmen. In: Harvard Business Marketing, Band 5

werben und verkaufen, Nr. 48, 1997: Interview mit Heribert Meffert: Der direkte Weg zum Kunden wird wichtiger.

Iris Niester

Von der Sekretärin zur Auftragsmanagerin
Spezialisierung im Handwerk verändert Berufsbilder

Iris Niester, geboren in Münster. Nach einer Ausbildung zur Bürokauffrau arbeitet sie seit 1994 in diesem Beruf, mit dem Schwergewicht der Lohn- und Gehaltsabrechnung und der Buchhaltung.

»Man muß das Unmögliche versuchen, um das Mögliche zu erreichen.«

Hermann Hesse

Wie es begann

Als ich 1991 mit sechzehn Jahren meine Ausbildung im Stukkateurbetrieb Hubert Wetzel (Villingen-Schwenningen) begann, lernte ich, was man als Sekretärin in diesem Aufgabenbereich erledigen muß: Telefonate, Korrespondenz, Postverwaltung, Lohn- und Finanzbuchhaltung, Post- und Bankgänge, Materialbestellungen. Die Arbeit machte mir großen Spaß, da ich meinen Arbeitsablauf selbst organisieren durfte. Überstunden gab es kaum. Damals ahnte ich nicht, daß sich mein Arbeitsalltag einmal grundlegend ändern würde.
1993 geriet der Betrieb in finanzielle Engpässe. Die Bank verweigerte die Auszahlung der Gehälter und forderte mehr Sicherheiten. Die Firma stand plötzlich vor dem Aus, und ich machte mir Sorgen, da ich sehr an meinem Arbeitsplatz hing. Die Bank empfahl, einen Betriebsberater zu Rate zu ziehen. Der Innungsverband vermittelte Josef Berchtold, einen Betriebsberater für das Bauhandwerk aus Senden (Ulm). Mit dem von ihm entwickelten »Strategischen Erfolgs-Kontroll-System« machte er sehr schnell deutlich, daß der Betrieb das meiste Geld bei Modernisierungsarbeiten an privaten Eigenheimen verdiente. Mit Unterstützung des Marketingberaters Paul Meyer aus Leer (Ostfriesland) wurde aus dieser Erkenntnis eine Spezialisierungsstrategie entwickelt. Das Ziel: Der Stukkateurbetrieb Wetzel wird in seinem Geschäftsgebiet zum Marktführer in Sachen Modernisierung von privaten Eigenheimen. Das Motto: Wetzel erledigt aus einer Hand alle anfallenden Um-,

Ausbau- und Renovierungsarbeiten und verpflichtet sich dabei zu höchster Sauberkeit auf der Baustelle. Kurz: »Einer. Alles. Sauber.« Unter dieser Bezeichnung ist das Konzept seit 1997 beim Patentamt eingetragen. Es wird mittlerweile bundesweit in Bauhandwerksbetrieben erfolgreich umgesetzt. Im Juni 1997 erhielt Hubert Wetzel für sein Firmenkonzept den Marketingpreis des Deutschen Handwerks.

Checklisten strukturieren Betriebsabläufe

Ich muß zugeben: Als Mitarbeiterin im Büro hatte ich zunächst große Zweifel, ob die Spezialisierung auf eine Zielgruppe jemals funktionieren würde. Doch schon die ersten Wochen lehrten mich eines Besseren. Durch die Spezialisierung auf den privaten Modernisierungsbereich stieg der Auftragsvorlauf innerhalb kürzester Zeit von vierzehn Tagen auf vier Monate an.

Mit den herkömmlichen Methoden war dies nicht mehr zu bewältigen, zumal die Auftragsabwicklung aus einer Hand bedeutete, daß unser Betrieb Kooperationspartner koordinieren mußte. Die Folge: Wir verzettelten uns in allen Bereichen, angefangen von der Kundenanfrage über die Bauabwicklung bis hin zur Abrechnung. Die Lösung: Gemeinsam mit Josef Berchtold entwickelten wir eine Reihe von Checklisten, die in jeder Phase der Auftragsabwicklung, vom ersten Kundengespräch bis zur Auftragsbesprechung, zum Einsatz kommen. Die Checklisten erleichtern die Auftragsabwicklung, weil sie die Betriebsabläufe strukturieren.

Konzentration statt Verzettelung

Ihre Vorteile:
- schnellerer Informationsfluß zwischen Chef und Mitarbeitern,
- sichere Gedächtnisstütze,
- leichteres Führen von Kundengesprächen.

Außerdem wurde für die komplette Anfrage- und Auftragsabwicklung und für den kaufmännischen Bereich ein Flußdiagramm angefertigt (siehe Schaubild), das genau darstellt, wer was wann zu tun hat.

Vom Handwerker zum Dienstleister

Durch die Spezialisierung auf eine fest umrissene Zielgruppe änderte sich auch unsere Firmenphilosophie. Die Zeiten, in denen wir nur unsere handwerkliche Arbeit ablieferten, gehörten schnell der Vergangenheit an. Wir Mitarbeiter lernten – und lernen noch – , den Kunden als Menschen mit seinen Bedürfnissen und Problemen zu sehen und ihm dafür Lösungen anzubieten. Wir entwickelten uns langsam, aber sicher vom Handwerker zum Dienstleister. Unsere Prioritäten sind heute: Zuverlässigkeit – Termintreue – Sauberkeit – Qualitätsarbeit. Der Kunde soll innerhalb kürzester Zeit die Renovierung oder Modernisierung genießen können und sich dabei in guten Händen fühlen.

Wir lernten, auf folgende wichtige Eigenschaften eines modernen Dienstleisters Wert zu legen:
- Ansprechendes äußeres Erscheinungsbild
- Fachkompetenz
- Verständlichkeit
- Einfühlungsvermögen und Argumentationsgeschick
- Sympathie
- Vertrauen und Glaubwürdigkeit

Neue Aufgaben: verkaufen und managen

Das Spezialierungssystem und die angestrebte Kundenorientierung hat meine tägliche Arbeit im Büro stark verändert. Es sind viele Verkaufs- und Managementaufgaben hinzugekommen, weil ich stärker in die gesamte Auftragsabwicklung eingebunden bin und noch mehr Eigenverantwortung trage. Meiner Motivation hat das nicht geschadet, im Gegenteil. Gerne bleibe ich, wenn es nötig ist, zwei bis drei Stunden länger im Büro, weil auch ich von unserem geschäftlichen Erfolg profitiere.

Das Verkaufen beginnt für mich schon beim ersten Kundenkontakt am Telefon. Vielen Anrufern muß ich zunächst unser gesamtes Dienstleistungsangebot darstellen. Denn sie wollen nicht glauben, daß wir ihnen alles rund um ihre geplante Modernisierung liefern. Ich mußte mir viele Fachkenntnisse aus dem Baubereich aneignen, denn oft wird schon im ersten Telefonat eine Auskunft über Details zur geplanten Modernisierung gewünscht. Außerdem mußte ich lernen, den Kunden am Telefon einzuschätzen. Will er nur einen Preisvergleich? Oder ist er wirklich interessiert und wünscht einen Termin mit Hubert Wetzel? Ich habe mir übrigens angewöhnt, den Namen des Kunden im Telefonat möglichst oft zu nennen. Dadurch fühlt er sich persönlich angesprochen.

Wie wir unsere Auftragsabwicklung managen, möchte ich im folgenden kurz darstellen. Ruft der Kunde an, notiere ich seine Adresse sofort auf einer Checkliste »Kundenanfrage«. Ich frage ihn nach seinem Modernisierungswunsch und vereinbare gleichzeitig den ersten Besichtigungstermin für Hubert Wetzel. Dann lege ich die Adresse im Computer an und vergebe eine Baustellennummer.

Für den ersten Kundentermin stelle ich Hubert Wetzel eine separate Kundenmappe zusammen. Sie enthält unter anderem

- die persönliche Wunschliste des Kunden und
- einen Fragenkatalog für die Angebotsbearbeitung. (Wird das Ausräumen der Wohnung gewünscht? Wird Eigenleistung erbracht? Müssen Pläne gezeichnet werden? Wie ist die Baustelle für den Materialtransport zu erreichen? etc.)

Hat der erste Termin stattgefunden, vereinbare ich, falls erforderlich, neue Besichtigungstermine mit unseren Kooperationspartnern vor Ort. Dafür haben wir einen Musterbrief entwickelt, der nur noch mit Namen, Termin und Ort versehen werden muß.

Für eine Angebotserstellung, bei der mehrere Kooperationspartner benötigt werden, brauchen wir etwa drei bis vier Wochen. Liegen alle Angebote vor, werden sie in den Computer eingegeben. Für jeden Kooperationspartner haben wir einen eigenen Baustein im PC-Programm angelegt, dazu eine Untergliederung mit seinen auszuführenden Arbeiten.

Ist das Angebot erstellt, wird mit dem Kunden ein Besprechungstermin in unserem Büro vereinbart. Dieser Termin findet ganz gezielt in der Firma statt, da nach Bedarf auf Kataloge und Muster zurückgegriffen werden kann. Dem Kunden wird das Angebot dann ausführlich erklärt. Das Angebot stellen wir in einem separaten Ordner zusammen. Dieser dient dem Kunden für die Dauer seiner Modernisierung zur Orientierung. Der Ordner enthält unter anderem

- ein Adressenblatt mit unseren Firmendaten: Telefon, Fax, Straße,
- Informationen über seine Ansprechpartner während der Modernisierung,
- das Angebot,
- Prospekte,
- Raum für Notizen,
- Baupläne.

Nach etwa einer Woche rufe ich beim Kunden an und frage ihn, ob das Angebot verständlich ist. Meistens wird nochmals ein Termin direkt auf der Baustelle vereinbart, um Einzelheiten des Angebots vor Ort zu besprechen. Ist der Auftrag erteilt, drucke ich eine Auftragsbestätigung für den Kunden aus und erteile Aufträge an die einzelnen Kooperationspartner.

Nach etwa einer Woche rufe ich beim Kunden an und frage ihn, ob das Angebot verständlich ist.

Über die termingerechte Ausführung der Arbeiten wacht unsere Bauleiterin. Sie erstellt während der gesamten Bauphase Fotos. Ist der Auftrag komplett abgewickelt, schreiben wir die Endrechnung. Hat der Kunde die Rechnung bezahlt, erhält er von mir ein Dankschreiben. Ist die Umbaumaßnahme beendet, schicken wir einen Fotografen zum Kunden, der das Ergebnis unserer Arbeit noch einmal fotografiert. Die Fotos kleben wir in ein Album, das wir zum Abschluß überreichen – unser Beitrag zur Kundenfreundlichkeit.

Mehr Produktivität durch Selbstorganisation

Um mit dem »Einer.Alles.Sauber.-System« wirtschaftlichen Erfolg zu haben, müssen alle Betriebsbereiche ihre Produktivität ständig verbessern. Das gilt für den Chef, für das Büro, aber auch für die Mitarbeiter auf den Baustellen. Sie sollen und müssen lernen, sich selbst zu organisieren und Probleme selbständig zu lösen, ohne ständig beim Chef oder im Büro anzurufen. Für dringende Fälle sind sie mit einem Handy ausgestattet. Wenn sie zum Beispiel einen Helfer für den Materialtransport benötigen, fordern sie keinen Mann aus der Firma an, sondern »bestellen« sich jemanden bei einer Hausmeisterfirma, da dieser Arbeiter billiger ist.

Ein Blick in die Zukunft

Um mit dem »Einer.Alles.Sauber.-System« wettbewerbsfähig zu bleiben, müssen alle Betriebsbereiche ständig an ihrer Produktivitätsverbesserung arbeiten. Viele Abläufe, sowohl im Außendienst als auch im Büro, müssen noch an das neue System angepaßt werden. Das sind oft Kleinigkeiten. So ist das nächste Ziel die Beschleunigung der Angebotserstellung. Ein Angebot von unserem Installateur umfaßt bis zu zehn Seiten. Zur Zeit müssen wir die Daten noch eigenhändig in den PC tippen. In Zukunft wollen wir die Listen einfach in den Computer einscannen.

Je länger wir mit dem »Einer.Alles.Sauber.-System« arbeiten, um so mehr verändern sich auch grundlegende Aufgaben. Hubert Wetzel soll sich als Chef in Zukunft immer mehr aus der Kalkulation von Angeboten zurückziehen. Dafür soll er mehr Zeit für Kundenbesuche und Kundenpflege haben. Denn das ist das A und O eines Dienstleistungsunternehmens. Als solches wollen wir in einigen Jahren in unserem Geschäftsgebiet *der* Spezialist für Modernisierungsarbeiten aller Art sein.

Mehr Zeit für Kundenbesuche und Kundenpflege

Zusammenfassung

Kundenorientierung ist für die meisten deutschen Handwerksunternehmen noch immer ein Fremdwort. Und die Spezialisierung auf eine Zielgruppe gilt in den Innungen als sicherer Weg in die Pleite. Der Stukkateurbetrieb Hubert Wetzel hat beides gewagt. Zwar gab und gibt es Umstellungs- und Anpassungsprobleme. Doch, wie Hermann Hesse sagt, erreicht nur der das Mögliche, der das Unmögliche versucht.

Die Konzentration aller Arbeitsabläufe auf eine Zielgruppe mit einem fest umrissenen Bedürfnis – der private Eigenheimbesitzer mit Modernisierungswunsch – verändert den Betrieb und die Menschen. Nichts bleibt, wie es war. Der Chef läßt seinen Mitarbeitern ungewohnte Freiräume, um mehr Zeit für strategische Überlegungen und die Kundenpflege zu haben. Berufsbilder verschieben sich: Die Mitarbeiter auf den Baustellen lernen, Kundenwünsche nicht nur zu respektieren, sondern sie zu erfragen. Die Sekretärin im Büro wird zur Verkäuferin am Telefon und zur Auftragsmanagerin. Neue und unkonventionelle Problemlösungen sind gefragt, seien es Checklisten für die Auftragsabwicklung, Handys für die Mitarbeiter draußen oder Pauschalpreise und Nachkalkulation.

Eines stimmt dabei besonders optimistisch: Wenn die positiven Auswirkungen der Veränderung von den Mitarbeitern erst einmal erlebt werden, verschwindet die Angst davor, und es gibt neue Motivation für die tägliche Arbeit.

Kundenanfrage

me:		☐ Anruf ☐ Anrufb. ☐ Besuch Datum: Uhrzeit:		**Termin** ☐ fix ☐ vorm. ☐nachm.
aße:				
, Ort:		gespr. mit	☐ Herr ☐ Frau	☐ Kunde zu Hause ☐ am BV ☐ Kunde kommt zu Termin
Privat	Fax	Name:		**Was ist zu tun?**
Gechäft	Fax	Anfahrt:		☐ Herr Wetzel ☐ Frau Zimmermann
Straße:				☐ Rückruf am .... ☐ Terminvereinbarung
PLZ, Ort:				☐ Rückruf / Beratung ☐ Angebot ☐ Auftrag
Tel.:	Fax			

ntakt

Südkurier vom ____________ ____________ l der Anzeige	☐ **Postwurfsendung** vom ____________
	☐ **Flyer**
Neckarquelle vom ____________ ____________ der Anzeige	☐ **Gelbe Seiten**
	☐ **Empfehlung** durch ____________
Stadtanzeiger vom ____________ ____________ der Anzeige	☐ **Stammkunde**

ßenarbeiten		**Innenarbeiten**	
eparatur außen	☐ ____________	☐ Wände versetzen	☐ ____________
utzschäden	☐ ____________	☐ Wände einziehen	☐ ____________
assade renovieren	☐ ____________	☐ Türen versetzen	☐ ____________
ollwärmeschutz	☐ ____________	☐ Dachausbau	☐ ____________
alerarbeiten	☐ ____________	☐ Malerarbeiten	☐ ____________
ach	☐ ____________	☐ Fußboden	☐ ____________
egenrinne	☐ ____________	☐ Deckenarbeiten	☐ ____________
euchtes Mauerwerk	☐ ____________	☐ Küche renovieren	☐ ____________
arage	☐ ____________	☐ Bad renovieren	☐ ____________
üftungsgitter	☐ ____________	☐ Flur renovieren	☐ ____________
arten / Außenanlage	☐ ____________	☐ WC renovieren	☐ ____________
of-/Garageneinfahrt	☐ ____________	☐ Wohnzimmer renovieren	☐ ____________
	☐ ____________	☐ Schlafzimmer renovieren	☐ ____________
	☐ ____________	☐ Kinderzimmer renovieren	☐ ____________
	☐ ____________	☐ Keller renovieren	☐ ____________
	☐ ____________	☐ Komplettausbau	☐ ____________

nstiges:

____

____

____

____

Grundsätzliche Fragen

Kunde:	Tel./Fax:
Straße:	PLZ, Ort
BV-Nr.:	**Datum:**

Gibt es Auflagen?		**Besprechungstermin mit KP'?**	☐ ja ☐ nein
seitens der Gemeinde?	☐ ja ☐ nein	**Welcher Termin wäre günstig?**	
vom Denkmalamt?	☐ ja ☐ nein	Datum:	Uhr:
		Datum:	Uhr:
Ausräumen der Wohnung	☐ ja ☐ nein	Datum:	Uhr:
erwünscht?			☐ ja ☐ nein
			☐ ja ☐ nein
Abbau der Möbel erwünscht?	☐ ja ☐ nein		☐ ja ☐ nein
			☐ ja ☐ nein
Aufbau der Möbel erwünscht?	☐ ja ☐ nein		☐ ja ☐ nein
			☐ ja ☐ nein
Schlüssel für Baustellen-	☐ ja ☐ nein		☐ ja ☐ nein
besichtigung vorhanden?			☐ ja ☐ nein
			☐ ja ☐ nein
Können Baustellencontainer	☐ ja ☐ nein		☐ ja ☐ nein
stehen bleiben?			☐ ja ☐ nein
			☐ ja ☐ nein
Fotos machen?	☐ ja ☐ nein		☐ ja ☐ nein
			☐ ja ☐ nein
Eigenleistung erwünscht?	☐ ja ☐ nein		☐ ja ☐ nein
Wenn ja, welche?			☐ ja ☐ nein
			☐ ja ☐ nein
			☐ ja ☐ nein
			☐ ja ☐ nein
			☐ ja ☐ nein
Pläne erforderlich?	☐ ja ☐ nein		☐ ja ☐ nein
Wenn ja, vorhanden?	☐ ja ☐ nein		☐ ja ☐ nein
Grundriss	☐ ja ☐ nein		☐ ja ☐ nein
Ansicht	☐ ja ☐ nein		☐ ja ☐ nein
Statik, falls erforderlich	☐ ja ☐ nein		☐ ja ☐ nein
	☐ ja ☐ nein		☐ ja ☐ nein

Sonstiges:

Flußdiagramm »Anfrage- und Auftragsabwicklung (kfm. Bereich)«

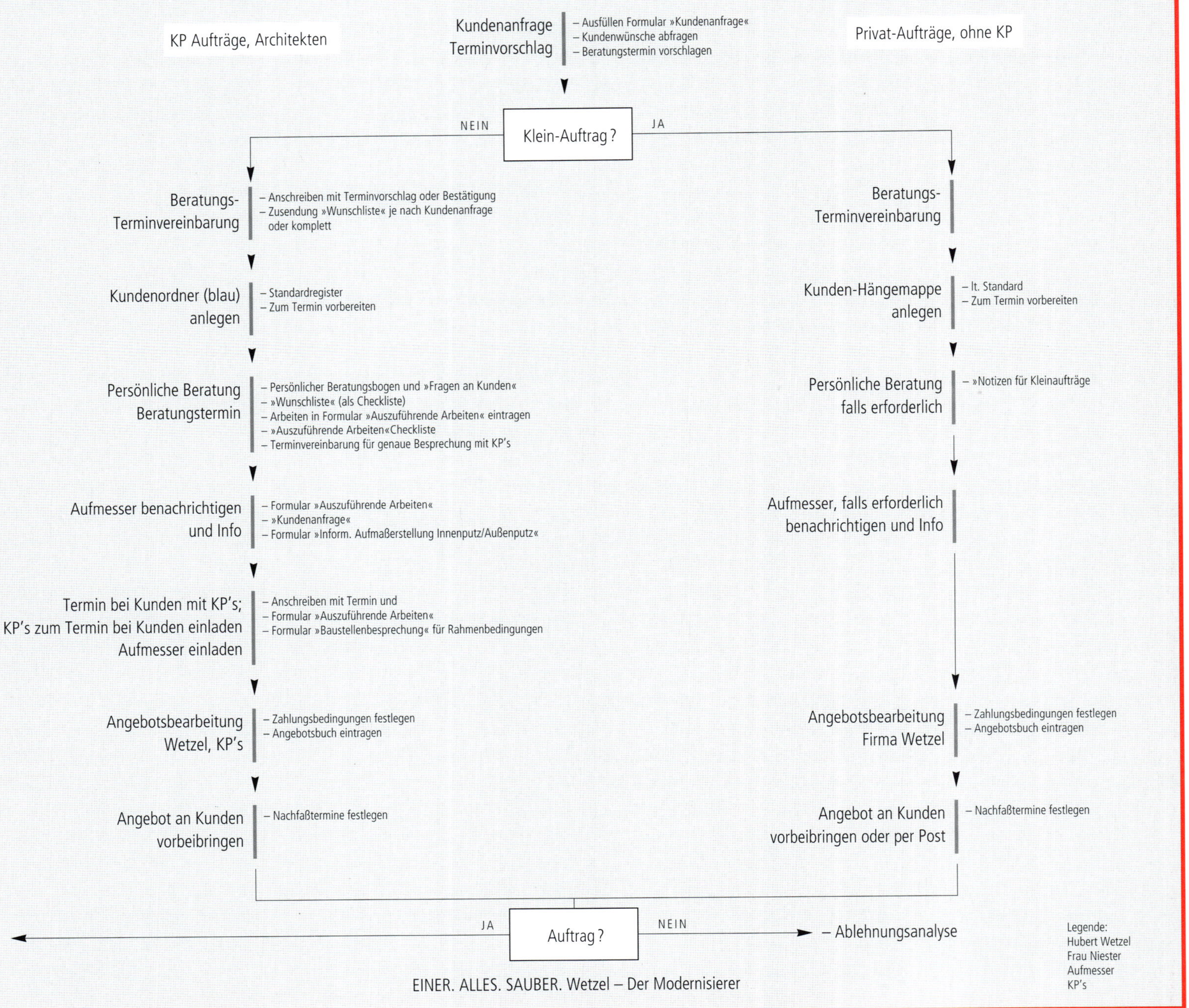

Flußdiagramm »Anfrage- und Auftragsabwicklung (kfm. Bereich)«

von Seite: 172

Auftrag ?

NEIN → – Austrag im Angebotsbuch

JA ↓

Auftrag erhalten

↓

Auftragsbestätigung Kunde
KP's, Termin grob festlegen
- Standards aus Textdatei

↓

Auftragsordner anlegen
- Privat Farbe: .... weshalb neuer Ordner ?
- Architekt Farbe: ....
- Checklisten anlegen
  siehe extra Beschreibung

↓

evtl. Baustellenbesprechung
mit KP's
Aufmesser
- Formular »Baustellenbesprechung«

↓

Baustellen-Abwicklung
Überwachung
- Wetzel Terminplanung
- KP's Terminplanung
- Tagesberichte
- Materiallisten
- Taglohnberichte
- Mitarbeiter-Planung
- Abschlagszahlungen

↓

Abnahme KP's
Abnahme Kunde
Zufriedenheit des Kunden abfragen

↓

Nachkalkulation;
Schlußrechnung
- innerhalb einer Woche nach Auftragsende

↓

Zahlungseingang
überwachen
- Mahnwesen schnell wie die Arbeit

EINER. ALLES. SAUBER. Wetzel – Der Modernisierer

Legende:
Hubert Wetzel
Frau Niester

Ursula Egger

Kommunikation ist mehr als Werbung und PR

Ursula Egger ist Dipl.-Übersetzerin für Französisch und Spanisch mit dem Fachgebiet Wirtschaft. Sie ist als Redakteurin einer französischen und deutschen Baufachzeitschrift tätig.

»Wenn wir in den letzten Jahren an Qualität gewonnen haben, so haben wir dafür einen Preis bezahlt: wir haben den Stil verloren. Die nächste Welle muß die Wiederentdeckung des Stils sein, und sie wird mit voller Wucht kommen. Sie wird eine Reaktion darauf sein, daß die Unterschiede überall eingeebnet worden sind. Ich nenne das: profilstarke Akzente setzen.«

Faith Popcorn

Ohne Kommunikation geht es heute nicht mehr

In der wissenschaftlichen Fachliteratur wird meist mit komplizierten Ausdrücken und Denkmodellen erläutert, was Kommunikation im Marketing ist. Dabei läßt es sich auf einfache Weise auf den Punkt bringen: Kommunikation ist alles, was von einem Betrieb ausgeht und wahrgenommen wird. Kommunikation ist sowohl das Logo, die Anzeige in der Zeitung oder der Firmenprospekt als auch die (Un-)Freundlichkeit der Mitarbeiter, die nette Stimme am Telefon oder die (un)saubere Arbeitskleidung. All das sendet ein starkes Signal an den Kunden aus, der dieses dann negativ oder positiv mit dem Betrieb verbindet.

Bei der Industrie und in Großunternehmen ist Kommunikation längst so wichtig wie die eigentliche Güterproduktion. Das Handwerk hat erst seit kurzem erkannt, daß ohne Kommunikation kein Betrieb auf Dauer existieren kann. Kamen früher die Kunden von alleine, muß heute der Handwerksbetrieb um jeden Auftrag kämpfen. Erschwerend kommt hinzu, daß die vom Handwerk angebotenen Produkte und Güter mehr oder weniger vergleichbar geworden sind. Deshalb muß nicht nur die Qualität der Produkte stimmen, sondern das ganze Umfeld. Den Kunden muß vermittelt werden, daß sie nicht mehr das

Produkt allein kaufen, sondern das Erleben eines Produktes. Man verkauft nicht mehr 20 Quadratmeter Innenputz, sondern ein angenehmes Wohngefühl. Daher muß die Kommunikation nicht nur ein Produkt oder eine Leistung bekanntmachen, sie muß vielmehr die Gefühle und den emotionalen Bedarf ansprechen. Ziel ist es, mit dem Kunden zu kommunizieren, um Vertrauen zu schaffen und ihn an sich zu binden.
Der mitarbeitenden Ehefrau/Partnerin im Handwerksbetrieb kommt bei dieser Aufgabe eine entscheidende Rolle zu. Leider wird dies oft noch nicht erkannt – sowohl von den Männern als auch von den Frauen selbst. Viel zu oft wird sie in die Ecke Buchführung – Lohnabrechnung gestellt. Aus dieser sollte sie aber schnellstens heraustreten, denn die Anforderungen an sie werden im Handwerksbetrieb der Zukunft ansteigen. Ihre Kompetenzen werden vor allem in Sachen Beratung und Verkauf gefragt sein, da der Mann erst recht keine Zeit mehr dafür haben wird. Die Meisterfrau wird diejenige sein, die verstärkt das Bild des Betriebs nach außen verkörpert.
Noch nie war in Marketing- und Trendbüchern so viel über das »neue Denken«, das unter dem Schlagwort emotionale Intelligenz zusammengefaßt wird, zu lesen wie in letzter Zeit. Als typisch weiblich eingestufte Qualitäten wie Offenheit, Teamgeist und Emotionen sind endlich als Erfolgsfaktoren für Unternehmen entdeckt worden. Weibliche Kreativität wird hochgepriesen, denn durch die Spontaneität, die diese auszeichnet, reagieren Frauen oft offener und flexibler als Männer. Hier liegt auch die große Chance für Handwerksbetriebe, diese Eigenschaften für die Kommunikation nutzbar zu machen, denn die Kunden werden ihrerseits immer sprunghafter. Und einen weiteren Vorteil besitzen die Meisterfrauen: Sie sind nicht so technikverliebt wie die Männer, sondern haben einen freieren Blick und können sich so wesentlich besser in den Kunden hineindenken und dessen Bedürfnisse wahrnehmen.

Mit Strategie kommunizieren

Kommunikation ist keine Einbahnstraße. Sie funktioniert nur dann, wenn eine Reaktion beim Kunden hervorgerufen wird. Die direkteste Weise zu reagieren, ist die Auftragserteilung. Der Kunde greift zum Telefon, schreibt einen Brief oder kommt in den Laden. Häufig aber reagieren Kunden nicht so. Deshalb muß Kommunikation zum Ziel haben, einen anderen, längerfristigen Effekt hervorzurufen. Der Kunde soll die vom Betrieb ausgesandten Informationen und Botschaften in seinem Gedächtnis speichern und sie bei Bedarf abrufen. Er soll sich ein Image von dem Betrieb bilden, um später darauf zurückgreifen zu können. Besonders Gewerke, deren Zielgruppen nur langfristig oder selten Bedarf haben, sind auf positive Imagebildung angewiesen.
Um dies leisten zu können, muß die Kommunikation bestimmte Voraussetzungen erfüllen. Es muß sichergestellt sein, daß die Botschaft verstanden wird, die vom Betrieb ausgeht. Hierbei ist schrittweise vorzugehen. Erstes Etappenziel ist es, den Betrieb richtig zu positionieren. Das heißt, man muß seine besonderen Stärken und somit sein Profil herausarbeiten. Im nächsten Schritt wird überlegt, welche Zielgruppen angesprochen werden sollen.

Es muß sichergestellt sein, daß die Botschaft verstanden wird, die vom Betrieb ausgeht.

Erst wenn klar ist, an wen die Botschaft sich richtet, können konkrete Kommunikationsmaßnahmen geplant werden.
Bei der Auswahl der Maßnahmen ist vor allem eines zu beachten: Der Wurm an der Angel muß nicht dem Angler, sondern dem Fisch schmecken. Ein Kunde erteilt einem Betrieb nur dann einen Auftrag, wenn er sich davon einen rationalen und mehr noch einen emotionalen Nutzen verspricht. Daher muß die Kommunikation auf den Kundennutzen ausgerichtet und eindeutig sein. Nur klare und auf Anhieb verständliche Botschaften werden wahrgenommen. Ebenso müssen die eingesetzten Mittel kontinuierlich wirken, da sich in den meisten Fällen das Image beim Kunden erst nach mehreren Anstößen bildet. Deshalb sind die Werbemaßnahmen in gewissen Zeitabständen zu wiederholen.

Corporate Identity muß stimmen

Damit der Kunde vom Unternehmen ein einheitliches und kontinuierliches Bild erhält, muß dieses in seiner gesamten Erscheinungsform stimmig sein. Alle eingesetzten Kommunikationsmaßnahmen müssen formal und inhaltlich abgestimmt sein. Das, was das Unternehmen nach außen vermitteln möchte, muß der Form, wie dies geschieht, entsprechen.

Hilfreich ist dabei der Aufbau einer Corporate Identity (CI), einer einheitlichen Unternehmensidentität. Mit einer CI legt sich der Betrieb ein unverwechselbares, klares und einheitliches Profil zu, das zwischen allen Aktionen des Unternehmens einen harmonischen Zusammenhang herstellt und es von seinen Mitbewerbern abhebt.

Zu einer CI gehören:

- Firmenzeichen, Schriftzug
- Gestaltungselemente, Symbole, Bebilderung
- Slogan
- Farben
- Geschäftsdrucksachen
- Arbeitskleidung
- Fuhrpark, Fahrzeugbeschriftung
- Außen- und Innenausstattung des Betriebs
- Architektur des Betriebsgebäudes
- Werbemittel
- Aktionen
- Werbebotschaften
- Verhalten der Mitarbeiter dem Kunden gegenüber
- Auftreten in der Öffentlichkeit

Beim Aufbau einer Corporate Identity ist es ratsam, einen Fachmann/Grafiker hinzuzuziehen. Ein Blick von außen erkennt schneller und objektiver die Schwachstellen im Erscheinungsbild als ein Insider. Der Aufwand lohnt sich. Besonders mittelständische Betriebe, die über ein eher kleines Werbebudget verfügen, können durch ein kraftvolles, aussagekräftiges Unternehmensbild ein äußerst wirksames Werbeinstrument aufbauen, vorausgesetzt, alle Puzzleteile der Corporate Identity ergeben ein Ganzes, das aus einem Guß ist.

Sympathie gewinnt

Damit eine CI funktioniert, muß sie nicht nur festgeschrieben, sondern auch gelebt werden. Im Klartext heißt das: Wenn die Mitarbeiter eines Betriebs sich dem Kunden gegenüber unfreundlich verhalten, nützt das schönste Logo nichts. Der Kunde wird einen negativen Eindruck vom Unternehmen bekommen. Erst wenn die Sympathie, die das Logo und die Firmenfarben ausstrahlen wollen, auch vermittelt wird, hat der Betrieb Erfolg. Über die Sympathie ist beim Kunden viel zu holen, sie entscheidet letztlich über sein Kaufverhalten. Betriebe, die sich durch Kundenfreundlichkeit auszeichnen, werden Freunden und Bekannten weiterempfohlen. Die Mund-zu-Mund-Propaganda ist die beste Werbung und wirksamer als viele großformatige Anzeigen.
Vom Betrieb aus gesehen ist es auch das billigste Werbemittel: Sympathische und gewinnende Umgangsformen mit den Kunden kosten nichts. Hier ein paar Beispiele, wie sich positiv mit den Kunden kommunizieren läßt.

Telefonieren: alles andere als harmlos
Der erste Kontakt zwischen Kunde und Handwerksbetrieb kommt bei sehr vielen Gewerken über das Telefon zustande. Oft ist es die Meisterfrau, die abnimmt. Der erste Eindruck, den sie dem Kunden vermittelt, ist ausschlaggebend. Hat der Kunde das Gefühl, nicht freundlich genug oder ungern bedient zu werden, hat der Betrieb sich eine wichtige Chance vergeben. Erste Eindrücke lassen sich schwer, wenn überhaupt, korrigieren. Deshalb muß bei jedem Telefonkontakt die Devise herrschen, freundlich, positiv und offen auf den Kunden zuzugehen. Der Kunde muß das Gefühl haben, daß die freundliche und zuvorkommende Stimme am Telefon ihm genau das vermittelt, was ihm die ansprechende Anzeige in der Zeitung, das dynamisch wirkende Firmenzeichen und die professionell gestaltete Firmenbroschüre suggeriert haben: Zu diesem Betrieb kann er Vertrauen haben.

Zu diesem Betrieb kann er Vertrauen haben.

Sobald der Kunde den ersten Schritt getan, zum Telefon gegriffen und Kontakt mit dem Handwerksbetrieb aufgenommen hat, ist es nun am Betrieb, die weiteren Schritte in die Wege zu leiten. Nennen Sie dem Kunden ohne Verzug einen Termin, der auch eingehalten werden muß, oder bieten Sie ihm an, ihn zurückzurufen. Wichtig ist, den Kunden als Mensch anzusprechen und nicht als anonymen Auftraggeber. Einen ersten persönlichen Touch geben Sie dem Gespräch bereits, wenn Sie den Kunden mehrmals mit seinem Namen anreden. Scheuen Sie sich also nicht, sich den Namen wiederholen zu lassen, wenn Sie ihn nicht verstanden haben, und ihn sofort auf einem Zettel zu notieren.

Mitarbeiter – das Aushängeschild Ihres Betriebs

Das Verhalten Ihrer Mitarbeiter ist wesentlich für das Image Ihres Betriebs und damit für Ihre Auftragslage. Ihre Mitarbeiter verkörpern das Unternehmen. Sind Ihre Mitarbeiter unhöflich, werden sich Ihre Kunden beim nächsten Mal einen anderen Betrieb suchen. Sie werden Sie auch kaum ihren Freunden und Bekannten weiterempfehlen. Starten Sie deshalb mit Ihren Mitarbeitern eine Freundlichkeits-Offensive gegenüber Ihren Kunden. Widerlegen Sie beim ersten Haustermin die weitverbreitete, manchmal sehr wohl gerechtfertigte Meinung: Handwerker sind schmutzig, machen Dreck, trinken Alkohol auf der Baustelle und bringen kaum ein freundliches Wort hervor.

Das Auge urteilt oft schneller als der Verstand. Mit unsauberen Arbeitsanzügen gekleidete Mitarbeiter sind schlechte Image- und damit Kommunikationsträger für Ihr Unternehmen. Schlampigen Handwerkern traut man keine sorgfältig ausgeführten Arbeiten zu. Achten Sie deshalb auf saubere und ansprechende Kleidung. Zu überlegen ist, damit einen Mietkleiderservice zu beauftragen. Branchentypische Arbeitskleidung mit dem Firmennamen oder -logo sowie dem Namen des Mitarbeiters wirkt vertrauensweckend und vermittelt Seriosität. Sie können auch die Bekleidung Ihrer Mitarbeiter zu einem Markenzeichen Ihres Unternehmens machen, indem Sie ein etwas ausgefallenes Outfit wählen.

Zu einem gepflegten Aussehen gehören auch saubere Schuhe. Es sollte überflüssig sein, daß die Hausfrau Zeitungspapier über Teppiche und Parkettböden legt, bevor der Handwerker kommt. Negativ wirken unrasierte Gesichter, die man mit Ungepflegtheit und Unausgeschlafenheit assoziert.

Freundlichkeit, Höflichkeit und Offenheit sollten Ihren Mitarbeitern selbstverständlich sein. Eine Begrüßung mit Handschlag und Vorstellung der Handwerker durch den Verantwortlichen für die Baustelle oder die Arbeiten verfehlt ebenfalls nicht ihre positive Wirkung auf den Kunden.

Bei Kunden, die Nichtraucher sind, kommt es sehr gut an, wenn die Handwerker auf das »Zigarettchen zwischendurch« verzichten. Nichtraucher wollen sich erstens nicht die Wohnung verqualmen lassen und haben zweitens sehr wenig Verständnis für das Bedürfnis, sich ab und zu eine anzustecken. Für sie ist es verlorene Arbeitszeit. Auch hier können Sie Pluspunkte sammeln. Alkohol sollte sowieso tabu sein und als Erfrischungsgetränk abgelehnt werden.

Perfekte Mitarbeiter fallen nicht vom Himmel. Der Angestellte ist so freundlich oder unhöflich wie der Chef. Das soll heißen: Der Anstoß zu einem korrekten Verhalten muß von Ihnen kommen. Sie müssen Ihren Mitarbeitern nicht nur predigen, sondern vorleben, daß der Kunde bei Ihnen König ist. Schulen Sie Ihre Mitarbeiter regelmäßig und motivieren Sie sie. Es macht sich bezahlt – mit einem positiven Image Ihres Namens.

Briefstil: Weg mit den alten Klamotten!

Jeder Betrieb will innovativ und kreativ sein. Man legt sich ein pfiffiges Firmenlogo zu, das dem Kunden in jedem Schreiben vermitteln soll: Wir sind anders als die anderen. Doch liest man, was unter dem Logo steht, sind es meistens die alten, abgeschliffenen Wendungen und Ausdrücke: »Bezugnehmend auf Ihr Schreiben«, »Gerne stehen wir Ihnen zur Verfügung«, »Wir danken Ihnen für die Auftragserteilung«, »Wir hoffen, Ihnen mit diesen Angaben gedient zu haben, und verbleiben« etc. Kreativ kann man diesen Briefstil kaum nennen. Durch die Formelhaftigkeit ist er mit jedem x-beliebigen anderen Schreiben bis auf die reine Sachinformation austauschbar. Jeder Brief, der ohne Phantasie und Pfiff geschrieben wird, ist unterlassene Kundenwerbung! Deshalb: Peppen Sie Ihren Briefstil auf, und säubern Sie ihn von überkommenen Floskeln. Lassen Sie Ihren Briefstil zum Ausdruck Ihrer Unternehmenskultur werden: individuell, persönlich und phantasievoll. Dies gilt übrigens auch für Rechnungen und Mahnungen.

Unterziehen Sie Ihre bisherig geschriebenen Briefe einer strengen Prüfung: Wo verbergen sich antiquierte oder floskelhafte Ausdrücke? Wo ist der Text zu lang oder unklar? Wo hätten Sie den Empfänger persönlicher oder farbiger ansprechen können? Anregungen, seinen Briefstil ansprechend zu gestalten, bekommt man auch aus Briefen, die man selbst erhalten und mit Vergnügen gelesen hat.

Vermeiden Sie nicht geläufige Fachwörter. Sicherlich gibt es Fachausdrücke, die sich nicht umgehen lassen. Verwenden Sie aber immer, wenn es geht, gängigere oder einfachere Formulierungen, die von Laien ohne großes Nachfragen verstanden werden. Denken Sie besonders bei der Abgabe von Angeboten daran.

Alt und neu – Begleitbrief zum Leistungsverzeichnis

Alte Version

Sehr geehrter Herr Müller,

für die Zusendung der Angebotsunterlagen danken wir und geben hiermit das Leistungsverzeichnis, mit unseren Preisen versehen, zurück.
Unser Angebot erfolgt auf der Grundlage der VOB und zu den beigefügten Leistungs- und Zahlungsbedingungen. Es ist freibleibend und erlischt nach 60 Tagen, falls es nicht auf Ihren ausdrücklichen Wunsch von uns schriftlich verlängert wird.
Für weitere Fragen stehen wir Ihnen jederzeit zur Verfügung.

Mit freundlichen Grüßen

Neue Version

Guten Tag, sehr geehrter Herr Müller,

Sie haben den ersten Schritt getan und uns Ihr LV zugeschickt. Wir tun den zweiten und schicken es heute zurück. Den dritten machen wir vielleicht schon gemeinsam.
Für Sie gilt unser Angebot bis zum 30. Juni.
Herr Müller, wir freuen uns auf eine gute Partnerschaft!

Freundliche Grüße aus Stuttgart

P.S. Ohne Richtlinien geht es nicht – Grundlage ist die VOB.

Auftrag vorbei – Kunde ade?
Die Kommunikation mit dem Kunden hört nicht mit dem Abschluß des Auftrags auf. Dies wäre sehr kurzsichtig gedacht. Bei jedem Auftrag sollten Sie bereits an den Folgeauftrag denken. Lassen Sie deshalb den Kontakt zum Kunden nicht abreißen.
Bekanntlich ist es wesentlich schwieriger, einen Neukunden zu akquirieren als einen alten Kunden zu behalten. Ein Nachfassen in Form eines Briefs oder eines Anrufs, um festzustellen, ob der Kunde zufrieden war, dient nicht nur der Kundenzufriedenheit, sondern gehört zu den wichtigsten Kommunikationsmaßnahmen des Betriebs.
Nehmen Sie jeden Kunden in Ihre Kartei auf und schicken Sie ihm Weihnachts- und Geburtstagsgrüße. Planen Sie besondere Aktivitäten, laden Sie ihn dazu ein. Der Kunde soll das Gefühl haben, Partner zu sein.

Werbung und Pressearbeit

Es gibt eine Vielzahl von Möglichkeiten, Werbung und Öffentlichkeitsarbeit zu betreiben. Anstatt in möglichst viele zu investieren, ist es besser, sich auf einige zu konzentrieren und diese konsequent durchzuführen. Setzen Sie eher auf Klasse als auf Masse. Auch ist nicht jede Werbung für jedes Gewerk geeignet. Der Einsatz hängt außerdem vom jeweiligen Betrieb, von seiner Größe und Struktur ab.

Fahrzeuge und Gerüstplanen
Firmenfahrzeuge sind ideale Werbeträger, da sie ständig präsent sind und selbst im schnellen Vorbeigehen oder -fahren von Passanten und Autofahrern wahrgenommen werden. Es gibt einen weiteren Vorteil: Fahrzeugwerbung ist relativ billig, da Fahrzeuge sowieso angeschafft werden müssen.
Die Gestaltung erfordert große Sorgfalt. Die Beschriftung muß genau mit der Corporate Identity übereinstimmen. Dies betrifft vor allem das Logo als wichtigstes Erkennungsmerkmal sowie die Farben. Wichtig ist es auch, die Fläche nicht zu überladen. Es muß Spaß machen hinzuschauen, das Auge muß angezogen werden.
Zu viele Informationen sollte die Beschriftung nicht enthalten.

Sie sind beim Vorbeifahren oder -gehen nicht erfaßbar. Bei unterschiedlichen Fahrzeugen muß die Gestaltung immer einheitlich sein.
Es sollte selbstverständlich sein, daß die Fahrzeuge stets sauber sind. Sind sie schmutzig, verschlechtert dies das Image. Das gleiche gilt für den Fahrstil. Rücksichtsvolles Fahren fällt positiv auf. Scheuen Sie sich nicht, Ihre Mitarbeiter darin zu schulen. Auch dieses Verhalten ist Kommunikation.

Werbung auf Gerüsten auf Baustellen ist sehr werbewirksam und keinesfalls zu unterschätzen. Nichts kann potentielle Kunden plakativer auf Arbeitsbeispiele und Referenzen hinweisen. Es ist erwiesen, daß Leute, die sich mit dem Gedanken tragen, eine Fassade zu renovieren oder ein Haus zu bauen, ganz bewußt auf Gerüstschilder und -fahnen auf anderen Baustellen schauen. Für die Gestaltung gelten die diesselben Regeln wie bei der Fahrzeugbeschriftung: Der Name der Firma, das Logo und die Tätigkeiten sollten erscheinen; vor zu langen Texten ist abzuraten.
Sehr plakativ wirken auch Gerüstbilder, die im Digitaldruckverfahren hergestellt werden. Man kann damit individuelle Motive in jeder Größe und Farbe auf das Gerüst bringen und damit noch größere Aufmerksamkeit wecken.

Anzeigen

Anzeigen können wirkungsvoll sein, wenn man nicht wahllos, sondern mit Strategie vorgeht. Wichtig ist zu entscheiden, in welche Medien man geht. In Tageszeitungen ist die Wirkung einer Anzeige am schnellsten verpufft, sie hat nur einen Tag Gültigkeit. Anders verhält es sich in Gemeinde- und Vereinsblättern, die sehr intensiv gelesen und nicht gleich weggeworfen werden. Für Baugewerke sind auch die Haus- und Grundbesitzerzeitschriften von Interesse. Trotzdem kann auch eine Anzeige in einer Tageszeitung sinnvoll sein, etwa vor einer besonderen Aktion oder Veranstaltung des Betriebs.
Eine einzige Anzeige genügt nie, um Aufmerksamkeit beim Leser zu erzielen. Schalten Sie deshalb Anzeigen immer in Serie. Normalerweise bekommen Sie dafür von den Verlagen auch Rabatt gewährt. Drei Anzeigen pro Serie genügen. Nach einer Pause beginnen Sie mit einer neuen Serie. Wechseln Sie auch mit den Motiven ab, entweder innerhalb einer Serie oder von Serie zu Serie. Gehen Sie pro Anzeige besonders auf einen Ihrer Tätigkeitsschwerpunkte ein.
Entscheidend für die Wirkung ist die Plazierung im Medium. Am meisten fallen natürlich Anzeigen im redaktionellen Teil auf. Allerdings kosten sie dann auch mehr. Bei Broschüren ist die beste und teuerste Plazierung die Rückseite.

Für die Gestaltung gilt als Richtlinie folgendes:
- Die Anzeige muß auf den Kundennutzen ausgerichtet sein
- Die Überschrift muß griffig sein. Jeder muß sofort wissen, um was es geht.
- Die Texte müssen informativ, kurz, knapp und leicht verständlich gehalten werden (keine Fachsprache!). Der Leser muß beim ersten Lesen die Botschaft erfassen.
- Die Schrift muß leicht zu lesen sein.
- Anzeige nicht überladen! Überladene Anzeigen regen nicht zum Lesen an, sondern schrecken ab.

Keinesfalls verzichten sollte man auf eine Anzeige im Branchenverzeichnis der Telekom. Untersuchungen haben gezeigt, daß es trotz Internet und anderer elektronischer Recherchemöglichkeiten ein sehr beliebtes und benütztes Nachschlagewerk ist. An der Spitze der nachgeschlagenen Leistungen liegen Handwerks- und Installationsarbeiten, Renovierungs- und Innenausbauarbeiten. Daher lohnt es sich, es nicht bei einem kostenlosen Grundeintrag zu belassen, sondern in größere und gestaltete Anzeigen zu investieren. Als besonders wirksam haben sich Anzeigen über zwei Spalten gezeigt.
Das Wichtigste bei der Anzeigenschaltung in Branchenverzeichnissen ist die richtige Wahl des Stichworts, unter dem ein Betrieb auftauchen möchte. Sehr effektiv kann die Mehrfacheintragung sein, beispielsweise in zusätzlich angebotenen Leistungsbereichen. Vergessen Sie auch nicht die Möglichkeit, Anzeigen um die Stadtteilpläne zu plazieren. Vor allem für ältere Menschen kann es sehr wichtig sein, daß ein beauftragter Betrieb in ihrer Nähe ist. Clevere Betriebe inserieren nicht nur im Branchenverzeichnis ihrer Stadt, sondern auch in denen der umliegenden Orte.
Nicht nur für die Gelben Seiten gilt der folgende Rat: Bevor Sie sich mit einem Grafiker oder einem Anzeigenverkäufer unterhalten, schauen Sie in den betreffenden Medien selbst nach

und prüfen für sich, welche Anzeigen oder Einträge Ihnen besonders positiv oder negativ auffallen.
Mit dem Fall des Telekom-Monopols sollten Sie sich überlegen, in welchem Branchenverzeichnis Sie inserieren. Orientieren Sie sich dabei am Verhalten Ihrer Kunden.

Prospekte

Firmenprospekte wirken wie ein Schaufenster des Unternehmens. In ihnen präsentiert man das Leistungsspektrum des Betriebs. Dies ist besonders für Gewerke wichtig, die kein Ladengeschäft haben, in denen der Kunde sofort das ganze Angebot sieht. Mit einem Prospekt kann beispielsweise ein Stukkateurbetrieb zeigen, daß er nicht nur Putz an die Wand wirft, sondern auch tolle Deckensysteme oder Feinbeschichtungen anbietet. Mit Prospekten kann man sich auch von der Konkurrenz abheben. Ihre Aufmachung und Gestaltung, die Auswahl der Fotos und Abbildungen sowie die Texte vermitteln dem Kunden ein bestimmtes und einzigartiges Image des Unternehmens.
Die Aufmachung des Prospekts muß in das Gesamtkonzept des Betriebs passen. Das heißt, pflegt der Betrieb das Image eines innovativen und dynamischen Unternehmens, muß sich dieser Anspruch auch im Prospekt widerspiegeln. Abzuraten ist vor Rückblicken. Diese interessieren den Kunden kaum. Der Kunde soll aus dem Prospekt die Vorteile und Informationen entnehmen, die ihn veranlassen könnten, einen Auftrag zu erteilen.
Bei der Gestaltung gilt der Grundsatz: Weniger ist mehr. Kein Kunde ist bereit, seitenlange Texte zu lesen. Ein erstes flüchtiges Durchblättern muß genügen, um ihm ein Bild des Betriebs zu vermitteln. Da meistens diagonal und nicht linear gelesen wird, sollten die Texte und die Bilder so angeordnet sein, daß der Leser überall einsteigen kann. Beschränken Sie Ihre Texte auf das Wesentliche, und wählen Sie einfache, klare und sachliche Formulierungen. Begriffe und Ausdrücke wie »einzigartig«, »wunderbar« oder »unglaublich« sind zu streichen. Sie überzeugen in den seltensten Fällen und wirken meistens lächerlich. Geben Sie dem Kunden lieber echte Informationen an die Hand, mit denen er sich von Ihrer fachlichen Kompetenz überzeugen und Vertrauen zu Ihrem Unternehmen fassen kann.

Bei der Gestaltung gilt der Grundsatz: Weniger ist mehr.

Referenzmappen

Referenzmappen sind für alle Handwerksbetriebe, die nicht die Möglichkeit haben, ihre Leistungen in Form von Waren oder fertiggestellten Objekten zu zeigen, eines der wichtigsten Mittel der Verkaufsförderung. Gute, gepflegte Referenzmappen haben die wenigsten Handwerksbetriebe. Wer eine solche vorweisen kann, hat also klare Wettbewerbsvorteile.
Die Mappen sollten großzügig angelegt werden und möglichst verschiedenartige Objekte zeigen. Mit der Aufnahme der Bilder ist ein Profi zu beauftragen. Zu den Abbildungen sollte stets ein kurzer beschreibender Text mit Angabe der Adresse des Objektes hinzugefügt werden. Wollen Sie den Auftragnehmer nennen, müssen Sie dessen Einwilligung einholen. Urheberrechtliche Probleme mit den Abbildungen der Objekte gibt es nicht. Gut macht es sich, Details, also Nahaufnahmen von Teilen der Leistung, abzubilden. Hier kann der Kunde klar die handwerkliche Kompetenz des Betriebs erkennen.
Referenzmappen sind nicht mit Firmenbroschüren oder -prospekten zu verwechseln. Prospekte und Broschüren bleiben beim Kunden, Referenzmappen hingegen werden dem Kunden im Betrieb vorgelegt oder für einige Tage ausgeliehen. Die Auflage von Referenzmappen muß also nicht besonders hoch sein, zehn reichen in der Regel.
Am professionellsten wirken Referenzmappen, wenn sie gedruckt werden. Dies ist allerdings nicht ganz billig. Sie sind daher normalerweise als Ringheftung angelegt, in die lose Blätter oder Klarsichthüllen aufgenommen werden. Der Vorteil dabei ist, daß die Referenzmappe stets auf dem neuesten Stand gehalten wird. Auch kann die Mappe je nach Kunde individuell zusammengestellt werden, wenn nicht für jede Zielgruppe eine eigene Mappe angelegt werden soll.

Sponsoring

Beim Sponsoring steckt immer der Gedanke einer guten Absicht dahinter. Finanziell unterstützt werden meist Personen und Ereignisse aus den Bereichen Sport, Kultur und Umwelt. Für Handwerksbetriebe ist besonders der lokale Bezug wichtig. Das gesponserte Objekt muß mit dem Erscheinungsbild des Unternehmens stimmig sein.
Tue Gutes und rede darüber. Dieser Spruch gilt auch für das Sponsern. Achten Sie darauf, daß Ihre finanzielle Unter-

stützung bekannt wird, z.B. durch die Presse. Gehen Sie allerdings nicht zu aggressiv vor – der gute Kern und der Nutzen des Sponserns dürfen nicht in den Hintergrund geraten.

Pressearbeit
Aktive Presse- und Öffentlichkeitsarbeit betreiben die wenigsten Handwerksbetriebe. Dabei kann sie ein sehr effizientes Instrument zur Imagepflege und zur Kommunikation des Unternehmens nach außen sein. Informationen über einen Handwerksbetrieb, die in einem Zeitungsartikel zu lesen sind, gelten im allgemeinen als sehr glaubwürdig und vertrauensweckend.
Um mit der Zeitung in Kontakt zu treten, gibt es zwei Möglichkeiten: Entweder man schafft es, einen Redakteur oder Mitarbeiter zu einem bestimmten Anlaß einzuladen, oder der Betrieb gibt die Informationen selber an die Zeitung als kleinen Bericht mit Fotos. Sie können damit eine PR-Agentur beauftragen, was allerdings recht teuer ist und sich deshalb nur für Unternehmen ab einer bestimmten Größe lohnt.
Wenn Sie Ihre Pressemeldung ohne Agentur verfassen, müssen Sie unbedingt darauf achten, daß sie nicht zu sehr nach Schleichwerbung riecht. Redakteure reagieren im allgemeinen sehr allergisch darauf. Im Vordergrund müssen daher immer Informationen stehen, die für den Leser interessant sind. Diese müssen auch aktuell sein. Wenn also eine Veranstaltung stattgefunden hat, sollte der Bericht darüber möglichst schnell raus. Die Pressemeldung muß kurz gehalten werden, sonst wird sie nicht oder nur sehr ungern gelesen. Sie muß so aufgebaut sein, daß das Wichtigste bereits in der Überschrift und im ersten Satz steht. Kein Redakteur nimmt sich die Zeit, zweimal über einen Text zu lesen, wenn er nicht auf Anhieb erfaßt hat, worum es geht. Halten Sie sich beim Schreiben stets an die fünf W-Fragen: Wer hat was wie wann warum getan? Oder: Was ist bei wem wie wann warum passiert? Die Sätze sollten klar und einfach aufgebaut und nicht zu lang sein. Vermeiden Sie auf alle Fälle Fachchinesisch und Adjektive wie »sehr gut« oder »ausgezeichnet«.
Liegen dem Bericht gute Fotos bei, erhöhen sich die Chancen, daß er veröffentlicht wird, besonders wenn Kinder oder sympathische Personen darauf abgebildet sind.

Anlässe, in die Presse zu kommen, gibt es mehr, als es zunächst erscheinen mag. Alle Veranstaltungen und besondere Ereignisse des Betriebs können als Pressemeldung verarbeitet werden:

- Firmenneugründung, -erweiterung oder -übernahme (Vorstellung des jungen Meisters beispielsweise)
- Jubiläen
- alle Veranstaltungen und Aktionen wie Tag der offenen Tür, Hausmessen, Fachvorträge
- Ausstellungen
- soziales oder kulturelles Engagement, Übernahme von Ehrenämtern
- Arbeiten an einem Objekt öffentlichen Interesses (zum Beispiel Renovierung eines alten denkmalgeschützten Hauses. Hier vor allem auf technische und handwerklich besonders interessante Aspekte eingehen.)
- Schaffung von Arbeitsplätzen, Einstellung von Lehrlingen
- Beteiligung auf Messen oder Leistungsschauen

Aktionen und Veranstaltungen

Aktionen und Veranstaltungen sind das eigentliche Salz in der Suppe, sie geben der Kommunikation des Handwerksbetriebs erst die richtige Würze. Als aktivste Form von Werbung setzen sie neben den kontinuierlich wirkenden Werbemitteln wie Anzeigen und Prospekte zwar kurzzeitige, dafür aber sehr intensive und nachhaltige Akzente in der Imagebildung. Der entscheidende Vorteil von Aktionen und Veranstaltungen ist, daß durch sie der direkte, persönliche Kontakt zu den Kunden gepflegt wird und sich das Unternehmen in seinem Umfeld präsentiert. Der Kunde wird auf der emotionalen Ebene angesprochen. Auch wenn er letztendlich die Handwerksleistungen kaufen soll, tritt er hier weniger als Abnehmer, sondern vielmehr als Partner auf, den man informieren, mit dem man feiern oder dem man etwas bieten will.
Aktionen lassen sich hervorragend in eine Kommunikationsstrategie einbauen. Im Vorfeld kann auf die Veranstaltung durch Anzeigen, Presseberichte und durch Briefe an Kunden aufmerksam gemacht werden. Nachher kann man ebenfalls einen Art Nachbericht bringen. Wichtig sind auch die Adressen von potentiellen Kunden, die man auf den Veranstaltungen

zusammengetragen hat. Sie müssen in die Kundenkartei zum Nachfassen aufgenommen werden.
Einige Möglichkeiten und Anlässe für Veranstaltungen sind bereits im vorhergehenden Kapitel genannt worden. Der Aufwand muß dabei nicht besonders hoch sein. Es muß nicht geprotzt werden. Sinnvoll kann es auch sein, sich andere Gewerke ins Boot zu holen und mit ihnen gemeinsam etwas zu organisieren. Überhaupt lohnt es sich, über den eigenen Tellerrand zu schauen und zu beobachten, was Betriebe anderer Gewerke auf die Beine stellen. Vieles läßt sich in abgewandelter Form auf das eigene Unternehmen übertragen.
Hier einige Beispiele aus der Praxis, die zeigen, wie man mit ein wenig Phantasie mit seinen Kunden auf ganz andere Weise als üblich kommunizieren kann.

Prinzip »Offene Werkstatt«

Wer eine Werkstatt hat, sollte nicht darauf verzichten, sie regelmäßig ihren Kunden zu öffnen. Tage der offenen Tür sind natürlich die besten Gelegenheiten dazu. Allerdings können sie höchstens alle vier bis fünf Jahre abgehalten werden, sonst verlieren sie an Attraktivität. Aber es gibt andere Möglichkeiten. Werbewirksam ist es zum Beispiel, wenn Sie sich Schulklassen einladen. Sie könnten dies auch mit einem Informations- und Werbetag für Ihren Mitarbeiternachwuchs verbinden. Aber auch schon Grundschulklassen können eingeladen werden. Kinder erzählen in der Regel immer ihren Eltern davon.
An Kinder richtete sich auch die Aktion eines Orthopädieschuhtechnikers, der einen Kinderfußtag organisierte, an dem er die Füße und das Gehverhalten auf Fehlentwicklungen untersuchte und überprüfte, ob die getragenen Schuhe richtig passen. Doch bei der Untersuchung allein blieb es nicht. Er hatte einen ganzen Parcours mit Geschicklichkeitsübungen für Füße und Zehen vorbereitet. Als Geschenk bekamen die Kinder einen bunten Fußabdruck und Gipsabdrücke ihrer Füße mit nach Hause. Geworben wurde für den Kindertag mit Gutscheinen und Plakaten in Arztpraxen und in Kindergärten. Der Erfolg des Tages war groß. Nicht nur die Eltern wurden über richtiges Schuhwerk für ihre Kinder aufgeklärt, auch sie selbst wissen jetzt, an wen sie sich wenden können, wenn der Schuh drückt.

Kinder sind eine interessante Zielgruppe.

Eine phantasievolle Alternative zum Tag der offenen Tür ist die Organisation eines Tages der offenen Baustelle. So hatte ein Stukkateurmeister die Sanierung des örtlichen Rathauses dazu genutzt, an einem Samstag die Baustelle für die Öffentlichkeit zu öffnen. Direkt vor dem Rathaus baute er einen Informationsstand mit zahlreichen Fotos auf, die den Restaurierungsfortgang dokumentierten. Dazu machte er Führungen durch die Baustelle, um die Arbeiten den Interessierten hautnah zu erläutern. Außerdem hatte er ein paar Muster vorbereitet, an denen die Besucher selbst verschiedene Putztechniken ausprobieren konnten. Auch die Presse hatte sich der Stukkateur ins Boot geholt. Mit den Berichten über die Aktion konnte er sich bei den Architekten und Kunden profilieren.

Ausstellungen

Das gesamte Leistungsspektrum eines Betriebs ist dem Normalverbraucher meistens nicht bekannt. Warum also nicht die eigenen »Werke« ausstellen? Genau diesen Weg hat eine junge Malermeisterin beschritten, die zeigen wollte, welch edle Oberflächen der Maler anfertigen kann. Um in der Breite auf die Leistungen des Malers aufmerksam zu machen, hatte sie die Idee, ihre Meisterarbeit dort zu plazieren, wo sie von möglichst vielen Leuten gesehen wird, die zudem einige Minuten Zeit haben, sich damit zu befassen. Der Ort war schnell gefunden: der Schalterraum eines Kreditinstituts, das die Idee aufgriff und der Aktion sehr positiv und aufgeschlossen gegenüberstand.
Das Meisterstück wurde im Schalterraum als optische Insel arrangiert. Die Arbeit zeigte verschiedene Oberflächentechniken und vergoldete Ornamente an einem gespritzten und mit Leinöl patinierten Stuhl. Die Bankkunden blieben fast alle stehen, viele opferten der Ausstellung einige Minuten. Es gab auch ganz konkrete Resonanz: Einige riefen bei der cleveren Malermeisterin an und wollten mehr über die Techniken wissen. Sogar direkte Aufträge haben sich aus der Aktion ergeben.
Begleitend zu der Ausstellung hatte die Malerin die Tagespresse informiert. Zwar sprang der Redakteur nicht gleich begeistert darauf an, ließ sich aber überzeugen, daß es für die Leser von Interesse sein könnte. So erschien ein relativ umfangreicher Bericht mit einem Foto der Meisterin, in dem deutlich herauskam, daß der Maler mehr ist als ein Haus- und Fassadenanstreicher.

Fachveranstaltungen

Kunden geben heute nicht mehr einem Handwerksbetrieb einen Auftrag für eine Arbeit, ohne sich vorher gründlich informiert zu haben. Für Sie als Handwerker ist dieser Wissensdurst eine positive Sache. Den Kunden intelligent informieren, ist immer die Vorstufe zur konkreten Auftragsakquisition. Organisieren Sie deshalb Informationsveranstaltungen, und beweisen Sie dadurch, daß Sie Ihre Kunden als Partner ernst nehmen.

Für einen kleineren Betrieb können solche Veranstaltungen mitunter sehr aufwendig sein. Daher ist es überlegenswert, ob man nicht zusammen mit anderen Betrieben etwas auf die Beine stellt. Es gibt dabei zwei Möglichkeiten: Entweder Sie sprechen Betriebe Ihres eigenen Gewerks in der Region an. Die Veranstaltung ist dann natürlich nicht mehr Imagekampagne für Sie allein, sondern für das ganze Gewerk, wovon natürlich auch jeder einzelne Betrieb profitiert. Oder Sie suchen die Teilnahme von Unternehmen, die ebenfalls von dem speziellen Thema betroffen sind, über das Sie Ihre Kunden informieren wollen. Ein Beispiel:

Ein Stukkateurmeister wollte die Öffentlichkeit mehr über das Thema Wärmedämmung informieren. Zusammen mit einem Elektriker und den örtlichen Elektrizitätswerken organisierte er an einem Samstag einen Energiefachtag, zu dem ein Energieexperte als Referent geholt wurde. In der Eingangshalle der Elektrizitätswerke wurde eine Woche lang mit Plakaten auf die Aktion hingewiesen. Geworben wurde auch in der Tageszeitung mit Anzeigen aller Beteiligten. Der Erfolg war größer als erwartet Zu der Veranstaltung kamen über dreißig Personen, die sich zum Teil sehr konkret mit dem Gedanken trugen, ihr Haus isolieren zu lassen, und durch die Aktion darin bestärkt wurden.

Foto: Scheerer

Gelungene Kooperation eines Stukkateurbetriebs, eines Schreiners und eines Parkettbodenlegers auf einer regionalen Leistungsschau: Jeder der Partner schafft ein Umfeld, von dem die beiden anderen profitieren. Das Ergebnis schaut nicht mehr nach einem Messestand aus, sondern nach einer richtigen Wohnung mit Ambiente.

Die junge Maler- und Raumausstattermeisterin Iris Kehrer hatte die geniale Idee, ihre Meisterarbeit im Schalterraum einer Sparkasse auszustellen und somit der Öffentlichkeit die Leistungsvielfalt eines Malerbetriebs vor Augen zu führen.

Leistungsschauen

Die Teilnahme an regionalen Leistungsschauen ist ein absolutes Muß für einen Betrieb. Sie ist eine der besten Möglichkeiten, auf sein Unternehmen aufmerksam zu machen und sein Leistungsspektrum vorzustellen. Selten hat man die Gelegenheit, sich einem so großen Publikum zu präsentieren. Die ganz schnellen Reaktionen darf man freilich nicht erwarten. Keiner wird die Wohnung renovieren lassen, weil er zum Beispiel edle Beschichtungstechniken gesehen hat. Aber wer später einmal renoviert, der erinnert sich an die gesehenen Techniken und an den Betrieb.

Damit der Messeauftritt ein Erfolg wird, muß auf zweierlei geachtet werden: Rühren Sie im Vorfeld kräftig die Werbetrommel mit Anzeigen, Mailings und persönlichen Briefen an Ihre Kunden, und planen Sie etwas Besonderes für Ihren Stand – Preisausschreiben, Tombolas, Aktionen, bei denen die Besucher mitmachen können.

Auch für Leistungsschauen besteht die Möglichkeit, sich mit Betrieben des eigenen Gewerks zusammenzutun, wobei jeder mit seiner speziellen Stärke auftritt. Oder aber man gestaltet einen Stand mit anderen Gewerken und nützt die Synergieeffekte aus. Ein Stukkateurbetrieb zum Beispiel hatte die Idee, einen Stand gemeinsam mit einem Parkettbodenleger und einem Schreiner zu kreieren. Das Konzept ist genau abgestimmt, jeder profitiert vom Umfeld des anderen. Der Messestand ist ein richtiges Wohnzimmer mit Küche geworden. Die Ergänzung ist ideal: Die dekorativen Edelputze haben als Ambiente attraktive Möbel und einen schönen Parkettboden. Der Besucher kann sich dadurch viel besser vorstellen, wie solche Putze in seiner Wohnung wirken können.

Je besser organisiert, desto sicherer der Erfolg Ihres Auftritts. Denken Sie bei Ihrer Vorbereitung an

- Thema des Messestands
- Ausstattung: Mobiliar, Dekoration, Blumenschmuck, Exponate, Muster, Demonstrationen, Aufführungen
- Bereitstellung und Abspülen von Geschirr
- Bewirtung
- Standpersonal: Kleiderordnung, Ersatzpersonal
- Reinigung, Entsorgung von Abfall
- Geschenkartikel
- Namensschilder, Visitenkarten, Prospekte, Broschüren
- Auch Banales wird oft und gern vergessen: Schreibmaterial, Kleber, Schere

Resümee

Kommunikation im Handwerksbetrieb ist allumfassend. Kein Bereich kann davon ausgeklammert werden. Der Meisterfrau als zentraler Stelle des Betriebs stellt sich die Aufgabe, alle Kommunikationsebenen zu koordinieren. Doch Kommunikation ist nicht allein Chefsache. Wichtig ist, die Mitarbeiter einzubeziehen. Es hängt wesentlich von diesen ab, ob ein Betrieb ein positives Image vermittelt. Daher sind Schulung und Sensibilisierung der Mitarbeiter für die Kundenwünsche zwingend.

Kommunikation muß strategisch geplant sein. Dies schließt mit ein, daß die Kommunikationsziele festgeschrieben werden. Erst dann sind die Maßnahmen festzulegen und aufeinander abzustimmen. Nicht jedes Kommunikationsmittel paßt in jeden Betrieb oder in dessen Marketingstrategie. Es muß auch nicht jede mögliche Maßnahme durchgeführt werden. Es ist besser, sich auf diejenigen zu beschränken, die den Zielgruppen und dem Erscheinungsbild des Unternehmens besonders gut angepaßt sind. Optimal ist eine Strategie, die auf einer kontinuierlich wirkenden Kommunikation aufbaut, die mit kräftigen und intensiven Farbtupfern versehen ist. Mischen Sie sich für Ihren Betrieb aus der Vielzahl der Kommunikationsmöglichkeiten einen Cocktail, dem Ihre Kunden nicht widerstehen können!

Brigitte Fiala

Marken und Markenpolitik im Handwerk
Tradition, Stand und Entwicklungsperspektiven

Dipl.-Kffr. Brigitte Fiala ist seit März 1995 wissenschaftliche Assistentin am Institut für Marketing, Lehrstuhl Univ.-Prof. Dr. Anton Meyer an der Ludwig-Maximilians-Universität München. Ihre Lehr- und Forschungsschwerpunkte liegen in den Bereichen Dienstleistungsmarketing, Marketingmanagement, Kundengewinnung, Kommunikation und insbesondere Kunst- und Kulturmarketing. Lehraufträge und Dozententätigkeit: u.a. an der Ludwig-Maximilians-Universität und der IHK München.

»Verbringe nicht die Zeit mit der Suche nach einem Hindernis: Vielleicht ist keines da«.

Franz Kafka

Markenpolitik und Handwerk scheinen vielen auf den ersten Blick als unvereinbar, ja geradezu widersprüchlich. Mit Handwerk verbindet man gemeinhin Tradition, Volksnähe, konservative Werte und kleine, individuelle Auftragsfertigung. Das Stichwort Markenpolitik fällt hingegen vornehmlich im Zusammenhang mit Massenfertigung, Industrie und professionellen, überregionalen Vermarktungsstrategien.

Wie trügerisch ein solch erster Eindruck sein kann, zeigt ein kurzer Abriß zur Entwicklung und langen Tradition des Markenwesens auch, nein gerade, im Handwerk.

Natürlich sind das heutige Markenwesen, die modernen Prinzipien der Markenführung und Markenpolitik nur noch in Randbereichen mit jenen ersten Ursprüngen der Markierung und Markenbildung vergleichbar. Dennoch sind Entwicklungslinien erkennbar, zeigt sich die enge Bindung des Markenwesens an jeweils aktuelle Wirtschaftsstrukturen und lassen sich Entwicklungsperspektiven ableiten.

Die Marke im Handwerk bietet auch in Zukunft noch ungenutzte Chancen.

Handwerk und die frühen Anfänge markenähnlicher Strukturen

Frühes Zeichen- und Hausmarkenwesen

Marken sind zunächst, vereinfacht ausgedrückt, einfach Zeichen, und Zeichenverwendung hat lange Tradition. Bereits im 5. Jahrhundert finden sich Eigentümerzeichen an unterschiedlichsten Gegenständen, auf Tieren und an Bäumen (z.B. Grenzzeichen).[1] Eine Individualisierung der bezeichneten Dinge, ein Herstellen von Bezügen zu Personen, zu den Eigentümern, sollte damit primär erfolgen. Ähnliches gilt für frühe Urkundenunterzeichnungen, oft durch Symbole oder Bildzeichen ausgeführt. Diese Eigentumszeichen, Markierungen, hatten allerdings noch keine wirtschaftliche Funktion zu erfüllen.[2]

Dies änderte sich langsam im Zuge des Städtewachstums im 13. Jahrhundert mit der Herausbildung sogenannter Hausmarken. Es wurde bald zum Brauch von Handwerkern und vor allem von mittelalterlichen Kaufleuten, ihre Hausmarken auf Rechnungen, Briefen und Warenballen anzubringen. Zunächst hatte das eher juristische Funktion, um so die Gegenstände und Waren vor Beschlagnahmungen zu schützen. Bald wurde jedoch die Marke zu einer Art Qualitätsgarantie. Sie gab Hinweise auf den durch aufkommende verstärkte und überregionale Handelstätigkeit sonst kaum identifizierbaren Leistungsersteller und diente somit vor allem als Schutz gegen Betrug.[3]

Die Marke wurde zu einer Art Qualitätsgarantie.

Insbesondere Behörden begannen sich fortan verstärkt um das Markenwesen zu kümmern. Durch Markierung war eine Produktkontrolle jederzeit möglich, und eine Sicherung des Absatzes, auch außerhalb der Stadtgrenzen, war für das heimische Gewerbe möglich. Ein regelrechter Markenzwang entstand, wobei sich immer stärker Stadt- oder Zunftmarken herausbildeten.[4]

Meister-, Zunft- und Städtemarken

Im 14. Jahrhundert übernahmen die städtischen Obrigkeiten immer stärker die Kontrolle und Überwachung sogenannter Schauen. Schaubeamte zur Ausführung der Markierungen und zur Prüfung der Waren wurden eingesetzt. Um den Absatz der Stadt nicht durch minderwertige Angebote zu gefährden, wurde ein offizieller Schauzwang eingeführt, und zahlreiche Güter durften fortan nicht mehr in Verkehr gebracht werden, ohne geprüft und gestempelt zu sein.[5] Öffentliche Schauzeichen wurden dann als Symbol für Qualität neben das Meisterzeichen (als Urheberzeichen) gesetzt.

Zeichen als Qualitätsgarantie waren vor allem bei Feinmetall-Handwerken wie Gold- oder Silberschmieden sowie Kupfer- und Zinngießen zur Urteilsbildung wichtig. Zur Verdeutlichung unterschiedlicher Qualitätsstufen wurde teilweise auch eine Stufung der Schauzeichen eingeführt. Die Schau wurde also zum charakteristischen Merkmal der Markenbildung in der Zunftwirtschaft. [6] Nur bei speziellen Gewerben, bei denen die Individualität des Urhebers besonders hervortrat, wie beim Buchdruck, wurde ganz auf ein Schauzeichen verzichtet. Gleiches galt beispielsweise auch für Papiermühlen, deren Wasserzeichen reine Meisterzeichen und keine Schauzeichen darstellten. Der Mühleninhaber bürgte in diesem Falle allein, über sein Herkunftszeichen, für seine Ware.[7]

Mit dem Verfall des Zunftwesens ab dem 16. Jahrhundert, dem zunehmenden Auftreten kapitalistischer Denkart, dem Merkantilismus, erlosch das Schauwesen, und das typische Markenwesen der Zunftwirtschaft ging mit dem Aufkommen von Manufakturen (für Porzellan oder Textilien) und der damit verbundenen Ausbildung von Fabrikmarken zu Ende.[8] Diese hatten nun kaum mehr die Funktion von Qualitätssignalen, sie galten vielmehr als ästhetisches Moment am jeweiligen Objekt und dienten vor allem zur Kontrolle von Aus- und Einfuhren sowie zur Steuerentrichtung.[9]

Bis schließlich echte Massenproduktion einsetzte und mit ihr eine ganz neue Form der Marke, der klassische Markenartikel, entstand.

Besonderheiten im heutigen Handwerk

Trotz Massenproduktion und industrieller Konkurrenz: Handwerk hat auch im Zeitalter der Automation Bestand. Das Handwerk ist heute bekanntlich ein äußerst vielschichtiger und vielseitiger Wirtschaftssektor, für den naturgemäß nur wenig allgemeingültige Aussagen getroffen werden können. Friseurbetriebe haben heute selbstverständlich andere Probleme als Uhrmacher, Geigen- oder Maschinenbauer. Dennoch lassen sich Parallelen, Entwicklungstendenzen und gemeinsame, wichtige Handlungsfelder identifizieren, die für einen großen Teil des Handwerks Bedeutung haben.

Neben den allgemeinen und weithin bekannten Herausforderungen des Handwerks, wie Wettbewerbsverschärfungen (angefangen bei Importen aus dem Ausland, über Konkurrenz durch die DIY-Bewegung, bis hin zur Verdrängung durch Einzelhandelsgroßprojekte), Veränderungen der Nachfragesituation, neuen Technologien und internen Herausforderungen (wie der Beschaffung von qualifiziertem Personal)[10], sind vielen Betrieben zahlreiche Stärken gemein: so beispielsweise das enorme Innovationspotential der mittelständischen Wirtschaft, aber auch die Fähigkeit, als Problemlöser zur Erfüllung individueller Bedürfnisse, als Dienstleister und Anbieter breitgefächerter Lösungen sowie als Partner für den Umweltschutz aufzutreten.[11]
Obwohl moderne technische Produktionsverfahren der Industrie vom Handwerk teilweise modifiziert übernommen wurden, gilt dennoch: »Handwerkliche Produktion erfolgt in kleinen Stückzahlen, für eine relativ eng begrenzte Region, für einen bestimmten Kundenkreis – oft als Auftragsarbeit. Das Handwerk bietet innerhalb seiner Branche differenzierte Leistungen an – bis hin zu individuellen Anfertigungen.«[12]
»Handwerk war und ist aufgrund seiner spezifischen produktionsbedingten Besonderheiten klein- und mittelbetrieblich geprägt.«[13] Mit einer durchschnittlichen Größe von acht bis zehn Mitarbeitern pro Handwerksbetrieb und dadurch, daß viele Unternehmen über eine große Kundennähe und direkte Kundenkontakte verfügen, ergibt sich die Chance, durch direkte Kommunikation auf die Kunden einzuwirken.
Die Produktion einer differenzierten, individuell ausgerichteten Palette von Leistungen ermöglicht dem Handwerk das Angebot von Komplettangeboten, einschließlich Beratung und Service. Handwerksbetriebe besitzen die Fähigkeit, schnell und flexibel auf Marktveränderungen zu reagieren und Marktnischen zu besetzen, die von Industrieunternehmen nicht effizient genug ausgefüllt werden können.[14]
Auch vermeintliche Schwächen sind unter bestimmten Umständen Stärken. Als Beispiel sei hier die oft starke Standortbindung verschiedener Handwerksbetriebe genannt. So kann man durchaus davon ausgehen, daß die zunehmende Unübersichtlichkeit auf vielen Märkten die Nachfrager in Zukunft wieder dazu veranlaßt, vertraute Waren von bekannten und regional ansässigen Anbietern zu beziehen (vgl. Abb. 1).

Allgemeine Stärken des Handwerks, z. B.:

• große Kundennähe (persönliche Kontakte zwischen Inhaber und Kunden)	• große Problemnähe, dadurch hohes Inventionspotential
• Angebot von Systemlösungen (Komplettlösungen)	• flexible, individuelle Bedürfnisbefriedigung möglich
• oft umweltschonende Verfahren	• i.d.R. starke Standortbindung

Abb. 1 Stärken des Handwerks

Maier stellt folgende Charakteristika des Handwerks heraus und betont die grundsätzliche Ähnlichkeit von durch Auftragsfertigung geprägten Leistungen und Dienstleistungen allgemein:
»Der Prozeß der Leistungserstellung ist für den Nachfrager in der Regel schwer nachzuvollziehen. Die Qualität der Leistung ist für den Nachfrager schwer zu erfassen und zu überprüfen. Die Unsicherheit des Nachfragers bezüglich der Qualität des Angebots dominiert die gesamte Kaufentscheidung. Das Image, die Kompetenz und die Reputation des Anbieters sind für den Nachfrager wichtige Ersatzqualitätsindikatoren.«[15]
Um den Herausforderungen der Konkurrenz gerecht zu werden, um trotz Preiskämpfen und Verdrängungswettbewerb seitens der Industrie überleben zu können, wird heute übereinstimmend und von unterschiedlichster Seite gefordert, all diese bestehenden Chancen konsequenter zu nutzen: Handwerksbetriebe und deren Mitarbeiter müssen sich deutlich stärker am Markt und den Kunden orientieren und sämtliche Möglichkeiten des Marketing ausschöpfen. Dazu gehören vor allem eine direkte und indirekte Verbesserung des Handwerksimages, Neustrukturierungen betriebsinterner Art und Förderung der Kooperation zur Überwindung betriebsgrößenbedingter Nachteile.[16] Profilierungspotential ist, wie dargestellt, genügend vorhanden. Das Handwerk muß Wege finden, seine typischen Vorteile im Wettbewerb stärker herauszustellen, sich auf besondere Kompetenzen wie Qualität zu besinnen und nach neuen Lösungen, im Rahmen der Vertriebswegewahl, der Werbung, insbesondere aber auch in der Markenpolitik suchen.

Markenpolitik im Handwerk

Von der Marke zur Markenpolitik

Unter Marken versteht man im heutigen Sinn bekanntlich »Kennzeichen mit dem Zweck, die Waren eines bestimmten Unternehmens von solchen anderer Unternehmen zu unterscheiden.«[17] Aus einer mehr absatzwirtschaftlichen Perspektive gilt eine Marke als »Name, Begriff, Symbol, Gestaltungsform oder eine Kombination dieser Bestandteile zum Zwecke der Kennzeichnung der Produkte oder Dienstleistungen eines Anbieters oder einer Anbietergruppe und zu ihrer Differenzierung gegenüber Konkurrenzangeboten.«[18] Der Markenartikelbegriff wird i.d.R. umfassend und aus Kundensicht verstanden und umschließt vor allem nicht nur materielle Produkte, sondern auch Dienstleistungsmarken und Handelsmarken.[19]

Ein Markenartikel zeichnet sich durch eine Reihe bestimmender Faktoren aus, die im wesentlichen auf die konstitutiven Elemente einheitliche Markierung, welche eine Identifizierung und einen Wiederkauf einer Leistung ermöglicht, gleichbleibende oder verbesserte Qualität, welche Garantie- und vertrauensbildende Funktion übernimmt, sowie eine klare Rückkopplungsmöglichkeit zum Markenanbieter reduziert werden können.[20]

Marken bedeutet also für den Nachfrager eine Reihe von Erleichterungen bei der Leistungswahl: Sie ermöglichen eine problemlose Identifikation und Zuordnung der Angebote, reduzieren für den Nachfrager damit den Such- und Informationsaufwand. Mit einer Marke sollen Charaktereigenschaften wie Sympathie, Vertrauen und Sicherheit erzeugt werden (das gilt dann auch automatisch für die mit der Marke verbundenen Leistungen). Die Vorteile einer Marke für den Nachfrager liegen vor allem in einer Risikoreduktion bezüglich der Leistung, deren sozialer Ausstrahlung und der persönlichen Lebensphilosophie.[21] Das heißt, beim Kauf einer ihm bekannten Marke, kann sich der Nachfrager auf die Funktionsfähigkeit der markierten Leistung verlassen, kennt die Markenwirkung im sozialen Umfeld (z.B. Geltungskonsum) und bringt über das Markenimage von ihm präferierte Werte zum Ausdruck. Wie Bolz/ Bosshart (hier allerdings für die Industrie) so eingängig ausdrücken: »Nike ist nicht Reebok ist nicht Adidas. Man will nicht [nur; Anm. d. Verf.] Turnschuhe kaufen, sondern einem Clan angehören.«[22] Leistungen lassen sich immer weniger für sich selbst sprechend verkaufen. Gefragt sind Themenwelten, Lebensstile und Weltbilder, die kultisch und begehrenswert inszeniert werden. Durch Markenpolitik können Szenen geschaffen und Identitätsangebote gemacht werden.

Mit einer Marke sollen Charaktereigenschaften wie Sympathie, Vertrauen und Sicherheit erzeugt werden.

Diese positiven Eigenschaften einer Marke können jedoch nur erreicht werden, wenn kontinuierlich und gezielt an der Markenführung gearbeitet wird. Ein zielgruppengerechtes Markenimage muß aufgebaut und gepflegt werden, die mit einer Marke zu verbindenden Eigenschaften müssen laufend und konsistent kommuniziert und unter Beweis gestellt werden. Markenanbieter müssen also durch entsprechende Aktivitäten und Maßnahmen auf der Nachfragerseite die Vorstellung der Inanspruchnahme einer einzigartigen und unverwechselbaren Leistung erreichen. Die Markenpolitik zielt nun auf die Bildung und Festigung solcher Vorstellungen bei den jeweiligen Zielgruppen ab. Durch die Bündelung abgestimmter Marketingmaßnahmen kann eine wettbewerbliche Vorzugsstellung bestimmter Leistungen erzielt werden. Der Begriff Markenpolitik ist damit zum einen intentional zielgerichtet und trägt relational der Vernetzung verschiedener Systemelemente Rechnung.[23] Domizlaff fordert als zentrales markenpolitisches Ziel die Schaffung einer »Monopolstellung in der Psyche des Verbrauchers«[24].

Durch Markenpolitik können Szenen geschaffen und Identitätsangebote gemacht werden.

Markenpolitik im Handwerk bezeichnet damit die grundlegende Ausrichtung bestimmter Marketingmaßnahmen eines Handwerksbetriebs auf die Erzielung der dargestellten markentypischen Vorteile.

Potentiale moderner Markenpolitik

Wirtschaft und Gesellschaft befinden sich derzeit in einer Umbruchsituation, gekennzeichnet durch eine zunehmende Verunsicherung der Nachfrager. Lebensmittel- und Produkthaftungsskandale, Diskussionen um Genmanipulation, Deregulierungen, Aufweichung von Unternehmensgrenzen und zahlreiche neue, im Umgang noch ungewohnte Informationsmedien sind nur einige Beispiele. Im Zuge dieser Entwicklungen bieten Marken dem Handwerk zahlreiche Chancen zur Schaffung von Vertrauen und Orientierung beim Nachfrager. Letzter eindrucksvoller Beleg für die Bedeutung von Marken als Anker für das Kundenvertrauen, als Herkunftsbeleg und Qualitätsgarantie, ist der BSE-Rindfleischskandal.

Im Handwerk ist das Image, der Ruf eines Betriebs – hier für den Absatzerfolg – oft entscheidend. Man wählt einen Handwerksbetrieb aus aufgrund der Empfehlung guter Bekannter (Meinungsführer) oder aufgrund eines positiven und verläßlichen, durch Werbung kommunizierten Images. Viele Handwerksleistungen benötigt man kein zweites Mal in der genau gleichen Form – auch hier ist dann die Wiederwahl eines Handwerkers abhängig von der einmal gemachten guten Erfahrung, die man dem Betrieb als Ganzes zuschreibt.

Wenn nun dieses Image so entscheidend für den Erfolg von Handwerksbetrieben ist, liegt es nahe, dieses systematisch zu pflegen, und gerade eine konsequente Markenpolitik kann dies unterstützen.

Markenpolitik im Handwerk scheint vor allem auch dann vielversprechend, wenn eine Ausdehnung des Absatzgebiets angestrebt wird (z.B. angesichts des EU-Binnenmarkts und Einführung der Euro-Währung) und Kundenvertrauen sowie Bekanntheit nicht mehr allein an die Person des Betriebsinhabers gebunden werden soll.

Gerade einige traditionell auch von Frauen häufig ausgeführte Handwerke scheinen sich für ein überregionales Markenengagement zu eignen. Man denke hier beispielsweise an das Gold- und Silberschmiedehandwerk.

Ein bekanntes Problem im Handwerk ergibt sich bei der Betriebsübergabe an einen neuen Inhaber. Auch ein solcher Generationenwechsel ist deutlich einfacher und weniger geschäftsschädigend, wenn bereits ein etwas vom alten Inhaber gelöstes Markenimage besteht.

Ähnliche Vorteile ergeben sich in den Bereichen, wo Frauen sich mit Problemen der Kompetenzzuschreibung auseinandersetzen müssen. So mag es für Betriebsinhaberinnen im traditionell stark männlich besetzten Bau- und Ausbaugewerbe u.U. vorteilhaft sein, von vornherein eine definierte Markenpersönlichkeit herauszustellen und die Marketinganstrengungen nicht so stark an die Person der Inhaberin selbst zu binden.

Diese Vorteile der Markenpolitik schließen selbstverständlich nicht aus, daß eine Markenpersönlichkeit eng mit beispielsweise der Inhaberfamilie oder der Inhaberin gekoppelt bleibt.

Die industriellen Markenartikelhersteller verkaufen ganze Lebenswelten. Marken bieten Zugehörigkeit und dienen als Kommunikationsmöglichkeit für eigene Werte. Es wird Zeit, daß das Handwerk hier ähnliche, aber handwerksgemäße Strategien entgegenhält.

Welchen Stellenwert hat nun Markenpolitik tatsächlich im Handwerk?

Strategie- und Umsetzungsdefizite im Handwerk

Markierungen und Markenzeichen sind im heutigen Handwerk im Grunde weit verbreitet. Fast jeder Betrieb besitzt ein Firmenzeichen, einen Firmenschriftzug, ein Logo. Mittlerweile sind die Marketingbemühungen im Handwerk vielfach auch so weit fortgeschritten, daß man daran geht, eine eigene Corporate Identity aufzubauen, die dann häufig gerade in der konsequenten Nutzung des Corporate Designs (sei es bei Betriebsfahrzeugen, lackiert in den Betriebsfarben und versehen mit dem Inhaber-Logo, oder sei es bei der Arbeitskleidung der Mitarbeiter des Handwerksbetriebs) deutlich wird. Einheitliche Markierungen sind im Handwerk also durchaus vorhanden.

Nach einer konsequenten Markenführung und Markenstrategie, nach einer langfristigen Markenpolitik sucht man hingegen oft vergebens. Die Betriebsinhaber wissen mit diesen Begriffen nicht selten wenig anzufangen. Echte Markenpolitik erstreckt sich eben nicht bloß in der durchgehenden visuellen Umsetzung der Markierung. Wesentlich ist vielmehr gerade die Pflege und Kommunikation eines unverwechselbaren Markenkerns, der Markenpersönlichkeit, die Kommunikation der individuellen Profilierungsinhalte, die dauerhafte, wiederholte und konsequente Darstellung der Faktoren, die den jeweiligen Handwerksbetrieb einzigartig machen, die ihn kennzeichnen und gegenüber der Konkurrenz auszeichnen.

Stiefkind Markenpolitik im Handwerk

Das mangelnde Bewußtsein der Notwendigkeit einer konsequenten Markenpolitik überrascht nicht, wenn man sich allein schon die Haltung vieler Handwerkszweige zur Werbung verdeutlicht: Haase gibt an, daß Handwerksunternehmer mit einer

Vielfalt von Leistungsfunktionen häufig überlastet sind. Werbung kommt daher oft aufgrund der persönlichen Arbeitsbelastung des Betriebsinhabers zu kurz. Die Ergebnisse der empirischen Erhebung, die aufgrund der selektiven Stichprobe nicht repräsentativ ist, zeigen, daß die Werbeintensität bei richtig handwerkstypischen Gewerben deutlich geringer ist als im Durchschnitt.[25]

Wenn also schon Werbung im Handwerk aufgrund der oft kleinen Betriebsgrößen als Stiefkind gilt[26], dann mag mangelnde Markenpolitik nicht überraschen.

Freilich gilt dies nicht für das gesamte Handwerk. Gerade in den relativ großen Betrieben ist man in puncto Markenpolitik durchaus auch fortschrittlich. Dies belegen eindrucksvoll Beispiele wie die Bäckerei Hofpfisterei GmbH (vgl. Abb. 2), der Metzgerei- und Fleischerbetrieb Vinzenz Murr, das Optikerunternehmen Fielmann AG oder auch die Markenpolitik im Rahmen von Franchisekonzepten wie des in Deutschland zweitgrößten Optikfilialisten Apollo, mit 226 Fachgeschäften in ganz Deutschland und allein 153 Filialleitern/Augenoptikermeistern. Die Eigenmarke Apollo wurde über 25 Jahre hinweg aufgebaut und steht für ein kundenorientiertes, günstiges Preis-Leistungs-Verhältnis und nach Life-Styles geordnete Angebote. Erfolgreich auch das Franchisesystem Portas Deutschland GmbH & Co. KG, welche als Franchisegeber gegenüber kleinen Handwerksbetrieben aus dem Renovierungsbereich auftritt. Interessant und vielversprechend sind aber auch etwas kleinere Vorstöße z.B. im Rahmen des Dachmarkenkonzepts ARTA zur Kooperation freier Handwerksbetriebe.

Erfolgreiches Markenkonzept: Ludwig Stocker Hofpfisterei GmbH

Bezeichnung:	Mittelständischer Backbetrieb mit Sitz in München, spezialisiert auf Natursauerteig-Brote
Unternehmens-Credo:	Grundnahrungsmittel Brot so natürlich wie nur irgendwie möglich herstellen
Umsatz 1997:	ca. 93 Mio. DM
Mitarbeiter/ Verkaufsstellen:	807 Mitarbeiter in Produktion, Verwaltung und Verkauf/ 118 eigene Filialen und 780 Wiederverkaufsstellen
Sortiment:	Natursauerteig-Brote, Öko-Feinbackwaren, Kleinbackwaren, Handelswarensortiment
Marken-positionierung:	Traditionsreiche Marke, naturnah, natürlich, ökologisch und umweltverträglich, gesund, vertrauenswürdig, ehrlich, offen, qualitativ sehr hochwertig (keine Kompromisse bei Rohstoffen, d.h. nur aus ökologischem Anbau; schonende und gesunde Verarbeitungstechniken) und kundenorientiert.
Beispielhafte Maßnahmen:	• konsequente Verbraucherinformation über Rohstoffherkunft, Zusätze, Verarbeitungstechniken und Sortiment (zahlreiche Infoblätter und Broschüren) • Schaffung von Vertrauen durch Offenheit und Transparenz (z.B. sämtliche Inhaltsstoffe aller Brotsorten ausgewiesen) • Happy-Hour-Preise • enge Zusammenarbeit mit Naturland-Verband • ausschließliche Belieferung von Öko-Vertragslandwirten • Betrieb eigener Mühle • Verkauf gemäß Kundenwunsch (ganz, halbiert, geviertelt, in Scheiben geschnitten) • Kommunikation der erzielten Preise, z.B. Bayerische Naturschutzmedaille, Europäischer Umweltschutzpreis

Abb. 2 Beispielhaftes Markenkonzept Hofpfisterei

Interessant ist zudem, daß in Bereichen mit traditionell hohem Frauenanteil, wie dem Bereich für Gesundheit und Körperpflege, sowie auch im Reinigungsgewerbe, durchaus starke Marken mit konsequenter Markenpolitik vertreten sind. Man denke vor allem an Friseurbetriebe, wo dank intensiver Markenpolitik und dem damit erzielten Image enorme Preisaufschläge durchgesetzt werden können. Das gilt auch für das Bekleidungs-, Textil- und Ledergewerbe, wo die Bedeutung der Markenpolitik relativ früh erkannt wurde. Dies mag u.a. an der engen Verbindung zwischen Mode, sozialer Geltung, Außenwirkung und den als Ausdruckssymbol so gut geeigneten Marken liegen.
Insgesamt gilt: Sobald eine stärkere Arbeitsteilung in Handwerksbetrieben erzielt wird und nicht mehr sämtliche Aufgaben in Personalunion vom Betriebsinhaber oder der Inhaberin wahrgenommen werden, ist Markenpolitik natürlich einfacher umzusetzen. Aber, wie noch zu zeigen ist, haben auch kleine Handwerksbetriebe markenpolitische Möglichkeiten.

Ansätze erfolgreicher Markenpolitik und Entwicklungspotentiale

Grundvoraussetzungen erfolgreicher Markenpolitik

Entsprechend den konstitutiven Faktoren eines Markenartikels gelten als Voraussetzungen für eine zielgerichtete Markenpolitik[27]:

1. Das Vorhandensein einer einheitlichen Markierung der Leistung (bei Dienstleistungen gilt dies entsprechend für Kontaktobjekte und -subjekte)
2. Gewährleistung einer gleichbleibenden oder verbesserten Qualität
3. Rückkopplungsmöglichkeit zum Markenanbieter

Alle drei Forderungen können von Handwerksbetrieben grundsätzlich erfüllt werden. In bezug auf die Qualität ergeben sich allerdings Einschränkungen insofern, als gerade bei Handwerksleistungen das Arbeitsergebnis oft aufgrund der meist gewollten Individualität nicht ganz vorhersehbar ist. Obwohl i.d.R. gerade Handwerksbetriebe für qualitativ hochwertige Leistungen stehen, sind gewisse Qualitätsschwankungen nicht auszuschließen. Aber auch wenn es entscheidende Unterschiede zwischen den einzelnen Handwerksbranchen gibt, müßte die Erfüllung dieser zentralen Voraussetzungen für erfolgreiche Markenpolitik gerade vielen Handwerksbetrieben leicht fallen: »Qualität statt Surrogat, Originalität statt Kopie – Können, erworben durch Ausbildung und Erfahrung, als Garant für beides werden mehr denn je gefordert. Wenn nicht das Handwerk, bei dem immer noch der Mensch mit seiner Arbeitskraft, Kreativität und Individualität – eben in seiner ursprünglichen Ganzheit – im Mittelpunkt des Arbeitslebens steht, diesen Ansprüchen zu genügen bestrebt ist – wer dann?«[28]
Glaubwürdige, verläßliche Leistungen als Basis für die markenpolitischen Maßnahmen sind also im Handwerk vorhanden. Zudem bietet gerade das Handwerk unzählige Möglichkeiten, sich durch zusätzliche Neben- oder Serviceleistungen, wie Reparatur- und Ersatzteildienste, Wartungen oder Umtauschmöglichkeiten individuell zu profilieren. Handwerksbetriebe können diese Neben- oder Zusatzleistungen vor, während oder auch nach dem Absatz der Hauptsach- oder -dienstleistung erbringen. Die Maßnahmen können dabei von fertigungstechnischen Beratungen über Kreditvermittlungen bis hin zum Kulanz- und Garantieverhalten reichen.[29] Produkte oder Kernleistungen können so regelrecht durch Dienstleistungen eingehüllt, verpackt werden.

Glaubwürdige, verläßliche Leistungen als Basis

Bei der Markenprofilierung von Handwerksbetrieben scheint folgendes Vorgehen günstig:
Eindeutige Positionierung als Basis der Markenprofilierung. In einem zweiten Schritt erfolgt die Wahl der Markenstrategie. Schließlich muß eine konsequente Markenführung betrieben werden, dabei geht es beispielsweise um die Sicherung der Konstanz im Markenauftritt oder um Qualitätssicherung.

Vorgehen bei der Markenprofilierung im Handwerk

Wiswede nennt sechs Grundsätze, die im Rahmen erfolgreicher Markenbildung berücksichtigt werden sollten[30]:

- Innovation und Spezifität
- Prägnanz und Unverwechselbarkeit
- Attraktivität und Anreizwert
- Kompetenz und Glaubwürdigkeit
- Konsistenz und Kongruenz
- Konstanz und Kontinuität zur Imagefestigung.

Die solide und flexible Handwerksleistung bietet hier eine gute Ausgangsbasis. U.U. kann im Handwerk gerade eine hochwertige, exklusive Markenpositionierung interessant sein.
Das Markenimage ist im Rahmen jeglicher Markenpolitik besonders wichtig. Vor allem vereinfacht es Komplexität, ist verhaltenswirksam und kann in Kommunikation (z.B. Werbung) umgesetzt werden. Schließlich ist das Markenimage zentrale Voraussetzung für die Schaffung einer Markenpersönlichkeit.
Ausgangsbasis für den notwendigen Identitäts- und Imageaufbau ist zunächst die Erfassung der bereits bestehenden Identität des Handwerkbetriebs, des bestehenden Selbst- und Fremdimages sowie der möglichen Ansatzpunkte für Veränderungen, indem man ein Image-Ziel mit eindeutigem USP (unigue selling point) formuliert. Beim Aufbau und der Beeinflussung des Markenimages müssen unerfüllbare Versprechungen vermieden werden. Denn stimmen Erwartungen und Leistungseigenschaften nicht überein, kommt es zu negativer Qualitätswahrnehmung und Unzufriedenheit beim Kunden. Auch muß man sich des Eigenlebens von Markensystemen bewußt sein. Systeme, und gerade auch die Handwerksleistungen, sind nie komplett steuerbar, und ein Umschlag des Images ins Negative ist zumindest jederzeit denkbar.

Erfassung Ist-Zustand: Identifikation

An dieser Stelle wird gerade die Bedeutung von kommunikativen Maßnahmen (z.B. Werbung oder Absatzförderung auf Handwerksmessen) im Rahmen der Markenpolitik deutlich. Sie ermöglichen die Bekanntmachung der Handwerksmarke, informieren über die Marke und ihr Image (führen insofern zu einem Abgleich von Selbst- und Fremdimage der Handwerksbetriebe) und lösen schließlich Aktivitäten wie den Kauf der Handwerksmarke aus. Bei zielgruppenspezifischer Positionierung muß man sich bewußt sein, daß Marken nicht für alle gleich attraktiv sein können. Es muß ein Markenprofil entwickelt werden, das für die entsprechenden Zielgruppen anziehend erscheint. Der Kunde soll schließlich an einen Wert regelrecht gebunden werden, und dieser Wert ist die jeweilige Marke. Produkte, Marken werden zu Sinnbildern. Ein ästhetisches Zeichenspiel wird inszeniert, und die Differenz zur Konkurrenz wird definiert.

Grundsätzlich stehen folgende Markenstrategien zur Verfügung: Markenstrategien auf Einzelproduktebene – Die kleinste markierbare Einheit ist das einzelne Handwerksprodukt, im Falle eines handwerklichen Dienstleistungsbetriebs sind es die materiellen Kontaktsubjekte und -objekte der angebotenen Dienstleistung. Orientiert sich die Markenpolitik eines Handwerksbetriebs an solchen nach außen jeweils voneinander unabhängigen Einzelleistungen, so wird eine Einzelmarken-Strategie verfolgt. Diese Strategie scheint für das Handwerk kaum empfehlenswert, da ja gerade die Herkunft der Leistung, die Erstellung im handwerklichen Betrieb das Besondere darstellt und diese Bindung an den Betrieb hier nicht deutlich würde; darüber hinaus sind keine Synergiewirkungen erzielbar. Markenstrategien auf Produktgruppenebene, wie die Markenfamilie, die Produkte mit ähnlichem Verwendungszweck umfaßt, sind ebenfalls ohne Bezug zum Handwerksbetrieb relativ ungünstig. (Eine Ausnahme bildet hier die relativ seltene Situation, daß verschiedene Zielgruppen angesprochen werden und dies sehr differenziert geschehen soll.) Zudem sind die Produktions- und Absatzmengen im Handwerk oft zu gering, als daß kostenintensive Einzelmarken für jede Leistung oder für Leistungsgruppen gerechtfertigt wären. Bei den durchschnittlich kleinen Betriebsgrößen kann kaum von hohem Verbreitungsgrad und damit Eigenständigkeit von Markenfamilien ausgegangen werden.
Daher empfehlen sich im Handwerk eher Markenstrategien auf Unternehmensebene. Hinter diesen Konzepten steht der Gedanke, daß die Kunden das Vertrauen, welches sie dem Handwerksbetrieb und seinem Inhaber entgegenbringen (Personenvertrauen), mit hoher Wahrscheinlichkeit auf die angebotenen Leistungen, aber auch auf eine Firmenmarke allgemein übertragen. Erfolgreich ist hier beispielsweise der filialisierte Metzgereibetrieb Vinzenz Murr. Das Handwerksunternehmen setzt seit über 100 Jahren auf Qualität, Frische und Tradition. Dabei trägt jede Filiale und jedes einzelne (verpackte) Produkt des Betriebs deutlich das Markenzeichen, welches mit qualitativ hochwertigen Rohstoffen, solider Verarbeitung und dennoch umfangreicher Produktauswahl assoziiert wird. Das eigene Angebot wird dabei durch ein kleines, thematisch passendes Handelssortiment und »Bistros« in den Filialen ergänzt.

Tragen alle Angebote eines Handwerksbetriebs dieselbe Marke, kann man von einem Dachmarkenkonzept sprechen. Eine solche Markenstrategie entspräche auch der bisher weitverbreiteten Werbepraxis im Handwerk: Leistungen, die auf Einzelfertigung beruhen, verlangen ein sehr detailliertes Werbekonzept. Ein Eingehen auf die Eigenschaften der zu vermarktenden Leistungen wird erschwert, und die Anstrengungen verlagern sich auf die Herausstellung eines positiven Firmenimages. Das Handwerk wirbt also verstärkt mit der allgemeinen Qualität seiner Leistungen.[31]

Unumgänglich für eine erfolgreiche Markenprofilierung ist ganz besonders auch bei der Dachmarkenstrategie ein gezieltes Qualitätsmanagement. Gerade bei Dachmarkenkonzepten, bei denen die Marke als Qualitätsgarant unterschiedlicher Leistungen fungiert, sind Verstöße gegen die Qualitätskonstanz mit negativen Auswirkungen auf das gesamte Leistungsspektrum verbunden. Bei den oft sehr individuellen Handwerksleistungen ist dies ein besonderes Problem.

Angesichts des zunehmenden Wettbewerbsdrucks der Industrie auf das Handwerk und der oft kleinen Betriebsgrößen scheinen aber vor allem kooperative Markenstrategien erfolgversprechend: »Auch heutzutage bietet der Aufbau von Kooperationen, Netzwerken und Genossenschaften dem Handwerk bei Wahrung der unternehmerischen Selbständigkeit bessere Produktions-, Einkaufs- oder Vertriebsmöglichkeiten, die neue Perspektiven im Gegensatz zur heute weithin feststellbaren Übernahme industrieller Arbeitsformen oder der Pflege von traditionellen, meist zum Kunsthandwerk tendierenden Nischenexistenzen eröffnen.«[32] Auch Mosen schlägt Handwerkskooperationen (z.B. Handwerksringe) vor. Diese können Kunden z.B. im SHK-Bereich (Sanitär/Heizung/Klima) Komplettlösungen mit Rundum-Dienstleistungspaketen für den Neubau und Modernisierungsmarkt bieten.[33] Interessant sind also Markenstrategien auf Handwerksgruppenebene (z.B. Innungsmarken). Weit verbreitet sind im Handwerk mittlerweile auch Franchisekonzepte, bei denen i.d.R. der Franchisegeber alle markenpolitischen Maßnahmen wahrnimmt und den Franchisenehmern, den selbständigen Handwerksbetrieben, dann ein gesamtes Marketingkonzept, inklusive einer eingeführten Marke, zur Verfügung stellt. So stellt beispielsweise die Firma Portas ihr deutschlandweit eingeführtes Markenkonzept ausgewählten Handwerksbetrieben aus dem Ausbaugewerbe zur Verfügung. Diese profitieren dann von der Portas-Idee, den Portas-Produkten (z.B. Türen und Küchen) und den entsprechenden Marketingmaßnahmen, wie den öffentlichkeitswirksamen Sponsoringaktivitäten beim Traditions-Fußballverein Kickers Offenbach.

Markenstrategien:	Beispiele:
• Strategie auf Einzelleistungsebene	Einzelmarken, Multi-Marken
• Strategie auf Leistungsgruppenebene	Markenfamilien, Dachmarken
• Strategie auf überbetrieblicher Kooperationsebene	Innungsmarken, Verbundmarken , Regionenmarken

Abb. 3 Markenstrategien

Im Rahmen verschiedenster Kooperationen können so Handwerksbetriebe überbetrieblich Ressourcen bündeln, Synergien nutzen und auf diese Weise eine wettbewerbsfähige Markeneinheit schaffen.

Das Marketing von heute muß komplexe Konsum- und Nachfragesituationen berücksichtigen. Leistungskontexte, Warenkontexte müssen verstärkt präsentiert werden. Gerade beim Aufbau von Marken sollte daher in Leistungs- und Warenkombinationen gedacht werden. Kooperation bietet sich an.

Schließlich sei noch auf eine besondere Form der Zusammenarbeit, auf die regionale Kooperation, hingewiesen.

Handwerk und Regional-Markenkonzepte als moderne Alternative?

Interessant sind hierzu die Ergebnisse von Haase, der für eine allerdings nicht repräsentative Stichprobe ermittelt hat, daß die Kunden von fast der Hälfte der untersuchten Handwerksbetriebe aus einem Umkreis von bis zu 20 Kilometern stammen und insofern klar als lokale Kunden bezeichnet werden können. Die Kunden von 20% der Handwerksbetriebe stammen allerdings hauptsächlich aus einem über 50 Kilometer hinausgehenden Umkreis. Hier zeigt sich dann die regionale und überregionale Bedeutung des Handwerks.[34] Berücksichtigt man jedoch die Absicht vieler Unternehmen, ihr Absatzgebiet zumindest EU-weit auszudehnen, könnte zukünftig eine regionale Markenkooperation interessant sein. Dieses gilt vor allem auch für Betriebe in Tourismusgebieten, wo sich eine Zusammenarbeit des gesamten ansässigen Gewerbes geradezu anbietet.

Greift man den Grundgedanken des »Country-of-origin-Effekts» auf, so ist es denkbar, Facetten von Länder- aber auch von Regionenimages auf Leistungen aus dem betreffenden Gebiet zu übertragen. Durch eine konsequente Markenführung müßten also positive Ausstrahlungseffekte von Regionen auf Leistungen der Gegend, insbesondere auch auf Handwerksleistungen, übertragbar sein.

Die Vorteile einer solchen Regionen-Handwerksmarke sind sowohl für die ortsansässigen Handwerksbetriebe als auch aus Nachfragersicht deutlich: Die Markierung von heterogenen Leistungen durch eine einheitliche Regionenmarke führt zu einer Erhöhung der Wiedererkennung und des Bekanntheitsgrads der Leistungen, womit Kaufwahrscheinlichkeit und Kundenbindung steigen. Die Regionenmarke bietet weiterhin die Chance, Qualitätsversprechen zu geben, womit auch hier der Aufbau von Markentreue gefördert wird. Verstärkt wird dies möglicherweise bei kombiniertem Einsatz der Regionenmarke mit den Marken individueller Handwerksbetriebe (ähnlich wie eingangs dargestellt, die Kombination von Meister- und Städtezeichen; allerdings strategisch umfassender). Sämtliche anderen Vorteile einer Produktmarke lassen sich ebenfalls auf das Regionen-Handwerksmarken-Konzept übertragen. So z.B. die Erhöhung des Preisspielraums oder die Ausnutzung von Synergien bei der Marktbearbeitung.

Ein konsequentes Regionen-Handwerksmarken-Konzept läßt sich selbstverständlich nur dann erfolgreich umsetzen, wenn die Voraussetzungen für die Führung einer Marke, wie oben dargestellt, erfüllt werden. Dazu zählt vor allem auch die Vereinbarkeit der Handwerksleistungsimages und des gesamten Regionenimages sowie eine konsequente Kommunikation des erwünschten Images im Sinne einer Corporate Identity.

Grundlegende Schwierigkeiten beim Aufbau von Regionen-Handwerksmarken bestehen in der Abgrenzung eines adäquaten Referenzraums. Bei kleinen Regionen mit ausgeprägter wirtschaftlicher Monostruktur (z.B. Kurorten) dürfte die Abgrenzung anhand von Merkmalen relativ problemlos erfolgen. Bei einer großen Region, wie dem Allgäu, mit Funktions- und Merkmalsvielfalt, müssen zunächst relevante Abgrenzungskriterien identifiziert werden.

Resümee

Zusammenfassend sei festgehalten, daß grundlegende Marketingprinzipien, wie die Notwendigkeit der Zielorientierung, Bedeutung eines Positionierungsversprechens, auch für den Aufbau von Handwerksmarken gelten. Kriterien, die allgemein an eine Marke gestellt werden, können – wenn auch nicht problemlos – prinzipiell auch von Handwerksmarken erfüllt werden.

Der Ansatz, Markenpolitik auch im Handwerk verstärkt zu betreiben, kann daher nach Überwindung von Kooperations- und Qualitätsproblemen grundsätzlich erfolgreich sein.

Literatur

Berger, J.: Handwerksbetrieb und Großindustrie: Arbeitsbedingungen, Entwicklungsmöglichkeiten, in: U. Specht (Hrsg.): Handwerk im Zeitalter der Automation, Bochum 1992, S. 53-59

Bolz, N./ Bosshart, D.: Kult-Marketing. Die neuen Götter des Marktes, Düsseldorf 1995,

Diller, H.: Vahlens Großes Marketing-Lexikon, München 1994

Domizlaff, H.: Die Gewinnung des öffentlichen Vertrauens, Neudruck, Hamburg 1982

Haase, K.-D./ Haase, Ch.: Das Handwerk aus betriebswirtschaftlicher Sicht, hrsg. v. Handwerksinstitut München für Handwerks-, Gewerbe-, Finanz- und Steuerrecht e.V., München 1994

Handwerk 2000, hrsg. v. Bayerisches Staatsministerium für Wirtschaft und Verkehr, München 1993

Homeyer, K.G.: Die Haus- und Hofmarken, 2. Aufl., Aalen 1967

Keil, A.: Handwerkliche Selbstverwaltung, in: U. Specht (Hrsg.): Handwerk im Zeitalter der Automation, Bochum 1992, S. 46-50

Kotler, P.: Marketing-Management, 7. Aufl., Stuttgart 1992

Kucera, G.: Arbeit und Flexibilität im Handwerk, S. 63, in: U. Specht (Hrsg.): Handwerk im Zeitalter der Automation, Bochum 1992, S. 63-66

Langer, A.: Handwerk als Impulsgeber der Gesellschaft, in: U. Specht (Hrsg.): Handwerk im Zeitalter der Automation, Bochum 1992, S. 51-52

Leitherer, E.: Die Entwicklung des Markenwesens, München 1988

Maier, M.: Marktorientiertes Management im Handwerk, S. 46, in: B.W. Dornach (Hrsg.): Handwerksmarketing, Band 2, Wörishofen 1992, S. 43-58

Meyer, A./Blümelhuber, Ch.: Kundenorientierung im Handwerk, in: B.W. Dornach (Hrsg.): Handwerksmarketing, Band 2, Wörishofen 1992, S. 31-58

Meyer, A./Schwartz, D.: Markenpolitik und Kundenservicepolitik, in: M. Bruhn (Hrsg.): Handbuch Markenartikel, Teilband II, Stuttgart 1994, S. 1189-1200

Meyer, A./Tostmann, T.: Die nur erlebbare Markenpersönlichkeit, in: Harvard Business Manager, Nr. 4., 1995

Mosen, K.: Marktgerechte Unternehmensführung im Handwerk, Stuttgart 1987

Rieser, R.: Die ökonomische Theorie des Verkehrs mit Markenartikeln, Heidelberg 1931

Specht, U.: Der Beitrag des Handwerks für eine menschlichere Gesellschaft, in: U. Specht (Hrsg.): Handwerk im Zeitalter der Automation, Bochum 1992, S. 9-18

Stromer v. Reichenbach, W.: Verbraucherschutz in der Vergangenheit, in: E. Dichtl (Hrsg.): Verbraucherschutz in der Marktwirtschaft, Berlin 1975, S. 9-112

Wagner, U.: Die Handwerkskammer als Serviceinstitution, in: B.W. Dornach (Hrsg.): Handwerksmarketing, Band 2, Wörishofen 1992, S. 61-76

Weber, M.: Markenpolitik des Bankbetriebs, Wiesbaden 1992

Wiswede, G.: Psychologie des Markenartikels, in: Dichtl, E./Eggers, W.: Marke und Markenartikel als Instrument des Wettbewerbs, München 1992, S. 71-95

Zimmermann, T.: Marketing im Handwerk, Schriftenreihe des rheinisch-westfälischen Instituts für Wirtschaftsforschung, Heft 41, Essen 1979

Quellenverzeichnis:

1 vgl. Homeyer 1967
2 vgl. auch Weber 1992, S. 21
3 vgl. Leitherer 1988, S. 9ff.
4 vgl. Leitherer 1988, S. 17ff.
5 vgl. Stromer v. Reichenbach 1975, S. 103f. oder auch Leitherer 1988, S. 20
6 vgl. Leitherer 1988, S. 22 und 33
7 vgl. Leitherer 1988, S.36 und 46ff.
8 vgl. Leitherer 1988, S.49ff.
9 vgl. Rieser 1931, S.9
10 vgl. z.B. Handwerk 2000 1993, S. 11ff.
11 vgl. z.B. Handwerk 2000 1993, S. 89
12 Specht 1992, S. 11
13 Keil 1992, S. 47
14 vgl. Kucera 1992, S. 63
15 Maier 1992, S. 46
16 vgl. z.B. Handwerk 2000 1993, S. 26f.
17 § 1 WZG
18 Kotler 1992, S. 641
19 vgl. Diller 1994, S. 640
20 vgl. Meyer/Schwartz 1994, S. 1191
21 vgl. z.B. Meyer/Tostmann 1995
22 Bolz/ Bosshart 1995, S. 221
23 vgl. Weber 1992, S. 2 und S. 7
24 Domizlaff 1982, S. 75
25 vgl. Haase/Haase 1994, S. 279 und 280ff.
26 vgl. Wagner 1992, S. 67
27 vgl. Meyer/Schwartz 1994, S. 1191
28 Langer 1992, S. 51
29 vgl. Meyer/Blümelhuber 1992, S. 38f.
30 vgl. Wiswede 1992, S. 88f.
31 vgl. Haase/Haase 1994, S. 279 und Zimmermann 1979, S 82
32 Specht 1992, S. 18
33 vgl. Mosen 1987, S. 89
34 vgl. Haase/Haase 1994, S. 26

Sybille Frisch-Lerf

Verkaufen mit System

Sybille Frisch-Lerf ist geschäftsführende Mitgesellschafterin der Firma FRISCH GmbH & Co. KG, Hochdruckpumpen, Strahlwasser- und Reinigungssysteme in Neusäß

»Kein Kunde kauft jemals ein Erzeugnis.
Er kauft immer nur das,
was das Erzeugnis für ihn leistet.«

Peter F. Drucker

Das Produkt - eine Idee - ein Lebensgefühl!

Die Ware ist ein toter Gegenstand! Er wird erst lebendig durch seine Eigenschaft, dem Kunden zu dienen und seine Wünsche zufriedenzustellen. Die Ware ist nur Mittel zum Zweck und für den Kunden deshalb von zweitrangiger Bedeutung.
Verkaufsarbeit ist leichter und nutzbringender, wenn man anstatt der Ware Ersparnis, Sicherheit, Zweckmäßigkeit, Bequemlichkeit usw. anbietet. Hier unterscheidet sich häufig der erstklassige vom mittelmäßigen Verkäufer.

Man verkauft nicht	**sondern eine Idee – ein Lebensgefühl!**
Haarschnitt	Aussehen
Kleidung	Bewunderung
Möbel	Gemütlichkeit
Kachelofen	Behaglichkeit
Reinigungssysteme	gepflegte Sauberkeit

Die Kaufmotive beruhen auf individuellen Eigenarten der Menschen. Von Kunde zu Kunde kann die Idee, die es im Zusammenhang mit einer Ware anzubieten gilt, verschieden sein. Zum Beispiel ist das Auto für den einen Kunden eine Geldanlage, für den anderen eine Prestigefrage, für den dritten eine sportliche Betätigung, für den vierten verbesserte Transportleistung.
Für die meisten Warengruppen gibt es allgemeingültige Ideenlinien, deren sich der Verkäufer bedienen kann! Dem Kunden muß durch Einfühlungsvermögen ein positives Lebensgefühl vermittelt werden!

Entwicklung des Verkaufsprozesses:

Früher:	Heute:
Der Verkäufer ist ein brillanter Schauspieler	Der Verkäufer ist ein guter Verkaufsinterviewer
Im Mittelpunkt steht das Produkt	Im Mittelpunkt stehen die Bedürfnisse des Kunden
Jeder Verkäufer arbeitet nach einer Masche und mit Tricks	Verkaufen ist eine Frage der Menschlichkeit
Der Gegner wird erobert	Der Partner wird überzeugt
Der gute Verkäufer kann jedem alles verkaufen	Der Kunde ist kritisch und will ein sinnvolles Leben führen
Der klassische Verkäufer ist nur durch seine Provisionen motiviert	Der Verkäufer ist an einer langfristigen Beziehung interessiert
Der Verkäufer hat einen sehr schlechten Ruf	Der Verkäufer ist Informationsmanager, Berater und Mentor in einem

Frauen im Verkauf

Seit Jahren läßt sich ein deutlicher Wertewandel beobachten. Eher weibliche Eigenschaften wie Kooperation, Emotion und Intuition bestimmen mehr und mehr das gesellschaftliche Leben. Die Frauen haben schon längst ihre traditionellen Tätigkeitsgebiete verlassen und stehen immer häufiger auch im Handwerk und Verkauf ihre »Frau«. Verkaufen ist keine Männerdomäne mehr. Was Männer meist noch mühsam lernen müssen, beherrschen Frauen von Natur aus.
Machen Sie einen Vorteil daraus, eine Verkäufer*in* zu sein. Im Verkaufsgespräch entscheidet neben Fachwissen, einem passenden Produkt und exzellentem Service auch immer die persönliche Chemie zwischen Kunde und Verkäufer darüber, ob es zum Abschluß kommt.

Vorsprung durch Empathie – offen auf Kunden zugehen!
Jeder Kunde ist einzigartig und unverwechselbar. Insofern entzieht er sich einer allgemeinen Beschreibung. Es gibt aber Eigenschaften und Befindlichkeiten, die allen Ihren Kunden gemeinsam sind, Erwartungen, die alle Ihre Kunden gemeinsam hegen. Sie als Unternehmerin/Unternehmergattin, insbesondere im Verkauf, arbeiten kundenorientiert. Dazu gehört, daß Sie sich in den Kunden als Unternehmer und in den Kunden als Mensch – in seine Situation, seine Gefühls- und Gedankenwelt – hineinversetzen können. Dies ist eine der wichtigsten persönlichen Fähigkeiten, die Spitzenverkäuferinnen auszeichnet. Empathie oder Einfühlungsvermögen ist das A und O, um tragfähige Beziehungen zu Kunden zu entwickeln.
Ein Kunde spürt, ob Sie ihm mit Sympathie oder Abneigung entgegentreten und ob er Ihnen als Mensch gleichgültig und nur als Abnehmer von Bedeutung ist. Ihre Einstellung zu ihm offenbart sich in Ihrem Blick, in Ihren Fragen, in Ihren Reaktionen auf für den Kunden erfreuliche oder unerfreuliche Vorkommnisse, die im Gespräch Erwähnung finden, und in Ihrem Gesamtverhalten.
Wenn der Kunde sich abgelehnt fühlt, wird er seinerseits mit Abneigung reagieren. Seine eventuell vorhandene Lust zum Kauf sinkt. Niemand kauft von Leuten, die er nicht mag. Spürt der Kunde dagegen Zuneigung, so wird er mit Freundlichkeit,

zumindest mit aufgeschlossener Neugier antworten. Er bleibt nicht gleichgültig, wo ihm offene Sympathie entgegengebracht wird. Er fühlt sich geachtet, freut sich darüber, ist dankbar und bereit, seine Dankbarkeit mit einem Auftrag abzustatten, sofern das Angebot einigermaßen stimmt.
Mit einer positiven Einstellung zum Kunden als Partner ist der Grundstein für eine gute Geschäftsbeziehung gelegt!

Zeigen Sie im Verkaufsgespräch Ihre Begeisterung:

Entwicklung einer Strategie

Der Wettbewerb wird immer härter und unberechenbarer! Erfolg hat weder mit Zufall, Glück, Begabung noch mit überdurchschnittlicher Risikobereitschaft zu tun.
»Erfolg ist einzig und allein eine Frage der richtigen Strategie«, sagt Wolfgang Mewes, Systemforscher. Entwickeln Sie für Ihren Betrieb eine optimale Strategie und ein optimales System!
Die wichtigste Voraussetzung und Grundüberlegung besteht zunächst darin, sich eingehend darauf zu konzentrieren, *was Sie am besten können* und *womit Sie Ihren Kunden den größten Nutzen bieten können.*
Leisten Sie etwas Besonderes. Der größte Fehler wäre es, Ihre Kräfte zu verzetteln. Denn wer auf vielen Märkten eine Reihe von Leistungen anbietet, kann allenfalls durchschnittlich sein. Arbeiten Sie eine bessere Strategie als Ihren Wettbewerb aus. Bringen Sie die vorhandenen Kräfte auf den wirkungsvollsten Punkt.

»Nicht der Große dominiert die Kleinen,
sondern der Schnelle überholt die Langsamen.«

Ist-Situation
Ermitteln Sie Ihre Ist-Situation und heben Sie Ihre speziellen Stärken besonders hervor.
Jedes Unternehmen unterscheidet sich von der Konkurrenz und ist in der Kombination von Fähigkeiten, Image und Knowhow einzigartig. Jedes Unternehmen hat auch ein spezielles Aufgabengebiet, das zu den Stärken paßt und in dem es jedem Konkurrenten überlegen ist. Diese speziellen Stärken müssen gefunden und klar herausgearbeitet werden. Damit schafft man sich die Grundlage, anders zu sein als andere, und hat ein unverwechselbares Profil.

Geschäftsfeld
Gehen Sie nun daran, ein Geschäftsfeld, also einen Markt, zu finden und abzustecken.
Wichtig ist hierbei, von vornherein ein Geschäftsfeld zu suchen, das genau den eigenen Kräften entspricht. Je präziser Sie Ihr Geschäftsfeld definieren können, um so schneller haben Sie die ersten Erfolge, desto stärker steigt Ihre Motivation und desto schneller wird Ihr Wachstum verlaufen.

Zielgruppe
Ermitteln Sie im nächsten Schritt Ihre Zielgruppe. Der Begriff Zielgruppe läßt sich definieren als eine Gruppe von Menschen mit gleichen Wünschen, Bedürfnissen oder Problemen.
Suchen Sie die Zielgruppe heraus, welche den dringendsten Bedarf nach Ihren Leistungen hat. Für Ihre Zielgruppe müssen Sie der ideale Problemlöser sein!

Problem der Zielgruppe
Sie müssen nun das brennendste Problem Ihrer Zielgruppe erörtern. Dabei ist allein entscheidend, welches Problem die Zielgruppe für ihr wichtigstes hält!
Versetzen Sie sich in die Lage der Zielgruppe und ergründen Sie, welche Probleme diese haben könnte. Erarbeiten Sie einen Lösungsvorschlag und diskutieren Sie ihn mit repräsentativen Vertretern Ihrer Zielgruppe.

Denken Sie innovativ!
Ihre Leistung kann und muß permanent verbessert werden.
Da Sie bester Problemlöser für Ihre Kunden sein wollen, müs-

sen Sie Ihre Leistungen und Produkte für Ihre Kunden ständig anpassen. Sammeln Sie Ihre Ideen und werten Sie diese systematisch aus. Verzetteln Sie sich nicht! Entwickeln Sie nicht selbst, was andere bereits entwickelt haben!

Zusammenarbeit – Kooperation

Denken Sie um! Sie haben sich auf das konzentriert, was Sie am besten können, Sie haben sich spezialisiert. Delegieren Sie deshalb Aufgaben an andere Partner, die sich wiederum in ihrem Aufgabenbereich spezialisiert haben. Zusammenarbeit ist für Sie immer erfolgreicher als Wettbewerb! Durch eine richtige Kooperation reduzieren Sie Ihren Wettbewerb auf ein Mindestmaß. Sie müssen das Kooperationsziel genau definieren: gemeinsam den Nutzen für Ihre Zielgruppe steigern.

Konstante Grundbedürfnisse

Ständig ändern sich Produkte oder Rohstoffe! Sie gehören allesamt zu denjenigen Gütern, die variabel, also austauschbar sind. Spezialisieren Sie sich deshalb auf die konstanten Grundbedürfnisse Ihrer Zielgruppe. Produkte und Dienstleistungen müssen darum stets den wechselnden Problemen und Bedürfnissen der Zielgruppe angepaßt werden. Der dauerhafte Informationsaustausch mit Ihren vertrauten und aufrichtigen Kunden ist unerläßlich.
Sobald Sie Ihr persönliches System entwickelt haben, setzen Sie dieses tatkräftig um.

Kommunikationsmedium Nr. 1 – das Telefon

Das Telefon als Kommunikationsmedium Nr. 1 ist im heutigen Berufsleben nicht mehr entbehrlich. Es ermöglicht
- einen unmittelbaren persönlichen Kontakt, auch über große Entfernungen,
- rationelles Arbeiten, da wir in kurzer Zeit viele Kontakte herstellen, Informationen einholen und geben können,
- Zeitgewinn durch schnelle Lösung von Problemen im direkten Dialog,
- nicht zuletzt Kostenersparnis – statt eines teuren Briefs genügt oft ein kurzes Telefonat.

Telefonieren ist ja so einfach! Man hebt den Hörer ab, wählt und spricht dann. Telefonieren kann jeder! – Wirklich?
Als Grundregel für ein Telefonat gilt – wie für ein persönliches Gespräch auch – : Zuerst eine *positive Gesprächsatmosphäre* schaffen und dann die *sachlichen Fragen* klären!

Die nachfolgenden Punkte schaffen eine positive Grundhaltung und ermöglichen ein erfolgreiches Telefonieren:

1. Greifen Sie bald zum Hörer – unnötiges Klingelnlassen verärgert nur Ihre Gesprächspartner.
2. Seien Sie freundlich – lächeln Sie am Telefon.
3. Sprechen Sie deutlich.
4. Hören Sie aktiv zu, indem Sie Zeichen Ihrer Aufmerksamkeit geben, Kundenaussagen aufnehmen und zum Thema machen. Identifizieren Sie sich mit der Betrachtungsweise des Kunden! Entwickeln Sie Feingefühl/ Gehör zu allen Äußerungen – konzentrieren Sie sich mehr aufs Zuhören als aufs Reden – ohne den Eindruck zu erwecken, aushorchen zu wollen. Zuhören können macht sympathisch.
5. Machen Sie Pausen – geben Sie Ihrem Gesprächspartner Zeit zu überlegen und zu antworten.
6. Kommen Sie schnell zur Sache – stehlen Sie Ihrem Gesprächspartner nicht unnötig die Zeit. Fragen und antworten Sie kurz und verständlich – partnergerecht!
7. Hüten Sie sich vor falschen Versprechungen mit schnell Dahingesagtem, und wechseln Sie ein Thema nicht, ohne es fertig abgehandelt zu haben.
8. Wiederholen Sie wichtige Informationen während des Gesprächs, und halten Sie sie schriftlich fest.
9. Sprechen Sie Ihre Gesprächspartner mit Namen an.
10. Halten Sie telefonische Zusagen und Abmachungen ein.
11. Argumentieren Sie positiv und stellen Sie sich dem Kunden zur Seite. Sprechen Sie vom Nutzen für den Kunden, nicht von den Vorzügen – erst recht nicht im Vergleich zum Mitbewerber!

Nun ist es notwendig schnell zu reagieren!

Das Angebot

Ein Angebot sollte grundsätzlich zwei Teilbereiche umfassen:
1. Anschreibebrief (nicht länger als eine Seite)
2. Angebotstext

Im Anschreibebrief müssen die Vorteile des angebotenen Produkts für den Kunden optisch und inhaltlich herausstechen. Dem Kunden muß der Eindruck vermittelt werden, daß das Angebot individuell für ihn erarbeitet wurde und nicht mit Standardtexten gearbeitet wird.

Grundsätzliches zum Angebotstext

- Das Interesse des Empfängers wecken und den Nutzen des Angebots schildern.
- Auf aktuellen Bedarf, auf den unmittelbaren Nutzen für den Kunden hinweisen.
- Unverständliche Fachausdrücke und Abkürzungen vermeiden! Verwenden Sie jedoch kundenspezifische Fachausdrücke zum Beweis Ihrer Sachkenntnis!
- Auf Unwesentliches verzichten!
- Wichtiges (Sätze, Begriffe und Daten) hervorheben, z.B. durch Unterstreichen.
- Schwierige Sachverhalte erklären (z.B. durch Zeichnungen, Bilder, Diagramme oder Grafiken).
- Attraktiv und übersichtlich gestalten.
- Notwendige Unterlagen beilegen.
- Sicherstellen, daß beigefügte Unterlagen auf dem neuesten Stand sind (aktuelle Bilder, Preislisten, Kataloge u.a.).
- Einen konkreten Bestellvorschlag unterbreiten.
- Den Kunden zum Handeln auffordern (»Perfektionieren Sie die Reinigungsaufgaben in Ihrem Unternehmen, man wird es Ihnen danken...«). – Sprechen Sie keine »Probleme« an! Ein Kunde hört nicht gerne, daß er welche hat!
- Dem Kunden einen konkreten Termin setzen (z.B. »Damit die Lieferzeit für Sie sichergestellt ist, antworten Sie uns bitte bis ...«).
- Begriffe wie »kostenlos« durch »ohne Berechnung« ersetzen.
- Nicht nur den Endpreis nennen, sondern den Preis relativieren z.B. durch eine Wirtschaftlichkeitsberechnung, Steuerersparnis.

Für jeden Interessenten/Kunden steht sicherlich die technische Problemlösung und die Finanzierung im Vordergrund, dennoch sollte Ihr Angebot nicht mit technischen Details oder gar dem Preis beginnen.

Auch beim Angebot ist es wieder von größter Wichtigkeit, Ihren Interessenten/Kunden – wie beim persönlichen Gespräch oder telefonischen Kontakt – emotional zu erreichen:

- Stellen Sie sich kurz vor.
- Schildern Sie, wer zu Ihren Kunden zählt.
- Erläutern Sie wie qualifiziert Ihr Management ist.
- Beschreiben Sie, welche Technologien Sie beherrschen.
- Wie sehen Ihre Visionen aus?
- Keine Übertreibungen, die peinlich wirken! – Realität ist angesagt.

Jeder Kunde empfindet seine Problemlage als einzigartig, er sehnt sich nach einer individuellen Lösung.
Gehen Sie kurz auf die anwendungstechnischen Besonderheiten des Kunden, seinen Bedarf und seine Wünsche ein. Verdeutlichen Sie ihm, daß Sie verstanden haben, worauf es ihm ankommt! Somit haben Sie sein Vertrauen gewonnen, und er bildet sich unbewußt ein positives Urteil, das für seine Zustimmung entscheidend sein kann.
Ein weiterer wichtiger Aspekt in Ihrem Angebot ist die Beschreibung des Nutzens, der mit der Beschaffung Ihres Produkts erreicht wird.

Untergliedern Sie Ihr Angebot in Rubriken:
1. Dokumentation
2. Preis-/Zahlungsbedingungen
3. Liefertermin
4. Gewährleistung und Garantien
5. Finanzierung (sofern Sie dies anbieten)

Systematische Angebotsverfolgung

Sinnvoll für eine systematische Angebotsverfolgung ist der Einsatz einer Checkliste, die nachfolgende Punkte enthalten sollte:

- Angebotsnummer
- Kundenname/Kundennummer
- Angebotswert
- Produktname/Anwendungsbereich
- Nachfaßtermine
- Notizen
- Ergebnisse

Diese Checkliste ist individuell auf Ihren Betrieb anzupassen und könnte z.B. so aussehen, wie die Liste unten.

Vor jedem neuen Kontakt mit dem Kunden ist die sachliche Vorbereitung ein Muß! Sie müssen den Kontakt zu einem Interessenten pflegen, per Telefon, per Brief und persönlich.
In vielen Fällen kann es sinnvoll sein, das Angebot persönlich abzugeben, um es mit dem Kunden durchzusprechen. Das jedoch niemals ohne Terminabsprache!

Einen Tag, nachdem das Angebot dem Kunden vorliegt, kontaktieren Sie den Kunden telefonisch und fragen nach,

- ob das Angebot seinen Vorstellungen entspricht,
- ob zusätzliche Überlegungen berücksichtigt werden sollen.

Vier Tage, nachdem Sie das Angebot übergeben haben, nehmen Sie wieder Kontakt auf, und zwar entweder persönlich, schriftlich oder telefonisch. Bieten Sie dem Kunden an, ihn auch bei der Entscheidungsfindung zu unterstützen, erkundigen Sie sich nach seinen weiteren Anforderungen oder weisen Sie ihn noch auf eine Alternative hin.

Am wichtigsten ist es, daß Sie Ihre Angebote mit Hartnäckigkeit verfolgen!
Wichtig ist jedoch auch, daß Sie anhand Ihrer Checkliste überprüfen, welche Aufträge nicht positiv abgeschlossen werden konnten. Fassen Sie die Gründe dafür in einem kurzen Bericht zusammen, damit entsprechende Folgerungen für die Zukunft gezogen werden können.

After Sales Service

Unerläßlich: der After-Sales-Service.
Bleiben Sie am Ball!

- Fragen Sie Ihre Kunden, ob sie zufrieden sind!
- Kümmern Sie sich bei Beschwerden persönlich um Ihren Kunden und entschädigen Sie ihn für seine Mühe.
- Machen Sie sich auch nach dem Kauf leicht erreichbar.
- Geben Sie Ihrem Kunden Garantien.
- Informieren Sie Ihre Kunden über Änderungen und Neuheiten.
- Teilen Sie Ihrem Kunden unverzüglich Verzögerungen/Lieferschwierigkeiten mit und begründen Sie diese glaubwürdig.
- Bringen Sie Ihre Dankbarkeit für sein Verständnis zum Ausdruck.
- Überraschen Sie Ihre Kunden ab und zu.
- Bestätigen Sie dem Kunden die Richtigkeit seiner Entscheidung.
- Sagen Sie »Vielen Dank« – so oft wie möglich.
- Zeigen Sie Ihre Dankbarkeit.
- Pflegen Sie mit Ihren Kunden Kontakt, nicht nur um Geschäfte zu machen.
- Machen Sie realistische Versprechungen und übertreffen Sie diese.
- Schreiben Sie kundenfreundlich.

Checkliste

Angebots-nummer	Angebots-datum	Kunden-name	Produkt	Angebots-wert	Termine	Notizen	Ergebnisse

- Kulanz darf kein Fremdwort sein.
- Nutzen Sie besondere Anlässe.
- Antworten Sie sofort.
- Fügen Sie kleine Extras hinzu.
- Laden Sie Ihre Kunden zu Ideengesprächen ein.
- Blicken Sie gemeinsam mit dem Kunden zurück.

Die Hege und Pflege des Kundenstamms ist unerläßlich! Zufriedene Kunden sind die Garantie für Ihren Erfolg!

Deshalb ist es wichtig, zu erkennen, wann Kunden unzufrieden werden. Seien Sie wachsam!

- Gehen Sie regelmäßig Ihre Kundenliste durch und überlegen Sie, ob jemand Abwanderungssymptome zeigt.
- Gewinnen Sie abgewanderte Kunden zurück!
- Kümmern Sie sich verstärkt um unzufriedene Kunden!

Bereits in Meyers Enzyklopädie von 1877 wird der Kunde wie folgt beschrieben:

»Kunden sind diejenigen Personen,
welche die Befriedigung bestimmter Bedürfnisse
immer an der selben Quelle suchen.

Die Kunden, die jemand hat,
bilden einen Teil seines Vermögens,
er würde ohne dieselben ärmer sein.

Wie alle anderen Vermögen
wird dieses auch durch Arbeit erworben.

Die gute Bedienung des Kunden
erweckt in demselben das Zutrauen,
daß er auch ferner an derselben Stelle
gut bedient wird.

Allein die Kundschaft
ist der flüchtigste Bestandteil des Vermögens.

Sie fängt zu zerrinnen an,
sobald sie nicht mit denselben Mitteln erhalten wird,
mit denen sie erworben wurde.«

Resümee

Wir – Frauen im Verkauf – müssen die weiblichen Eigenschaften in den Vordergrund bringen. Gerade unser Einfühlungsvermögen ist unser Vorteil! Wir dürfen keinesfalls versuchen, in unserer Verkaufstaktik männliche Eigenschaften zu kopieren! Pflegen und fördern wir doch die typisch – sympathisch – weiblichen Eigenschaften, und unterdrücken wir nicht gefühlsbetontes Handeln über Gebühr! Setzen wir doch gekonnt »die Waffen einer Frau« einmal anders ein!

Literatur- und Quellenverzeichnis

Christine Behle und Renate vom Hofe (Hrsg.): Das große Handbuch für den Außendienst. München 1998

Wolfgang Frank und Dora Linß: Emotionale Intelligenz im Verkauf. Landsberg 1997

Heinz M. Goldmann: Wie man Kunden gewinnt – Ein Leitbuch erfolgreicher Verkaufspraxis. Essen 1975

Kerstin Friedrich und Lothar J. Seiwert: Das 1 x 1 der Erfolgsstrategie. München 1994

Mark H. McCormack: Die Schule des Verkaufens. Frankfurt 1997

Manfred Haucke: Die 20 erfolgreichen Regeln für überzeugendes Sprechen und Verhandeln am Telefon. Kissing 1983

Elke Goldstein

Praxisbeispiel: Die Brecht-Wurst-Erfolgsstory Wie sich gute Ideen und Beharrlichkeit auszahlen

Elke Goldstein absolvierte nach dem Abitur eine Ausbildung als Bürokauffrau und war danach sieben Jahre in einem Inkassobüro tätig. Seit 1988 arbeitet sie in der Metzgerei Goldstein, wo sie als Juniorchefin vom Verkauf und Plattenservice bis hin zur Personalverwaltung und Büroorganisation zuständig ist.

»Bereit sein ist viel, warten können ist mehr,
doch erst: den rechten Augenblick nützen ist alles.«

Arthur Schnitzler

Ausgangssituation

Nach diversen Seminarbesuchen im Jahre 1997 war ich äußerst motiviert, einige der Profitips auch wirklich in die Tat umzusetzen. Vor allem das Seminar »Marketing für Handwerksfrauen« gab mir neue Impulse, durch originelle Produktideen eine gewisse Alleinstellung unserer Firma zu erreichen.

Höchste Qualität und fachkundiger Service allein reichen heutzutage einfach nicht mehr aus. Die Produkte werden immer austauschbarer und müssen in Zukunft einen erkennbaren Mehrwert bieten. Dem allgemeinen Konsumrückgang kann schließlich nur durch besonderes Eingehen auf die Kundenwünsche und -bedürfnisse entgegengewirkt werden, denn:

Nicht wie der Wind weht,
sondern wie wir die Segel setzen,
darauf kommt es an!

Das Einkaufen und Konsumieren muß wieder Spaß machen, der Kunde will ein Einkaufs*erlebnis*, also schaffen wir neue Erlebnis-Welten und durchbrechen das Alltagseinerlei. Das Erfolgskonzept heißt: Anders als die anderen – wer nur in den Spuren anderer geht, kann diese nie überholen! Und ich war auf der Suche nach der sogenannten Überholspur ...

Der Kunde will Spaß.

In Augsburg, der Geburtsstadt Bertolt Brechts, liefen inzwischen die Vorbereitungen zu dessen 100. Geburtstag auf Hochtouren. Täglich war vom berühmten Sohn der Stadt in der Tagespresse zu lesen, die Stadt war im Bert-Brecht-Fieber!

Schließlich wurde auch mein Mann Joachim Goldstein für eine Fotoausstellung zum Thema Bert Brecht im berühmten Brecht'schen Ledermantel fotografiert. Da kam mir eine »brechtige« Idee ...

Die Idee

Es gibt eine Bert-Brecht-Straße, ein Brecht-Haus, einen Brecht-Shop – warum also nicht auch eine Bert-Brecht-Wurst? Aber natürlich nicht irgendeine Wurst – nein, es mußte eine Rezeptur aus der Zeit des Dichters sein, also um die Jahrhundertwende!

Es sollte alles originalgetreu sein, sowohl die Zutaten (ausschließlich Naturgewürze) als auch die Herstellung von Hand. Ein Bert-Brecht-Etikett würde schließlich der Wurst ein originelles Aussehen verleihen und sie unverwechselbar machen.

Die B.B.-Wurst entspricht voll und ganz dem »Eternity-Trend«, also dem Trend zum Ursprünglichen und Rustikalen. In unserer schnellebigen Zeit sucht der Kunde wieder verstärkt nach Altbewährtem, nach traditionellen und urigen Produkten. Die Wurst vermittelt ihm einen Hauch Nostalgie ...

Die Vorarbeiten

Über einen Bekannten kamen wir an ein Rezepturbuch namens »Die deutsche Charkuterie« aus dem Jahre 1896 und suchten dort nach einem passenden Rezept. Es sollte eine rustikale, urige Wurst werden, die auch ungekühlt haltbar ist und sich damit auch als Geschenk eignet (Souvenir für Brecht-Pilger).

Mein Mann stellte einen originalgetreuen Prototyp her, der, nach einiger Reifezeit, uns sowohl optisch als auch geschmacklich voll zufriedenstellte – die Bert-Brecht-Wurst war geboren! Die Etiketten fertigte ich zunächst selbst an – es war schließlich noch nicht abzusehen, in welchen Mengen wir die B.B.-Wurst verkaufen würden...

Ein Mitarbeiter der Augsburger Allgemeinen (größte regionale Zeitung) erfuhr von unserem Vorhaben und organisierte sofort einen Fototermin. Sowohl der Fotograf als auch der Reporter waren von unserer Wurst begeistert!

Im Brecht Jahr wird die „Brecht Wurst" kreiert

Metzgerei wurde in einem alten Fachbuch fündig

AUGSBURG (sm). Daß der in Augsburg geborene Dramatiker und Lyriker Bertholt Brecht etwas vom Essen verstand, weiß man spätestens seit dessen berühmtem Theaterstück „Leben des Galilei".

Von dem Mathematiker und Hof-Astronomen am venezianischen und florentinischen Hofe weiß man, daß er gern, gut und üppig aß. Brecht hat dem Rechnung getragen und Galileo Galileis Leidenschaft für „Fleisch-Genüsse" auf den Punkt gebracht: „Beim Essen", so läßt ihn Bert Brecht sagen, „kommen mir die besten Einfälle".

Die Augsburger Metzgerei Goldstein macht dies und Brechts 100. Geburtstag in diesen Tagen zum Anlaß für die Kreation einer „Bert-Brecht-Wurst". Die Rezeptur für die gedrungene Rohwurst nach Art der Rohsalami aus magerem Schweinefleisch, Schweinebauch und Gewürzen stammt aus der Geburtszeit des Dichters.

Dem Fachbuch „Die deutsche Charkuterie" aus dem Jahr 1896 entnahm Metzgermeister Joachim Goldstein die Mixtur. Das ideale Mitbringsel für „Brechtianer" und Augsburg-Gäste, meint Meisterfrau Elke Goldstein, die für das Äußere der Wurst verantwortlich zeichnete: rote Kordel mit einem auffälligen B.B-Etikett.

„Das ideale Mitbringsel für Brechtianer" meinen Elke und Joachim Goldstein." Foto: Schröder

Der Verkaufsstart

Die Berichterstattung über die Bert-Brecht-Wurst inklusive Farbfoto in der Samstagsausgabe der Augsburger Allgemeinen war schließlich der sogenannte Startschuß.
Der Bericht verursachte einen riesigen Medienansturm. Die örtlichen Radiosender sowie Rundfunkstationen in ganz Deutschland brachten Berichte und Interviews, die Deutsche Presse-Agentur, Reporter der Fachpresse – alle waren präsent.
Sogar das Bayerische Fernsehen, SAT 1 und ZDF waren zu Gast und drehten Filmbeiträge über die Bert-Brecht-Wurst. Auch die großen Tageszeitungen, wie die Süddeutsche Zeitung und Münchner *tz*, berichteten in großformatigen Beiträgen.
Die Wurst war *der* Verkaufsschlager, es kamen Interessenten aus dem ganzen Umland – einen solchen Erfolg hätten wir nie erwartet! Die Nachfrage erstreckte sich auf das ganze Bundesgebiet und schließlich gingen die ersten Bert-Brecht-Würste via Paket auf die Reise ...
Unsere Metzger produzierten täglich die B.B.-Wurst nach, was jedoch zur Folge hatte, daß wir nur frische, ungereifte Würste

Anzeige

Brechtige Brotzeit

Den kulinarischen Beitrag zum Brechtjahr liefert Metzgerei Goldstein: Die Brecht-Wurst – deftig und würzig

Was kann ein Metzger zum Brecht-Jahr beitragen? Natürlich eine Wurst. Elke Goldstein hatte die Idee zu der neuen Wurstsorte, übrigens nach einem Originalrezept von 1896. Die „Bert-Brecht-Wurst“ wird bei Verwendung von nur bestem Qualitätsfleisch vom Schwein und Naturgewürzen unter der Regie von Meister Joachim Goldstein persönlich mit Liebe hausgemacht und per Hand abgebunden. Mageres Schweinefleisch und Bauchspeck zeichnen die leicht geräucherte Rohwurst aus. Deftig und würzig im Geschmack könnte sie so auch Brecht geschmeckt haben. Da auch ohne Kühlung haltbar, ist sie als Mitbringsel für Augsburger Brecht-Pilger ideal. Auf Wunsch wird die Wurst auch als Geschenk verpackt.

Wie beliebt sie jetzt schon ist, zeigt die große Nachfrage. Fast jeden Tag ist die Wurst, die natürlich in allen Goldstein-Filialen erhältlich ist, ausverkauft. Deshalb wird bei Metzgerei Goldstein auch täglich frisch produziert. „Die Kunden kommen aus der ganzen Umgebung“, so Elke Goldstein. Für den Party-/Platten-Service ergab sich außerdem gleich eine neue Idee: „Die urige Brecht-Platte“. Ausgezeichnet dazu passen auch das Metzgerbier und ein deftiges Brot.

Da steht doch einer zünftigen Bert-Brecht-Brotzeit nichts mehr im Wege.

Fleischer- Fachgeschäft
Goldstein

Augsburg: Hummelstraße 18
Telefon: 401456
Stadtbergen: Daimlerstraße 10
Gewerbegebiet Stadtberger Markt mit Imbiß
Telefon: 409857
Biburg: Dorfstraße 3
Telefon: 484633

in den Verkauf bringen konnten. Wir legten jeder Wurst ein Informationsblatt bei, das Hinweise zur Herstellung und Lagerung enthielt – so empfahlen wir, die B.B.-Wurst für ein optimales Geschmackserlebnis zu Hause noch einige Tage reifen zu lassen... Die Produktion wurde nochmals gesteigert, damit die Wurst wieder bis zum optimalen Reifegrad gelagert werden konnte.
Unsere Werbemaßnahmen waren nunmehr gezielt auf unser neues Produkt ausgerichtet: Anzeigen in der örtlichen Presse, Displays und Plakate in unseren Geschäften sowie Zeitungsartikel als Thekenaufsteller sollten jedem signalisieren: Nur bei Goldstein gibt es die original Bert-Brecht-Wurst!
Unsere Mitarbeiter informierten wir durch persönliche Besprechungen und Infoblätter über den neuesten Stand der Dinge. Sie boten Gratis-Kostproben der Wurst in den Geschäften an und informierten die Kunden über Rezeptur, Herstellung und Haltbarkeit.

Die weitere Vermarktung

Das enorme Interesse an unserer Neuheit stellte uns nun vor einige Fragen:
- Wie können wir die Wurst weiter vermarkten?
- Wie erreichen wir neue Zielgruppen?
- Wie kann die ganze Firma davon profitieren?

Nun war es an der Zeit, die Sache professionell anzugehen und die richtigen Berater hinzuzuziehen. Es galt, die Gunst der Stunde nutzen und die Bert-Brecht-Wurst als eine Art Augsburger Souvenirartikel zu vermarkten. Zunächst mußte aber die Bezeichnung »Bert-Brecht-Wurst« geschützt werden, und so veranlaßten wir über unseren Rechtsanwalt umgehend die Eintragung beim Patentamt. Kurze Zeit später bekamen wir Post ...
Die Tochter von Bertolt Brecht, Frau Barbara Brecht-Schall, erkundigte sich, warum sie nicht bezüglich der Namengebung »Bert-Brecht-Wurst« gefragt worden sei. Am selben Tag noch schrieb ich einen persönlichen Brief an Frau Brecht-Schall, erläuterte den ganzen Sachverhalt und fragte freundlich an, ob sie denn nachträglich mit der Bezeichnung einverstanden sei.

Nach gut einer Woche kam dann die positive Nachricht, die Brecht-Erben duldeten die Nutzung des Namens Brecht!
Dies war unsere Chance. Es fanden jetzt mehrere Gespräche mit unserem Berater, Rechtsanwalt und Grafiker statt, und so nahm die Geschenkidee »Bert-Brecht-Wurst« konkrete Formen an.
Das Etikett wurde aus juristischen Gründen ohne Brecht-Bildnis neu gestaltet und die Herstellung einer Druckerei in Auftrag gegeben. Die Verpackung besteht aus einer mit Holzwolle gefüllten Holzkiste, die, mit einer dicken Schnur verknotet, den urigen Charakter der Wurst unterstreicht. Ein Beilagezettel auf marmoriertem Papier informiert den Beschenkten über Brechts Vorliebe für fleischliche Genüsse sowie über Rezeptur und Lagerung der Wurst.
Die Vorbereitungen sind nun getroffen, die Mailings gehen jetzt zunächst an eine bestimmte Anzahl Augsburger Firmen. Auf die Resonanz sind wir schon gespannt ...
Unser Ziel ist es, über die Bert-Brecht-Wurst unseren Bekanntheitsgrad zu steigern – der Name Goldstein soll zur Marke werden.

Resümee

Eine außergewöhnliche und originelle Produktidee bietet Ihnen die beste Gelegenheit, sich in den Medien zu präsentieren und gleichzeitig von der Konkurrenz abzuheben.
Es macht einfach Spaß, neue Dinge auszuprobieren, und bringt Abwechslung in den Arbeitsalltag. Zudem motiviert eine solche Innovation das gesamte Mitarbeiterteam und gibt dem Geschäft neue Impulse!
Der große Geschäftserfolg und das Lob unserer Kunden (eine Kundin schrieb sogar ein Gedicht über die B.B-Wurst), sind die Bestätigung, daß wir auf dem richtigen Weg sind – und wir werden uns bald wieder etwas einfallen lassen ...

Hier habe ich noch einmal für Sie die wichtigsten Punkte und Voraussetzungen zusammengefaßt:

- *Offen sein für neue Dinge und Denkweisen.*
- *Beobachten, welche Themen die Leute interessieren.*
- *Überlegen, wie man bestimmte Themen oder Trends in seinem Geschäft und mit seinem Produkt umsetzen kann.*
- *Mut haben, die eigene Kreativität zu nutzen und neue Geschäftsideen auszuprobieren.*
- *Nicht aufgeben und am Ball bleiben.*
- *Die regionale Presse und Mitarbeiter ins Boot holen.*
- *Nicht vergessen: Das »Baby« schützen lassen.*

José Wirtz

Das Praxis-Konzept

José Wirtz ist 41 Jahre alt, verheiratet und hat 3 Kinder. Nach dem Studium der Mathematik und Theologie mit dem Schwerpunkt Philosophie, übernahm sie nach einer dreijährigen Einarbeitungszeit die kaufmännische Leitung im Landmaschinenbetrieb Ihres Mannes.
Angeregt durch den 1997 verliehenen »Marketingpreis des Deutschen Handwerks« gründete sie noch im selben Jahr das Unternehmen Wirtz Marketing mit den Schwerpunkten Vorträge, Beratungen und Aktionsplanung.

»Ihr Leben gelingt, wenn Sie wach werden.«

Antony de Mello

Liebe Leserinnen ,
liebe Leser,
ich freue mich, Ihnen hier unsere Lebensphilosophie vorstellen zu dürfen.
Mein Mann und ich haben 1986 den elterlichen Landmaschinenbetrieb übernommen. Das Unternehmen wurde im Jahre 1861 gegründet, und wir sind als vierte Generation tätig.
Heute arbeiten insgesamt 23 Mitarbeiter in einem Hauptbetrieb und zwei Filialen. Der Umsatz hat sich seit 1986 von 1,2 Mio. auf 10 Mio. (1997) gesteigert.

Auch ich komme, wie so viele Frauen im Handwerk, aus einem artfremden Beruf und bin durch die Heirat zu einem neuen Beruf gekommen. Von Anfang an habe ich aus dem »Bauch heraus« gelebt und gehandelt. Neben den betriebswirtschaftlichen Kenntnissen, die ich in Fortbildungskursen gelernt habe (denn das muß auch stimmen, sonst funktioniert es nicht), habe ich mich immer sehr stark für den Menschen interessiert.
Mein Mann bedauert es zwar, daß ich keinen Traktor fortbewegen kann, aber wichtiger als das Produkt selbst waren mir immer der Mitarbeiter und der Kunde. Durch die ganze Gestaltung unseres Betriebs, durch unsere Art mit den Menschen umzugehen, haben wir ein freundschaftliches Verhältnis zu beiden.
Unsere Philosophie ist:

Wirtz ... mit dem persönlichen Service.

Und diese Philosophie nehmen wir ernst. Das ist keine, die jemals auf einem Blatt Papier gestanden hat, keine, die sich irgendeiner ausgedacht hat – das sind ganz einfach wir.
Und dann passierte etwas Erstaunliches, man verlieh uns den »Marketing-Preis des Deutschen Handwerks 1997«, und zum ersten Mal habe ich mich für Marketingstrategien interessiert und festgestellt, daß wir diese Marketingstrategien schon seit Jahren leben.
Und noch etwas habe ich immer wieder festgestellt: Wenn die Frauen, die im Handwerk beschäftigt sind, sich und ihre Intuitionen besser durchsetzen würden, wären viele Unternehmen erfolgreicher, denn viele Frauen haben eine natürliche Gabe, Marketing in der richtigen Form zu leben.

Die These »Ihr Leben gelingt, wenn Sie wach werden« mag manchem auf den ersten Blick banal erscheinen. Jeder glaubt, daß er wach durchs Leben geht – aber wach, was heißt das?
Morgens aufwachen – Augen öffnen, und schon ist man wach, nimmt das Leben, seine Umwelt und seine Mitmenschen aktiv wahr!
Oder ist es doch mehr?

Wach durchs Leben gehen ist gar nicht so einfach in unserem Alltag.

Konsumrausch, Reizüberflutung und Streß führen zu mangelnder Bereitschaft, sich mit sich selbst auseinanderzusetzen.
Konsum um jeden Preis heißt die Devise, und so mancher definiert sich nur noch über das, was er hat – das, was er konsumiert. Konsum als Statussymbol, als Muß und Ersatz für innere Werte – warum aber führt dies nicht zum gewünschten Erfolg, zu keiner echten Befriedigung?
Das Ergebnis ist innere Leere und ausgebrannt sein – wer findet dabei noch sich selbst?
Um so schwerer fällt es auch, dem Nächsten die nötige Aufmerksamkeit, »Wachheit«, entgegenzubringen.
Auch die zunehmende Individualisierung, die Fixierung auf sich selbst – »Sie haben es sich verdient« (TUI), »...weil ich es mir wert bin« (L´Oreal) – führen zu mangelnder Bereitschaft, sich mit dem anderen zu beschäftigen und etwas für ihn zu tun.
Vereine, die auf ehrenamtliche Mitarbeiter angewiesen sind, klagen schon lange darüber, daß keiner mehr bereit ist, etwas für andere aus Loyalität zum Verein oder zu den Mitgliedern des Vereins zu tun.

Wach werden bedeutet also viel mehr! Wach werden heißt mit offenen Augen durchs Leben gehen. Meine eigenen Bedürfnisse und die der Mitwelt und der Menschen zu erkennen, mich mit genau diesen Menschen zu beschäftigen, Kontakte aufzubauen und Beziehungen herzustellen.
Wenn ich den Menschen in seinem Lebensraum betrachte, mich mit ihm unterhalte, Verständnis habe für seine Situation (und das geht nur, wenn ich ihn und sein Leben kenne und mich damit auseinandersetze), dann fühlt sich der Mensch auch angenommen, nur dann hat er Vertrauen, nur dann kann ich eine echte Beziehung aufbauen, nur dann kann ich auch beruflich erfolgreich sein, *nur dann bin ich wach, nur dann kann ich erfolgreich sein.*

> *Der, der wach ist, lebt, nimmt sich, den Menschen und seine Mitwelt wahr und kann so erfolgreich sein.*

Was setzt erfolgreiches Marketing also voraus?

Konzept und Personen müssen stimmig – kongruent – sein.

Die Menschen reagieren in unserer Zeit immer sensibler auf Werbebotschaften. Wir leben in einer Informationsgesellschaft, Werbung wird mehr denn je bewußt wahrgenommen, und es fällt schwer, gegen das Argument »Du willst mir nur etwas verkaufen« anzutreten. Aber es kann auch anders sein – leichter, dann nämlich, wenn das Marketingkonzept mit der Praxis des Unternehmens in Einklang ist.

Das Konzept muß vom Unternehmen gelebt werden

Es geht doch immer wieder darum, das Vertrauen des Kunden zu erlangen, denn dann ist der Kunde auch bereit, Ihnen treu zu bleiben. Aber dies gelingt nur, wenn der Kunde spürt, daß das, was das Unternehmen mit seiner Werbung signalisiert, auch wirklich gelebt wird: »... die mit dem persönlichen Service«. Ein Bioladen, der seine Produkte in Plastiktüten packt, ist nicht kongruent, ein Frisör, der gerade die junge Generation ansprechen will, muß genauso trendy sein, sonst wird er nicht akzeptiert.

In unserem Unternehmen ist der persönliche Service das wichtigste Bindeglied zwischen uns und dem Kunden, dadurch haben wir natürlich sehr gute Kundenkontakte.

Allerdings ist es auch ein Fulltime-Service, und unsere Kunden wissen das zu schätzen und bitten auch schon mal um Gefälligkeiten, die auf den ersten Blick nichts mit dem Geschäft zu tun haben: Glückwunschkarten schreiben, Pakete verschicken, Telefonnummern- und Adressenservice, Beratung in allen Lebenslagen und und und ...

Und darüber sind wir uns alle im klaren – wir tun es aus Überzeugung, sonst funktioniert es nicht, denn *Kongruenz* bedeutet mehr.

Jeder Kunde ist auf diesem Gebiet äußerst sensibel. Wird ihm etwas vorgespielt, merkt er es sofort – und der Schuß geht nach hinten los: Man wird unglaubwürdig und verliert den Kunden.

Die Überlegung, wo die Stärken des Unternehmens sind – ist es z.B. die schnelle Abwicklung der Aufträge oder die besondere Freundlichkeit –, gehört in den Vordergrund, denn das, was einem liegt, kann man auch geradlinig durchführen, kann man auch leben. Und nur darauf kommt es an.

Jedes gelebte Marketing-Konzept, in dem Mensch und Konzept stimmig sind, ist richtig.

Initiator und Ausführer müssen ein Team sein

Ein Unternehmer, der sich intensiv mit dem Thema Marketing beschäftigt, der ein Konzept entwickelt, das er durchführen möchte – und das heißt für mich immer: das er auch leben sollte –, darf nie vergessen, daß er nicht alleine ist auf weiter Flur. Ein Konzept muß immer von allen getragen werden.

Alle im Unternehmen sollten das gleiche Profil zeigen, alle im Unternehmen sollten wissen, in welche Richtung es geht. Oder haben Sie schon mal einen Trainer einer Fußballmannschaft gesehen, der mit seinen Spielern nicht vor jedem Spiel über die Taktik spricht? Wohl kaum.

Also sehen Sie sich als Trainer und informieren Sie die Leute vor Ort, denn es sind Ihre wichtigsten Bindeglieder zwischen Kunde und Unternehmen.

Wenn meine Mitarbeiter nicht genauso wie ich von dem Ziel »unkomplizierte und schnelle Hilfe« überzeugt sind, werden sie sich bei der Betreuung der Kunden nicht besonderes viel Mühe geben.

Aber wir müssen noch mehr tun, informieren allein reicht nicht, überzeugt werden müssen alle Mitarbeiter, und das geht am besten, indem man es »vorlebt«.

Sollte dabei ein Mitarbeiter nicht auf der gleichen Wellenlänge sein, muß man gut überlegen, ob er dem Unternehmen mehr schadet als nützt.

Ein Unternehmer klagte kürzlich, daß seine Mitarbeiter sein Konzept nicht tragen würden. Er zeigte mir ein beeindruckendes, aufwendig ausgearbeitetes Marketingkonzept. Nachdem ich es kurz überflogen und mir seine Klagen angehört hatte, stellte ich nur eine einzige Frage: »Haben Sie jemals mit Ihren Mitarbeitern über Ihr Konzept gesprochen, kennen Ihre Mitarbeiter das Konzept?«

Die Antwort kennen Sie bestimmt, er hatte *nicht* darüber gesprochen, die Mitarbeiter hatten keine Ahnung von der Existenz eines solchen Marketingkonzepts. So einfach. Aber Hand aufs Herz: Kennen Ihre Mitarbeiter Ihren Weg? Sind Sie und Ihre Mitarbeiter ein Team?

In unserem Unternehmen findet einmal monatlich eine Mitarbeiterbesprechung statt, und zwar während der Arbeitszeit, da sie genauso wichtig ist wie alles andere.
Es wird eine Tagesordnung erstellt, die von jedem Mitarbeiter ergänzt werden kann.
Während der Besprechung wird Protokoll geführt, und zu Beginn der nächsten Sitzung kontrolliert, ob die geplanten Aktionen auch durchgeführt wurden. Die Inhalte sind unterschiedlich, von Neuanschaffungen bis hin zu Arbeitsabläufen, vom Umgang mit Kunden und Kollegen bis zum jährlichen Betriebsausflug ist alles möglich. Wichtig ist dabei nur, daß wir alle im Gespräch bleiben. Wie es kürzlich ein Auszubildender ganz treffend sagte: »Wir sind wie eine große Familie«.

»Wer alleine arbeitet, addiert,
wer zusammen arbeitet, multipliziert.«
Orientalische Weisheit

Konzepte, Wege und Strategien müssen in eine Richtung zielen
Der Weg sollte geradlinig sein. Alle Aktivitäten sollten den gleichen Stempel tragen, alle Aktionen den gleichen unverwechselbaren Charakter haben, denn nur so ist man für den Kunden berechenbar. Der Kunde weiß genau, was ihn erwartet.
Wenn man Lebensmittel bei Aldi einkauft, weiß man, daß sie preiswert sind, man weiß, daß die Ware in Kartons auf einfachen Regalen oder Paletten steht. Man muß sich nicht erst informieren oder die Preise vergleichen etc. Man weiß ganz genau, was einen erwartet. Weiß der Kunde das auch von Ihnen? Eine Kundin hatte Probleme mit ihren Kindern, sie rief mich an und fragte um Rat, weil ihr bekannt ist, daß ich mich in meiner Freizeit mit Kindern beschäftige und sie mir ganz besonders am Herzen liegen. Diese Kundin weiß etwas ganz Privates von mir und weiß auch, daß ich ihr zuhören werde. Für die Kundin bin ich einschätzbar. Alle Probleme können wir zwar nicht lösen, aber einfach nur zuhören – es lohnt sich!
Also geradlinig, aber nicht starr, sollte der Weg sein. Corporate Identity heißt das Zauberwort: ganzheitliches Erscheinungsbild nach innen und außen.
Mailings, Ausstellungen, Atmosphäre im Unternehmen, Mitarbeiter, Kundenbetreuung, Produkte, Anzeigenwerbung, Angebote und vieles mehr sollten immer den gleichen Charakter haben.

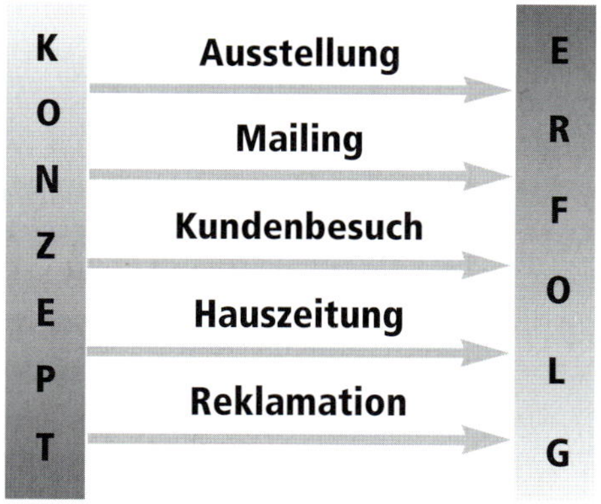

Unsere Kunden genießen den persönlichen Service in unserem Unternehmen; das bedeutet auch, daß alle Mailings ganz persönlich an ihn gerichtet und auch persönlich unterschrieben werden, daß der Kunde dreimal jährlich persönlich ein Exemplar unserer Hauszeitung erhält, in der er auch etwas ganz Persönliches über die Mitarbeiter oder unseren Betrieb erfährt, daß er beim Besuch in unserem Betrieb eine Tasse Kaffee und, weil's netter ist, ein Stückchen Schokolade dazu bekommt.
Bei der jährlich stattfindenden Hausausstellung geht es zünftig zu bei uns. Bei Bier und Suppe klönt man an der Theke und unterhält sich so ganz nebenbei über die neueste Technik. Gesellig ist's bei uns und immer wieder ganz persönlich.

Nur ein Marketingkonzept, das wie ein roter Faden durch das Unternehmen läuft, ist erfolgreich.

In der heutigen Zeit, in der man in wenigen Stunden von einem Punkt der Erde zum anderen fliegen, via Internet jede beliebige Information von jedem beliebigen Punkt der Erde abrufen und mit den Eskimos diskutieren kann (Schlagwort Globalisierung), in dieser Zeit haben die Menschen, so paradox es klingt, immer mehr das Bedürfnis, zugehörig zu sein.
Zugehörig zu einer kleinen Gruppe, mit der man sich identifizieren kann. Wir sollten versuchen, eine solche Gruppe mit und in unserem Unternehmen wachsen und reifen zu lassen, nur dann haben wir Erfolg.

Tradition darf nicht Ballast, sondern sollte positive Grundlage für das Profil sein

In unserer Region ist es Tradition, daß man Dialekt spricht und sich meistens untereinander duzt. Für mich ist das eine Selbstverständlichkeit und bringt mich den Menschen, den Kunden näher. Der Kunde muß keine Hemmschwelle überwinden, man ist unter sich und fühlt sich zugehörig.
Jeder, der diese Tradition nicht wahrt, wird mit Vorsicht betrachtet und im Extremfall zum Außenseiter, weil er nicht einschätzbar ist und weil dieses Anderssein als negativ empfunden wird.
Wir nutzen positiv, was dem Kunden zur lieben Gewohnheit geworden ist. Die Tradition hilft dem Kunden, daß er sich sicher fühlt und uns vertraut.
Ändern sollte man Traditionen, wenn überhaupt, nur ganz sanft und schonend, wie Persil – oberflächlich betrachtet hat das Waschmittel sein Logo nie geändert, doch bei genauem Hinschauen sieht man den Unterschied.
Tradition gibt dem Kunden ein Sicherheitsgefühl, und darüber hinaus uns ein positives Image, denn wer Traditionen beibehält ist verläßlich, für den zählen noch Werte, und auf den kann man sich verlassen.

Tradtion = Beständigkeit
= Sicherheit
= treue Kunden

Das Unternehmen sollte Profil zeigen

Ecken und Kanten – Unverwechselbarkeit

Deutlich herausstellen, was ich leisten will und kann, ist ebenfalls eine wichtige Komponente im Unternehmen. (Denken Sie an Aldi.) Wenn jemand seine Produkte preiswert anbieten will, sollte er auch damit werben und sein Versprechen halten. Wer nicht bereit ist, alles zu verkaufen, sondern nur das, was er für die richtige und sinnvolle Ergänzung seines Programms hält, muß das auch klar und deutlich herausstellen.
Stehen Sie zu Ihren Grenzen, und bieten Sie dem Kunden gleichzeitig Ihre Hilfe an, das, was Sie nicht leisten können oder wollen, von einem anderen kompetenten Fachmann machen zu lassen. Beraten Sie Ihre Kunden – sie werden es Ihnen danken.

Nur wer aufzeigt, was er leisten kann und will, ist für den Kunden berechenbar.

Nur so schafft man eine unverwechselbare Positionierung auf dem Markt, denn der Kunde, der einmal Vertrauen zum Unternehmen hat, wird den Rat dankbar annehmen und das Unternehmen weiterempfehlen, und etwas Besseres kann einem nicht passieren.
Ein Unternehmer, dem die Probleme der Kunden nicht egal sind, der sich dafür einsetzt, daß dem Kunden geholfen wird, ob nun in seinem Unternehmen oder in einem anderen, der den Kunden so berät, wie er seinen besten Freund beraten würde, der sein Wissen zur Verfügung stellt – der Unternehmer, der sich wirklich kümmert, wird eine echte Beziehung zum Kunden aufbauen und so zufriedene und treue Kunden bekommen.

Es gibt nur einen Weg,
einen Freund zu haben –
einer zu sein.
Englisches Sprichwort

Mut zum Anders-Sein

Viele Jahre konnten die Unternehmen verkaufen, verkaufen, verkaufen. Ein bißchen Werbung, und schon blühte das Geschäft. Die Zeiten sind endgültig vorbei: »Der Markt wird sich in den nächsten Jahren um 30 % verringern« (Hehenberger). Wollen Sie zu den 30 Prozent gehören? Wir nicht!
Wir müssen den Mut haben, etwas anderes zu machen als die anderen. Wir können nur Kunden halten und gewinnen, wenn wir uns deutlich absetzen – besser sind.

In unserem Unternehmen gibt es, wie schon erwähnt, eine starke persönliche Bindung zum Kunden. Entstanden ist diese Bindung durch intensive Kontakte, Kontakte, bei denen man sich »hautnah« erlebt, beim Bier an der Theke, beim Plausch in der Werkstatt und wo man so ganz nebenbei viel über den Menschen und sein Umfeld erfährt.
Die neuen Erkenntnisse dann auszuwerten, ist dabei ein wichtiger Faktor. Erfahre ich z.B. von besonderen Ereignissen (Geburtstag, Hochzeit, Taufe etc.), dann erhält der Kunde eine Glückwunschkarte mit einem ganz persönlichen Spruch. Ich mache mir dabei die Mühe, zu jeder Gelegenheit und zu jedem Kunden passend etwas herauszusuchen.
Gibt es Mißverständnisse, z.B. in der Buchhaltung, dann schreibe ich dem Kunden einen Brief, dabei ist Freundlichkeit das oberste Gebot. Ist der Fehler unsererseits entstanden, erhält der Kunde neben der Entschuldigung ein kleines Geschenk: *Der Kunde soll wissen, daß er uns wichtig ist.*
Wir machen uns in allen Bereichen Gedanken, wie wir das dem Kunden zeigen können. Bei unseren Kunden steht der Betrieb im Vordergrund, und so kommt es vor, daß erst ein neuer Traktor gekauft wird, obwohl vielleicht die Küche renovierungsbedürftig wäre.
Ein kleines Trostpflaster und auch eine Anerkennung ist dann der Blumenstrauß, den die Frau des Landwirts nach der Auslieferung des Traktors bekommt. (Selbstverständlich erhalten auch die Oma, die Großtante, die mit auf dem Hof leben, einen Strauß.) Und manchmal merken wir, daß dies der erste Blumenstrauß seit langem ist.
Ganz nebenbei ergibt sich dann natürlich auch noch ein Gespräch mit dem Kunden über die Zufriedenheit mit dem Produkt und mit unserem Unternehmen.

Was wir für den Kunden tun, tun wir gerne.

> *Bauen auch Sie eine echte Beziehung auf:*
> *»Je persönlicher, desto besser, um so erfolgreicher.«*
> Hehenberger

Für den Kunden berechenbar sein

Berechenbar heißt, für den Kunden einschätzbar werden. Durch klare Linien und Wege, durch Tradition und feste Ziele gewinnen wir das Vertrauen des Kunden.
Auch ich als Kunde kaufe dort am liebsten ein, wo ich weiß, was mich erwartet, dort, wo ich das Unternehmen kenne und ich weiß, auf was ich mich einlasse.
Man braucht sich keine Gedanken mehr über Qualität, Leistung und Zuverlässigkeit zu machen, man braucht sich nicht erst jedesmal zu informieren.
Ein wichtiger Aspekt dabei ist auch, daß der Kunde immer nur mit einem Mitarbeiter zu tun hat, der sein persönlicher Ansprechpartner ist, den er kennt und zu dem er eine Beziehung aufbauen kann, denn

> *Profil zeigen, heißt auch zeigen: Wer ist wofür zuständig, und wer ist mein Ansprechpartner.*

Gerade in diesem Bereich wird in vielen Handwerksunternehmen noch zu wenig getan.
Denken Sie daran, daß Ihre Mitarbeiter die Verkäufer vor Ort sind, den häufigsten Kontakt mit Ihren Kunden haben und Ihr Unternehmen mit seiner ganzen Philosophie repräsentieren.
Teilen Sie Ihren Mitarbeitern Ihr Konzept mit – Sie müssen sie dafür gewinnen –, und leben Sie mit Ihren Mitarbeitern das Konzept. Der Kontakt und das Vertrauensverhältnis zwischen Ihren Mitarbeitern und den Kunden ist fast schon so sensibel wie das Verhältnis zwischen Arzt und Patient.
In unserem Unternehmen gibt es keinen Unterschied zwischen dem Kontakt zu meinen Mitarbeitern und dem zwischen mir und den Kunden. Es ist eine echte, freundschaftliche und persönliche Beziehung.

Eine Unternehmensphilosophie ist immer auch eine Lebensphilosophie.

Individuell aus der Sicht des Kunden

Persönlichkeit
Um eine echte Beziehung aufzubauen, ist Persönlichkeit der wichtigste Faktor.
Persönlichkeit bedeutet aber mehr als eine Unternehmer-Kunde-Beziehung. In Persönlichkeit bringe ich sehr viel von meiner Person mit ein und der Kunde ebenfalls.
Ich muß mich selbst in die Beziehung einbringen, um den Menschen zu gewinnen. Sicher wird es immer Kunden geben, die eine solche Beziehung ausnutzen wollen.
Durch mein soziales Engagement wird oft in der Presse über mich berichtet. Das meinte auch einmal ein Kunde ausnutzen zu können. Bei einer Reklamation brachte er das Argument »Man liest so viel über Ihre sozialen Tätigkeiten, seien Sie auch bei mir sozial, und erlassen Sie mir die Rechnung.« Ich habe diesem Kunden natürlich höflich erklärt, daß ich ihn zwar verstehe, das eine aber nichts mit dem anderen zu tun hat.
Bei allen Kunden lasse ich mir immer Zeit, um ein Mißverständnis wirklich aus dem Weg zu räumen. Und wenn wir beide dann als »Sieger« nach Hause gehen, ist das der allerbeste Weg. Ich gehe in den Gesprächen abschließend, um sozusagen die Gedanken in eine andere Richtung zu lenken, gerne auf ihre Familie ein, erkundige mich nach dem Geschäft u.ä.
Ich zeige dem Kunden, daß ich etwas von ihm weiß, daß er und seine Umgebung mir wichtig sind. Es ist nur ein kleiner Plausch, er kostet nur ein paar Minuten – bringt aber sehr viel.

Bleiben Sie nicht außen vor – den Menschen gewinnen Sie nur, wenn Sie sich selbst in die Beziehung einbringen.

Freundlichkeit
Der Kunde ist König, diese alte Weisheit hat heute immer noch Gültigkeit, dabei ist Freundlichkeit unser oberstes Gebot, und das wird ganz besonders beim Telefonieren beachtet.
Haben Sie sich auch schon mal über eine unfreundliche Stimme am Telefon geärgert, sind Sie dann auch noch von X nach Y verbunden worden und wußten nach etlichen Minuten immer noch nicht mehr, oder hat man Sie auch schon mal einfach aufs Abstellgleis geschoben, so daß Ihnen erhebliche Zweifel kamen, ob Sie überhaupt noch mit dem anderen Teilnehmer verbunden waren?
Eigentlich sollte es selbstverständlich sein: das freundliche Melden mit Vor- und Zunamen, damit der Anrufer weiß, mit wem er spricht, sowie die Fragen nach den individuellen Wünschen und die Information wer für was im Unternehmen zuständig ist. (Ist doch kein Geheimnis – oder?)

Ist der gewünschte Ansprechpartner nicht erreichbar, sollte es auch selbstverständlich sein, dem Anrufer auf jeden Fall zu helfen. Vielleicht durch einen Stellvertreter oder durch die Handy-Nummer.

Selbstverständlich sollte es auch sein,daß sich der Anruf-Entgegennehmende als »Verantwortlicher« des Gesprächs versteht und auch dafür verantwortlich ist, eine vereinbarte Rückrufzeit unbedingt einzuhalten (berechenbar sein).
Selbstverständlich sollte es auch sein, daß der Kunde nie das Gefühl hat, daß der Anruf umsonst war.
Ist Ihnen schon einmal passiert, daß Sie laufend Komplimente bekommen, weil man sich in ihrem Unternehmen so freundlich und zuvorkommend meldet? Nein? – Dann sollten Sie schleunigst etwas ändern.

Zeigen Sie jedem Anrufer, daß
- *er wichtig ist,*
- *er nicht umsonst angerufen hat,*
- *ihm geholfen wird,*
- *Sie sich über seinen Anruf freuen.*

Menschlichkeit
Gelegentlich stelle ich mir vor, ich sei Kunde in unserem Betrieb. Ich versuche mich bewußt außerhalb zu stellen, was natürlich nicht so einfach ist. Ich sehe mir dann jeden Bereich an: »Würde ich mich hier als Kunde wohl fühlen? Entspricht das meiner Vorstellung von Dienstleistung? Werde ich vernünftig bedient?« etc.
Und dann bleibt mir nur eins: Was ich mir unter gutem Service vorstelle, auch meinen Kunden zu gönnen.
Daß Menschlichkeit in einer Beziehung das selbstverständlichste Denkprinzip ist, haben wohl viele vergessen. Leider erlebt man immer noch, daß sich Unternehmer auf eine andere Stufe stellen als ihre Mitarbeiter und ihre Kunden und sich dann wundern, daß der erwartete Erfolg ausbleibt.
Ich bin überzeugter Christ und versuche, dies und vor allen Dingen im Umgang mit meiner Familie, Freunden und Kunden zu leben. Ich möchte keinen zum Christentum bekehren, ich glaube vielmehr, daß jede Form von Menschlichkeit und richtig verstandener Nächstenliebe die Menschen weiterbringt.
Nur verständnisvolles Handeln bringt den Erfolg beim Kunden; wenn der Kunde nämlich spürt, daß man ehrlich mit ihm umgeht, geht er auf Dauer mehr als eine geschäftliche Beziehung mit Ihnen ein.

Gönnen Sie Ihren Kunden den guten Service, den auch Sie gerne hätten.

Richtige Kommunikation
Wir sind alle Fachleute und beschäftigen uns meist schon seit Jahrzehnten mit unserem Fachbereich. Wir bilden uns regelmäßig weiter (hoffentlich), wir lesen Fachzeitschriften, besuchen Messen, informieren uns über die neueste Technik. Kurz: Wir kennen unsere Materie wie im Schlaf (hoffentlich).
Die Worte »einander verstehen« haben aber weniger mit Sprache als vielmehr mit dem »Wie« zu tun.
- Wie rede ich mit meinen Kunden, sprechen wir die gleiche Sprache?
- Werfe ich im Gespräch nur mit Fachbegriffen um mich, die keiner versteht?
- Kontrolliere ich durch gezieltes Hinterfragen, ob wir uns auch richtig verstanden haben?
- War meine Erklärung so, daß man sie verstehen konnte?
- Bin ich in der Lage, komplizierte Sachverhalte so zu erklären, daß der Laie das versteht?
- Ist es nicht zweierlei, ob ich das Problem aus der Sicht des Kunden oder aus meiner Sicht sehe?

Was hilft uns ein Kunde, der uns nicht versteht, der uns nicht begreift? Er wird kein dauerhaftes Vertrauen zu uns aufbauen!

Nur wer zuhört, versteht.

Aber nicht nur im Gespräch ist ein Verstehen und Begreifen von Bedeutung. Auch in der Anwendung, bei der Benutzung des Produkts sollten Sie sich die Zeit für eine Beratung nehmen.

Wenn ein Kunde bei uns einen Traktor kauft, dann muß er die Maschine und die Technik erst einmal begreifen, denn auch im Landmaschinensektor ist das Computerzeitalter angebrochen, und jede Maschine ist anders, moderner und komplizierter.

Unsere Mitarbeiter besuchen regelmäßig Schulungen, um Schritt zu halten – aber was ist mit unseren Kunden?

Unsere Kunden erhalten jeden Traktor erst einmal zur Probe, damit sie vor Ort auf ihrem Acker oder in ihrem Betrieb testen können. Das ist mehr als eine Probefahrt, das ist ein Probearbeiten. Und das ist ganz wichtig, denn nur wenn der Kunde verstehen und begreifen kann, wie sein Traktor zu ihm paßt, wird er überzeugt unser Produkt kaufen und fahren.

Augen und Ohren offen halten

Nur wenn man richtig kommuniziert, d.h. auch zuhören kann, wird es leicht fallen, Bedürfnisse der Kunden zu erkennen. Durch Interesse für die Person, die Arbeit und den Erfolg des Kunden erhält man oft wichtige Tips.

So bei uns vor einigen Jahren. Wir waren zu einer Tanzveranstaltung eingeladen. Neben mir saß ein mir unbekannter Herr. Nach kurzer Zeit kamen wir ins Gespräch und ich erfuhr, daß er Landwirt sei. Ich habe mich natürlich für seine Arbeit interessiert und so erfuhr ich auch, daß er Probleme mit seinen Maschinen hatte. Ich bot ihm an, einen Kontakt zwischen ihm und meinem Mann herzustellen, der auch auf dieser Veranstaltung war, was er auch dankbar annahm. Und nachdem das Problem Maschinen besprochen war, konzentrierten sich beide auf ihr Lieblingsthema Fußball.

Selbstverständlich habe ich später zu Hause seinen Namen und Adresse in unseren PC eingegeben und den potentiellen Kunden von diesem Zeitpunkt an mit unserer Hauszeitung und anderen Mailings versorgt.

Wenige Monate später rief der Kunde an und kaufte nach einigen Vorgesprächen zwei neue Traktoren. Heute zählt er zu den besten Kunden.

Zufall? Nein – einfach nur Augen und Ohren offen halten.

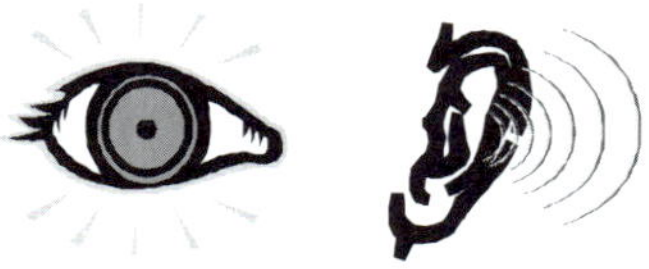

Unser Werbebudget entspricht nicht der Norm (nur 0,2% vom Umsatz), und trotzdem sind wir mit sogenannten kleinen Geschenken und Aufmerksamkeiten nicht sparsam.

Ein guter Kunde hat einen Traktor mit einer Sonderlackierung gekauft, und er hatte wirklich Grund stolz zu sein, denn dieser Traktor mit dieser Lackierung war einmalig in unserer Region. Als ich auf einer Afrikareise eine Baseballkappe mit genau diesen Farben und dem Muster entdeckte, habe ich alle Hebel in Bewegung gesetzt, um genau diese Kappe zu bekommen.

Zu Hause angekommen, habe ich diese Kappe dem Kunden geschenkt – selbstverständlich nicht, ohne ihm von der Her-

kunft (Afrika) zu erzählen und meinem Einsatz, genau diese Kappe für ihn zu bekommen.
Zufall ? Nein – Augen auf!

> *»Hundert kleine Freuden sind tausendmal mehr wert als eine große.«*
> Johannes Kepler

Das Bedürfnis nach immateriellen Werten

Trotz High-Tech, trotz völliger Aufgeklärtheit, trotz Weltoffenheit, trotz vieler materieller Dinge bleibt dem Menschen immer noch das Bedürfnis nach immateriellen Werten. Die Sehnsucht nach den immateriellen Werten war sogar noch nie so groß wie heute.
Konsum und das Wissen um alles und jedes macht nicht glücklich und bringt nicht die gewünschte Ausgeglichenheit und Zufriedenheit. Die Sehnsucht nach den »echten« Werten, die Identifikation mit etwas oder jemanden, das Zugehörigkeitsgefühl zu einer Gruppe oder Schicht (verstärkt durch zunehmende Singlehaushalte und fehlende Großfamilien), das Bedürfnis, in seinem Tun einen Sinn sehen zu wollen, das ist es, was den Menschen heute beschäftigt, was er braucht.
Sie können als Beziehungspartner dieses Bedürfnis teilweise erfüllen. Erkennen Sie den Kunden als Individuum, mit allen seinen Stärken und Schwächen, an, emotionalisieren Sie die Produkte, denken sie an die Eisbergtheorie: nur 20% der Käufe sind vernunftbestimmt, 80% der Entscheidungen werden aus dem Bauch getroffen.
Wir lassen den Kunden am Unternehmen teilhaben und sparen nicht mit Informationen, in unserer Hauszeitung stellen wir unser Unternehmen, unsere Mitarbeiter und unser Leben vor, denn nur so bauen wir eine dauerhafte echte Beziehung auf.
Nur wer etwas von sich erzählt, wer den anderen teilhaben läßt, kann verstanden werden, kann begriffen werden, schafft Vertrauen, kann eine Partnerschaft aufbauen.

> *Nur wer viel gibt, bekommt viel zurück.*

Checkliste

Die fünf wichtigsten Säulen für erfolgreiches Marketing

1. Kommunikation – Dialog ist keine Einbahnstraße
- Sprechen wir die gleiche Sprache?
- Augen und Ohren offen halten.
- Ist Verständnis für den Kunden da?

2. Telefon – die ersten entscheidenden Sekunden
- Wie wird sich gemeldet?
- Wird dem Kunden wirklich geholfen?
- Versteht sich der Annehmende als »Verantwortlicher» des Gesprächs?

3. Unternehmensphilosophie – eine durchgängige Größe
- Hat das Unternehmen ein Profil mit Ecken und Kanten?
- Kennen alle Mitarbeiter dieses Profil?
- Tragen alle Mitarbeiter dieses Profil mit?

4. Mitarbeiter – die Basis, die das Unternehmen repräsentiert
- Fühlen sich die Mitarbeiter verantwortlich?
- Nehmen sie an Entscheidungsprozessen teil?
- Werden sie nach Leistung bezahlt?
- Fühlen sich die Mitarbeiter wohl im Unternehmen?

5. Service – Dienst(leistung)
- Unkompliziertes und schnelles Handeln.
- Gibt es eine klare Linie im Service?
- Ist das Unternehmen für den Kunden jederzeit erreichbar, zuständig, verantwortlich, kompetent?

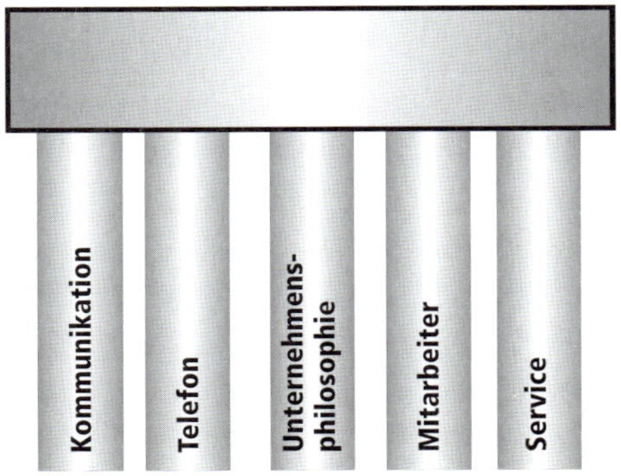

Resümee

Dieses Resümee ist etwas ungewöhnlich. Bei der Umsetzung habe ich mir Hilfe geholt, Hilfe von meiner 16jährigen Tochter, die mir für dieses etwas andere Resümee wichtige Informationen gab. Es hat Spaß gemacht.
Danke Maria!

Wir haben drei Kinder, das jüngste ist die oben genannte Maria. Sie ist mit ihren 16 Jahren voll pubertierend, so mit allem was dazu gehört: Akne, Aufmüpfigkeit, schlechter Laune, Sturheit etc. und mit ihrer Schwärmerei für eine Boygroup.
So nennt man heute die rein männlichen Musikgruppen, bei deren Auftritt die jungen Damen reihenweise in Ohnmacht fallen (wie früher bei den Beatles).
Ich möchte Sie einladen, mit mir rein gedanklich den Vergleich zwischen einer Boygroup und einem Handwerksunternehmen herzustellen. Lesen Sie einfach den Text so, wie er ist, und versuchen Sie anschließend den Transfer zu Ihrem oder irgendeinem Unternehmen.

Eine Boygroup einigt sich, nachdem sie sich gegründet hat, auf die Stilrichtung ihrer Songs (ihres Produkts), die sie an den Mann oder in unserem Fall an die Frau bringen wollen.
Jedem Mitglied der Gruppe ist die Richtung klar und deutlich, es versteht sie und weiß, wie sie sich anhört.
Fehlen noch Mitglieder, werden andere, zum Team passende, gesucht, die auch in die gleiche Richtung, den gleichen Weg wollen.
Komponist und Texter geben nicht nur die Noten und Texte weiter, sondern erklären den anderen auch, welche Intention dahintersteckt, damit sich jeder damit identifizieren und richtig spielen und singen kann.
Die Songs klingen erst richtig gut und harmonisch, wenn alles zusammenpaßt.

Die Boygroup muß ihre Songs, ihr Produkt, bekannt machen, da sie sonst keiner kaufen würde. Sie bedienen sich dabei der Presse und planen öffentliche Auftritte.
Durch die Presse versuchen sie, eine Beziehung zu den Kids herzustellen, sie plaudern nicht nur über ihre Songs und ihre Touren, sondern geben auch noch ganz persönliche Dinge preis, sie lassen die Fans ganz bewußt an ihrem Tun und an ihrem Leben teilhaben.
Auch durch öffentliche Auftritte bauen sie ihr Image auf. Sie präsentieren sich ihren Fans und stellen ihre Musik (Produkte) vor und beziehen sie während des Auftritts in das Geschehen auf der Bühne mit ein. Sie stellen eine ganz enge Beziehung her, so daß nach dem Event jeder Fan denkt, die Gruppe hätte nur für ihn gespielt. (Ich kann das bestätigen, Maria glaubte das auch.)
Und was tun die Fans? Sie kaufen die Produkte, sie genießen die Beziehung und fühlen sich zugehörig! Und mehr noch: Sie

sind treu und verzeihen auch schon mal den ein oder anderen Flop.
Und dann geschieht bei manchen Fans etwas ganz Erstaunliches: Das Produkt selbst (die Songs) wird zur Nebensache, es tritt in den Hintergrund. Was nur noch zählt, ist die Boygroup, sind die Personen. Und auch da wählt der Fan seinen ganz bestimmter Sänger aus, den er dann heiß und innig liebt. Die Persönlichkeit wird bedeutend wichtiger als das Produkt.
Was nur noch zählt, ist die Beziehung zu der Boygroup.

Mit etwas Phantasie gelingt wohl jedem der Transfer zwischen den auf den ersten Blick so unterschiedlichen Bereichen, obwohl sie auf den zweiten Blick gar nicht so verschieden sind.
Wir können sogar noch von diesen Boygroups lernen: Sie leben und sterben mit ihren Fans.
Kein Fan – kein Umsatz – keine Zukunft – weg vom Fenster!

Und bei uns?
Keine Kunden – kein Umsatz und … den Rest kennen Sie.

Vielleicht denken Sie zukünftig etwas mehr an die Boygroups und treffen dann erst die Entscheidung, wie Sie in dem ein oder anderen Fall mit Ihren Kunden umgehen sollten.
Aber vergessen Sie dabei eins nie:

Bei den Boygroups sind die Fans das Allerwichtigste!

Literatur:

Antony de Mello: Wo das Glück zu finden ist, Jahreslesebuch, Freiburg i. Br. 1998.
Christian Hehenberger: Die Zukunft fest im Griff, Wien 1995.

Kathrin Geilert

Praxisbeispiel: Erfolgreich nach der Wende

Kathrin Geilert, Jahrgang 1968, verheiratet, ein Kind; erlernter Beruf: Damenmaßschneiderin (bis 1987); zur Wende arbeitslos; ab Mitte 1990 Verkäuferin im Einzelhandel; ab 1991 kaufm. Tätigkeit in der Tischlerei Geilert & Kurth, zunächst als Neben-, später als Haupttätigkeit; 1992 Weiterbildung bei der IHK Leipzig/Döbeln zur Bilanzbuchhalterin (keine Prüfungszulassung wegen mangelnder Berufserfahrung); nach dem ersten Kind (1993) ab 1996 Weiterbildung zur Betriebswirtin im Handwerk bei der Handwerkskammer Leipzig; 1997 Abschluß zur Betriebswirtin im Handwerk.

»Geht nicht, gibt es nicht!«

Ich akzeptiere mich

Ich bin gelernte Damenmaßschneiderin – das war immer mein Traum. Ausgeübt habe ich diesen Beruf nur von 1987 bis 1990. Nach der Wende waren die Aufträge gering, die Entlassung absehbar. Nach zwei Monaten Arbeitslosigkeit habe ich in einem kleinen Geschäft gearbeitet.

Einen kaufmännischen Beruf wollte ich nie erlernen, nur meine Mutter hat immer darauf gedrungen. Ich wußte nicht, wie recht sie damit haben sollte.

1991 hat sich mein Mann mit einem Partner selbständig gemacht. Ich mit meinen damals 22 Jahren hatte überhaupt keine kaufmännische Erfahrung, und schon von daher war für mich klar, daß ich den »Papierkram« nicht machen würde. Doch irgendwie fand sich kein anderer, ich faßte mir ein Herz und versuchte einfach mal, Soll von Haben zu unterscheiden. Dann habe ich an diversen Weiterbildungsmaßnahmen teilgenommen; vom einfachen Computerkurs – an so einem Ding hatte ich bis dahin noch nie gesessen – bis hin zu Stunden in Kostenrechnung habe ich ziemlich viel gemacht. Meine Mutter war es, die mir aus so manch schwieriger Situation – das Ausfüllen der Umsatzsteuer-Voranmeldung war mir bis dato ein Graus – geholfen hat; schließlich war sie selbst jahrelang im kaufmännischen Bereich tätig und leitet nun die Firma meines Vaters in dieser Beziehung.

Die erste Langzeit-Weiterbildung zum Finanzbuchhalter bei der IHK Leipzig stand 1992 für mich auf dem Programm. Über 800 Stunden ging die Maßnahme.

Im Dezember 1993 kam dann unser erstes Wunschkind zur

Welt – und mit einem Mal war nichts mehr wie bisher. Diese Erfahrung werden viele junge Mütter und Väter mit mir teilen. Damals war es für mich schwer zu verstehen, daß es plötzlich nicht mehr so leicht war, Familie und Job unter einen Hut zu bringen. Eine Angestellte im Büro konnten wir uns nicht leisten, was für mich bedeutete: direkt vom Krankenhaus mit Kind an den Schreibtisch. Unser kleines Unternehmen hatte sich unterdessen weiterentwickelt – inzwischen beschäftigten wir acht Angestellte und hatten ein Umsatzvolumen von zirka zwei Millionen Mark. Den Haushalt habe ich an den Wochenenden geschmissen. Mein Tag gehörte Klein-Anna, und immer wenn sie schlief – das tat sie wahrlich selten – bin ich ins Büro gegangen.

Im Frühjahr 1994 wollte ich meine Prüfung zum Bilanzbuchhalter ablegen, wurde allerdings wegen zu geringer Berufserfahrung nicht zugelassen.

Mit einem Kind war unsere Wohnung zu klein geworden, und wir begannen 1995, unser altes Bauernhaus, das wir zu diesem Zeitpunkt noch nicht bewohnten, umzubauen. Zum Luftholen blieb keine Zeit: am Tag Klein-Anna, abends Büro, am Wochenende Mit-Anpacken auf dem Bau und Essen kochen. Auch die Firma wuchs – neun Angestellte und zwei Umschüler wollten versorgt sein. Ende 95 konnten wir schließlich unser neues Heim beziehen, und wieder war Umgewöhnung angesagt. Hatte ich früher meine Mutter, die ab und zu auf Anna aufpaßte, stand ich nun allein da. Jetzt hieß es, den Tagesablauf neu koordinieren; Anna ging morgens in den Kindergarten und ich hatte tagsüber Zeit fürs Büro. Abends war Anna dann an der Reihe, das Wochenende diente dazu, 230 Quadratmeter Wohnraum zu säubern und in Schuß zu halten. Und irgendwo hatte ich da ja auch immer noch keinen kaufmännischen Abschluß. In der Handwerkszeitung las ich schließlich, daß die Kammer in Leipzig Betriebswirte im Handwerk ausbildet, ich trug mich ein. Bis heute habe ich dies nicht einen Tag bereut.

Betriebswirte im Handwerk

Im September 1996 ging's los, ein Jahr später hatte ich die schriftliche Prüfung absolviert, im Januar 1998 die mündliche. Ich habe es geschafft, heute habe ich den Abschluß, den mir meine Mutter schon vor Jahren versucht hatte, schmackhaft zu machen.

Unsere Firma schaut inzwischen auf zwölf Mitarbeiter und zwei Lehrlinge, der Umsatz ist im letzten Jahr trotz der härteren Marktsituation auf 2,7 Millionen gestiegen. Seit 1991 bin ich für Buchhaltung, Kalkulation und alle im Betrieb anfallenden Bürotätigkeiten zuständig. Seit 1992 gehören die Monatsabschlüsse in meinen Zuständigkeitsbereich. 1994 bekam ich Unterstützung im Büro, heute versuche ich, mich von den Alltagsgeschäften zu lösen und meine Aufmerksamkeit eher dem Controlling und dem Marketing zuzuwenden.

Ach ja, eines noch: Wenn ich nicht über alles informiert bin, fühle ich mich nur wie ein halber Mensch – zumindest habe ich immer diesen Eindruck.

Kritische Kunden – angenehme Kunden

Die ersten Kunden waren erwartungsvoll, weniger kritisch und mit dem allgemeinen Chaos vertraut.

Die selbstbewußten Kunden erwarten maximale Qualität zu minimalen Preisen und sind erstaunt, wenn beides nicht zu vereinbaren geht.

Die qualitätsbewußten Kunden wünschen umfassende Beratung, kommen mit genauen Vorstellungen, lassen sich gern überzeugen. Der Preis spielt eine untergeordnete Rolle.

Firmen der ersten Stunde – einige gibt es noch, viele sind verschwunden

Bereits vor Öffnung der Mauer im November 1989 setzte der große Sturm auf den Osten ein. Jeder – in Ost und West – versuchte, am neuen Konsumverhalten zu verdienen. Firmengründung reihte sich an Firmengründung, Tochtergesellschaften spalteten sich ab.

Doch das Konsumverhalten der Bevölkerung im Osten war nicht nachvollziehbar. Zunächst wurde bei vertrauten Firmen gekauft. Doch die Versuchung war groß – »Möglicherweise bietet eine fremde Firma einen besseren Preis.« Selbstbewußte Kunden kauften überall und zum jeweils für sie günstigsten Preis. Bei eintretenden Garantiefällen und Reparaturen existierten die Firmen oft schon nicht mehr. Für den Schaden kam keiner mehr auf, und plötzlich besannen sich die Kunden auf den Tischler vor Ort. Hier

setzte für uns die Rückgewinnung der ersten Kunden als qualitätsbewußte Kunden ein.
Nicht versäumen möchte ich an dieser Stelle zu bemerken, daß es zirka 25 Prozent ehemalige »Westfirmen« gibt, die sich mit ehrlichen Absichten eine Existenz im Osten aufgebaut haben. Hier wurden Arbeitsplätze geschaffen und damit zur Verbesserung wirtschaftlicher Strukturen beigetragen. Doch fast alle, die das schnelle Geld verdienen wollten, haben bereits das Handtuch geworfen.

Die Turbulenzen der Wende – Bewußtsein entwickelt sich, die Wogen glätten sich

1991 haben wir als Firma begonnen, Marktwirtschaft zu praktizieren. Beratung erhielten wir durch gestandene Firmen aus den alten Bundesländern – bewußt und unbewußt. So zum Beispiel von der BBE Köln, der Firma Grotemeier und der Firma Oberbremer aus Bünde. All diese Unternehmen haben für ihre Ratschläge kein Geld genommen, haben uns lediglich ihre Vertrauenswürdigkeit angeboten, wir haben dankend angenommen.
Vor der Wende gab es bei uns im »Osten« viele Kooperationen: Jeder war auf jeden angewiesen, um an knappe Waren zu gelangen. Mit der Marktwirtschaft begann jeder, sein eigenes Süppchen zu kochen, plötzlich war jeder andere der Konkurrent. Doch seit Mitte 1997 zeichnet sich ein anderer Trend ab: Man merkt, daß ohne gemeinsamen Dialog, ohne Erfahrungsaustausch jeder die gleichen Fehler macht.

Mit der Marktwirtschaft begann jeder, sein eigenes Süppchen zu kochen.

Beziehungen sind heute so wichtig wie früher, wenn nicht gar noch existentieller. Der gemeinsame Dialog ist wieder entzündet, man spricht miteinander. Durch die Neugründung von Vereinen lebt das gesellschaftliche Leben wieder auf, vereinzelt und zaghaft beginnen sich horizontale und vertikale Kooperationen zu bilden.
Horizontale Kooperationen sind erforderlich, um größere Aufträge in der Region zu halten. Vertikale Kooperationen bieten sich in Form von Arbeitsgemeinschaften an, um eine eigene Konjunktur zu schaffen.

Die Wende 1989 – Für viele das Jahr Null und der Start in eine aufregend neue Welt?

Lange haben wir uns als DDR-Bürger die Marktwirtschaft gewünscht – die Älteren aus der Tradition heraus, die Jüngeren aus Neugier. Doch wie es eben so ist mit vielen Wünschen – alles ist nur so lange begehrenswert, wie man es nicht hat.
Für viele gab es das sprichwörtliche böse Erwachen. Plötzlich war man eben mit 55 Jahren zu alt für einen Arbeitsplatz. Die Arbeitslosigkeit, die bisher keiner kannte, kam mit Riesenschritten auf uns zu, ebenso Lehrstellenmangel, der in diesen Dimensionen bis dato nicht existiert hatte. Inzwischen gibt es Regionen mit 30 Prozent Arbeitslosigkeit, der Landkreis Döbeln liegt inzwischen bei 24 Prozent.
Vor- und Nachteile der alles verändernden Wende kristallisieren sich heraus:

Vorteile:
- Offene Grenzen – grenzenloses Reisen
- Sattes Konsumangebot
- Möglichkeiten, sein Leben selbst in die Hand zu nehmen und individuell nach den eigenen Vorstellungen zu gestalten.

Nachteile:
- Jeder ist auf sich selbst gestellt, Neid kommt sogar in Familien auf – dann, wenn der eine sein Leben etwas besser zu meistern weiß als der andere.
- Ein Überangebot an Waren drängt manche Familie an den Rand des Ruins.
- Verbraucher sind beim Kauf wesentlich kritischer als früher, der Gedanke »Jetzt haben wir die D-Mark, nun gibt es dafür alles.« breitet sich aus

Kundenbeziehung – Beziehung zum Kunden

Wie fange ich an?
In der Umbruchsituation von 1990 ging der Verkauf an Kunden, die bereits eine persönliche Beziehung zu unserer Firma hatten, oft gründlich schief. Warum? Man wollte bei »guten Bekannten« alles besonders korrekt machen. Was ging schief?

Das Material kam verspätet, oder das Modell war gerade ausgelaufen; war es dann pünktlich, dann sicher beschädigt. Es paßte einfach nie! Situationen, die jeden Tag passieren! Aber sicher! Nur, heute haben wir gelernt, damit umzugehen.
Wir bauen bereits im Kundengespräch eine Beziehung zu unseren Kunden auf. Wie? Durch Zuhören, indem wir uns für unser Gegenüber interessieren! Nur echtes Interesse wird zum gewünschten Erfolg führen. Das alles klingt wahnsinnig zeitraubend, aber diese Zeit, einmal investiert, ist tausendfach mehr wert als groß aufgezogene Werbekampagnen oder Mailings. Achten Sie beim Umgang mit dem Kunden darauf, sich selbst treu zu bleiben. Keine aufgesetzte Maske; keine einstudierten Redewendungen; keine Hektik und kein Handy. Indem Sie sich selbst treu sind, haben Sie ein sicheres Auftreten. Der Kunde wird Ihnen den Alltagsstreß verzeihen! Wenn Sie nur ehrlich zu ihm sind. Ihr Verkauf sollte Stil haben, eine persönliche Note und viel Natürlichkeit. Gehen Sie auf den Kunden ein, verstehen Sie ihn und sein Problem, und helfen Sie ihm bei der Leistung, die er sich wünscht.
Mich persönlich hat dabei unser eigener Bau geprägt. Jeder, der einmal selbst gebaut hat, kann von einer großen persönlichen Erfahrung erzählen. Für den Bauherrn gibt es ja zum Zeitpunkt seines Baus keine wichtigere Angelegenheit als eben seinen Bau. Wer das als Handwerker versteht, hat einen wichtigen Wettbewerbsvorteil. Früher konnte ich oft nicht verstehen, wieso ein Häuslebauer ausgerechnet Sonntag mittag seine Fensterbänke brauchte. Als wir 1995 selbst bauten, fiel mir plötzlich auf, daß ich den Klempner Samstag nachmittag wegen der Armaturen anrief und den Elektriker zu den unmöglichsten Zeiten brauchte. Es hatte sich bestätigt, für mich war in dem Augenblick nichts so wichtig wie mein Bau!
Geben Sie Ihrem Kunden das Gefühl, auch zu außergewöhnlichen Zeiten für ihn ansprechbar zu sein. Ohne dabei die persönliche Identität aufzugeben. Sie kennen Ihre Zielgruppe und können all Ihre Termine darauf abstimmen. Das heißt nicht, sich zum Sklaven seiner Firma zu machen. Der private Häuslebauer wird Sie nicht in der Zeit von 9 bis 16 Uhr aufsuchen. Da bleibt die Zeit für den normalen Geschäftsalltag. Versuchen Sie Ihre Kunden zu verstehen, auch wenn es schwer fällt. Sie werden es Ihnen mit ihrer Kundentreue und einer guten Weiterempfehlung danken.

Situationen und Augenblicke – Menschen und Meinungen

1988: Der Sozialismus bröckelte. Es gab viel Frust, Unzufriedenheit und Resignation. Südfrüchte hatte man nach langem Anstehen wieder nicht bekommen. Die Nachbarn hatten es geschafft – gestern sind sie in den »Westen« ausgereist. Wie wird es bloß weitergehen?
1989: Die große Euphorie!! Es war geschehen, woran keiner so richtig glauben wollte. Die Grenzen sind offen! Es verbreitete sich wie ein Lauffeuer und war doch kaum zu glauben.
1990: Endlich die »harte« D-Mark. Das alte Geld wurde abgewertet, aber mit einem Kurs von 2:1 kam man noch gut weg.
1991: Es herrscht überall die große Aufbruchstimmung. Vergleichbar mit der Situation am Anfang der fünfziger Jahre in der BRD. Plötzlich konnte man alles kaufen, was das Herz begehrte. Die Regale in den Konsums und HO-Geschäften waren mit einem Mal voll. Da der Tauschkurs von 2:1 die Kaufkraft erhalten hatte, konnten die Wünsche nach Schokolade, gutem Kaffee und Bananen bis hin zur Südseereise oder einer neuen Einrichtung endlich erfüllt werden.
1992/93: Arbeitslosigkeit erobert den Markt. Bis dahin hatte es keiner am eigenen Leib gespürt. Firmen mit Arbeitsplätzen von 100 und mehr Beschäftigten brechen weg. Es brechen ganze Produktionszweige weg. Die Zigarettenfabrik in Leisnig hatte einst ca. 200 Beschäftigte. Nach dem Verkauf der Betriebsstätte wird die Produktion an einen anderen Standort verlagert – das Aus für den Standort Leisnig und 200 Arbeitsplätze.
Einst mit Industrie und Landwirtschaft reich gesegnete Landstriche veröden; die Jugend wandert ab und geht der Arbeit hinterher.
1995/96: Der Markt stagniert, die Talsohle ist erreicht; von Konjunkturzyklen hat im Osten keiner was gehört, die dünne Eigenkapitaldecke wird für viele zum Problem; im Bauhauptgewerbe bereinigt sich der Markt.
1997 – 2000(?): Das Firmensterben geht weiter, zunächst trifft es die Kleinen, später die Großen.
NUR: einige kleine Handwerksfirmen finden jetzt den Wendepunkt, sind flexibel genug, um sich dem Käufer und dem Markt zu stellen, richten ihr Marketing auf das Jahr 2000 ein und haben damit eine berechtigte Chance!

Für jedes Problem gibt es eine Lösung – man muß nur drüber reden!

Veränderungen in sieben Jahren Selbständigkeit

Kunden

Am Anfang: Wir haben gewartet, bis der Kunde – meist verärgert – bei uns anrief. **Folge**: Verärgerung auf beiden Seiten.
Heute: Ist uns ein Fehler unterlaufen, rufen wir den Kunden an und klären den Sachverhalt; bei kniffeligen Fällen gibt es für die Hausfrau Blumen oder für den Bauherren einen guten Schluck. **Folge:** Der Kunde fühlt sich ernst genommen und verstanden. Denn: Für ihn gibt es momentan nichts Wichtigeres als seinen Bau.

Termine

Am Anfang: Feste Terminvereinbarungen gab es nicht, Standard waren Sätze wie: »Es wird vielleicht am…?!« **Folge**: Erneut verärgerte Kunden, unangenehme Atmosphäre für die Mitarbeiter, keine Planungsmöglichkeiten.
Heute: Es werden genaue Termine vereinbart! Mittels Kalkulationsgrundlage werden Arbeitspläne erstellt, es folgt eine wöchentliche Kapazitätsplanung für alle Mitarbeiter. **Folge**: Angenehmeres Arbeiten für unsere Mitarbeiter, zufriedene Kunden, die sich auf ihre neue Errungenschaft freuen.

Mitarbeiter

Am Anfang: Unsere Mitarbeiter wußten nicht, was konkret von ihnen erwartet wurde. Zeitvorgaben und Arbeitsplanung waren Fremdwörter. Aufgestauter Frust wurde auf Betriebsfeiern entladen. **Folge**: Spannungen zwischen den Führungsebenen, Mißverständnisse bei der Auftragsausführung; der Zeitanteil der nicht verrechenbaren Stunden war überproportional hoch.
Heute: Unsere Mitarbeiter werden in die betriebswirtschaftliche Führung des Unternehmens mit einbezogen. Denn: Ein Unternehmen ist nur soviel wert, wie jeder einzelne Mitarbeiter – Unsere Mitarbeiter sind unser wichtigstes Kapital! **Folge**: Die Mitarbeiter stehen zum Unternehmen, jeder kennt seine Aufgaben und weiß, was von ihm erwartet wird. Einführung eines flexiblen Arbeitszeitmodells, Bildung von ERFA-Kreisen mit den Mitarbeitern.

Stammkunden

Am Anfang: »Stammkunden gibt es doch gar nicht! Wer einmal bei uns gekauft hat, kommt vielleicht in 20 Jahren wieder.« **Folge:** Potentielle Weiterempfehl-Kunden werden verprellt.
Heute: Es gibt sie, die Stammkunden im Handwerk! Und es macht wahnsinnigen Spaß, mit ihnen zu arbeiten. **Vorteil**: Der Kunde kennt uns – die Firme und ihre Leistung, den Service. Berührungsängste bleiben außen vor, flaue Gefühle, wenn etwas schief läuft, sind nicht notwendig. Unsere aktuelle Kundenkartei enthält auch persönliche Daten, schließlich folgt auf jede größere Anschaffung ein Fest! Unsere Kunden erhalten kleine Aufmerksamkeiten, die uns immer wieder ins Gespräch bringen. **Folge**: Der Kunde erinnert sich an uns. **Effekt**: Beziehungen können aufgebaut werden, der Kunde erkennt uns an.
Wichtig: Ein Feedback kommt nie sofort. Akzeptiert man das, ist der Erfolg so gut wie gesichert.

Verkauf

Am Anfang: Oft habe ich den Kunden in Verkaufsgesprächen überhört, ihn mit meinen eigenen Ausführungen überfordert. Das Problem des Kunden blieb dabei unerkannt. **Folge**: Der Kunde fühlte sich unverstanden und ging zur Konkurrenz.
Heute: Ich höre dem Kunden aktiv zu, stelle dann und wann Fragen. Mein Angebot schließt eine komplette Problemlösung ein. **Folge**: Der Kunde fühlt sich verstanden. Ich kann ihn mit meinen Ausführungen überzeugen. Der Preis spielt dann eine untergeordnete Rolle. Und: Ich habe eine Beziehung aufgebaut, die es zu pflegen gilt!

Kundenbeziehung

Am Anfang: »Wenn der Auftrag erledigt ist, mache ich drei Kreuze!« Und: »Hoffentlich ruft der nicht noch einmal an, sondern bezahlt recht schnell!« **Folge**: Kein Feedback auf meine Leistung – die Leistung ist nicht vergleichbar – keine Innovationsmöglichkeiten – keine Veränderungen.
Heute: Der Kunde wird nach erbrachter Leistung nach seiner Zufriedenheit befragt, Beurteilungsbögen werden ausgehändigt und nach Rücksendung ausgewertet. Als Dankeschön für die ehrliche Meinung verlosen wir einmal im Jahr eine Kulturreise nach Dresden. **Folge**: Gute Resonanz führt zu Verbesserungen,

kritische Auswertung mit den Mitarbeitern ist möglich, der Service kann immer besser auf den tatsächlichen Bedarf abgestimmt werden.

Umfeld

Am Anfang: Uns genügte das Verkaufen aus einem schlichten Büro oder gar vom »Hinterhof«. Eine repräsentative Fassade gab es nicht, neue Räumlichkeiten waren selten, Werbung machten nur die anderen.

Heute: Das Umfeld muß der Branche angepaßt werden. Step by step wurde der erwirtschaftete Gewinn der Firma wieder zugeführt. Während vor drei Jahren ein Ausstellungsraum noch keine Notwendigkeit war, gehört er heute einfach dazu. Wichtig: Keine großen Sprünge machen, immer den Touch des Handwerks bewahren, Prunk am Bau verschreckt die Kunden, anstatt sie zu locken.

Auto

Am Anfang: Ein Trabi und ein alter Transporter reichten.

Heute: Die Fahrzeuge sollten dem Handwerk angemessen sein: immer sauber und gepflegt. Denn würden Sie einem Handwerker vertrauen, der einen ungepflegten Transporter fährt und im Inneren mehr Schmutz als Material transportiert?

Anerkennung

Am Anfang: Anerkennung war zweitrangig, haben wir doch früher nie gelernt, uns selbst zu verkaufen. Episode: Eine beantragte Ausnahmegenehmigung für unsere Tischlerei beim Regierungspräsidium Leipzig wurde im ersten Anlauf abgelehnt. Nach unserem Einspruch mußten wir erkennen, daß mir kein anderer meine Leistung bescheinigen kann, wenn ich nicht selbst dazu in der Lage bin.

Heute: »Tu Gutes, und sprich darüber.« Wir haben unsere Handschrift an vielen Objekten hinterlassen. In sieben Jahren Handwerk haben wir uns eine gewisse Vertrauenswürdigkeit erarbeitet. Irgendwann gab uns jemand die Chance, Leistung zu erbringen und uns damit ins rechte Licht zu rücken. Wir haben sie gut genutzt und aus unseren Fehlern gelernt.

Woher ich meine Motivation nehme

Gekocht wird überall nur mit Wasser – nicht jeder, der unnahbar aussieht, muß es auch sein. In gewisser Weise ist es wohl richtig, daß der erste Eindruck entscheidend ist und es dafür keine zweite Chance gibt. Doch ich finde, daß der Mensch viel zu sehr damit beschäftigt ist, sich Vorurteile über andere Menschen zurechtzulegen. Selbst ich erwische mich immer wieder dabei, wie ich versuche, mein Gegenüber in Schubladen zu stecken, ohne daß ich je ein Wort mit ihm gewechselt hätte.

Die Weiterbildung zum Betriebswirt im Handwerk hat mir gezeigt, daß Selbstbewußtsein im Alltag sehr wichtig ist. Ich vergebe mir nichts, wenn ich offen auf die Menschen zugehe, anstatt einfach nur Hallo zu sagen. Viele Menschen brauchen einen kleinen Anstoß. Und es ist doch immer noch wahnsinnig interessant, andere Menschen und Meinungen kennenzulernen.

Jeder hat andere Vorstellungen von seinem Leben, andere Ziele und Wünsche. Und auch wenn ich meine Ziele nicht schriftlich formuliert habe, so sind sie mir doch immer gegenwärtig und vor meinen Augen. Kleine Zwischenziele helfen mir, das große zu erreichen.

Mein Anspruch an mich ist:

- Täglich ein kleines Erfolgserlebnis – zum Beispiel einen schwierigen Kunden zu begeistern.
- Ein kniffliges Telefonat erfolgreich meistern.
- Einen gewünschten Einkaufspreis beim Lieferanten durchsetzen.
- Erfolgreich mit der Bank verhandeln.
- Eine neue Idee verwirklichen.
- Unsere Mitarbeiter für einen Auftrag begeistern.
- Den Drahtseilakt zwischen Familie und Beruf meistern.

Alle erledigten Sachen lasse ich am Abend Revue passieren, um mit mir selbst ins Gericht zu gehen. Ich habe gelernt, meine Fehler zu akzeptieren, daraus zu lernen und immer irgendwie etwas Positives daraus zu entnehmen.

Renate Wolf

Praxisbeispiel: Generationswechsel

Renate Wolf, geboren in Frauenzell, absolvierte eine Ausbildung als Industriekauffrau und danach als Fremdsprachenkorrespondentin. Sie arbeitete als Fremdsprachensekretärin und als Exportsachbearbeiterin. Nach der Geburt ihrer ersten Tochter stieg sie in den elterlichen Schreinereibetrieb ein, in dem sie immer mehr Aufgaben übernahm.

»Das einzige, wovor wir uns fürchten müssen, ist unsere eigene Furcht.«

Franklin D. Roosevelt

Dieses Thema betrifft sicher nicht nur Frauen, die als Ehefrau eines zu beerbenden Nachfolgers in die »Handwerks-Generationswechsel-Situation« gelangt sind, sondern auch Frauen, die sich als Tochter dieser Herausforderung stellen.
Steuerliche oder wirtschaftliche Aspekte, die eine Betriebsübergabe mit sich bringt, möchte ich hier nicht erläutern. Diese Aufgabe überlasse ich den erfahrenen und rechtlich gefestigten Steuer- und Unternehmensberatern.
Ich möchte vielmehr eine kleine Anleitung für den ideologischen Generationswechsel geben. Dieser stellt einen Prozeß dar, der – wenn man es richtig angeht – für alle Parteien angenehm und effizient ist. Die Betriebsübergabe ist eine formale Angelegenheit und steht am Ende dieses Prozesses. Sie stellt sozusagen nur noch das Tüpfelchen auf dem i dar.

Jung und Alt begegnen sich in einer neuen Beziehung und müssen sich hier erst näherkommen.

Es ist wie bei der Geschichte des kleinen Prinzen von Antoine de Saint-Exupéry, der einen Freund sucht und dem der Fuchs erklärt: »Zähme mich, und du hast einen Freund.« Und als er ihn gezähmt hat, sagt der Fuchs: »Du bist zeitlebens für das verantwortlich, was du dir vertraut gemacht hast.«
Verantwortlich handeln für sich, für den Betrieb, für den Vater

und für die Mitarbeiter, das ist nicht so einfach. Es ist eine sehr große Aufgabe, die man Gott sei Dank nicht von einem Tag auf den anderen bewältigen muß, sondern in die man durch den langsamen Generationswechsel hineinwachsen kann, und die eine noch größere Chance zur Selbstverwirklichung darstellt. Hierzu aber muß ich mir erst einmal die Frage stellen:

Wer bin ich? Was will ich? Was will ich nicht?

Es ist zwar schwierig, sich selbst zu erkennen, aber es ist nicht unmöglich, vor allem wenn man sich einiger Hilfsmittel bedient.

Die Grundlage der Selbstkenntnis ist das Sammeln von Informationen über sich selbst; das Notieren, das Aufzeichnen mit der Videokamera, dem Tonband, aufschreiben, was man tut, was man erreicht hat, was man denkt, was man träumt. Dies alles ist Arbeit, deren Nutzen nicht offensichtlich ist, und deshalb wird sie auch nur selten getan.

Das Sammeln von Informationen über sich selbst kann oft ganz nebenbei geschehen. Wenn man zum Beispiel einen Sprachtest machen kann, dann soll man es auch tun. Plötzlich weiß man, wie man objektiv seine Kenntnisse einzuschätzen hat. Alle Schreiben, Zeitungsausschnitte, Dankschreiben, andere Dokumente, die Auskunft über meine Kompetenzen geben können, sind wichtig; Künstler legen ganze Mappen an, um sich korrekt darzustellen. Aber auch für ganz gewöhnliche Privatpersonen ist dieses Dossier nützlich – zur Selbsterkenntnis und zur korrekten Selbstdarstellung.

Ein guter Datenspeicher ist auch die eigene Verwandtschaft, vor allem die eigenen Eltern. Die Wahrscheinlichkeit, so zu werden, wie die Eltern es sind oder waren, ist doch relativ groß. Leider wird – aus naheliegenden Gründen – dieses Wissen von jungen Leuten nicht gerne aufgegriffen, dazu liegt die Pubertät noch nicht lange genug zurück. Aber wenigstens das, was die Altvordern gut gemacht haben, sollte uns als positive Anregung dazu dienen, was wir vielleicht selbst auch gut tun können. Die Eltern als Datenspeicher kann man allerdings nur gut nutzen, solange sie leben. Oft sterben sie zu früh, und das Wissen, das sie in den Tod mitnehmen, ist dann verloren.

Beispiel: Wer noch auf Partnersuche ist, sollte sich die Eltern des zukünftigen Partners unbedingt ansehen. Die Wahrscheinlichkeit, daß die zukünftige Frau im Alter so wie ihre Mutter, der Mann so wie sein Vater sein wird, ist groß!

Auch Informationen über unsere Kontakte gehören zu den wesentlichen Informationen in unserem Leben. Speziell junge Leute sind mit der Pflege der Kontakte sehr nachlässig. Es lohnt sich auch hier, eine Datei anzulegen und die Adressen fortzuschreiben. Dazu bietet sich natürlich eine Datenbank im Computer an. Aber auch schon ein größeres Adreßbuch kann genügen. Alle Notizen sind mit dem Datum zu versehen, damit man auch die Entwicklung über die Zeit sehen kann. So wie gelegentlich eine Inventur der Dinge nützlich ist, so ist auch die Inventur darüber, was man ist, wie man gesehen wird, was man nicht so gut kann etc. durchaus von Nutzen. Die Aussagen der Familie und der Freunde sind ernst zu nehmen. Es ist nützlich, diese Information nicht abzulehnen, sondern aufzuschreiben.

Persönliches Entwicklungsbuch

Ein nur für sich selbst bestimmter Lebenslauf ist eine wichtige Informationsquelle. In diesem Lebenslauf wird dann ehrlich aufgeschrieben, warum man wirklich gewisse Entscheidungen getroffen hat. Einmal im Jahr, zum Geburtstag, zu den Feiertagen, z. B. zu Weihnachten, macht man einen Termin mit sich selbst. An diesen Tagen wird dann Inventur gemacht.

Nur so kann man über die Selbsterkenntnis herausfinden, was man möchte. Die Beantwortung der Frage »Wer bin ich? Was will ich? Was will ich nicht?« kann und muß sich entwickeln.

Ziele setzen

Der Umgang mit Zielen ist schwierig, besonders darum, weil sie gar nicht immer klar definiert werden können. So ist es zum Beispiel gar nicht ungewöhnlich, daß man manchmal nicht so recht weiß, ob das Ziel überhaupt erreicht ist. Wenn etwa jemand glücklicher werden will – wann ist dann das Ziel erreicht? Nicht immer ist die Definition für das Erreichen so einfach wie beim Schachspiel, wo das der Fall ist, wenn der gegnerische König matt gesetzt ist.

Oft sind wegen der Abhängigkeiten untereinander Mittel zur

Erreichung eines Ziels auch wieder eigenständige Ziele. Will ich zum Beispiel mehr Zeit haben, benötige ich dazu mehr Geld. Aber um mehr Geld zu verdienen, brauche ich mehr Zeit usw.

Bei fast allen realen und wichtigen Zielen gibt es Konflikte. Ich kann nur das eine erreichen, wenn ich dafür etwas anderes aufgebe. Will ich etwa das Rauchen aufgeben, dann verliere ich gleichzeitig auch die Vorteile, die das Rauchen mir gebracht hat.

Unser Denken ist oft sehr eingeschränkt. Wir haben große Probleme, wechselseitige Beeinflussung wirklich zu durchdenken oder Abhängigkeiten zu erkennen. Es gibt auch viele Änderungen von außen, die ohne mein Zutun geschehen, mich beeinflussen, die ich aber nicht vorausgesehen habe.

Fast alle Menschen haben große Schwierigkeiten mit dem Einschätzen von Vorgängen, die sich exponentiell verändern. So wie wir ganz allgemein mehr im Augenblick leben und glauben, alles wird so bleiben, wie es ist, sowenig Verständnis für Zeitgestalten haben wir.

Viele Ziele werden erst klar, wenn sie formuliert, das heißt meistens: aufgeschrieben sind. Mit dem Aufschreiben kann etwas Ordnung in die Widersprüchlichkeit gebracht werden, vor allem, wenn Ziele besprochen oder abgestimmt werden müssen. So sollten wir unsere eigenen Ziele auch aufschreiben und sie uns vor Augen halten, wollen wir sie nicht aus den Augen verlieren. Es ist nämlich in der Hitze der vielen Ereignisse gar nicht ungewöhnlich, daß selbst wichtige Ziele – zumindest vorübergehend – vergessen werden.

Das Aufschreiben von Zielen erhöht die Wertigkeit

In meinem Beispiel kam ich durch die »Kreuzfahrt meines Lebens« auf die Antwort zu der Frage »Was will ich? Was will ich nicht? Welche Ziele verfolge ich?«

Ich wurde als jüngere von zwei Töchtern kurz nach der Gründung des Schreinerbetriebs meines Vaters geboren. Meine Eltern fingen wirklich mit nichts an und bauten sich nach und nach mit harter Arbeit und privaten Entbehrungen ihre Existenz auf. Als Kleinkind habe ich das gar nicht so negativ empfunden, jedenfalls kann ich mich heute nicht mehr daran erinnern. Später empfand ich die Selbständigkeit als eine Fessel, und ich konnte nicht verstehen, warum sich meine Eltern das antaten. Die Kunden sah ich in meiner kindlichen Fantasie als meine Konkurrenz, da sie immer an erster Stelle standen.

Also teilte ich lautstark mit, daß ich mit einer selbständigen Tätigkeit in keiner Weise liebäugelte. Ich absolvierte eine kaufmännische Ausbildung, anschließend eine Ausbildung zur Fremdsprachenkorrespondentin und arbeitete dann sieben Jahre lang als Exportsachbearbeiterin in einem Industriebetrieb. Ich distanzierte mich aber niemals vom Handwerksbetrieb meines Vaters, obwohl wir auch sehr viele Meinungsverschiedenheiten hatten. Es war mir wichtig, ihn zu entlasten, und ich erledigte nebenberuflich die anfallenden Arbeiten in Buchhaltung, Lohnbuchhaltung und Zahlungswesen. Ich verlor also nie den Kontakt zum Betrieb meines Vaters.

Während meiner Tätigkeit als Exportsachbearbeiterin machte ich meine Erfahrungen als Angestellte in einem Industriebetrieb. Es machte mir riesig Spaß, dort zu arbeiten, doch ich vermißte die Flexibilität. Alles mußte seinen geordneten Ablauf haben, und Ausnahmen konnten nur durch ein gutes Verhältnis mit den Kollegen der anderen Abteilungen erreicht werden. Im Grunde genommen war der Betrieb jedoch in zwei Lager gespalten, und zwischen Vertriebs- und Produktionsabteilungen lag ein Graben, der sich vor allem in den oberen Hierarchiestufen vertiefte. Dieses Fehlen an Synergieeffekten, die Ohnmacht, Festgelegtes nicht ändern oder Neuerungen kurzfristig durchboxen zu können, kostete sehr viele Nerven. Manchmal blieben Neuerungen auch auf der Strecke, da manch einer Veränderungen gar nicht wollte. Dazu kam das ständig zunehmende Arbeitsvolumen, weil Arbeitskräfte eingespart wurden.

Selbständigkeit ermöglicht flexibles Agieren

Vor allem in einem Betrieb, bei dem der Betriebsinhaber weit weg in Amerika agiert und nur über Zahlen und damit über den eingesetzten Geschäftsführer urteilen kann, wird der Arbeitseinsatz des einzelnen in keiner Weise honoriert. Die Abteilungsleiter werden genauso beurteilt und so weiter, bis das letzte Glied der Kette erreicht ist. Diese Erfahrung war für mich absolut unbefriedigend und führte zu Negativstreß.

Ich stellte fest, daß so ein überschaubarer Handwerksbetrieb doch auch seine Vorteile hat. Die Antwort auf die Frage »Was will ich?« wurde damit eine ganz andere als noch fünf Jahre zuvor.

Kein Nachfolger in Sicht!

Als sich meine erste Tochter ankündigte, freute ich mich auf den drei Jahre dauernden Erziehungsurlaub und die Möglichkeit abzuschalten.
Ich bin von meinem Wesen her eine sehr aktive Frau, die Herausforderungen und gesunden Streß liebt, und ich fand auch gleich wieder eine Nische im Betrieb meines Vaters.
Die Situation in der Schreinerei stellte sich zu dieser Zeit dramatisch dar. Mein Vater sah keine Zukunft für seinen Betrieb und auch keinen Nachfolger. Unser Hauptkunde reduzierte sein Investitionsvolumen, was uns stark traf, da mein Vater die »anstrengende« Privatkundschaft in den vergangenen Jahren stark vernachlässigt hatte.
Es entstand ein Auftragsloch. Mein Vater war noch nicht alt genug für die Rente, jedoch völlig ausgepowert und abgearbeitet. Durch diese Müdigkeit war er von sich aus nicht mehr bereit, Neues anzufangen und zu investieren. Im Grunde seines Herzens wollte er nur noch aufhören.
Ich kann nicht tatenlos zusehen, wenn es zu brennen anfängt. Ich habe immer das Bedürfnis einzugreifen, und aufgrund meiner optimistischen Lebensader gebe ich nicht so schnell auf. Es gab nur ein Ziel: Der Betrieb mußte wieder flottgemacht werden. Ich nahm mir vor, mich dieser Herausforderung zu stellen, und dafür mußte es Mittel und Wege geben.
Mein Vater war heilfroh, daß ich hier einsprang und das Ruder in die Hand nahm. Wir kennen einander durch und durch. Er wußte, daß ich hart kämpfen kann, wenn ich ein Ziel verfolge. Es tat ihm gut, seine Tochter an der Seite zu haben. Allein hätte er sich nicht mehr dazu aufgerafft.
Dennoch brauchten wir Verstärkung, damit das Ziel, den Betrieb wieder flottzumachen und meinen Vater zu entlasten, angepeilt werden konnte. Nun hieß es:

Ideale Partner suchen – Kräfte mobilisieren

Wir wollten eine möglichst gute Kooperation im Team zwischen Senior, Mitarbeitern und mir erreichen.
Partner haben so viele wünschenswerte Eigenschaften, daß es ziemlich sicher ist, daß es die idealen Partner nicht gibt. Die am Ende des Beitrags angegebene Liste stellt eine Checkliste dar, sie nützt mir vor allem, wenn ich mich selbst verbessern will. Aber sie ist auch hilfreich, wenn ich mir überlegen will, warum ich einige Partnerschaften mag und andere aber als unangenehm empfinde.
Man beachte, daß hier nicht zwischen Geschäfts- und Privatpartnern unterschieden wird. Tatsächlich glaube ich, daß viele Eigenschaften für beide gemeinsam gelten. Bis auf die privaten und intimen Aspekte, die im Geschäftsleben nicht so ausgeprägt vorkommen werden, sind doch beide Beziehungen menschliche Beziehungen, was die große Gemeinsamkeit erklärt.
Von meinen Partnern erwarte ich, daß sie fair, aber auch mir gegenüber positiv gestimmt sind, mich vielleicht sogar mögen, und daß ich keinerlei Kommunikationsprobleme mit ihnen habe. Sie sollen mich unterstützen, aber nicht verändern wollen, und sie sollen Zeit für mich haben.
Zeit für eine Partnerschaft aufzuwenden ist wichtig. Wer keine Zeit für mich hat, für den bin ich nicht wichtig. Darum haben wir auch im Zeitmanagement darauf zu achten, für unsere wichtigen Beziehungen Zeit einzuplanen. Tatsächlich kann man die Erfreulichkeit einer Beziehung leicht daran messen, wieviel Zeit man – freiwillig – miteinander verbringt. Es ist auch wichtig, daß man anwesend oder zumindest leicht erreichbar ist.

Zeit für eine Partnerschaft aufzuwenden ist wichtig

Wesentlich bei Partnern ist, daß jeder sich entfalten kann, ohne daß der andere dabei alles mitmachen muß, daß bei aller Gemeinsamkeit doch jeder einzelne seine Freiheit bewahrt. Dies erfordert sehr viel wechselseitiges Wohlwollen, Vertrauen und Toleranz.
In Geschäftsbeziehungen heißt dies, daß man gute Verträge ausarbeitet, die genau festlegen, wie jeder seine Freiheit nutzen kann, in Privatbeziehungen aber sollte man sich genügend Muße gönnen und nicht alle seine Verpflichtungen zu ernst nehmen.
Meist will man mit Partnern gemeinsam etwas erreichen, was man alleine nicht kann. So ist es auch wichtig, daß alle Beteiligten, die am gemeinsamen Fortschritt interessiert sind, auch daran arbeiten. Dazu ist nötig, daß der Fortschritt auch sicht-

bar ist, daß etwa bei Besprechungen gute Vorbereitung, aber auch Nachverfolgung stattfindet.

Partnerbeziehungen sind immer auch Machtbeziehungen. Jeder, der etwas hat, was ich brauche, kann Macht über mich ausüben. So ist es wünschenswert, wenn die dabei entstehenden Machtspiele, bei aller Versuchung es zu tun, nicht in den Vordergrund gerückt werden. Leider scheint gerade dies besonders schwierig zu sein, sind doch die Machtspiele ein Hauptgrund, daß Beziehungen zerbrechen.

Neben allen fachlichen und objektiven Kriterien einer Geschäftspartnerschaft sind immer auch menschliche Elemente vorhanden. Es wäre alltagsfremd, dies leugnen zu wollen. Deshalb ist es auch in Geschäftsbeziehungen wichtig, als Mensch angenehm zu sein, das heißt zum Beispiel gut zu riechen, nicht zu laut zu sein, unterhaltsam, aber auch nicht aufdringlich zu sein und zu wissen, wann man stört, und sich dann besser zurückzieht.

Nicht immer wird man es mit angenehmen Partnern zu tun haben. Manche Menschen in dieser Welt sind ausgesprochen unangenehm, und man muß trotzdem mit ihnen auskommen.

Jeder Kontakt ist positiv – für das Herz oder den Verstand

Wir haben schon gesehen, daß es zu unseren Erfolgskriterien gehört, gerade mit solchen Menschen gut auszukommen.

Gelegentlich sind es nur ganz wenige Elemente, die diese Kontakte so unangenehm werden lassen. Vielleicht kann man durch Aktivität diese kompensieren? Oder aus dem Kontakt eine interessante Lernsituation werden lassen? So wird eine schwierige Situation doch noch zur Bereicherung im Leben. Aber im Zweifel ist dem Kontakt mit angenehmen Partnern immer der Vorzug zu geben. Alles läuft soviel leichter und schneller, wenn sich Menschen, die zusammenarbeiten müssen, auch mögen.

Partnerschaft in der Realität sah in unserem speziellen Fall so aus: Mein Mitarbeiter-Partner und ich lasen viel, nahmen alles an Anregung, was wir nur irgendwie bekommen konnten, und sahen immer neue Möglichkeiten, den Markt anzugehen. Wir besprachen alles gemeinsam und entschieden uns als gleichwertige Partner für die eine oder andere Lösung. Es lag unwahrscheinlich viel im argen, und wir konnten nur schrittweise, aber stetig vorgehen.

Bereits nach kurzer Zeit sahen wir, daß unser Einsatz Erfolg hatte. Manche Projekte ließen wir wieder fallen oder es ergab sich einfach nichts daraus. Man kann nicht alles machen, aber man darf auf jeden Fall nichts unversucht lassen. Wir stellten fest, daß wir einen Ausstellungsraum benötigen, um den Kunden unsere Produkte, unsere Fertigkeiten zu beweisen. Es sollte eine Lust für den Kunden werden, uns zu besuchen und bei uns zu ordern.

An diesem Punkt stellte mein Vater klar, daß er für die Zusage zur Finanzierung eines solchen Projekts unsere permanente Unterstützung erwarte und daß der Betrieb eine Zukunft haben müsse. Wir entschieden uns dafür, alles daran zu setzen, diesen Betrieb als Existenzgrundlage für uns alle zu sichern, und mein Vater gab grünes Licht für die Investitionen.

Gegenseitiger Respekt, vorbehaltloses offenes Diskutieren, Toleranz und Vertrauen waren die Grundlagen für das Miteinander zwischen den verschiedenen Parteien. Dabei muß man die Kleinigkeiten, die einen am anderen stören, einfach übersehen. Meist gibt es Eigenschaften, die vor allem an Familienangehörigen stören und immer wieder ein Anlaß für Ärger sind.

Diese Punkte lernte ich an meinem Vater zu tolerieren und zu respektieren. Ich lernte damit umzugehen, daß mein Vater bestimmte Vorgehensweisen hat oder sich in bestimmten Situationen ganz anders verhält, als ich meinte, daß er sich verhalten müsse. Ich stellte dabei auch fest, daß die Toleranzgrenze der Kinder gegenüber den Eltern wesentlich niedriger ist als umgekehrt – wenigstens war es in meinem Falle so. Mit dieser Erkenntnis läßt es sich in Konfliktsituationen leicht diskutieren und sachlich vorgehen.

Ich bewundere meinen Vater heute noch für sein Vertrauen, und ich danke ihm dafür, daß er unsere Pläne – wenn auch manchmal skeptisch – unterstützt hat. Trotz der negativen Erfahrungen, die ihn im Laufe des Lebens und Berufslebens geprägt hatten, war er offen für alle Schandtaten und stellte uns den finanziellen Rahmen zur Verfügung. Er ließ uns die Freiheiten, selbständig und eigenverantwortlich zu arbeiten. Wir waren uns bewußt, wie wertvoll das von ihm entgegengebrachte Vertrauen war und setzten alles daran, positive Resultate zu verzeichnen, und wir waren erfolgreich.

Weiterbildung

Das Ziel, up-to-date zu sein, ist ein weiterer Aspekt und stellt einen wesentlichen Punkt beim Generationswechsel dar.
Mein Vater war froh, daß wir Jungen uns z.B. mit moderner Bürokommunikation auseinandersetzten. Er wollte sich persönlich nicht mehr damit beschäftigen, und da er nun uns hat, braucht er das auch nicht mehr.
Er unterstützte uns bei Investitionen und Kursen. Auch auf anderen Gebieten wie Marketing, Mitarbeiterführung, fachliche Kompetenz bildeten wir uns weiter. Nach solchen Seminaren setzten wir immer wieder neue Akzente und betrachteten manches wieder aus einem anderen Sichtwinkel.

Familie und Beruf miteinander verbinden

Familie und Beruf miteinander zu verbinden, ist nur bei einem guten Verhältnis zwischen den Generationen erfolgreich zu verwirklichen. Und nur in Familienbetrieben ist es möglich, Familie und Beruf in Einklang zu bringen.
Ich hatte das große Glück, daß meine Eltern sehr viel Freude an ihren Enkelkindern haben. Ich denke, daß Großeltern immer versuchen, den Enkelkindern das zukommen zu lassen, was sie ihren eigenen Kindern nicht geben konnten, und das war in meinem Falle Zeit.
Wir verbanden also das Angenehme mit den Pflichten. Ich kann mich beruflich engagieren und verwirklichen. Ich bin für meine zwei Kinder persönlich zu erreichen. Die Großeltern haben sich aus dem Geschäft etwas zurückgezogen und können die Zeit mit den Enkeln genießen. Besondere Anerkennung und Dank gilt hier meiner Mutter, die dieses Zusammenspiel auf ihre Art wesentlich unterstützt.
Manche Freundin teilte mir schon mit, daß sie nie wollte, daß die Großeltern soviel Einfluß auf die Enkel nehmen. Damit liegen diese Frauen und die heutige Gesellschaft völlig falsch. Unsere Gesellschaft verbannt die Alten aus den Gedanken und dem Blickfeld und betet die Jugend an. Um so mehr sollten wir darauf bestehen, zu Hause diese Art von Respekt zu fordern. Wenn man Kindern beibringt, ihre Eltern und Großeltern als geachtete Freunde zu behandeln, werden sie diese Einstellung mit sich in die Welt hinaustragen. Respekt vor dem Gesetz, Respekt vor guten Menschen, Respekt vor Weisheit und Respekt vor Gott, all das sind Lehren, die Kinder aus dem respektvollen Umgang mit Älteren und vor allem Großeltern ziehen können. Nur wenn Kinder lernen, vor anderen Achtung zu haben, können sie Achtung vor sich selbst haben.
Wenn junge Mütter diesen Respekt den eigenen Eltern und den Großeltern nicht zollen können, ist dies meiner Meinung nach ein Armutszeugnis für die Gesellschaft.
Natürlich habe ich manchmal ein schlechtes Gewissen, daß ich für meine Kinder nicht so viel Zeit habe. Das schlechte Gewissen nimmt einem jedoch keiner ab, mußte ich feststellen. Eine Bekannte, die wegen ihrer Kinder zu Hause und nicht berufstätig ist, meinte in einem Gespräch, daß wir Mütter wohl immer ein schlechtes Gewissen haben. Ich, daß ich zuwenig Zeit für die Kinder habe und sie, weil sie zu wenig Zeit für ihre Selbstentfaltung findet. Na also – was soll's?

Zeitmanagement

Gerade in Familienbetrieben braucht man auch mal Abstand vom Geschäft und der älteren Generation. Es gibt bei mir einen Tag in der Woche, der ganz und gar meinem Mann und meiner Familie gehört. Das ist der Sonntag. Es ist wichtig, sich diese Zeit freizuhalten von Verwandtschaft und Geschäft – ein Freiraum für die Seele.
In meinem Falle arbeitet mein Mann nicht im Betrieb meines Vaters. Er arbeitet freiberuflich als Bauingenieur. Dies ist eine etwas ungewohnte Konstellation, die jedoch ihre Vorteile hat. Wir führen sehr anregende Gespräche. Er zeigt mir als Außenstehender andere Aspekte auf, was geschäftliche Entscheidungen oder Entwicklungen betrifft. Da er beruflich auch sehr engagiert und erfolgreich ist, müssen wir auch privat der Organisation von Haushalt und Kindern gerecht werden.

Resümee

Eigenschaften idealer Partner und Familienmitglieder, die einen Generationswechsel »beflügeln«:
fair, menschenfreundlich, klare Sprache, verständlich, wenig Jargon, anpassungsfähig, nicht arrogant, überlegte Informationsweitergabe, Erspüren von Problemen, Geduld und Zeit haben, gute Zuhörer, sympathische Gestik, Freude am Kommunizieren, leichter Austausch, Fortschritt ist sichtbar, gute Vorbereitung und Nachverfolgung, Aufmerksamkeit, Nachdenklichkeit, Kompromißfähigkeit, kein Gesichtsverlust, keine Angst oder Furcht, viel Vertrauen, keine zu schnellen Schlußfolgerungen, nicht für andere sprechen, diskrete Hilfe zur Selbsthilfe, wollen den anderen nicht verändern, gut riechen, angenehme Lautstärke, sind unterhaltsam.

➤ Fazit: Ideale Partner existieren nicht.

Und da wir alle nur Menschen sind, will ich am Ende meiner Ausführungen noch einen lustigen Text einbringen, der mich bei einem Meisterfrauenseminar sehr amüsiert hat. In diesem Text wird die Frau als Opfer des Geschäftes und ihres Ehemanns beschrieben. Ich gehe jedoch davon aus, daß Sie Ihre Tätigkeit als Frau im Handwerk und den Generationswechsel positiv erleben, vor Selbstbewußtsein strotzen und somit nicht in Pessimismus verfallen.

Fiktives Stellengesuch

»Für verantwortungsvolle Durchhalte-Tätigkeit suchen wir freundliche, tüchtige Mitarbeiterin »Frau-für-alles«, an selbständiges Arbeiten gewöhnt. Umfassende fachliche, pädagogische und Kenntnisse in der Menschenführung erforderlich. Ausbildung nicht üblich, Selbst-Schulung wird erwartet, hohe berufliche Kompetenz.
90-Stunden-Woche, freie Wochenenden nur als Möglichkeit, keine Aufstiegschancen.
Verzicht auf Anerkennung, Durchsetzungsvermögen und Bescheidenheit, schauspielerische Fähigkeiten im Umgang mit Kunden, Sonntagsgesicht und gute Dauerlaune vorausgesetzt; Kost, Logis und Kleidung frei; geringes Einkommen, Urlaub im Krankheitsfall. Bei Krankenhausaufenthalt Weiterführung der Buchhaltung ...«

Ich wünsche Ihnen, daß Sie sich auch als Frau trauen, unkonventionelle Wege der Berufstätigkeit zu gehen. Nutzen Sie Ihre Chance auch als Fachfremde. Lassen Sie sich unterstützen, entgegen manchen familiären Diskrepanzen. Nichts verbindet mehr als ein gemeinsames Lebensprojekt. Erleben Sie den Generationswechsel als hilfreiches Instrument, Beruf, die alte Generation, Ehemann und Kinder unter einen Hut zu bringen.

Viel Erfolg!

Burga Warrings

Es ist noch keine Unternehmerin vom Himmel gefallen

Burga Warrings sammelte langjährige Erfahrungen im Bereich Sales & Marketing in Australien und ist heute Projektleiterin und Dozentin in der UNI MARKETING-Beratungsgruppe sowie Mitautorin der Bücher »HANDWERKS-MARKETING, Ideen und Visionen für Erfolgsstrategien im Handwerk« und zahlreicher Fachveröffentlichungen.

Erfolg ist eine Reise, kein Ziel.

Sprichwort

Die neue Lust auf Frauen

In einer Zeit, in der Hierarchien verschwimmen und Fachwissen im Mausklicktempo neu geladen wird, ist Platzhirschverhalten nicht mehr zeitgemäß. In »a world of changes« geht es um Teamfähigkeit, um Durchsetzungsvermögen, um soziale Kompetenz und langfristige Verantwortung. Hier sind Frauen den Männern traditionell immer schon meilenweit voraus. Freundlichkeit, Einfühlungsvermögen, Charme und sanfte Überzeugungskraft – vor allem diese typisch weiblichen Charakterattribute stehen im Dienstleistungsbereich hoch im Kurs.

Neue Werte

Auch im Handwerk finden erste, zarte Ansätze des Umdenkens statt. Fällt den meisten Handwerkern die Loslösung von der reinen Produktdarstellung noch schwer, haben die Elitehandwerker inzwischen erkannt, daß die Entwicklung zur Informationsgesellschaft und zur Emotionsgesellschaft gerade sie betrifft. In keinem anderen Wirtschaftsbereich können und müssen Leistungen so individuell erbracht werden. Im Handwerk bedienen Individuen auf der Angebotsseite die Individuen auf der Nachfrageseite. Der Kunde verlangt emotional aufgeladene, serviceorientierte Produktproblemlösungen von Handwerkerpersönlichkeiten als Ausgleich zur pulsierenden 24-Stunden-365-Tage-im-Jahr-Gesellschaft.

Dialog

Weil die Frau nicht nur links-, sondern auch rechtshirnig gepolt ist, ist sie mit einer besonders hohen kommunikativen Kompe-

tenz ausgestattet und somit die geborene Beziehungs- und Seelenspezialistin. 80% des Erfolgs in jedem Beruf beruhen nun einmal darauf, gut mit den Leuten umgehen zu können. Frauen fragen gerne und viel. Sie ahnen, daß die Antworten von gestern nicht mehr stimmen können. Der Mann dagegen hat Angst, Fragen zu stellen, weil er fürchtet, man könne ihn für inkompetent halten.
Während Männer also nach wie vor dem Kunden ihr Technik-Know-how an den Kopf schleudern, hören die Frauen in der Regel genau hin und versuchen herauszufinden, was dem Kunden wichtig ist. Es ist nicht schwer zu erraten, wem sich der Kunde lieber anvertraut.

Die Kraft der Emotion
Es reicht dem Kunden nicht, daß man ihm »nur« zuhört, er will jemanden zum Träumen haben. Durch den Tod von Prinzessin Di wurde offensichtlich, wie groß die Gefühlsdefizite in der Gesellschaft inzwischen geworden sind. Frauen ist die Analyse von Gefühlen in die Wiege gelegt worden. Sie haben die Fähigkeit, das mythische Bewußtsein der Kunden zu berühren. Und genau darum geht es letztendlich im Handwerksmarketing.

Wie sehr Handwerkerleistungen einer Emotionalisierung unterliegen, können Sie hier erkennen:

- Handwerker werden häufig in einer persönlichen Notsituation beauftragt (Heizung fällt aus, Wasserrohrbruch etc.).
- Handwerker betreten die Privatsphäre (Schlafzimmer, Bad etc.).
- Handwerker beeinflussen die Lebensqualität (Wärme, Behaglichkeit, Bequemlichkeit etc.).
- Handwerkerleistungen sind teuer (Angriff aufs Ersparte, Geld muß sauer wieder verdient werden etc.).
- Handwerkerleistungen sind unbekannt (werden eher selten beansprucht, wenig Lernprozesse etc.).
- Das Handwerkerimage ist eher schlecht (das Image kann nur gefühlsmäßig, nicht rational umschrieben werden).
- Handwerker beeinflussen das persönliche Wohlergehen (Friseur: Schönheit, Schneiderin: Modebewußtsein, Bäcker und Metzger: Gesundheit).
- Handwerker erhalten vertrauliche Informationen (Diskretion und Verschwiegenheit werden erwartet).

Verdienen kommt von Dienen
Eine weiteres Gebot der Stunde im Handwerk ist das Serviceverständnis. Dienen scheint im Handwerk entgegengesetzt jeder wirtschaftlichen Berichterstattung immer noch nicht vonnöten. Der Faktor Dienstleistung ist im Handwerk noch derart unterentwickelt, daß man die Kunden hier mit Dingen verblüffen kann, ohne die sich ein Unternehmen in einem anderen Wirtschaftsbereich gar nicht auf den Markt trauen würde. Ein typisches Handwerkerzitat lautet: »Kundenservice ist das undankbarste Geschäft, das man sich vorstellen kann. Wenn der Kunde zufrieden ist, ist nichts mehr verdient...« Doch gerade dieser Gedankengang ist fundamental falsch. Viel sinnvoller wäre es doch, einem zufriedenen Kunden Geschmack auf mehr zu machen... Ein Kundenanruf vierzehn Tage vor Ablauf der Garantiezeit? Im Handwerk meist noch undenkbar!
Frauen haben von Haus aus weniger Probleme mit dem Dienen als ihre männlichen Kollegen. Dabei ist nicht das Dienen im Sinne von Unterwürfigkeit gemeint, sondern vielmehr ein Dienen im Sinne von Nutzen bringen und dem Kunden zur Seite stehen. Frauen sind situativ anpassungsfähiger und bedienen lieber Menschen als Maschinen.

Gesellschaftliches Umfeld
Durch das Versagen überlieferter Lebensrezepturen und traditioneller Rollenmuster wacht langsam auch das Umfeld auf. Die technische Kompetenz wird der Frau seitens der Banken, Hersteller, der Eltern bei der Nachfolgeregelung (vgl. Interview Dagmar Wilhalm, Seite 235) und der Kunden kaum noch abgesprochen. Das Wegbrechen dieser früher schier unüberwindlichen Barriere öffnet den Frauen ganz neue Möglichkeiten. Hinzu kommt, daß die Zielgruppe der Frau überproportional wächst und das gleichgeschlechtliche Vertrauen in bezug auf technische Kosten viel ausgeprägter ist.

Die Frau wird durch die Emotionalisierung der Verkaufsvorgänge sowie der Leistungen und Produkte ganz neue Kundenzufriedenheitslösungen finden. Der Handwerker verläßt damit die Stufe des Erfüllungsgehilfen und avanciert zum Lebensberater, um die gravierenden sozialen und persönlichen Defizite bei seinen Zielgruppen zu lösen.

Kfz-Meisterin Dagmar Wilhalm übernahm den Familienbetrieb

»Nach dem Abitur habe ich zunächst den Beruf einer Arzthelferin gelernt. Für mich lag der Einstieg in die elterliche Kfz-Werkstatt mit angeschlossenem Neu- und Gebrauchtwarenhandel nie offen auf der Hand; schließlich gab es ja noch meinen Bruder. Nachdem sich dieser jedoch ganz plötzlich entschloß, als Kunstmaler nach Wien zu gehen, dachte ich mir, warum nicht. Jede Frau kann mindestens das, was Männer auch können.

Also ging ich in den elterlichen Betrieb in die Lehre, absolvierte danach eine Ausbildung zur Kfz-Betriebswirtin; und 1990 mit 30 Jahren war ich schließlich stolze Meisterin. Nur vier Jahre später habe ich als Geschäftsführerin offiziell die Familiennachfolge angetreten. Mir waren diese Ausbildungen sehr wichtig, da ich niemals von einem angestellten Meister erpreßbar und/oder abhängig sein wollte. Eine Entscheidung, die ich jeder Frau im Handwerk dringend ans Herz legen möchte. Auch die Akzeptanz bei Lieferanten und Mitarbeitern steigt enorm. Frauen sind schließlich keine Anhängsel, sondern vollwertige Persönlichkeiten. In diesem Zusammenhang fällt mir das Unwort »Meisterfrau« ein, obwohl es auf meine Situation in keiner Weise zutrifft.

In der Schule wurde ich besonders mit dem Klischeedenken vieler männlicher Kollegen konfrontiert. Neben mir gab es nur noch eine weitere Frau in der Betriebswirtschaftsklasse der Meisterschule. Als diese sich als Schneiderin vorstellte, sagten die anderen gleich, daß ich zwangsläufig eine Friseuse sein müsse. Diese Situation ist so typisch, daß sie mir bis dato täglich präsent ist.

In unserem Betrieb hatte ich weniger Schwierigkeiten als draußen. Trotzdem bin ich überzeugt, daß eine Frau ihre Kompetenz immer mehr beweisen muß als ein Mann. Ich bin froh, daß es mir an Durchsetzungsvermögen noch nie gemangelt hat, und ich habe viele Veränderungen in unserem Familienbetrieb durchgeführt. Meine erste Tat war die Einführung eines kompletten EDV-Systems. Nur durch perfekte Bürowirtschaft kann man das tägliche Arbeitspensum noch bewältigen und seinen Kopf klar haben für wichtige Aufgaben wie Kundenservice. Ich glaube, daß wir Frauen gerade im Bereich Service den Männern überlegen sind. Diese Bürozentrale ist jetzt die Anlaufstelle im gesamten Unternehmen und nur von Frauen besetzt.

Die männlichen Angestellten kümmern sich um die »Hardware« im Betrieb.

Wir bilden zur Zeit 14 Lehrlinge in der Werkstatt aus. Vier davon sind Mädchen und sollen später einmal verstärkt im Kundenservice eingesetzt werden. Schließlich sind 40% der Werkstattkundschaft Frauen.

Ja, ein Privatleben habe ich auch noch. Ich habe das große Glück, daß mein Mann unsere drei Kinder versorgt und den Haushalt managt. Für mich ist diese Situation schon ziemlich selbstverständlich – im Gegensatz zu meinem Mann. Es liegt nicht an seinem Selbstverständnis, sondern er wird doch des öfteren mit irgendwelchen Vorurteilen der Umwelt konfrontiert. Meine Aufgabe ist es, ihn dann wieder aufzubauen. Zur Sicherung des Familienbetriebs haben wir einen Ehevertrag abgeschlossen, der auch seine Absicherung enthält. Das hört sich vielleicht kalt an, aber sehen Sie die Situation einmal im Umkehrschluß. Was glauben Sie, wie viele Frauen blauäugig bei ihren Männern im Betrieb mitarbeiten und nicht an ihre spätere Absicherung denken! Mit so einer Konstellation ist keinem gedient und kratzt auch nur unnötig an dem Selbstbewußtsein der Frau.

Erwähnen möchte ich auch noch, wie wichtig ich die Mitarbeit der Frauen in den Innungen finde. Frauen sollten dort mehr mitwirken um die Effizienz (z. B. Sitzungen) zu erhöhen und neue Ideen einzubringen. Keine Angst vor den Posten! Es ist weniger anspruchsvoll als frau denkt! Ich habe dort die Kassenprüfung inne und werde heuer noch als Vorstandsmitglied zur Wahl aufgestellt.«

Folgende Fragen sollten Sie beantworten:

- In welchen Bereichen hat mein Kunde Probleme?
- Wie verpacke ich mein Produkt in mehr Dienstleistungen?
- Wie kann ich meinen Kunden emotionalen Mehrwert bieten?

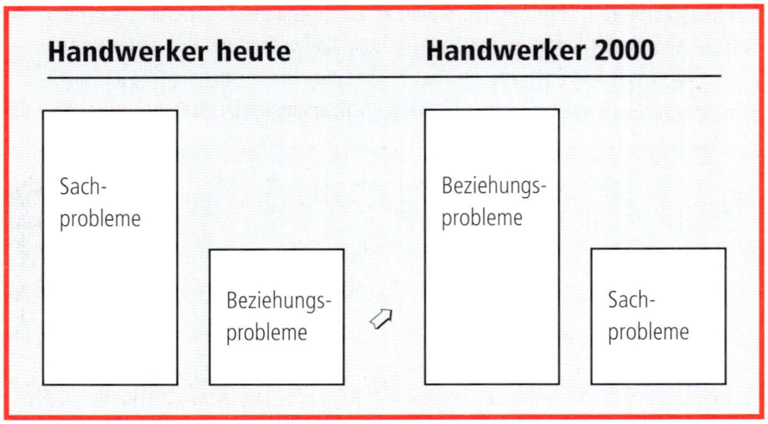

Quo vadis, Meisterfrau?

Meisterfrau wird frau in der Regel durch Einheirat. Laut einer aktuellen Studie der Handwerkskammer für München und Oberbayern arbeiten in drei Vierteln aller Handwerksbetriebe die Ehefrauen mit. Die Motive der Mitarbeit sind kaum erforscht. Dahinter mag die stillschweigende Annahme der Selbstverständlichkeit einer solchen Mitarbeit stehen. Auf die Meisterfrau kommt nicht selten eine Dreifachbelastung zu: Haushalt, Kinder und Betrieb. Innerhalb kürzester Zeit wird sie mit Arbeiten wie Organisation des Rechnungswesens, arbeitsrechtlichen Belangen, Förderung der Kundenzufriedenheit, Mitarbeiterführung, Verkauf u.v.m. konfrontiert. Ein Anforderungsprofil, für das jeder Personalchef ein betriebswirtschaftliches Studium voraussetzen würde.

Der Sprung ins kalte Wasser

Problematisch ist die Situation der schnellen beruflichen Anpassung an die betriebliche Anforderung. Zwei Drittel aller Meisterfrauen sind teilweise oder gar nicht für ihre Tätigkeit im Unternehmen ausgebildet. Das beeinflußt zwangsläufig die Stellung im Betrieb vorerst negativ. Durch fehlende Qualifikation besteht kein Anspruch auf höhere Entlohnung, und im Falle einer Scheidung kommen erhebliche Schwierigkeiten auf die weiblichen Allroundtalente zu. Ähnlich schlecht ist die Situation, wenn der Mann plötzlich verstirbt und kein anderer Meister angestellt ist. »Ohne Meister keine Handwerksausübung«, heißt es dann. Der Betrieb muß aufgegeben werden. Bis die Meisterfrau über ein eigenes Berufsbild verfügt, müssen finanzielle Vorkehrungen getroffen werden. Der Spruch »Frauen leben länger – aber wovon?« sollte im Handwerk endgültig der Vergangenheit angehören. Keine Meisterfrau sollte ohne eine betriebliche Absicherung wie den Ehegatten-Arbeitsvertrag arbeiten. Genaue Tätigkeitsbeschreibungen schützen vor der schnellen Klassifizierung als billige Arbeitskraft durch das Finanzamt.

Weiterbildung

Es besteht somit ein immenser Bedarf an adäquater Weiterbildung. Forderungen nach Zertifikaten wie »Büroleiterin im Handwerksbetrieb« oder »Fachwirtin für Betriebsführung im Handwerk« nehmen Gestalt an. Mit steigender Ausbildungsqualifikation reduziert sich die Anzahl ausgeübter Arbeiten, sprich dem Mädchen-für-alles-Dasein. Die Meisterfrauen üben verantwortungsvolle Tätigkeiten mit besonderen Kompetenzbereichen aus. Aus der mitarbeitenden Frau wird eine erfolgreiche Managerin, die sich zunehmend der Titulierung Meisterfrau entfremdet (vgl. Interview Meisterfrau ’97, Silvia Negele, Seite 237 und Meisterfrau ’98, Fransziska Bauer Seite 238).

Mann öffnet sich

Laut Auswertung diverser Quellen stehen Männer der Mitarbeit ihrer Frauen in Arbeitskreisen und den Besuchen von Marketingseminaren inzwischen äußerst positiv gegenüber. Die Männer haben erkannt, daß die eigenverantwortlich zupackende Ehefrau Voraussetzung für einen florierenden Handwerksbetrieb ist. Vielleicht verstecken Männer sich lieber in der Werkstatt (»Geh einmal hin und sag, daß ich nicht da bin!«), während die Frau in den meisten Fällen die Büroorganisation managt und somit den direkten Kundenkontakt unter sich hat!

- Welche persönliche Ausgangsbedingung habe ich?
- Welche schulische Ausbildung bringt mich weiter?
- Habe ich persönliche Absicherungen getroffen?

Silvia Negele, Meisterfrau 1997

»Ich bin stolz auf die Verleihung der Auszeichnung »Meisterfrau im Handwerk«, habe diese aber nur stellvertretend für die vielen anderen Meisterfrauen angenommen. Bevor ich bei meinem Mann 1984, durch die plötzliche Erkrankung meiner Schwiegermutter, in den elterlichen Betrieb eingestiegen bin, habe ich als Rechtsanwaltsgehilfin gearbeitet. Ein Jahr später wurde mein Mann Walter Miteigentümer in der Firma seines Vaters. Vom »Mädchen für alles« avancierte ich im Laufe der Zeit zur Betriebsorganisatorin mit einem festen Aufgabengebiet. Ich bin mittlerweile für den gesamten kaufmännischen Bereich zuständig – vom Marketing bis hin zu den Mitarbeiterschulungen. Eine betriebliche Stellung muß erarbeitet werden und fällt einem nicht in den Schofl. Ich wollte mich nie verbiegen lassen und hatte klare Vorstellungen von dem, was ich wollte.

Erfolgreiche Meisterfrauen haben kaum Freizeit. Aus diesem Grund müssen sie ihre neuen Aufgaben sehr lieben und sich ganz und gar mit ihnen identifizieren. Ansonsten ist der Spagat zwischen Kindern und Karriere nicht zu bewältigen. Ich hatte großes Glück, daß meine Schwiegermutter mir von Anfang an bei meinen zwei Kindern geholfen hat. Wir sind eh ein richtiger Familienclan. Jeder ist auf irgendeine Weise mit dem Betrieb verbunden. Mit zunehmender Betriebsgröße haben wir dann eine Haushälterin eingestellt. Als sehr großen Vorteil habe ich immer die kurzen Wege zwischen Büro, Wohnung und Kindergarten angesehen. So war ich doch immer präsent für meine Kinder. Obwohl eigentlich kein Grund vorliegt, hatte ich zugegebenermaßen immer ein latent schlechtes Gewissen. Die Situation des Drahtseilakts kennt wohl jede berufstätige Frau.

Gegenwärtig haben wir drei Firmen, davon zwei Küchenstudios mit insgesamt 35 Mitarbeitern. Die Studios sind meine »Babys«, und ich bin sehr stolz auf sie. Ich bin überzeugt, daß zukünftig die Barriere zwischen Handwerk und Handel weiter aufgelöst wird. Gerade Frauen haben hier sehr große Vorteile. Ihnen liegt das Beziehungsmanagement mit all seinen Kommunikationsaufgaben einfach im Blut. Frauen können als geborene Gastgeberinnen von Haus aus besser dienen, und Kunden müssen nun einmal umsorgt werden, damit sie auch morgen noch wiederkommen. Für mich ist es selbstverständlich, einem Kunden in unserem Küchenstudio eine Erfrischung auf einem Tablett zu servieren und ihn dabei anzulächeln. Lächeln kostet schließlich nichts. Ein männlicher Kollege hält das Bedienen oft für unter seiner Würde. Auch denkt eine Frau netzwerkorientierter. Sie schimpfen nicht über Kollegen, sondern arbeiten mit diesen zusammen. Ich glaube, daß bei Frauen einfach das Konkurrenzdenken nicht so ausgeprägt ist wie bei Männern. Dabei geht heute ohne Netzwerke nichts mehr. Die Handwerkspreise würden auch bei gegenseitiger Absprache nicht so verfallen.

Zusammen mit einem Studenten aus der Region kümmere ich mich gerade um die Gestaltung unserer Internet-Seiten (www.negele.com). So bleibt diese notwendige zukunftsorientierte Investition überschaubar. Wir präsentieren unseren Besuchern aktuelle Neuigkeiten rund um das Thema Küche und weisen auf unsere Veranstaltungen, wie Tag der offenen Tür, hin. Hier kommt mir mein unstillbarer Wissensdurst sehr zugute. Alles Neue sauge ich auf wie ein Schwamm. Ich bin schon richtig süchtig nach Seminaren. Der Anstoß kam, als ich zum ersten Mal an einem Arbeitskreis der Unternehmerfrauen im Handwerk teilgenommen habe. Vor zwei Jahren habe ich bei dem Modellprojekt »Büroleiterin im Handwerk« erfolgreich mitgewirkt.

Mit der Formulierung Meisterfrau hatte ich eigentlich nie Probleme, obwohl früher die Anerkennung und Wertschätzung der Leute weitaus größer war – ähnlich wie mit der Frau Doktor. Aber diese gesellschaftlichen Veränderung bezieht sich ja auf das gesamte Handwerk, nicht bloß auf die Meisterfrau. Zwischenzeitlich schimpft man uns als dreckige, unzuverlässige Handwerker. Mich stimmt dieses Image sehr traurig, bezieht es sich doch nur auf einen Bruchteil aller Handwerker.«

Franziska Bauer, Meisterfrau 1998

»Mit über 285 Mitarbeitern in fünf Standorten gab es zugegebenermaßen Fragen, ob ich der Auszeichnung »Meisterfrau im Handwerk« bei unserer Betriebsgröße noch gerecht werde. Doch wir waren nicht immer so groß. Zusammen mit meinem Mann haben wir den gemeinsamen Kleinbetrieb zu seiner jetzigen Größe ausgebaut. Die bundesweiten Kunden schätzen den Rundum-Service, den wir ihnen durch unsere Leistungsfähigkeit bieten können. Das heißt aber nicht, daß nur große Betriebe überleben werden. Kleine, flexible Handwerksbetriebe wird es immer geben. Gerade Existenzgründerinnen sind hier auf dem Vormarsch.
Ich sehe mich zwischenzeitlich als Motor des Betriebs. Meine Hauptaufgaben sind die komplette Verwaltung, das Finanzwesen, das Personal und nicht zuletzt Einkauf und Marketing. Man wächst mit seinen Aufgaben. Eine Lebensphilosophie von mir ist, sofort umzusetzen, was ich auf Seminaren gelernt habe.

In unserem heutigen Informationszeitalter veraltet das gesamte Wissen innerhalb von fünf Jahren, Tendenz steigend. Wir können den komplexen Aufgaben nur noch gerecht werden, indem wir ständig am Ball bleiben. Gerade in diesem Punkt sehe ich das größte Problem bei Frauen. Viele Frauen lehnen sich in den ersten Jahren ihres Mutterdaseins zu sehr zurück. Leider sind sie im Anschluß meist so unflexibel, daß die Hürde vor dem Berufseinstieg unüberwindbar erscheint. Ich möchte dieser Situation durch einen familienfreundlichen Betrieb entgegensteuern und plane die Einstellung einer firmeninternen Kindergärtnerin. Meine Mitarbeiter versuche ich zur Selbstverantwortung und Loyalität zu erziehen. Schließlich ist das Geschäft ein Geben und Nehmen. Gerade im Handwerk verlangen wir ja auch viel von unseren Mitarbeitern.
Der größte Feind der Frau ist ihre anerzogene Bescheidenheit und daß sie sich zu wenig zutraut. Auch sehen viele Frauen die geschäftlichen Vorgänge zu persönlich und nicht der Sache entsprechend. Viele Frauen verschwenden kostbare Zeit und Energie mit Sorgen und Ängsten. Einer selbstsicheren Frau dagegen stehen heute viele Türen offen. Mit Hirn und Herz kann man heute alles erreichen. Nur darf die selbstsichere Frau dann wieder zu Hause den Mann diplomatisch hofieren, damit dieser das Gefühl der Nummer 1 behält. Zudem wird ihre Selbstsicherheit ungerechterweise oft als Rücksichtslosigkeit ausgelegt. Ich habe das große Glück, daß mein Mann meine Stärke akzeptiert und stolz auf meine Leistung ist. Ich verbringe mit meiner Familie Qualitätszeit. Mittlerweile sind auch unsere beiden Kinder voll mit im Betrieb beschäftigt. Auch ich kenne das schlechte Gewissen, aber Faktoren wie eine hilfsbereite Mutter sowie kurze Wege zwischen Wohnung und Betrieb haben dies ein wenig geschmälert.
Der Begriff Meisterfrau stört mich nicht. Er ist typisch für Bayern und entstand aus den kleinen Handwerksbetrieben. Im Norden spricht man auch im Handwerk von der »Unternehmerin«.

Die berufstätige Mutter und Ehefrau ist es leid, ein schlechtes Gewissen zu haben!

Frau hat es nicht leicht, eine gute Frau zu sein, denn es ist praktisch unmöglich, in allen Lebensphasen eine solche zu sein. Geben Sie es auf, alten Klischees wie »Ihr Mann verdient doch genug, müssen Sie da wirklich mitarbeiten?« Genüge zu leisten. Wieviel Mutter ein Kind braucht, ist eine umstrittene Frage. Berufstätige Mütter sind keine Mutti-Monster. Die wahre Qualität einer Beziehung ist nicht meßbar anhand der Anzahl der miteinander verbrachten Stunden. Hier würde die Frau im Handwerk sogar besonders schlecht abschneiden. Aufgrund der hohen betrieblichen Arbeitszeit und des Aufwands für Hausarbeit verfügen Meisterfrauen über ein sehr knappes Zeitbudget. Eine 80-Stunden-Woche ist die Regel.

Erfolgsfaktor Familie

Doch gerade im Handwerk gibt es eine ausgeprägte Familienorientierung. In einer Zeit, in der es Trend ist, daß man sich trennt, findet man hier noch den familiären Zusammenhalt. Handwerksbetriebe sind nun einmal Familienbetriebe. Im Idealfall greifen die Eltern oder Schwiegereltern unterstützend ein. (Daß der Schuß oft nach hinten losgeht, sei hier nur am Rande bemerkt und ist ein Kapitel für sich.) Unzählige Gespräche mit Frauen im Handwerk ergaben, daß viel Wert auf Qualitätszeit gelegt wird. Der Sonntag ist heilig und gehört nur der Familie. Familienplanung im Sinne von Logistik ist unumgänglich. Im Handwerk gehen Berufliches und Privates fließend ineinander über. Meist ist die Werkstatt oder der Verkaufsladen gleich unter der Privatwohnung oder nur ein paar Fußschritte entfernt. Viele Frauen richten z.B. dem Kleinkind einen kleinen Schreibtisch neben dem eigenen her.

Partnerschaftliches Miteinander

Doch die Vereinbarkeit von Beruf und Familie ist nur mit Unterstützung des Mannes möglich. Die moderne Frau im Handwerk sieht die Partnerschaft als eine Lebensform, bei der beide Partner sich gegenseitig voranbringen: Jeder Partner übernimmt Pflichten sowohl im privaten als auch im beruflichen Feld. Gerade das Abstecken von Revieren ist Grundvoraussetzung für den reibungslosen betrieblichen Ablauf. Die Festlegung von Zuständigkeiten führt zur Vermeidung von organisierter Unverantwortlichkeit. Der Mitarbeiter weiß so genau, welche Bezugsperson für welche Aufgabe zuständig ist. So hat jeder Partner die Möglichkeit, auf seinem Gebiet richtig gut zu werden – ohne Eifersüchteleien.

Gleiches zieht Gleiches an

Der Kunde sieht Ihren Mann und Sie als starke, kompakte Einheit und fühlt sich in einer Zeit der Kälte automatisch zu Ihnen hingezogen. Betreiben Sie eine familienbewußte Firmenpolitik. Kümmern Sie sich um flexible Arbeitszeiten, Angebote zur Kinderbetreuung und familienunterstützende Freistellungen. Neben der positiven Öffentlichkeitswirkung »Prädikat familienfreundlich« und dem damit verbundenen Wettbewerbsvorteil profitieren Sie auch von dem größeren Engagement Ihrer Mitarbeiter (vgl. Interview Angelika Kugeler, Seite 240).

- Haben mein Mann und ich die gleichen privaten und beruflichen Ziele?
- Unterstützen wir uns gegenseitig?
- Verdient unser Handwerksbetrieb das Prädikat »familienfreundlich«?

Angelika Kugeler erhielt 1997 die Auszeichnung »Frauenfreundlicher Betrieb«

»Von Kind an hatte ich die Möglichkeit, in den elterlichen Meisterbetrieb hineinzuschnuppern. So erschien es logisch, daß ich bei meinem Vater anfing, als ich mein Leben nach meiner Scheidung neu orientieren wollte. Doch ich war eine »Ungelernte«, was besonders bei meinem Verdienst zu Buche schlug. Da ich keinem Leben als Befehlsempfänger frönen wollte, entschloß ich mich, den harten, aber richtigen Weg einzuschlagen. Durch eine Umschulung 1987 machte ich meine Gesellenprüfung nach und anschließend meinen Meisterbrief. Zwei Chefs sind jedoch in einer Firma zuviel. So eröffnete ich 1990 meinen eigenen Malerfachbetrieb in Holzhausen bei Leipzig.

Wenn ich einmal Chefin bin, dann mache ich alles anders, war mein größtes Motivationsziel. Ich krempelte die Ärmel hoch, doch der Anfang war hart. Meine ersten drei Mitarbeiter tricksten mich ganz schön aus, indem sie Bier tranken und Karten bei der Arbeit spielten. So hatte ich mir meine Selbständigkeit nicht vorgestellt. Zufällig lernte ich auf einer Baustelle eine Elektrikerin kennen, die auch nicht sehr glücklich mit ihrer damaligen Situation war. Wir beschlossen kurzerhand, uns zusammenzutun. Eine hervorragende Entscheidung, wie sich im Nachhinein gezeigt hat.

Die tolle Leistung des Betriebs sprach sich schnell herum. Mit wachsendem Erfolg wuchs die Frauenschaft. Zwischenzeitlich beschäftige ich 30 Mitarbeiter, davon 12 Frauen. Ich verlange von meinen Mitarbeiter/innen den totalen Einsatz und unternehmerisches Denken. Alle sind da, wenn es brennt. Im Gegenzug komme ich allen entgegen, wenn es um die Erledigung von privaten Dingen geht. Bei uns sind individuelle Arbeitszeiten möglich, Überstunden können angespart und bei passender Gelegenheit abgefeiert werden, und wir stimmen die Arbeitszeiten auf die Öffnungszeiten der Kindertagesstätten ab. Da ich selbst zwei Kinder habe, weiß ich, wie Frauen in der Arbeitswelt durch unflexible Systeme eingeschränkt werden. Bei uns im Betrieb herrscht absolute Gleichberechtigung zwischen Mann und Frau, auch bei Lohn und Urlaub. Die Zufriedenheit der Mitarbeiter macht letztendlich unseren Erfolg aus. Die Frauen sitzen auch nach der Arbeit meist noch zusammen oder gehen zusammen zum Bowling. Konkurrenzdenken gibt es bei uns einfach nicht.

Viele umliegende Malerfachbetriebe haben uns zu Beginn belächelt und jetzt plötzlich selbst Frauen eingestellt. Doch halbe Sachen machen sich nie bezahlt. Die Leistung unseres Geschäfts beruht darauf, daß wir leben, was die Kunden von uns erwarten.

Die Handwerker haben zwischenzeitlich den Ruf, dreckig und schlampig zu arbeiten. Wir kämpfen dagegen. Unser Geschlecht spricht für uns. Bei einer Frau erwartet der Kunde nun einmal eher Sauberkeit. Wir ziehen die Schuhe aus und respektieren die Gemächer des Kunden. Wir sind die Mama-Kolonne, zu denen der Kunde Vertrauen fassen kann. Gerade alleinstehende ältere Damen sind zu Recht mißtrauisch geworden. Diese sind sehr dankbar, wenn man sie als Mensch sieht und nicht nur als profitbringenden Kunden. Warum soll ich dieser älteren Dame nicht eine Viertelstunde meiner Zeit schenken und mich mit ihr unterhalten? Wenn diese Dame ihrer Familie und ihren Freundinnen von mir erzählt, bin ich schließlich die Dankbare. Zeit, die ich mit dem Kunden verbringe, ist immer gewinnbringend angelegt.«

Der Feind steckt in den Frauen selbst

Ob Sie nun glauben, etwas tun zu können, oder ob Sie glauben, es nicht tun zu können – Sie haben in jedem Fall recht. Frauen sehen Grenzen, die oft gar nicht da sind. Wer kennt nicht die berühmte Aussage von Boris Becker: »Im Kopf hat es nicht gestimmt.«? Ihre gegenwärtige Situation ist das genaue Spiegelbild Ihrer Glaubenssätze.

Erfolg beginnt im Kopf

Und genau das ist der springende Punkt. Frauen neigen dazu, sich selbst gegenüber härter zu sein, als es jemals eine dritte Person hätte sein können. Fehler werden immer und immer wieder zurückgespult. Ein Mißerfolg kann bereits die totale Resignation hervorrufen. Werten Sie Niederlagen nicht gleich als persönliches Versagen. Männer wissen mit Niederlagen ebenso wie mit Siegen umzugehen. Lernen Sie von ihnen. Ihr Erfolg wächst parallel zu Ihrem Selbstbewußtsein. Verbannen Sie Wörter wie »Ich glaube ...« aus Ihrem Wortschatz. Leben Sie nach folgenden Grundsätzen: Es muß sich verändern, ich muß es verändern, und nur ich allein kann es verändern. Ignorieren Sie bewußt Klischees, und lehnen Sie übertriebenen Perfektionismus ab. Ignorieren Sie unwirkliche Leitbilder aus der glamourösen Werbung! Hören Sie auf, Ihr Äußeres in Frage zu stellen! Jeder Mensch hat eigene, ganz spezielle Qualitäten. Finden Sie Wege der Selbstmotivation. Erzählen Sie sich z. B. jeden Abend eine Gute-Nacht-Geschichte, in der Sie am kommenden Tag im Betrieb die Heldin spielen.

Weibliches Bewußtsein

Während ein Mann mit dem Gedanken beschäftigt ist, wie weit er bei Ihnen kommen kann, können Sie weiter kommen. Nehmen Sie dabei andere Frauen mit. Arbeiten Sie nicht gegen sie. Lassen Sie Attraktivität nicht zum Maßstab Ihrer Werteskala werden. Verschließen Sie sich jedoch niemals gegenüber Ihrer eigenen Weiblichkeit. Treten Sie nie als Nicht-Mann auf, sondern bleiben Sie Frau. Bewahren Sie Weiblichkeit, und bringen Sie Ihren Charme souverän ein. Viele Frauen neigen im Geschäftsleben zur Kopie des männlichen Verhaltens. Doch Sie können niemals Sie selbst sein, solange Sie versuchen, wie die Männer zu sein. Viel schlimmer noch, Sie machen sich abhängig. Sie werden niemals in einer Sache so gut sein wie die, die dazu geboren wurden.

- Wie definiere ich den Begriff Erfolg?
- Kenne ich den Unterschied zwischen dem, was in meiner Macht steht, und dem, was nicht in meiner Macht steht?
- Bin ich mir meiner weiblichen Vorteile bewußt?

Wege der Selbstmotivation

- Auf welche Gewohnheiten möchte ich nicht verzichten?
- Wie bringe ich sie mit meinen Pflichten in Einklang?
- Womit belohne ich mich am liebsten?
- Was sollte ich mir deshalb öfters gönnen?
- Welches sind meine stärksten Bedürfnisse?
- Wie befriedige ich sie?
- Was braucht mein Körper, damit es mir gut geht?
- Was und wieviel gebe ich ihm dafür?
- Worüber möchte ich Klarheit gewinnen, was will ich regeln, abschließen, in die Wege leiten?

Suchen Sie sich einen Coach

In einer Zeit, wo nur noch die Minderheit zeitlebens einen Beruf ausüben wird, wird Wissen auf ganz neue Art und Weise vermittelt werden. In der zunehmenden Orientierungslosigkeit besteht mehr denn je Bedarf nach Mentoren. Ein Mentor ist wie ein Lebenscoach, ein Ratgeber, der mit seiner Lebenserfahrung weiterhilft. 99% aller erfolgreichen Menschen haben nachweislich einen Coach.

Turbo Vorbild

Gerade die frisch gebackene Meisterfrau kann sich mit Hilfe eines Mentors schneller in der neuen Position zurechtfinden und so den Wettlauf gegen die Zeit schaffen. Schlagen Sie sich die Idee aus dem Kopf, Sie müßten alles alleine tun. Einsame Pionierarbeit kann teuer und nervenaufreibend sein. Ein Coach kann aufgrund seiner Erfahrungen in der kürzestmöglichen Zeit das Optimale aus Ihrem Talent machen. Er erwartet in der Regel mehr von Ihnen, als Sie sich selbst zutrauen. Der damit verbundene Motivationsschub ist unbezahlbar.

Mentor gesucht

Doch wo finden Sie jemanden, der mit Ihnen arbeitet. Eine Meisterfrau aus einem anderen Gewerk? Eine einsteigende Beraterin, die von Ihrem handwerklichen Know-how profitiert? Mittlerweile wurden viele Hilfsprogramme ins Leben gerufen, wo rüstige Rentner(innen) ihr Wissen gezielt weitergeben. Verbringen Sie ohnehin viel Zeit mit älteren Leuten. Sie werden wunderbare Lehren aus deren Leben ziehen und erkennen, daß die Angst verpaßter Chancen durch Bedauern ersetzt worden ist. Lassen Sie sich Zeit bei der Suche. Hüten Sie sich vor falschen Beratern. Nehmen Sie niemals den Ratschlag eines Menschen an, der nicht dort ist, wo Sie gerne wären.

Vertrauen und Loyalität heißen die Schlüsselwörter jeder Mentorenbeziehung. Gute Verbindungen zeichnen sich durch ein faires Geben und Nehmen aus. Doch vergessen Sie bei dieser Beziehung nicht Ihr wahres Ich. Bleiben Sie sich selbst immer treu.

- Habe ich ein Vorbild?
- Wer kann mir bei der Erreichung meiner Ziele behilflich sein?
- Kann ich mich auf eine andere Person einlassen, oder bin ich ein Einzelkämpfer?

Konzentrieren Sie sich auf Ihre Stärken

»Wenn ich alles geben würde, wäre ich die Beste«, ist der häufigste Selbstbetrug. Viele Türen offenzuhalten erfordert Kraft. Irgendwann müssen Sie sich entscheiden, denn »wer den Hafen nicht kennt, in den er segeln möchte, für den ist jeder Wind der verkehrte«. Die Kraft und Energie, die dem Wissen um den eigenen Lebenssinn entspringt, ist überwältigend. Sie werden im Laufe der Zeit schnell erkennen, ob Sie Ihre inneren Ziele befriedigen oder äußeren Zielen nachjagen. Sollten Sie jedoch herausfinden, daß die neue Rolle als Meisterfrau Sie nicht fasziniert und motiviert, sollten Sie gemeinsam mit Ihrem Mann eine Entscheidung treffen. Vielleicht ist die Weiterarbeit in Ihrem erlernten Beruf und die Einstellung einer Assistentin/Sekretärin sinnvoller? Man glaubt ständig, dem gerecht werden zu müssen, was andere von einem erwarten. Das muß nicht so sein. Die Erwartung ist deren Irrtum, nicht Ihr Versagen.

Entschlossenheit zur Spitzenleistung

Wenn Sie sich jedoch mit dem Handwerk identifizieren, starten Sie durch. Arbeiten Sie nicht zuviel, sondern arbeiten Sie strategisch. Vergeuden Sie nicht Ihre Kräfte, sondern konzentrieren Sie diese. Erweitern Sie den Bereich, in dem Sie stark sind. Kein Mensch, der sich zuerst auf seine Schwächen konzentriert, wird erfolgreich sein. Die Erfolgsdevise lautet: Stärken stärken und Schwächen schwächen. War Buchhaltung noch nie Ihre Berufung, werden Sie zu dieser Thematik nie eine Liebe aufbauen können. Je eher Sie diese Tatsache akzeptieren, desto besser für Ihre Nerven und für das Geschäft.

Gezielter Stärkenausbau

Finden Sie folglich für Ihre Schwächen Lösungen. Geben Sie z.B. die komplette Buchhaltung in die Hände Ihres Steuerberaters. Viele Arbeiten können Spezialisten ganz einfach besser erledigen als Sie (vgl. Interview Nicole Wörner auf Seite 244). Delegieren Sie alles, was ein anderer besser tun kann. Finden Sie Mitarbeiter, die Ihre Schwächen ausgleichen. Nutzen Sie die frei gewordene Zeit, um in einer bestimmten Kernkompetenz einen Expertenstatus aufzubauen. Positionieren Sie sich. Vielleicht sind Sie die geborene Starverkäuferin? Solange Sie in der gleichen Zeit mehr verdienen, als Sie an Ihre Helfer bezahlen müssen, geht die Rechnung immer auf.

- Wo liegen meine persönlichen Stärken?
- Wie kann ich meine starken Bereiche weiter ausbauen?
- Wie lassen sich meine Schwächen ausgleichen?

Stärken- und Schwächenanalyse der eigenen Person

Jeder Mensch hat von sich ein bestimmtes Bild. Je nach Ausprägung von Selbstkritik und Selbstüberschätzung fällt das Bild von Fall zu Fall besser oder schlechter aus. Doch nur wer lernt, sich realistisch zu beurteilen, kann gezielt an seinen Stärken und Schwächen arbeiten. Eine große Hilfe ist dabei die Beurteilung Ihres Partners, Mitarbeiters und einer vollkommen fremden Person. Unterscheidet sich das Fremdbild der von Ihnen befragten Personen gravierend von Ihrem eigenen Bild, ist schnelles Handeln angesagt. Die Wahrscheinlichkeit ist groß, daß z. B. Ihre Kunden Sie in dem gleichen Fremdblickwinkel sehen. Nur eine Übereinstimmung von Fremd- und Eigenbild führt zum gewünschten Idealbild.

Mit dem folgenden Schema können Sie diese Analyse selbst durchführen (Skala 1-10; 10 Punkte: »Trifft voll zu.«)

Stärkenanalyse	**Eigenbild**	**Fremdbild *** Person vertraut	**Fremdbild** Person unbekannt
Ausdauer			
Begeisterungsfähigkeit			
Risikobereitschaft			
Intuition			
Überzeugungskraft			
Führungswille			
Mut			
Zuversicht			
Arbeitswille			
Optimismus			
Gewandtheit			
Einfallsreichtum			
Zuverlässigkeit			
Geduld			
Loyalität			
Herzlichkeit			
Ehrlichkeit			
Diplomatie			
Nicht nein sagen können			
Zuviel Arbeit für andere			
Spezialkenntnis für Computer			
Spezialkenntnis für Buchhaltung			
Spezialkanntnis für ...			
...			

* Partner, Mitarbeiter, Kunde

Nicole Wörner, Dynamics Office Consulting Kempten, Expertin für Büroberatung

»Meiner Erfahrung nach ist die größte Sünde im Büro der Hang zur »Sammleritis«. Fehlende Entscheidungsfähigkeit und der Glaube, daß man alles ja immer noch mal brauchen könnte, führt zu Stapeln, die nicht nur auf dem Schreibtisch sichtbar werden, sondern sich z. B. auch in den Schubladen und sogar in den Ordnern im Schrank fortsetzen können. Eine weitere Schwachstelle ist die Tendenz, Aufgaben vor sich herzuschieben. Hier lenken vorhandene Stapel auf dem Schreibtisch von den wirklichen wichtigen Dingen ab, oder sie werden einfach nicht mehr gefunden. Unorganisiertes Arbeiten streßt nicht nur die eigene Person, sondern in der Regel auch alle Kollegen, die mit der eigenen Arbeit in Berührung kommen.
Die Papierflut und Stapleritis läßt sich am besten bewältigen, indem man mit einigen »intelligenten Fragen« arbeitet. Stellt man sich beim Eintreffen des Schriftstücks die Fragen: »Brauche ich dies?« (so einfach es klingt, diese Frage wird häufig nicht wirklich gestellt), »Wofür brauche ich es?« (Zuordnung zur Aufgabe), »Wann brauche ich es?« (Klare Terminverwaltung), so sortiert sich schon im Vorfeld vieles aus, was im Papierkorb landen kann. Ebenfalls hilfreich ist ein Briefkorb mit der Beschriftung »Eingang« vorne und hinten, der so steht, daß ihn eine das Büro betretende Person sofort erkennt. Hier landet alles, was neu auf dem Schreibtisch ankommt, so daß der Überblick über das Aktuelle erhalten bleibt. Wenn dieser Briefkorb sich farblich von den anderen abhebt, z. B. als einziger rot ist, und immer wieder geleert wird, weiß man immer genau, was wirklich neu ist.
Keine Unternehmerin muß heute alles alleine bewältigen, für jeden Job gibt es Spezialisten. Jeder sollte sich auf die eigentliche Arbeit konzentrieren und sich nicht damit auseinandersetzen müssen, Nebenprodukte der anfallenden Arbeit auch noch zu bewältigen. Entstehende Schreibbüros oder Buchhaltungsservices ermöglichen, sich auf die wirklich wesentlichen Dinge der eigenen Arbeit zu konzentrieren. In vielen Bereichen ist besonderes Fachwissen sehr wichtig, das sich eine Unternehmerin gar nicht aneignen kann. Natürlich entstehen dabei Kosten, die gerade Unternehmensgründerinnen gerne einsparen, zumal sie meistens auch noch Zeit übrig haben. Aber sie sollten sich vor Augen halten, daß sie die frei werdende Zeit für Kundenakquisition, die man als Unternehmerin nie vernachlässigen sollte, nutzen können. Dadurch tragen neue Kundenaufträge die entstehenden Kosten des Outsourcing. Außerdem können durch das Verzichten auf Outsourcing Fehler entstehen, die letztendlich zu höheren Kosten führen können. Outsourcing ist meiner Meinung nach sinnvoll bei den klassischen Aufgaben wie Schreibservice und Buchhaltung. Anbieter von Büroorganisation, Logistik-Agenturen sowie Call-Center sind sicherlich für manche Handwerksbetriebe ebenfalls von Interesse. Ich denke, die Frage sollte lauten: »Kann ich in der für sie notwendigen Zeit meinem eigenen Unternehmen ein Plus an Aufträgen oder bessere Arbeitsqualität verschaffen, wenn ich bestimmte Aufgaben nach außen gebe?« Wird diese Frage mit Ja beantwortet, ist es Zeit für ein externes Unternehmen.

In Kürze: Sorgen Sie für Transparenz in Ihrem Büro, die es Ihnen ermöglicht, ohne Probleme vertreten zu werden. Beschriften Sie Ordner und Briefkörbe sauber und leserlich, so daß auch Sie selbst nicht lange überlegen müssen, wo sich was befindet. Schenken Sie dem Informationsfluß die nötige Beachtung. Finden Sie die Schnittstellen zu anderen Mitarbeitern, und stellen Sie sicher, daß diese reibungslos funktionieren. Delegieren Sie, was möglich ist, und denken Sie immer an den größtmöglichen Nutzen, den Sie in Ihrer Firma erfüllen können. Konzentrieren Sie sich darauf, und lassen Sie sich nicht durch Nebenprodukte Ihrer Arbeit ablenken. Seien Sie sich bewußt, daß das Büro das Herz des Unternehmens darstellt und nur gut organisiert die nötige Antriebskraft für den Betrieb sein kann.«

Kollegin oder Chefin?

Sie müssen die Rolle der Chefin einnehmen und mit Ihrem Mann zusammen eine Einheit bilden. Die Mitarbeiter erwarten diese Haltung. Es nutzt niemanden, wenn Sie sich herunterspielen. Es ist nichts Großartiges daran, sich so klein zu machen, daß die Mitarbeiter sich in Ihrer Nähe unsicher fühlen. Doch nur Sie allein entscheiden, mit welchen Werten Sie den Begriff Chefin füllen.

Motivator statt Diktator
»Chef« ist lateinischen Ursprungs und bedeutet »Kopf«. Der Wortgebrauch symbolisiert die Idee einer übergeordneten Instanz, welche die Bewegung von Rumpf und Gliedern koordiniert und lenkt. Starke »Köpfe« sind deshalb sowohl für konsequentes Marketing als auch für Kundenorientierung unverzichtbar. Doch anstatt das Wort Chef mit neuen Werten wie denen eines Teamcoachs oder Motivators zu füllen, regiert das deutsche Handwerkerherz (leider) häufig noch nach der unzeitgemäßen 3-K-Methode: kommandieren, kontrollieren, korrigieren. Bei den klassischen Marketinglehren wurde das Mitarbeitermarketing viel zu lange vergessen. In Zukunft werden, speziell im Handwerk, gerade die Betriebe erfolgreich sein, die über das beste Marketing durch Mitarbeiter sowie die besten Teameffekte verfügen. Mehr denn je wird der Erfolg von kleinen und mittelständischen Betrieben davon abhängig sein, inwieweit die Firmeninhaber in ihrer Vorbildfunktion akzeptiert werden.

Offenheit
Schaffen Sie einen gemeinsamen Traum, mit dem sich alle Mitarbeiter identifizieren können. Sehnsucht regiert die Welt. Um andere anzuregen, müssen Sie das größtmögliche Ziel aussuchen, für das es sich zu kämpfen lohnt. Teilen Sie. Machen Sie Ihren Geschäftserfolg auch zum Erfolg Ihrer Mitarbeiter. Erklären Sie, was Sie erreichen wollen. In jedem Wirtschaftsbereich triumphiert derjenige, der Informationen mitteilt, über denjenigen, der sie zurückhält. Vergessen Sie Versteckspiele, und betreiben Sie eine offene Firmenpolitik.
Aller Anfang ist schwer. Das Führen von Menschen ist ein ewiger Lernprozeß. Auch Sie können die Führungswelt nicht in der kommenden Stunde umkrempeln.

Mitarbeiter-Beziehungskisten
Vergessen Sie nicht: Sie haben als Frau, durch Ihr sensibles Gespür, von Haus aus die besseren Karten. Wenn Ihr Ziel darin liegt, es jedem recht zu machen, können Sie es leicht verfehlen. Vermeiden Sie die Entwicklung zum Mitarbeiterschätzchen. Schnell werden Sie von den Mitarbeitern als Mitwisserin oder Mitkämpferin konsultiert. Sätze wie »Können Sie mal Ihren Mann fragen?« können von vornherein vermieden werden, wenn der Mitarbeiter die abgesteckten Kompetenzbereiche genau erkennen kann. Seien Sie argwöhnisch, wenn man Sie gönnerhaft behandelt. Lernen Sie schnellstens die Schlüsselwörter Ihres Gewerks. Zeigen Sie immer wieder, daß Sie Insiderin sind und/oder schnellstens werden wollen.
Wenn Ihre Abwesenheit dieselbe Stärke bedeutet wie Ihre Gegenwart, dann haben Sie Ihr Ziel erreicht. Sie haben es geschafft.

- Wie definiere ich den Begriff Chef?
- Inwieweit kenne ich meine Mitarbeiter?
- Wie kann ich meine Mitarbeiter gewinnen und erobern?

Maßnahmen zur Bekämpfung der inneren Kündigung

- Sinnvermittlung
- Gestaltung der Unternehmenskultur
- Regelmäßige Mitarbeitergespräche
- Verbesserung der innerbetrieblichen Umgangsformen
- Hinterfragen des eigenen Führungsverhaltens
- Gemeinsames Erarbeiten von Visionen
- Analyse der innerbetrieblichen Organisationsstrukturen
- Gestaltung flexibler Arbeitszeiten
- Teilnahme an Mitarbeiterseminaren
- Einführen gerechter Entlohnungssysteme
- Gestalten der Arbeitsräume
- Förderung der innerbetrieblichen Kommunikation

Frauen sind die geborenen Netzwerkmanagerinnen

Im heutigen Informationszeitalter fragt sich wohl jeder, wie er mit der unglaublichen Komplexität noch fertig werden soll. Die Antwort lautet: durch »Schwarm-Denken«.
Wir können uns dieser Problematik nur noch stellen, indem wir endlich wieder bereit sind, von der Natur zu lernen. Vogelschwärme arbeiten durch ein kollektives Informationssystem und können so wie durch unsichtbare Hand als Einheit auf Naturgegebenheiten wie Überwinterung reagieren. Auch Bienen können dem täglich schwankenden Nahrungsangebot nur durch ein dezentral organisiertes Kommunikationsnetzwerk entgegenwirken. Jede Biene arbeitet für sich allein und besitzt nur ein Minimum an Informationen und Möglichkeiten. Jede einzelne »dumme« Biene profitiert jedoch im Netzwerk von der »Schwarm-Intelligenz«.

Kompetenz durch Kooperation

Versucht man die Gesetzmäßigkeiten der Natur auf unsere heutige Wirtschaft zu übertragen, fallen schnell Begriffe wie Vernetzung, Kooperation, Selbstorganisation und Lernfähigkeit. Handwerksbetrieben, die sich diese Schlagwörter verinnerlichen, gehört die Zukunft. Es leuchtet ein, daß ein Zusammenschluß von mehreren Handwerksbetrieben bei weitem schlagkräftiger und innovativer ist als ein Einzelkämpfer oder eine große, schwerfällige Organisation.
Die Frage stellt sich sogar, ob in Zukunft Handwerksbetriebe die Bedürfnisse und Qualitätswünsche des Kunden überhaupt noch ohne Schwarm-Denken weitgehend selbständig befriedigen können. Ist nicht vielmehr ohne enge Partnerschaften mit Lieferanten, Herstellern und anderen Gewerken die Lösung aktueller Kundenprobleme in Frage gestellt?

Der Kunde kann und will nicht länger Einschränkungen wie »Es geht nicht« akzeptieren. Kunden denken nicht in Problemen, sondern in Lösungen. Sogenannte »Baumanager/innen« werden zukünftig den Handwerksmarkt revolutionieren! Jeder Bauherr ist mehr als aufgeschlossen gegenüber Schlagwörtern wie »Alles aus einer Hand«. Der Stellenwert der gegenseitigen Weiterempfehlungen und des Imagevorteils darf nicht unterschätzt werden (vgl. Interview Claudia Aldenhoven, Seite 247).

Ihr persönliches Netzwerk

Machen Sie den ersten Schritt. Vernetztes Denken liegt in der weiblichen Natur. Weibliches Denken wird oft mit emotionaler Intelligenz wie Kooperationsbereitschaft gleichgesetzt. Frauen sehen Ihre Wettbewerber weniger als Konkurrenten an, sondern vielmehr als Partner in einem Netzwerk, mit denen man Erfahrungen austauschen kann. Männer dagegen sind stolz darauf, Dinge lieber allein zu tun und Wissen nicht weitervermitteln zu wollen. Der Alleingang bedeutet Macht und Kompetenz. Frauen dagegen erleben Erfüllung durch Teilen und Mitteilen. Beim Aufbau Ihres Netzwerks müssen Sie folgende Frage beantworten:

- In welchem Spezialgebiet bin ich besser als andere?
- Welche Leistungen benötige ich von anderen?
- Wie können wir die Leistungen sinnvoll kombinieren?

Merkposten zum Schwarm-Denken

- Suchen Sie sich Experten, lange bevor Sie diese brauchen.
- Eine Kooperation sollte Spaß machen. Die menschliche Basis aller Beteiligten muß stimmen. Eigenarten eines jeden Partners sollten für jeden akzeptabel sein.
- Alle Mitglieder eines Netzwerks – einer Kooperation – sollten die gleichen Ziele verfolgen.
- Im Kollektiv können Sie das Problem der Selbstmotivation in den Griff bekommen.
- Versuchen Sie, die Profis der verschiedenen Spezialgebiete zusammenzubringen. Klären Sie sinnvoll, wer welche Arbeit vom anderen nutzen kann.
- Zur Festigung der Geschäftsfreundschaften sollte ein Rahmenvertrag für wichtige Gegebenheiten, wie die Verrechnung von Gegenleistungen, vereinbart werden. Jede Art von Netzwerk braucht eine Organisationsform.
- Durch Netzwerke können Sie dem heutigen Preisverfall gezielt entgegenwirken. Leider reagieren die meisten Handwerksbetriebe immer noch mit Dumpingpreisen statt mit Argumenten und gegenseitigen Absprachen.
- Insbesondere in der Werbung können Sie durch ein gemeinsames Werbebudget mehr bewegen und größere Werbewirkung erzielen. Durch Huckepack-Systeme hat jeder Kostenvorteile.
- Kaufen Sie bei denen, die auch bei Ihnen kaufen. Und vor allen Dingen: Kaufen Sie gemeinsam ein.
- Jeder Handwerksbetrieb profitiert vom Imagetransfer.

Claudia Aldenhoven, Malermeisterin und Restaurateurin zum Thema Existenzgründung & Netzwerkdenken

»Seit Ablegung der Malermeisterprüfung 1996 bin ich selbständig. Ich muß gestehen, daß ich diese ziemlich blauäugig begann. Weniger in bezug auf Ausbildungen, darauf habe ich immer sehr viel Wert gelegt. Ich bin zugleich Restauratorin im Handwerk sowie Technikerin für Baudenkmalpflege. Ich möchte alte Malertechniken neu beleben und in die moderne Raumgestaltung integrieren. Daher auch die Wahl meines Firmennamens His-Mo, was für historisch-modern steht.

Blauäugigkeit meine ich eher in bezug auf das ganze Drumherum einer Geschäftsführung. Meine erste Zeit war ganz schön bescheiden. Entweder habe ich Tag und Nacht gearbeitet oder ich war nicht genug ausgelastet. Des weiteren kamen große Probleme mit zahlungsunwilligen Kunden hinzu, die wahrscheinlich gedacht haben: »Mit einer Frau kann man es ja machen«. Erst als ich mir konsequent meine eigenen Prinzipien aufgebaut habe, veränderte sich die Geschäftssituation grundlegend. Zum einen erkannte ich, daß man Kunden akquirieren sollte, wenn die Auftragslage hervorragend ist und nicht umgekehrt, und zum anderen habe ich neue Zahlungsmodalitäten eingeführt. Ohne Kundenanzahlung (30 %) beginne ich keine Arbeit. So läßt sich die Spreu vom Weizen sehr schnell trennen.

Mein besonderes Interesse wurde geweckt, als ich eine Anzeige in der Zeitung las, in der eine ortsansässige Handwerkergemeinschaft neue Partner suchte. Gerade zu Beginn meiner Selbständigkeit fand ich diese Möglichkeit sehr ansprechend. Nachdem sich alle fünf Handwerksbetriebe (Schreiner-, Raumausstatter-, Elektriker-, Parkett-, Malermeister) gründlich gegenseitig unter die Lupe genommen hatten, wurde ein gemeinsamer Showroom gegründet.

Zu Hause fließen die Dinge ja auch zu einem Gesamtbild zusammen. Die Kunden können sich hier vorstellen, wie z. B. ein Schrank vor einer lasierten Wand wirkt und welche Stoffdekorationen dazu passen. Ein weiterer Pluspunkt des Showrooms ist der umfangreiche Service. Jeder von uns ist Fachmann auf seinem Gebiet, wir ergänzen uns gegenseitig. So ist es möglich, daß die Schreinerei mit dem Raumausstatter und dem Kunden einen Polstersessel entwirft oder in Kooperation mit mir ein ganzes Wohnzimmer, von den Wänden bis zu den Möbeln, gemeinsam einrichtet. Qualität wird groß geschrieben. Jeder von uns ist auch eine Kontrollinstanz, denn wenn einer schlecht arbeitet, fällt das auf die anderen zurück.

Vielleicht haben wir mit unserer Form der gewerkübergreifenden Zusammenarbeit Neuland betreten. Ich bin jedoch überzeugt, daß die Zeit der Kooperationen kommt und boomen wird. Wir sind ein erfolgreiches Beispiel für das neue Netzwerk-Denken.«

Verbände und Netzwerke

Verband Deutscher Unternehmerinnen (VDU)
Gustav-Heinemann-Ufer 94, 50968 Köln, Tel. Nr.: 0221/375074,
Fax Nr.: 0221/343171, E-MAIL: vdu-koeln@t-online.de

NEFU - Netzwerk der Einfrau-Unternehmerinnen Deutschland
Im Lettenacker 1/2, 79588 Efringen-Kirchen, Tel. Nr.: 07628/910700,
Fax Nr.: 07628/910710, E-MAIL: nefu@regio3.de

UFH – Bundesverband der Unternehmerfrauen im Handwerk
Handwerkskammer Karlsruhe, Hertzstraße 177, 76187 Karlsruhe,
Tel. Nr.: 0721/7506-19, Fax Nr.: 0721/7506-21

dvbf – Deutscher Verband berufstätiger Frauen
Emmastraße 285, 28213 Bremen, Tel. Nr.: 0421/211119,
Fax Nr.: 0421/215189, E-MAIL: hastedt.gmbh@t-online.de

Frauen & Onlinedienste

»Frauen und Technik passen einfach nicht zusammen.« Der Ursprung dieses Vorurteils liegt schon in der Erziehung. Mädchen werden in der Regel von Geburt an von Technik ferngehalten, und diese Abstinenz ist nicht gerade förderlich für den selbstverständlichen Umgang damit, sondern baut vielmehr unnötige Barrieren auf. Der dem Jungen vorbehaltene elektronische Bastelkasten hingegen ermöglicht diesem das frühzeitige, spielerische Erlernen.

Deutsche Frauen surfen im letzten Viertel

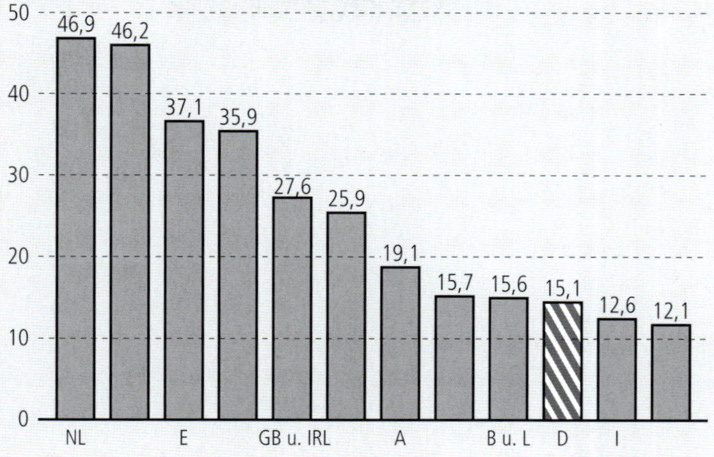

Einzig wirklicher Unterschied der beiden Geschlechter ist, daß der Mann durch seinen zeitlichen Vorsprung experimentierfreudiger ist, während die Frau zunächst nach Anwendungsmöglichkeiten und Auswirkungen fragt. Bestimmt kennen Sie auch eine Situation, in der Ihr Mann mit verblüffender Schnelligkeit alle Tasten und Fenster bedient/geöffnet hat, die das Gerät hergibt; Sie dagegen haben erst einmal überlegt, welche Verbindungen bestehen. Frauen sind es gewohnt, umfassend und verantwortlich in Zusammenhängen zu denken, während der Mann ein Problem schneller, aber auch einseitiger löst.

Virtuelle Möglichkeiten

Das World Wide Web wird wegen seiner weiblichen Strukturen als ein Vorbild an Kommunikation und Beziehung verherrlicht, aber dennoch üben die Frauen hier bescheidene Zurückhaltung. Die Anzahl der Frauen, die sich mit dem Internet befassen, steigt nur langsam. Deutschlands Frauen sind sogar am zögerlichsten mit der Online-Nutzung – im europäischen Vergleich stehen sie mit 15 % Prozent abgeschlagen auf Rang zehn. Es läßt sich nur mutmaßen, wie verschwindend gering davon der prozentuale Anteil der Unternehmerinnen im Handwerk ist.
Als Nicht-Userin wissen Sie vermutlich nicht, was Ihnen eigentlich entgeht und welche unbegrenzten Möglichkeiten das weltumfassende Netz bietet. Damit ist noch nicht der eigentliche Verkauf gemeint. Ein eigener Internet-Auftritt dient weniger dem aktiven Verkaufen als dem damit verbundenen Imagevorteil. Weitaus wichtiger noch ist das unerschöpfliche Kreativitätspotential. Sie können im Netz virtuelle Bibliotheken besuchen, Wettbewerbsbeobachtung machen, Preise vergleichen, schnell auf die Lieferanten zurückgreifen, und vor allen Dingen können Sie in Sekundenschnelle kommunizieren – ohne Einschränkung: 24 Stunden lang, 365 Tage im Jahr (vgl. Interview Janine Schmidt, Seite 249).

- Wie stehe ich zu den neuen Telekommunikations-Möglichkeiten?
- Wer kann mir helfen, meine Hemmungen abzubauen?
- Wann möchte ich meine erste E-Mail verschicken und meinen Handwerksbetrieb ins Internet bringen?

Janine Schmidt,
Mitinhaberin Atelier für textile Raumgestaltung
zum Thema Internet

Unter der Adresse http://www.atelier-schmidt.de/ hoffe ich dazu beizutragen, von dem verstaubten Image, das Handwerksbetriebe umgibt, ein wenig abzurücken. Die Zahlen sprechen für sich. Waren im August bereits 11 458 Seitenabrufe und 71 138 übertragene KBytes zusammengekommen, wurde dies bereits mit 30 943 Seitenabrufen und 163 992 übertragene KBytes nochmals verdoppelt. Interessant ist auch die Länderstatistik, da sogar Besucher aus China, Taiwan, Rußland, Japan und vielen europäischen Länder vertreten sind.

Ich glaube, daß die Besucher insbesondere die Vielseitigkeit und Nutzbarkeit unserer Internet-Seiten zu schätzen wissen. Mein Mann Ralf und ich wollten immer mehr erreichen, als nur eine simple Werbe- und Verkaufs-Homepage aufbauen. Seien wir doch einmal kritisch: Die meisten Handwerksbetriebe sind im Internet und haben eigentlich gar nichts zu sagen. Eine Firmenanschrift mit den Öffnungszeiten reicht bei weitem nicht aus, um Gefühle beim Surfer zu wecken. Denn nur wenn ich mitten ins Herz des Kunden treffe, löse ich eine Handlung bei ihm aus. Nur wenn ich ihm einen konkreten Nutzen biete, werde ich sympathisch. Ich muß also über den Tellerrand hinausdenken. Der Besucher kann sich auf unseren Seiten z.B. umfassend über Pflege- und Waschtips jeglicher Stoffmaterialien informieren.

Im Internet tut sich gegenwärtig sehr viel. Die Anzahl der User (Benutzer) steigt überproportional. Ich denke, daß das Internet gerade für Gehörlose ein interessantes Kommunikationsmedium darstellt (Stichwort Chat, e-Mail und nicht zuletzt Bildtelefon). Das Online-Einkaufen wird zunehmend populärer. Ohne jede Ladenschlußhektik kann der Kunde in aller Ruhe wählen und dann einfach bestellen, was ihm gefällt. Die Kunden wissen, daß sie jeden Artikel, den sie im Atelier-Schmidt-Online-Shop kaufen, auch in unserem Fachgeschäft finden würden. Somit vermeiden wir von vornherein die beängstigende Anonymität. Die Kunden gehen besonders gern auf unser Serviceangebot ein, unverbindlich ein Originalstoff- oder Teppichmuster zugeschickt zu bekommen. Damit können sie zu Hause in aller Ruhe prüfen, ob Material, Farbe und Muster ihrem Stil entsprechen und zu ihrer Einrichtung passen. Manche Menschen verrücken zwanzig Jahre lang keinen Stuhl – sie haben Angst vor Veränderungen. Diese Ängste müssen durch größtmögliche Sicherheitsgarantien beseitigt werden.

Anregungen von unseren Besuchern erhalten wir durch deren Möglichkeit an der Teilnahme an einem Gewinnspiel. Für März 99 ist übrigens eine CD-ROM in Planung, auf der die gesamte Homepage zu finden ist (z.Z. über 900 Dateien). Darüber hinaus wird eine große Multimediapräsentation mit Einrichtungs- und Polsterbeispielen zu finden sein, die ergänzt wird durch Möbel der Schreinerei Holzart und Beispiele der Malerfirma His-Mo – beides Betriebe, mit denen wir auch sonst eng zusammenarbeiten. Die CD wird an die Kunden der drei Firmen kostenlos verteilt. Jeder Interessierte kann die CD jedoch zum Selbstkostenpreis von 10 DM bestellen.

Es ist mir unverständlich, daß viele Frauen im Handwerk das Medium Internet scheuen. Als Hauptverantwortliche für das Büro sollte sie auch Entscheidungsträgerin in puncto Computer und Internet sein. Vielleicht hängt das ja mit unserer Erziehung zusammen. Noch heute bekommen die Mädchen ihre Puppen, während beim Jungen von Anfang an das technische Verständnis ausgebaut wird.
Als Frau in dieser Gesellschaft hat man es nicht immer leicht. Vieles ist besser geworden. Einiges gibt es noch zu tun. Daß eine Frau naturgemäß immer eingeschränkt ist, außer sie möchte keine Kinder, dazu kann keiner etwas. Mit dem richtigen Partner, der richtigen Einstellung, mit dem festen Willen, seine Ziele zu erreichen, und einer gehörigen Portion Mut ist aber alles möglich!«

Epilog

Dieses besondere Buch für Frauen im Handwerk schließt an die von mir herausgegebenen Grundlagenwerke

HANDWERKS-MARKETING
Band 1 bis Band 3 an:

Band 1 behandelt mehr das »*Innen-Marketing*« und geht von der Devise aus, daß Sie sinnvollerweise zuerst beginnen sollten, Ihren Betrieb intern schlagkräftig(er) zu machen, um für die zukünftigen Herausforderungen fit zu sein.

Band 2 konzentriert sich mehr auf das »*Außen-Marketing*« und beschreibt eine Reihe von Möglichkeiten, wie Sie Ihre kompetenten Leistungen aktiv und effizient an die richtigen Zielgruppen herantragen können.

Band 3 verbindet mit dem aktuellen Thema »*Beziehungs-Marketing*« Innen- und Außeneffekte und zeigt Ihnen, wie Sie jetzt ganz schnell Ihr Image verbessern und mehr verdienen können.

Aufgrund der bei der Veröffentlichung dieser Bücher und in vielen Seminaren gesammelten Erkenntnisse ist die Frau im Handwerk besonders prädestiniert, das neue Denken schnell für den Erfolg im Handwerk umzusetzen.
Ziel dieser Publikation ist es, aus dem Blickwinkel der Frau im Handwerk und unter deren Verantwortungsbereich die gravierenden Marketingdefizite im Handwerk kompetent und dauerhaft zu lösen.

Dr. Bernd W. Dornach